ETS TOEIC

Get ready with The *TOEIC*® Official Learning and Preparation Course! *

Programme de préparation en ligne au test *TOEIC*®

Nous vous remercions pour l'achat de cet ouvrage, grâce auquel vous aurez accès à **un essai gratuit de 14 jours** au *TOEIC*® Official Learning and Preparation Course. Conçu par ETS, il s'agit du seul outil en ligne officiel de préparation au test *TOEIC*® Listening and Reading.

- 90 heures de préparation
- Cours thématiques de compréhension écrite et orale, d'expression orale et de grammaire
- 5 tests blancs
- Un diagnostic de vos compétences.

Pour profiter de cette offre découverte, rendez-vous sur :

http://dehy.toeicolpc.com/

Voici vos codes d'accès personnels valides 14 jours (1) :

- Nom d'utilisateur - User Name : **105000016288**
- Mot de passe - Password : **75e4cf**

1. À partir de la première connexion.

Convaincu par votre essai ?

*Préparez-vous avec le cours en ligne *TOEIC*® Official Learning and Preparation Course !

Abonnez-vous pendant 12 mois au *TOEIC®* Official Learning and Preparation Course et économisez 20 € TTC pour vous préparer au mieux au test *TOEIC®* Listening and Reading !

12 mois d'accès illimité

20 € TTC de réduction

34 € TTC au lieu de ~~54~~ € TTC (2)

2. Hors frais de transaction. Offre valable une fois pour tout achat du *TOEIC®* Official Learning and Preparation Course *Débutant à Avancé* entre le 01/04/2019 et le 30/04/2020 inclus.
Prix TTC valable du 01/10/2018 au 30/09/2019 en France Metropolitaine et DOM TOM. Educational Testing Service (ETS) Global B.V se réserve le droit de modifier les tarifs énoncés dans ce prospectus à tout moment.

Étape **1** Rendez-vous sur www.etsglobal.org où vous pourrez créer votre compte en ligne, si vous n'êtes pas encore client ETS Global.

Étape **2** Une fois votre compte créé, cliquez sur COMMANDER, puis sur Se préparer.

Se préparer

Se préparer à un test ou obtenir un devis !
Découvrez notre sélection d'ouvrages et outils de préparation en ligne

Étape **3** Sélectionnez le ***TOEIC®* Official Learning and Preparation Course – Débutant à Avancé.**

OUTILS DE PRÉPARATION EN LIGNE

TOEIC® Official Learning and Preparation Course - Débutant à Avancé — 54.00 EUR

Pour le test TOEIC® Listening and Reading

Les modules 1, 2 et 3 couvrent les niveaux Débutant-Intermédiaire et Avancé, soit les niveaux A2, B1, B2 à C1 du CECRL*.

En savoir plus

Quantité : 1

Ajouter au panier

Étape **4** À la finalisation de votre commande, saisissez **votre code promotionnel** pour bénéficier de la réduction.

Saisissez votre code promotionnel ou référence de voucher :

GRA-Z8GY4

Valider

> À noter Tous les outils de préparation en ligne et les tests *TOEIC®* sont éligibles au Compte Personnel de Formation (CPF).

Nous vous souhaitons de bonnes révisions !

TS TOEIC®

Assess to Progress.

Les guides OFFICIELS du test TOEIC®

Grammaire Vocabulaire du test TOEIC®

Pour maximiser votre score !

Cassandra Harvey
DEA de littérature anglaise
Formatrice d'anglais à l'ISA de Lille

Danuta Langner
Master d'enseignement de l'anglais
Enseignante d'anglais à l'ISA et à l'Université catholique de Lille

Test officiel élaboré par **Educational Testing Service (ETS)**

hachette
ÉDUCATION

Les auteurs

Cassandra Harvey et **Danuta Langner** sont formatrices d'anglais. Elles préparent leurs étudiants et futurs ingénieurs au test *TOEIC®* à l'ISA de Lille, établissement agréé pour faire passer le test, et à l'Université catholique de Lille. Elles ont également enseigné l'anglais dans divers établissements d'enseignement supérieur.

Educational Testing Service (ETS)

ETS développe, administre et évalue plus de 50 millions de tests par an dans plus de 180 pays.

Grammaire - Vocabulaire du test TOEIC® est édité sous la direction de Cécile Labro.
Responsable éditoriale : Stéphanie Jouzier
Responsable de projet : Jean-Benoit Ormal-Grenon
Mise en pages : GRAPH'in-folio
Maquette de couverture et de l'intérieur : Stéphanie Benoit
Fabrication : Jérémy Vinerbi

ISBN : 978-2-01-701399-0

58 rue Jean Bleuzen, CS 70007, 92178 Vanves Cedex
www.hachette-education.com

Contains official practice tests provided by ETS and learning content reviewed by ETS.

Présentation de l'ouvrage

Grammaire - Vocabulaire du test TOEIC® est un ouvrage de préparation au test *TOEIC® Listening and Reading*. Approuvé et validé par ETS, les créateurs du test *TOEIC®*, cet ouvrage est l'outil indispensable pour parfaire votre niveau en grammaire, acquérir du vocabulaire, et augmenter ainsi votre score au test *TOEIC®*.

1. La grammaire : complète, pratique et accessible !

En 24 chapitres, la partie de grammaire présente les règles essentielles à connaître et à maîtriser pour faire face à toutes les questions du test qui mettent en œuvre un point de grammaire.

- **Chaque règle est expliquée simplement et illustrée** par des exemples contextualisés dans les domaines couverts par le test : le monde professionnel, les relations entre collègues, la vie quotidienne, les loisirs...
- **De nombreux exercices** conformes aux exigences du test mettent en application les règles étudiées.
- À la fin de chaque chapitre **un mini test *TOEIC®*** est constitué d'extraits d'un test officiel, en rapport avec les points de grammaire étudiés ; il vous permet de vous mesurer à de « vraies » questions et de connaître ainsi le niveau de difficulté auquel vous serez confronté le jour J.

2. Le vocabulaire : riche, incontournable et contextualisé !

En 34 chapitres thématiques, la partie de vocabulaire présente plus de 1 500 mots qui couvrent l'ensemble des thèmes abordés dans le test *(jobs, the office environment, travel for work...)*.

- **Chaque mot étudié est suivi de la traduction de ses différents sens,** d'une phrase d'exemple traduite elle aussi et, le plus souvent, d'une sélection de mots de la même famille.
- **Des conseils, des compléments de vocabulaire,** des explications détaillées sur des faits de langue vous permettent d'enrichir vos connaissances (les faux amis, les synonymes, les difficultés orthographiques et les mots à ne pas confondre).
- **De nombreux exercices** reprennent le vocabulaire étudié et favorisent ainsi leur mémorisation.
- Retrouvez **un mini test *TOEIC®*** (extraits d'un test officiel *TOEIC®*) à la fin de chaque chapitre pour confirmer les connaissances acquises et vous familiariser avec les questions du test.

Tous les exercices d'entraînement et tous les mini tests sont entièrement corrigés.

Retrouvez sur mtl.fm/gramvoctoeic :

- tout le vocabulaire et les phrases d'exemple de l'ouvrage, pour vous familiariser avec les domaines couverts par le test et habituer votre oreille à entendre de l'anglais prononcé dans les conditions réelles du test ;
- les enregistrements des questions de Part 1 à Part 4 du test officiel.

Nous espérons que cet ouvrage vous sera utile pour consolider votre maîtrise de la grammaire et augmenter votre bagage lexical afin de réaliser un très bon score au test le jour J !

Sommaire

GRAMMAIRE Les règles à maîtriser

Sommaire

VOCABULAIRE Les thématiques

Comment utiliser cet ouvrage

Grammaire - Vocabulaire du test *TOEIC*® se présente en deux grandes parties.

24 CHAPITRES DE GRAMMAIRE

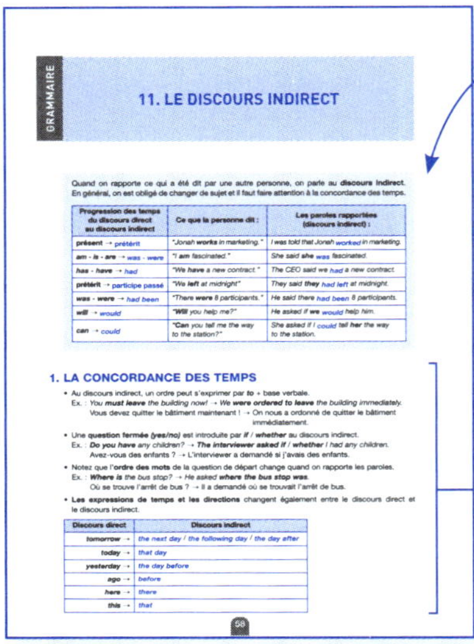

Une **introduction** au chapitre

Les **règles de grammaire** illustrées d'exemples

Des **exercices** pour une application immédiate des règles étudiées

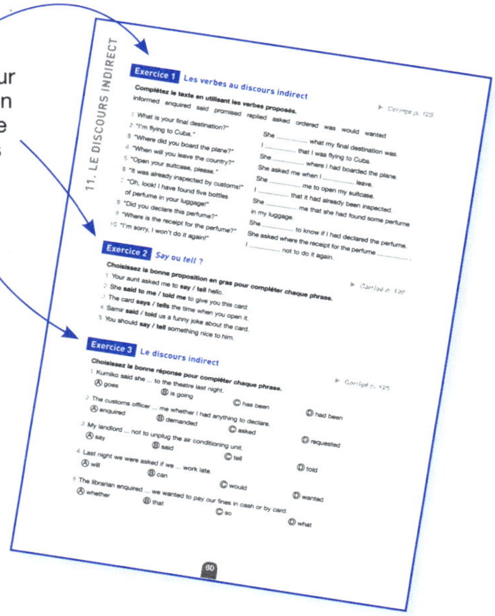

Les **enregistrements** des questions pour les Parts 1 à 4

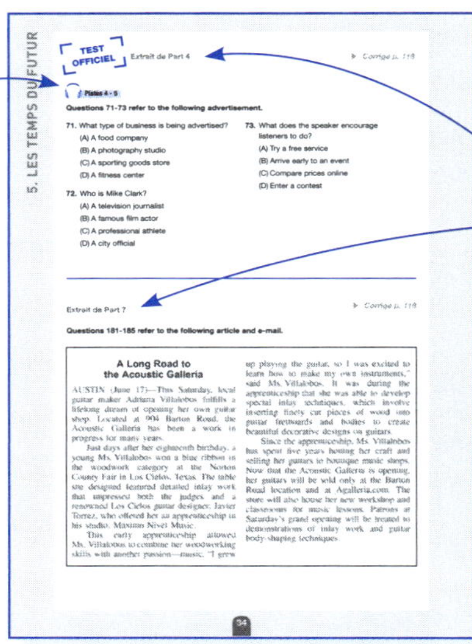

TEST OFFICIEL

Un **mini test** avec des extraits d'un même test officiel, pour s'entraîner et se familiariser avec le véritable niveau de difficulté

Tous les exercices de grammaire et les mini tests sont corrigés à la fin de la partie Grammaire.

34 CHAPITRES THÉMATIQUES DE VOCABULAIRE

L'**enregistrement** des mots de vocabulaire et des exemples

Les mots étudiés sont suivis de leur **traduction**, d'**exemples** et de mots de la même famille

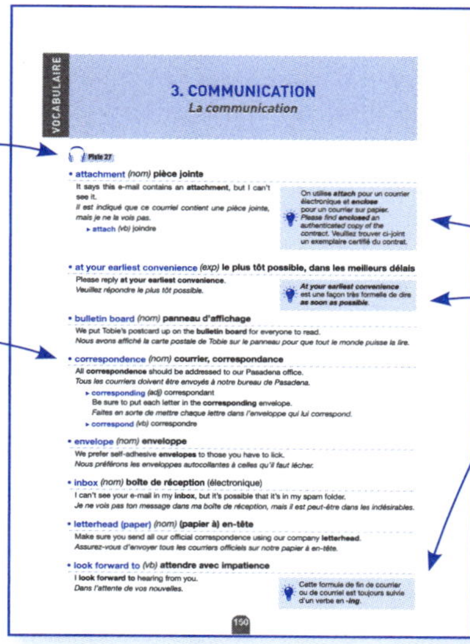
VOCABULAIRE

3. COMMUNICATION
La communication

Piste 27

• attachment (nom) pièce jointe
It says this e-mail contains an attachment, but I can't see it.
Il est indiqué que ce courriel contient une pièce jointe, mais je ne la vois pas.
▸ attach (vb) joindre

On utilise attach pour un courrier électronique et enclose pour un courrier sur papier.
Please find enclosed an authenticated copy of the contract. Veuillez trouver ci-joint un exemplaire certifié du contrat.

• at your earliest convenience (exp) le plus tôt possible, dans les meilleurs délais
Please reply at your earliest convenience.
Veuillez répondre le plus tôt possible.

At your earliest convenience est une façon très formelle de dire *as soon as possible*.

• bulletin board (nom) panneau d'affichage
We put Tobie's postcard up on the bulletin board for everyone to read.
Nous avons affiché la carte postale de Tobie sur le panneau pour que tout le monde puisse la lire.

• correspondence (nom) courrier, correspondance
All correspondence should be addressed to our Pasadena office.
Tous les courriers doivent être envoyés à notre bureau de Pasadena.
▸ corresponding (adj) correspondant
Be sure to put each letter in the corresponding envelope.
Faites en sorte de mettre chaque lettre dans l'enveloppe qui lui correspond.
▸ correspond (vb) correspondre

• envelope (nom) enveloppe
We prefer self-adhesive envelopes to those you have to lick.
Nous préférons les enveloppes autocollantes à celles qu'il faut lécher.

• inbox (nom) boîte de réception (électronique)
I can't see your e-mail in my inbox, but it's possible that it's in my spam folder.
Je ne vois pas ton message dans ma boîte de réception, mais il est peut-être dans les indésirables.

• letterhead (paper) (nom) (papier à) en-tête
Make sure you send all our official correspondence using our company letterhead.
Assurez-vous d'envoyer tous les courriers officiels sur notre papier à en-tête.

• look forward to (vb) attendre avec impatience
I look forward to hearing from you.
Dans l'attente de vos nouvelles.

Cette formule de fin de courrier ou de courriel est toujours suivie d'un verbe en -ing.

150

Des **encadrés avec des conseils d'utilisation,** les synonymes, les faux amis, les mots à ne pas confondre...

Des **exercices** pour réutiliser et mémoriser le vocabulaire étudié

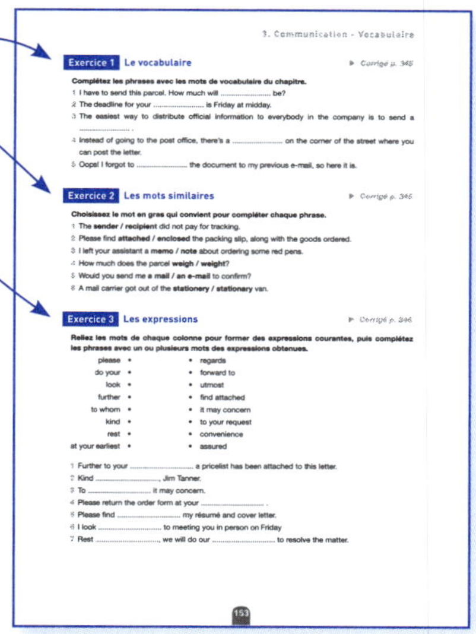
3. Communication - Vocabulaire

Exercice 1 Le vocabulaire ▸ Corrigé p. 345

Complétez les phrases avec les mots de vocabulaire du chapitre.
1 I have to send this parcel. How much will .... be?
2 The deadline for your .... is Friday at midday.
3 The easiest way to distribute official information to everybody in the company is to send a ....
4 Instead of going to the post office, there's a .... on the corner of the street where you can post the letter.
5 Oops! I forgot to .... the document to my previous e-mail, so here it is.

Exercice 2 Les mots similaires ▸ Corrigé p. 346

Choisissez le mot en gras qui convient pour compléter chaque phrase.
1 The **sender / recipient** did not pay for tracking.
2 Please find **attached / enclosed** the packing slip, along with the goods ordered.
3 I left your assistant a **memo / note** about ordering some red pens.
4 How much does the parcel **weigh / weight**?
5 Would you send me a **mail / an e-mail** to confirm?
6 A mail carrier got out of the **stationery / stationary** van.

Exercice 3 Les expressions ▸ Corrigé p. 346

Reliez les mots de chaque colonne pour former des expressions courantes, puis complétez les phrases avec un ou plusieurs mots des expressions obtenues.

please •	• regards
do your •	• forward to
look •	• utmost
further •	• find attached
to whom •	• it may concern
kind •	• to your request
rest •	• convenience
at your earliest •	• assured

1 Further to your .... a pricelist has been attached to this letter.
2 Kind ...., Jim Tanner.
3 To .... it may concern.
4 Please return the order form at your ....
5 Please find .... my résumé and cover letter.
6 I look .... to meeting you in person on Friday
7 Rest ...., we will do our .... to resolve the matter.

153

TEST OFFICIEL

Un **mini test** officiel pour s'entraîner et se familiariser avec le véritable niveau de difficulté

Les **enregistrements** des questions pour les Parts 1 à 4

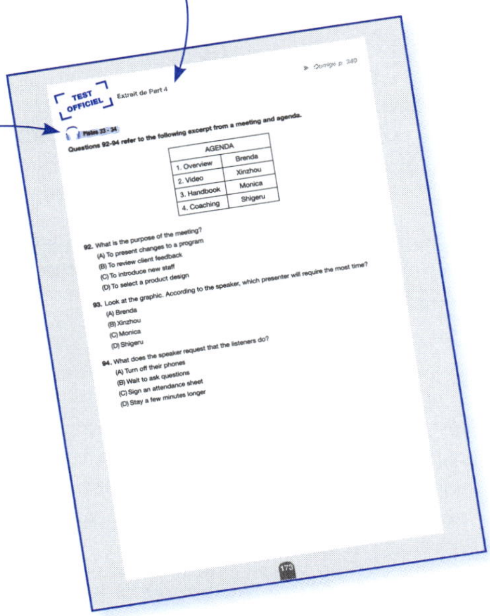
TEST OFFICIEL Extrait de Part 4 ▸ Corrigé p. 340

Pistes 33 - 34

Questions 92-94 refer to the following excerpt from a meeting and agenda.

AGENDA	
1. Overview	Brenda
2. Video	Xinzhou
3. Handbook	Monica
4. Coaching	Shigeru

92. What is the purpose of the meeting?
(A) To present changes to a program
(B) To review client feedback
(C) To introduce new staff
(D) To select a product design

93. Look at the graphic. According to the speaker, which presenter will require the most time?
(A) Brenda
(B) Xinzhou
(C) Monica
(D) Shigeru

94. What does the speaker request that the listeners do?
(A) Turn off their phones
(B) Wait to ask questions
(C) Sign an attendance sheet
(D) Stay a few minutes longer

173

Tous les exercices de vocabulaire et les mini tests sont corrigés à la fin de la partie Vocabulaire.

Le test *TOEIC®* *Listening and Reading*

Le test *TOEIC® Listening and Reading* est élaboré par *Educational Testing Service*, une organisation américaine à but non lucratif basée à Princeton, dans le New Jersey. C'est un test international qui évalue de manière globale les capacités à communiquer en anglais dans un contexte professionnel, pour tous ceux dont la langue maternelle n'est pas l'anglais.

Présentation du test

- Le test se compose de **200 questions** et dure **2 heures**, sans aucune pause ; il se déroule uniquement en anglais :
  – **45 minutes** sont consacrées aux 100 questions de compréhension orale ;
  – **75 minutes** sont consacrées aux 100 questions de compréhension écrite.
- Chacune des deux parties du test représente entre 5 et 495 points, soit un total de **10 à 990 points** pour l'ensemble du test. La correction se fait par ordinateur, grâce à la grille de réponse remplie à l'aide d'un crayon de papier.
- Cette évaluation est standardisée, donc tout candidat ayant passé le test obtient un score qui reflète son niveau avec fiabilité. Les scores *TOEIC®* sont corrélés au **Cadre Européen Commun de Référence pour les Langues** (CECRL) pour les niveaux A1 à C1.

Compréhension orale (45 min)

Test *TOEIC® Listening and Reading* (à partir de juin 2018)		
Partie	**Nom de chaque partie**	**Nombre de questions**
1	*Photographs*	6
2	*Question-Response*	25
3	*Conversations* (with and without a visual image)	39
4	*Talks* (with and without a visual image)	30

Compréhension écrite (75 min)

5	*Incomplete Sentences*	30
6	*Text Completion*	16
7	*Reading Comprehension* • *Single passages* • *Multiple passages*	 29 25

Un test proche des vraies situations de communication

- Le test évalue les capacités à comprendre les points clés et à établir des suppositions, la **maîtrise du vocabulaire et de la grammaire** ainsi que la capacité à distinguer les sons. Il accorde une attention particulière aux compétences de base, point de départ incontournable d'une bonne maîtrise de l'anglais.
- Les thèmes généraux sont tirés de **situations de la vie professionnelle et de la vie quotidienne**. Aucune question ne requiert de maîtriser des connaissances professionnelles, ni l'histoire ou la culture d'un pays spécifique.

Une nouvelle version du test est entrée en vigueur en juin 2018

- Le test *TOEIC® Listening and Reading* a été remanié pour mieux correspondre aux **modes de communication actuels** utilisés dans la vie quotidienne et dans les milieux professionnels à travers le monde : discussions par messagerie instantanée, extraits de conversations entre trois interlocuteurs, questions où il faut trouver les éléments de réponse parmi différents supports (fichiers audio, plans, tableaux ou autres documents visuels simples).
- Pour tout renseignement concernant le test *TOEIC® Listening and Reading*, consultez le site Internet d'ETS Global : **www.etsglobal.org**.

GRAMMAIRE

Les règles à maîtriser

1. LES CATÉGORIES GRAMMATICALES

- Il suffit parfois de savoir **identifier la catégorie grammaticale du mot manquant** dans un énoncé de **Part 5** ou dans une phrase d'un texte de **Part 6** pour choisir la bonne réponse.
- Certains **suffixes** vous permettront aussi de reconnaître la catégorie grammaticale d'un mot.

1. RECONNAÎTRE LES CATÉGORIES GRAMMATICALES

Catégorie	Définition	Comment la repérer	Exemples
nom	Mot variable en nombre, il désigne une chose, un être, un concept...	Il est souvent précédé par : – un article, – un quantifieur, – un pronom possessif, – un adjectif.	*the / a* ***laptop****, some* ***cars*** *much* ***sugar****, many* ***people*** *his, my, their* ***friends*** *large* ***offices*** *expensive* ***meals***
verbe	Élément central d'une phrase, il décrit une action, un état ou un événement ; sa conjugaison précise le temps de l'action.	Il se trouve : – après un nom/pronom, – devant un (adjectif +) nom, – devant une préposition + nom. Un verbe en **sujet de phrase** est à la forme ***-ing*** et il y aura un 2e verbe dans la phrase.	*She / Helen* ***works*** *abroad.* *They* ***cook*** *great meals.* *I never* ***run*** *behind schedule.* ***Cleaning*** *the machinery* ***is*** *a weekly task.*
préposition	Mot invariable, souvent court, la préposition introduit un complément : ***in, on, for, behind...***	Elle est souvent suivie d'un nom (avec ou sans article) ou d'un pronom.	***on*** *time,* ***for*** *breakfast* ***in front of*** *your desk* ***behind*** *the screen*
conjonction	Mot invariable, elle lie deux propositions : ***and, because, after, if, when, although...***	Elle peut apparaître en début de phrase ou relier deux phrases.	***Before*** *he could answer, she had left.* *Would you like some coffee* ***while*** *you're waiting?*
adjectif	Mot invariable en anglais, il décrit un nom.	Il est placé en général avant le nom en question, souvent après un article.	***big****,* ***exciting****,* ***better****,* ***blue****...* *the* ***wooden*** *table*
pronom	Il remplace un nom (un sujet, un COD ou COI, un endroit...) : ***I, you, they, it, him, us, who, there...***	Le pronom possessif se place devant le nom pour indiquer l'appartenance.	***my*** *employer,* ***your*** *suitcase...* *Give* ***it*** *to* ***her****.*
adverbe	Il décrit l'action du verbe, ou un adjectif.	La plupart des adverbes se terminent en ***-ly***.	***carefully****,* ***quickly****...* *It must be cleaned* ***regularly****.* *This is* ***highly*** *important!*

2. LES SUFFIXES

- Un suffixe est un groupe de lettres que l'on accole à la fin d'un mot pour former un autre mot ; ce nouveau mot a souvent une catégorie grammaticale différente du mot de départ.
  Ex. : *quick* (adjectif) rapide → *quick**ly*** (adverbe) rapidement
  happy (adjectif) heureux → *happi**ness*** (nom) bonheur

- Le tableau suivant présente la plupart des suffixes en anglais et la catégorie grammaticale des mots composés avec eux.

Suffixe	Il forme des ...	Exemples	
*-ly**	**adverbes**	*high**ly**, careful**ly**,* *neutral**ly***	hautement, prudemment, de façon neutre
-ize *-fy* *-ate* *-en*	**verbes**	*priorit**ize**, organ**ize*** *ident**ify**, clar**ify*** *termin**ate**, abbrevi**ate*** *wid**en**, short**en**, length**en***	donner la priorité, organiser identifier, clarifier terminer, abréger élargir, raccourcir, allonger
-ous *-ful* *-less* *-y* *-able/ible* *-ive* *-ant/ent* *-ic* *-ical*	**adjectifs**	*marvell**ous**, cauti**ous*** *care**ful**, mind**ful*** *care**less**, mind**less*** *eas**y**, hungr**y*** *enjoy**able**, convert**ible*** *act**ive**, imaginat**ive*** *absorb**ant**, perman**ent*** *econom**ic*** *econom**ical***	merveilleux, prudent prudent, attentif négligent, irréfléchi facile, affamé agréable, convertible actif, imaginatif absorbant, permanent économique *(réforme, croissance)* économique *(voiture)*, économe *(personne)*
-er/or *-ee* *-ment* *-ity* *-ness* *-ship* *-ance/ence* *-tion/sion*	**noms**	*employ**er**, train**er**, act**or*** *employ**ee**, train**ee*** *employ**ment**, embezzle**ment*** *clar**ity**, toxic**ity*** *open**ness**, readi**ness*** *partner**ship**, member**ship*** *toler**ance**, perman**ence*** *condi**tion**, suspen**sion***	employeur, entraîneur, acteur employé, stagiaire emploi, détournement de fonds clarté, toxicité ouverture, empressement partenariat, adhésion tolérance, permanence condition, suspension

* Attention, il y a toujours des exceptions : ***lovely*** se termine par ***-ly***, mais c'est un adjectif ; ***hardly*** (à peine) ne vient pas de l'adjectif ***hard***.

Exercice 1 Reconnaître la catégorie grammaticale

▶ Corrigé p. 114

Analysez la phrase pour trouver la catégorie grammaticale du mot manquant. Choisissez entre :
nom verbe préposition conjonction adjectif pronom adverbe

1 He's an overly careful ...(man)... ......nom......
2 You should think about this very ...carefully... ......adverbe......
3 The merger of the two companies will go down .... history. ......préposit°......
4 Your main responsibility is to .... appointments. ......vb......
5 Selecting a .... candidate is our next priority. ......adjectif......
6 Mrs. Parathi would be able to help you if .... were here. ......pronom......
7 We made an offer .... it was refused. ......conjonct°......

Exercice 2 Les catégories grammaticales

▶ Corrigé p. 114

À l'aide de vos réponses à l'exercice 1, complétez ces phrases avec le mot qui convient.

1 He's an overly careful ...driver
Ⓐ drive Ⓑ drives Ⓒ driver Ⓓ driven

2 You should think about this very ... .
Ⓐ careful Ⓑ care Ⓒ caring Ⓓ carefully

3 The merger of the two companies will go down ... history.
Ⓐ because Ⓑ in Ⓒ after Ⓓ yet

4 Your main responsibility is to ... appointments.
Ⓐ schedule Ⓑ scheduling Ⓒ schedules Ⓓ scheduled

5 Selecting a ... candidate is our next priority.
Ⓐ suitably Ⓑ suitable Ⓒ suiting Ⓓ suit

6 Mrs. Parathi would be able to help you if ... were here.
Ⓐ her Ⓑ its Ⓒ she Ⓓ they

7 We made an offer ... it was refused.
Ⓐ by Ⓑ which Ⓒ that Ⓓ but

Exercice 3 Les suffixes

▶ Corrigé p. 114

Choisissez la catégorie grammaticale des mots d'après leur suffixe, puis traduisez-les.

1 tolerate
Ⓐ nom Ⓑ verbe Ⓒ adjectif Ⓓ adverbe
Traduction ...Tolérer...

2 darkness
Ⓐ nom Ⓑ verbe Ⓒ adjectif Ⓓ adverbe
Traduction ...obscurité...

3 manageable
Ⓐ nom Ⓑ verbe Ⓒ adjectif Ⓓ adverbe
Traduction ...gérable...

4 broaden
Ⓐ nom Ⓑ verbe Ⓒ adjectif Ⓓ adverbe
Traduction ...élargir...

5 essentially
Ⓐ nom Ⓑ verbe Ⓒ adjectif Ⓓ adverbe
Traduction ...essentiellement...

TEST OFFICIEL Extrait de Part 5

▶ Corrigé p. 114

Select the best answer to complete each sentence.

104. Referring to the .... in the user's manual will help you to identify the parts of the workbench.

(A) illustrate

(B) illustrator

×(C) illustration

(D) illustrated

110. Once staff has had training in the new accounting software, they will be prepared to work ....

(A) independent

×(B) independently

(C) independency

(D) independence

116. Customers expressed dissatisfaction with the cost of the phone, but complaints about the user interface were relatively ....

(A) rarest

×(B) rare

(C) rarity

(D) rarely

120. Crum Carpeting's profits have risen .... since the company introduced a new environmentally friendly carpet line.

(A) steadiness

(B) steadying

×(C) steadily

(D) steadied

122. The mayoral candidates are competing for television ....

(A) having exposed

(B) exposed

(C) expose

×(D) exposure

124. Suburban residents are .... in favor of expanding Highway 589 to relieve traffic congestion.

×(A) overwhelm

(B) overwhelmingly

(C) overwhelming

(D) overwhelms

126. Most models of the Remagine laptop computer now come with a .... keyboard.

(A) removability

(B) remove

×(C) removable

(D) remover

2. LE PRÉSENT SIMPLE ET LE PRÉSENT CONTINU

En anglais, le présent peut s'exprimer avec le **présent simple**, le **présent continu** (ou présent en ***-ing***), parfois aussi avec le ***present perfect*** et le ***present perfect continu*** *(voir le chapitre suivant)*.

1. LA FORMATION DU PRÉSENT SIMPLE ET DU PRÉSENT CONTINU

Voici un rappel de la formation du présent simple et du présent continu et des auxiliaires utilisés pour les conjuguer.

– Dans les tableaux suivants, nous avons choisi d'employer des formes contractées.
– Seule la forme active des différents temps est indiquée.
– Nous employons les abréviations **BV** pour « base verbale » (ex. : ***go***) et **V** pour « verbe ».

A. Le présent simple

Phrases affirmatives	Questions	Phrases négatives
• on n'emploie pas d'auxiliaire		
• on ajoute un -*s* au verbe à la 3e pers. du singulier *Mr. Jones **arrives** early every day.* M. Jones arrive tôt chaque jour.	**• *does* + BV à la 3e pers. du singulier** ***Does** Mr. Jones **arrive** early every day?*	**• *doesn't* + BV à la 3e pers. du singulier** *Mr. Jones **doesn't arrive** early every day.*
• on emploie la base verbale aux autres personnes *You **know** Ms. Yamada.* Tu connais Mme Yamada.	**• *do* + BV aux autres personnes** ***Do** you **know** Ms. Yamada?*	**• *don't* + BV aux autres personnes** *I **don't know** Ms. Yamada.*

B. Le présent continu

Phrases affirmatives	Questions	Phrases négatives
am / is / are* + verbe en *-ing	***am / is / are* + V-*ing***	***am not / isn't / aren't* + V-*ing***
*He**'s working** on a new program.* Il travaille sur un nouveau programme.	***Is** he **working** on a new program?*	*He **isn't working** on a new program.*
*We **are studying** the feasibility of the project.* Nous étudions la faisabilité du projet.	***Are** you **studying** the feasibility of the project?*	*We **aren't studying** the feasibility of the project.*

2. L'EMPLOI DU PRÉSENT SIMPLE, DU PRÉSENT CONTINU ET LES MOTS ASSOCIÉS

Pour identifier sans hésitation les temps à sélectionner quand vous répondez au test, vous devez déjà savoir comment bien les employer et quels sont les mots associés aux différents temps.

Temps	Utilisation	Mots associés
Présent simple	C'est un présent **permanent**, la situation ne va probablement pas changer. On parle souvent de **généralité**, d'**habitude.** ***I live** in a condo.* J'habite dans un appartement. ***She goes** to the gym on Mondays.* Elle va à la gym le lundi.	Les expressions qui signalent une généralité : ***usually, always, never sometimes...*** ***normally, now and then*** ***every day, every week*** ***on Thursdays...***
Présent continu	Il s'agit d'un présent qui est **temporaire**. L'action ou l'état risque de changer. C'est souvent une **action en cours**. ***I'm living** with my sister **at the moment**.* J'habite avec ma sœur en ce moment.	Les expressions qui indiquent que l'action se passe maintenant : ***currently, at the moment*** ***this year, this week*** ***today, still*** ***always*** (dans certains cas)

Le présent continu permet aussi de parler du futur :
*We**'re leaving** soon.*
Nous allons bientôt partir.

Exercice 1 Les auxiliaires au présent simple ou au présent continu

▶ *Corrigé p. 115*

Complétez les phrases avec les auxiliaires de la liste.

are doesn't don't does is

1 The order .... cost as much this time.
2 .... we change planes in London?
3 Can you tell me why he .... sitting in my office?
4 .... the operator prepare the parcels or is it someone else?
5 .... you coming to the conference next month?

A. Les adverbes de fréquence

- Tous les adverbes de fréquence **sont employés avec le présent simple**, à l'exception de ***always*** qui est parfois employé avec le présent continu. Voici les adverbes de fréquence les plus courants :

always	toujours	***occasionally***	de temps en temps
usually	d'habitude	***rarely/seldom***	rarement
often	souvent	***hardly ever***	presque jamais
sometimes	parfois	***never***	jamais

- Les adverbes de fréquence se placent :

– **avant le verbe principal :**

Ex. : *He **always arrives** on time.* — Il arrive toujours à l'heure.
*He **hardly ever arrives** on time.* — Il n'arrive presque jamais à l'heure.
*Does she **usually work** in this office?* — Est-ce qu'elle travaille dans ce bureau d'habitude ?

– ou **après un auxiliaire :**

Ex. : *They **are sometimes** behind schedule.* — Ils ont parfois du retard sur le planning.
*They **have always** lived in this town.* — Ils ont toujours habité dans cette ville.

B. Le cas de *always*

L'adverbe de fréquence ***always*** s'emploie généralement avec le présent simple, mais il peut aussi s'employer avec un présent continu ; le sens de la phrase est alors modifié et ***always*** exprime le plus souvent une émotion négative (comme l'exaspération). Comparez :

Ex. : *Mr. Klein* ***always loses*** *his keys.* M. Klein perd toujours ses clés.
(présent simple, c'est habituel)
Mr. Klein ***is always losing*** *his keys!* M. Klein est toujours en train de perdre ses clés !
(présent continu ; sous entendu « et c'est agaçant ! »)

Exercice 2 La phrase qui convient

▶ *Corrigé p. 115*

Pour chaque couple de phrases, entourez celle dont le verbe est correctement conjugué ou dont l'adverbe est bien placé.

1 They usually are arriving early. / They usually arrive early.
2 We go often to the headquarters in Boston. / We often go to the headquarters in Boston.
3 He sometimes has brilliant ideas! / He has sometimes brilliant ideas!
4 Cynthia is always making negative comments. / Cynthia always is making negative comments.
5 You don't always need to stay late. / You don't need always to stay late.

3. CHOISIR ENTRE LE PRÉSENT SIMPLE ET LE PRÉSENT CONTINU

Voici quelques conseils pour que vous n'hésitiez pas à choisir entre ces deux temps.

- Le présent simple **décrit une action ou un état qui ne risque pas de changer**, alors que le présent continu **décrit une action qui a une durée**, mais qui va prendre fin et changer, que ce soit après cinq minutes ou cinq mois.
  Ex. : *We* ***keep*** *the office supplies in this cabinet.*
  Nous stockons les fournitures de bureau dans cette armoire. (situation permanente)
  We ***are keeping*** *the supplies in this box because the cabinet is full.*
  Nous stockons les fournitures dans cette boîte parce que l'armoire est pleine. (situation temporaire)

- **Les verbes d'état** ne sont presque jamais employés au présent continu ; ils n'expriment ni une action ni une durée, mais plutôt un état, un processus mental ou une émotion.

Voici la liste des principaux verbes d'état.

agree être d'accord	***appear*** sembler	***be*** être	***believe*** croire	***belong*** appartenir
deny nier	***depend*** dépendre	***disagree*** ne pas être d'accord	***dislike*** ne pas aimer	***doubt*** douter
feel se sentir	***fit*** aller à qqn / rentrer	***hate*** détester	***have*** avoir	***hear*** entendre
imagine imaginer	***involve*** impliquer	***know*** savoir	***lack*** manquer de	***like*** aimer
look avoir l'air	***love*** adorer	***matter*** avoir de l'importance	***mean*** signifier	***need*** avoir besoin de
owe devoir	***own*** posséder	***please*** plaire	***possess*** posséder	***prefer*** préférer
promise promettre	***realize*** se rendre compte	***recognize*** reconnaître	***remember*** se souvenir	***see*** voir
seem sembler	***smell*** sentir	***sound*** sembler	***suit*** aller à qqn	***suppose*** supposer
surprise surprendre	***taste*** avoir un goût de	***think*** penser	***trust*** avoir confiance	***understand*** comprendre
want vouloir	***weigh*** peser	***wish*** souhaiter		

- Cependant, il peut arriver que des verbes d'état soient employés avec le présent continu ; par exemple, quand un verbe prend un autre sens que son sens le plus fréquent.
  Ex. : *He **has** a bath.* Il a une baignoire / Son logement possède une baignoire.
  (C'est le sens le plus courant de ***have***.)
  *He **is having** a bath.* Il prend un bain.
  (***have*** a ici le sens de « prendre ».)

- Quand un verbe peut avoir un sens passif et un sens actif, la forme continue est permise pour indiquer une action.

Ex. :	***taste*** (avoir un goût de / goûter)	***weigh*** (peser)
Présent simple (sens passif)	*The soup **tastes** salty.* La soupe a un goût salé.	*The parcel **weighs** 2 kilos.* Le colis pèse 2 kilos.
Présent continu (sens actif)	*The chef **is tasting** the soup.* Le chef goûte la soupe.	*The postal worker **is weighing** the parcel.* L'employé de la poste pèse le colis.

Exercice 3 Présent simple ou présent continu ?

▶ *Corrigé p. 115*

Choisissez la proposition en gras qui convient pour compléter chaque phrase.

1 The cashiers **always have / are always having** a meal break in the middle of their shift.
2 What sort of suit **do you look for / are you looking for**?
3 The two companies **are currently negotiating / currently negotiate** their merger.
4 Mr. Tanako **seldom takes / is seldom taking** a vacation.
5 **Are you working / Do you work** in the office on Fridays?
6 **Are you working / Do you work** in the office on Friday?
7 The ballet company **is appearing / appears** every evening this week at the Civic Theater.
8 It **is appearing / appears** that the Mayor is running for a second term.
9 Mrs. Hayden **is seeing / sees** a lawyer about buying a house at the moment.
10 I **am not understanding / don't understand** what you **are meaning / mean**.

TEST OFFICIEL Extrait de Part 1

▶ Corrigé p. 115

Piste 1

Look at the picture and listen to the four statements.
Select the one statement that best describes what you see in the picture.

1. Ⓐ Ⓑ Ⓒ Ⓓ

3. LE *PRESENT PERFECT* ET LE *PRESENT PERFECT* CONTINU

- Le ***present perfect*** décrit une situation ou un état commencé dans le passé qui continue dans le présent ; il fait le **lien entre un événement qui s'est déroulé et le moment présent.**
  Ex. : *You **have made** a wonderful impression.*
  Vous avez fait une très bonne impression.
  *We **have** just **spoken** to a reporter from the Herald.*
  Nous venons de parler à un journaliste du Herald.
- Le ***present perfect* sert aussi à exprimer le présent.**
  Ex. : *How long **have** you **lived** here?* Depuis combien de temps habitez-vous ici ?
  *I **have lived** here **for** two years.* Cela fait deux ans que j'habite ici. / J'habite ici depuis deux ans.
- Le ***present perfect* continu** indique qu'un événement qui a démarré dans le passé se déroule encore au moment où l'on parle.
  Ex. : *Amanda **has been working** overtime for two weeks.*
  Amanda fait des heures supplémentaires depuis deux semaines. *(et elle continue d'en faire)*

1. LA FORMATION DU *PRESENT PERFECT* ET DU *PRESENT PERFECT* CONTINU

Voici un rappel de la formation du ***present perfect*** et du ***present perfect* continu** et des auxiliaires utilisés pour les conjuguer.

– Nous avons choisi d'employer des formes contractées.
– Seule la forme active des différents temps est indiquée.
– Nous employons les abréviations **PP** pour « participe passé » (ex. : ***gone***) et **V** pour « verbe ».

A. Le *present perfect*

Phrases affirmatives	Questions	Phrases négatives
• ***has* + participe passé à la 3e pers. du singulier** *Mina **has finished** the report.* Mina a terminé le rapport.	• ***has* + PP à la 3e pers. du singulier** ***Has** Mina **finished** the report?*	• ***hasn't* + PP à la 3e pers. du singulier** *Mina **hasn't finished** the report.*
• ***have* + PP aux autres personnes** *They **have lived** in Sydney since 2015.* Ils vivent à Sydney depuis 2015.	• ***have* + PP aux autres personnes** ***Have** they **lived** in Sydney since 2015?*	• ***haven't* + PP aux autres personnes** *They **haven't lived** in Sydney since 2015.*

B. Le *present perfect* continu

Phrases affirmatives	Questions	Phrases négatives
• ***has** + **been** + **V-ing*** **à la 3e pers. du singulier** *He **has been working** on the report since this morning.* Il travaille sur le rapport depuis ce matin. • ***have** + **been** + **V-ing*** **aux autres personnes** *They **have been checking** it all day.* Ils ont passé toute la journée à le vérifier.	• ***has** + **been** + **V-ing*** **à la 3e pers. du singulier** ***Has** he **been working** on the report since this morning?* • ***have** + **been** + **V-ing*** **aux autres personnes** ***Have** they **been checking** it all day?*	• ***hasn't** + **been** + **V-ing*** **à la 3e pers. du singulier** *He **hasn't been working** on the report since this morning.* • ***haven't** + **been** + **V-ing*** **aux autres personnes** *They **haven't been checking** it all day.*

Exercice 1 Les auxiliaires au *present perfect*

▶ *Corrigé p. 116*

Complétez les phrases avec les auxiliaires de la liste.

have has been hasn't haven't been hasn't

1 The order .... arrived yet.
2 I .... lived in this house since I was a little boy.
3 I just got a job in this city, so I .... living here long.
4 He .... waiting for the parcel to arrive all day.
5 I can't believe she .... asked for a promotion yet.

2. L'EMPLOI DU *PRESENT PERFECT*, DU *PRESENT PERFECT* CONTINU ET LES MOTS ASSOCIÉS

Pour identifier le ***present perfect*** et le ***present perfect* continu**, vous devez savoir comment bien les employer et quels mots on leur associe.

Temps	Utilisation	Mots associés
Present perfect	Il décrit une **situation ou un état commencé dans le passé qui continue dans le présent**. Il permet de faire un **bilan**. *I **have** never **visited** the subsidiary.* Je n'ai jamais visité la filiale. *We **have gone** to that trade fair ten times.* Nous sommes allés à ce salon dix fois. (On quantifie l'action.)	• Les expressions qui relient le passé au présent : ***ever/never, already, yet*** ***so far, up to now, recently, lately*** ***just, still + not*** • Pour parler du présent : ***for***, ***since***
Present perfect continu	**Il insiste davantage sur l'action et sa durée.** *We **have been going** to that trade fair **for** ten years.* Cela fait dix ans que nous allons à ce salon. (On insiste sur la durée de l'action.)	***for, since***

Exercice 2 La phrase qui convient

▶ *Corrigé p. 116*

Choisissez la proposition en gras qui convient pour compléter chaque phrase.

1 We have never **been** / **being** to Tokyo.
2 She has already **worked** / **been working** on a similar project.

3 The two companies have already **agreed / agreeing** on their merger.
4 The candidates have **waited / been waiting** for an interview for over an hour.
5 I have just **seen / been seeing** the CEO leave the building.
6 Have you **sat / been sitting** in meetings since this morning?
7 Have you ever **seen / been seeing** her perform live?
8 Apparently, they have already **finished / been finishing** their presentation.
9 Mr. Sadik hasn't **returned / been returning** his rental car yet.
10 The contractor still hasn't **completed / been completing** our headquarters.

Choisir entre le présent simple et le *present perfect*

- Le choix est très simple : dès que l'on mentionne la notion de « depuis », il faut employer le ***present perfect***.
  « Je travaille ici **depuis** un mois » se traduit par *I **have worked** here **for** one month.*
  On ne peut pas utiliser le présent *I **work** here for one month*, qui signifierait « Je travaille ici pendant un mois ».
- ***For*** s'utilise avec une **durée**, ***since*** avec un **point de départ** (date, heure, siècle...) :
  Ex. : *The monument has stood here **for over a century**.*
  Le monument se trouve là depuis plus d'un siècle.
  *That car has been in front of the door **since yesterday**.*
  Cette voiture est là devant la porte depuis hier.

Exercice 3 Le choix du temps

▶ *Corrigé p. 116*

Choisissez la bonne réponse pour compléter chaque phrase.

1 We must stay in touch while we ... this project.
Ⓐ coordinate Ⓑ coordinates Ⓒ coordinating Ⓓ will coordinate

2 Mr. Yung ... for this company for the past three years.
Ⓐ worked Ⓑ has worked Ⓒ is working Ⓓ works

3 My sister ... here since she changed jobs.
Ⓐ lived Ⓑ has been living Ⓒ lives Ⓓ is living

4 I really hope my boss ... me when I tell him why I'm behind schedule.
Ⓐ believe Ⓑ believed Ⓒ is believing Ⓓ believes

5 The announcement has just said that our plane ... delayed for two hours.
Ⓐ are Ⓑ has been Ⓒ is being Ⓓ has

Exercice 4 Choisir entre deux temps

▶ *Corrigé p. 116*

Pour chaque couple de phrases, entourez celle qui est correctement conjuguée.

1 He works in IT for 20 years. / He has worked in IT for 20 years.
2 They have been running since 9 o'clock. / They are running since 9 o'clock.
3 I eat spicy food all my life. / I have eaten spicy food all my life.
4 She has waited for five minutes. / She waits since five minutes.

TEST OFFICIEL Extrait de Part 3

▶ Corrigé p. 116

Pistes 2 - 3

Questions 62-64 refer to the following conversation.

62. What is the man's job?
- (A) Scientist
- (B) Journalist
- (C) City official
- (D) Engineer

63. What has the company done during the past year?
- (A) Reduced waste
- (B) Increased sales
- (C) Started a training program
- (D) Marketed new products

64. Why does the woman say, "Well, we'd like to"?
- (A) To accept an offer
- (B) To express doubt
- (C) To request an opinion
- (D) To give a compliment

4. LES TEMPS DU PASSÉ

Plusieurs temps permettent d'exprimer le passé : le **prétérit**, le **prétérit continu** (ou prétérit en ***-ing***), le ***past perfect*** et le ***past perfect* continu**, et le ***present perfect***, qui fait le lien avec le passé, comme nous l'avons vu dans le chapitre 3.

1. LES AUXILIAIRES DU PASSÉ

Voici un rappel des auxiliaires utilisés pour conjuguer les temps du passé.

- Nous avons choisi d'employer des formes contractées.
- Seule la forme active des différents temps est indiquée.
- Nous employons les abréviations **BV** pour « base verbale » (ex. : ***go***), **PP** pour « participe passé » (ex. : ***gone***) et **V** pour « verbe ».
- Le ***present perfect*** est présenté dans le chapitre précédent.

A. Le prétérit

Phrases affirmatives	Questions	Phrases négatives
• verbes réguliers : terminaison *-ed* à toutes les personnes *They **traveled** at night and they **arrived** in the morning.* Ils ont voyagé de nuit et sont arrivés au matin.	*did* + base verbale pour tous les verbes ***Did** they **travel** ...?* ***Did** they **arrive** ...?*	*didn't* + BV pour tous les verbes *They **didn't travel** ...* *They **didn't arrive** ...*
• verbes irréguliers (voir liste **chapitre 24**) *They **came** to visit us; we **ate** at 6.30 P.M. and Jo **left** early.* Ils sont venus nous rendre visite ; nous avons mangé à 18 h 30 et Jo est partie tôt.	***Did** they **come** ...?* ***Did** we eat ...?* ***Did** she **leave** ...?*	*They **didn't come** ...* *We **didn't eat** ...* *She **didn't leave** ...*

B. Le prétérit continu

Phrases affirmatives	Questions	Phrases négatives
• avec *I, he, she, it* : *was* + V-*ing* *She **was working** this morning.* Elle travaillait ce matin.	• avec *I, he, she, it* : *was* + V-*ing* ***Was** she **working** this morning?*	• avec *I, he, she, it* : *wasn't* + V-*ing* *She **wasn't working** this morning.*
• avec *you, we, they* : *were* + V-*ing* *They **were watching** the program.* Ils regardaient l'émission.	• avec *you, we, they* : *were* + V-*ing* ***Were** they **watching** the program?*	• avec *you, we, they* : *weren't* + V-*ing* *They **weren't watching** the program.*

C. Le *past perfect*

Phrases affirmatives	Questions	Phrases négatives
had + **participe passé à toutes les personnes** *He **had gone** by the time I arrived.* Il était parti quand je suis arrivé.	***had*** + **PP à toutes les personnes** ***Had** he **gone** by the time I arrived?*	***hadn't*** + **PP à toutes les personnes** *He **hadn't gone** by the time I arrived.*

D. Le *past perfect* continu

Phrases affirmatives	Questions	Phrases négatives
had + ***been*** + **V-*ing* à toutes les personnes** *She **had been working** for months when they cancelled the project.* Cela faisait des mois qu'elle travaillait quand le projet a été annulé.	***had*** + ***been*** + **V-*ing* à toutes les personnes** ***Had** she **been working** for months when they cancelled the project?*	***hadn't*** + ***been*** + **V-*ing* à toutes les personnes** *She **hadn't been working** for months when they cancelled the project.*

Exercice 1 Les auxiliaires au passé

▶ *Corrigé p. 117*

Complétez les phrases avec les auxiliaires de la liste.

did was were didn't had

1 Unfortunately, the order .... arrive last week.
2 When the delegates arrived, there .... nobody to greet them.
3 By the time I arrived at the office, I .... received over a hundred e-mails.
4 We .... calling the shipping company when the doorbell rang.
5 .... you go to the conference last month?

2. L'EMPLOI DES TEMPS DU PASSÉ ET LES MOTS ASSOCIÉS

Pour les auxiliaires et les mots associés au ***present perfect***, voir le chapitre 3.

Temps	Utilisation	Mots associés
Prétérit	L'action ou l'état sont bien **terminés**. *I **lived** here for ten years.* J'ai habité ici pendant dix ans.	Les expressions qui fixent un moment dans le passé. ***ago, yesterday, last year*** ***at three o'clock, in 2015*** ***for** (pendant)**, when…***
Prétérit continu	Il décrit une situation ou action qui sert de « toile de fond » dans le passé. Cette action a tendance à être temporaire. *All the phones **were ringing** at the same time.* Tous les téléphones sonnaient en même temps. *I **was working** when the boss walked in.* Je travaillais quand le patron est entré.	***while***

Temps	Utilisation	Mots associés
Past perfect	Le ***past perfect*** décrit le passé d'une autre action passée. *When we arrived, the plane **had already taken off**.* Quand nous sommes arrivés, l'avion avait déjà décollé.	***already, yet***
Past perfect continu	Il décrit une action qui était en cours dans le cadre d'une autre action passée. *When the CEO arrived, the managers **had already been discussing** the project for three hours.* Quand le PDG est arrivé, cela faisait déjà trois heures que les cadres parlaient du projet.	***for, since*** ***the whole day***

3. CHOISIR ENTRE DEUX TEMPS DU PASSÉ

A. Prétérit / *Present perfect*

- Il peut être difficile pour un francophone de choisir entre le prétérit et le ***present perfect***. En général, il faut repérer les mots associés à chaque temps.

▶ *Voir p. 22 les mots associés au* present perfect.

– ***Ago*** s'emploie seulement avec le prétérit, ***since*** seulement avec le ***present perfect***.
– ***For*** peut s'employer avec les deux : avec le **prétérit**, il signifie « pendant » ; avec le ***present perfect***, il signifie « depuis ».
Ex. : *She **worked** at a publisher's **for** five years.*
Elle a travaillé chez un éditeur pendant cinq ans. (elle n'y travaille plus : **prétérit**)
*She **has worked** at a publisher's **for** five years.*
Elle travaille chez un éditeur depuis cinq ans. (elle y travaille toujours : ***present perfect***)

- Certaines phrases peuvent regrouper un **prétérit** et un ***present perfect***. Dans ce cas, il s'agit souvent d'un événement dans le passé qui sert de point de départ à une situation toujours en cours.
Ex. : *He **has worked** for us since he **moved** to Atlanta.*
Il travaille chez nous depuis qu'il a déménagé à Atlanta.

Exercice 2 Choisir entre le prétérit et le *present perfect*

▶ *Corrigé p. 117*

Choisissez la proposition en gras qui convient pour compléter chaque phrase.

1 **Have you ever seen / Did you ever see** such a complicated question?
2 She **has started /started** working for us eight years ago.
3 Jake and Sumi **have known / knew** each other since they **have been / were** little.
4 We **have arrived / arrived** at the hotel two days ago.
5 We **have just arrived / just arrived** at the hotel.
6 **Have you finished / Did you finish** working on the report yet?
7 Our company **has been / was** established in 1989.
8 Junitchi **has prepared / prepared** only three slides so far.
9 When I was in my teens long hair **has been / was** really fashionable.
10 Could you call the florist and check if she **finished / has finished** the bouquets yesterday?

B. Prétérit / Prétérit continu

On trouve souvent diverses combinaisons de ces deux temps dans une même phrase.

- **Prétérit et prétérit continu :** une action ponctuelle interrompt une autre action déjà en cours.
  Ex. : *She **was explaining** the procedure when the fire alarm **rang**.*
  Elle expliquait la procédure quand l'alarme incendie a sonné.
- **Prétérit et prétérit :** deux actions ponctuelles qui se suivent.
  Ex. : *When the boss **arrived**, everyone **concentrated** on their work.*
  Quand le patron est arrivé, tout le monde s'est concentré sur son travail.
- **Prétérit continu + prétérit continu** indiquent deux actions « toile de fond » qui se déroulent en même temps. Notez l'utilisation de ***while*** dans ce cas.
  Ex. : *He **was working** on the report **while** he **was eating** lunch.*
  Il travaillait sur le rapport pendant qu'il déjeunait.

C. Prétérit / *Past perfect*

- Le ***past perfect*** s'utilise très souvent en conjonction avec un prétérit.
  Ex. : *When I **found** the mistake in the document, it **had** already **been printed**.*
  Quand j'ai repéré l'erreur dans le document, il avait déjà été imprimé.
  (***I found*** se situe dans le passé, et ***it had been printed*** se situe encore avant ce moment.)
- On peut associer ***for*** et ***since*** au ***past perfect***. Pour insister sur la durée de l'activité avant cette action au passé, on utilise ***le past perfect* continu** et une expression de durée.
  Ex. : *They **had** only **been renovating** the building for three months when it **received** a design award.*
  Ils rénovaient l'immeuble depuis seulement trois mois quand on lui a décerné un prix pour son design.

Exercice 3 Choisir entre les temps du passé

▶ *Corrigé p. 117*

Choisissez la proposition en gras qui convient pour compléter chaque phrase.

1 All our branches **were achieving / had been achieving / achieved** excellent sales results last year.
2 The sales reps **had been traveling / had traveled / traveled** constantly during the first quarter of this year but later they were able to work from home.
3 Even if it rained a lot during my vacation last summer, I really **was enjoying / had enjoyed / enjoyed** it.
4 They had turned around and **walked / had walked / were walking** back along the street when they saw me.
5 I **finished / had finished / was finishing** discussing the project when my phone **had rung / rang / was ringing**.
6 When you phoned me last night I **worked / had worked / was working** hard.
7 While Hideo **wrote / was writing / had written** an e-mail, there was a power cut.
8 Who **was driving / drove / had driven** the car at the time of the accident?
9 The reception **has already been finishing / already finished / had already finished** when we finally **found / have found** the venue.
10 Jan missed the meeting yesterday because nobody **was telling / had told / had been telling** him about it.

Exercice 4 Le choix du temps au passé

▶ *Corrigé p. 117*

Choisissez la bonne réponse pour compléter chaque phrase.

1 When the boss walked in, everyone ... on their work.

Ⓐ concentrates
Ⓑ has concentrated
Ⓒ had concentrated
Ⓓ was concentrating

2 Mr. Yung ... for this company three years ago.

Ⓐ worked
Ⓑ has worked
Ⓒ is working
Ⓓ works

3 My sister has lived here since she ... her job.

Ⓐ lost
Ⓑ has lost
Ⓒ loses
Ⓓ will lose

4 By the time we got the order we ... a letter of complaint.

Ⓐ write
Ⓑ wrote
Ⓒ have written
Ⓓ had written

5 I really hope my boss ... me when I told him why I was behind schedule.

Ⓐ believe
Ⓑ believed
Ⓒ is believing
Ⓓ believes

6 Last week our plane ... delayed for two hours.

Ⓐ is
Ⓑ has been
Ⓒ was
Ⓓ will be

TEST OFFICIEL Extrait de Part 6

▶ Corrigé p.117

Questions 135-138 refer to the following letter.

February 10

Wayne Alvarez, District Manager
Belton Appliances
26 Oak Road
Belton, SC 27015

Dear Mr. Alvarez,

I purchased a flat-screen television from Belton Appliances that ………… (**135**) a defect a month after its warranty expired. The volume became so quiet that it was difficult to hear anything.

When I telephoned your service department to tell them I was having trouble with the ………… (**136**), the associate, Jill, informed me that several other people had also complained about this problem. ………… (**137**). In fact, the technician arrived a little earlier than the appointed time. He fixed the problem in less than one hour and did not charge me for the repair. I am writing to let you know that I have told all my friends about the ………… (**138**) service I received from your company.

Sincerely,
Vanessa Kwan

135. (A) develop
(B) developing
(C) development
(D) developed

136. (A) power
(B) lighting
(C) sound
(D) size

137. (A) The problem has not yet been resolved.
(B) She scheduled a repair for the following day.
(C) The company will offer a refund.
(D) I am waiting for an answer from the service department.

138. (A) excellent
(B) poor
(C) extreme
(D) disappointing

5. LES TEMPS DU FUTUR

- Il y a quatre façons courantes d'exprimer un **futur simple**.
  - avec ***will* + base verbale :** *The meeting **will start** at 8.30.*
  - avec ***be* + *going to* + base verbale :** *The meeting **is going to start** at 8.30.*
  - avec ***be* + verbe + *-ing* :** *The meeting **is starting** at 8.30.*
  - avec **le présent simple :** *The meeting **starts** at 8.30.*

  Toutes ces phrases se traduisent par « La réunion commencera à 8 h 30 », mais on les emploie dans des contextes différents.

- On peut aussi exprimer le futur avec :
  - le futur continu : *The meeting **will be starting** at 8.30.* (...commencera)
  - le futur antérieur : *The meeting **will have started** at 8.30.* (...aura commencé)
  - le futur antérieur continu : *By the end of May, I **will have been living** in Japan for one year.* À la fin du mois de mai, cela fera un an que je vis au Japon.

1. L'EXPRESSION DU FUTUR

- Dans le test, aucune question ne vous demandera de choisir entre deux formes au futur simple, sauf s'il s'agit d'une question de conjugaison.

Exemple :
The courier .... to pick up the parcel at 10 o'clock today.
(A) will
(B) will be
(C) going
(D) is coming

Réponse **(D)**

(D) Car il y a ***to*** avant le verbe ***pick up***.
En (C), il manque l'auxiliaire ***is***.
(A) et (B) ne peuvent pas être suivis de ***to***.

Le coursier passera prendre le colis aujourd'hui à 10 heures.

On pourrait aussi compléter cette phrase avec ***is*** tout seul ; il s'agit de la structure ***be* + *to* + base verbale** qui a le sens d'« être prévu » :
*The courier **is to pick up** the parcel at 10 o'clock.* Le coursier doit passer prendre le colis à 10 h.

- Voici un rappel de la formation des différentes façons d'exprimer le futur et des auxiliaires utilisés pour les conjuguer.

– Nous avons choisi de privilégier les formes contractées.
– Seule la forme active des différents temps est indiquée.
– Nous employons les abréviations **BV** pour « base verbale » (ex. : ***go***), **PP** pour « participe passé » (ex. : ***gone***) et **V** pour « verbe ».

A. Les formes du futur simple

Phrases affirmatives	Questions	Phrases négatives
will **à toutes les personnes + base verbale** *The concert* ***will start*** *at 8 on the dot.* Le concert commencera à 8 h pile.	***will*** **à toutes les personnes + BV** ***Will*** *the concert* ***start*** *at 8 on the dot?*	***won't*** **à toutes les personnes + BV** *The concert* ***won't start*** *at 8 on the dot.*
be going to **conjugué au présent + base verbale** *The concert* ***is going to start*** *at 8 on the dot.*	***Is*** *the concert* ***going to start*** *at 8 on the dot?*	*The concert* ***isn't going to start*** *at 8 on the dot.*
be **conjugué au présent + V-*ing*** *The concert* ***is starting*** *at 8 on the dot.*	***Is*** *the concert* ***starting*** *at 8 on the dot?*	*The concert* ***isn't starting*** *at 8 on the dot.*
présent simple *The concert* ***starts*** *at 8 on the dot.*	***do*** **(*does* à la 3e pers.) + BV** ***Does*** *the concert* ***start*** *at 8 on the dot?*	***don't*** **(*doesn't* à la 3e pers.) + BV** *The concert* ***doesn't start*** *at 8 on the dot.*

B. Le futur continu

Phrases affirmatives	Questions	Phrases négatives
will **à toutes les personnes + *be* + V-*ing*** *They* ***will be listening*** *to the performance at 8.30 this evening.* Ce soir à 20 h 30, ils seront en train d'écouter le spectacle.	***will*** **à toutes les personnes + *be* + V-*ing*** ***Will*** *they* ***be listening*** *to the performance at 8.30 this evening?*	***won't*** **à toutes les personnes + *be* + V-*ing*** *They* ***won't be listening*** *to the performance at 8.30 this evening.*

C. Le futur antérieur

Phrases affirmatives	Questions	Phrases négatives
will **à toutes les personnes + *have* + PP** *The play* ***will have finished*** *by 11.* À 11 h, la pièce sera terminée.	***will*** **à toutes les personnes + *have* + PP** ***Will*** *the play* ***have finished*** *by 11?*	***won't*** **à toutes les personnes + *have* + PP** *The play* ***won't have finished*** *by 11.*

D. Le futur antérieur continu

Phrases affirmatives	Questions	Phrases négatives
will **à toutes les personnes + *have* + *been* + V-*ing*** *At the end of today, I* ***will have been working*** *here for a week.* À la fin de la journée, cela fera une semaine que je travaille ici.	***will*** **à toutes les personnes + *have* + *been* + V-*ing*** ***Will I have been working*** *here for a week at the end of today?*	***won't*** **à toutes les personnes + *have* + *been* + V-*ing*** *I* ***won't have been working*** *here for a week at the end of today.*

Exercice 1 Le futur avec *will*

▶ Corrigé p. 118

Complétez les phrases en utilisant *will* ou sa forme négative.

1 The order .... have arrived yet.
2 When the delegates arrive, there .... be nobody to greet them.
3 Next year, I .... have worked for this company for ten years.
4 We forgot to check *(cocher)* the express delivery box and the parcel .... arrive on time.
5 .... you be coming to the conference next month?

2. L'EMPLOI DU FUTUR ET LES MOTS ASSOCIÉS

Temps	Utilisation	Mots associés
Futur simple	*Voir les exemples dans l'introduction du chapitre p. 31.*	***next week*** ***at 6 P.M.*** ***in 5 minutes***
Futur continu	Action non-permanente avec une durée. *This time tomorrow I **will be soaking up** the sun.* Demain à la même heure, je serai en train de me prélasser au soleil.	***this time next week*** ***this time tomorrow***
Futur antérieur	Pour parler d'une action qui prendra fin avant un moment dans le futur. *The mechanic says he **will have fixed** the car by Monday.* Le garagiste dit qu'il aura réparé la voiture d'ici lundi.	***by the time...*** ***by Friday***
Futur antérieur continu	Pour souligner la durée d'une action jusqu'à un point fixe dans le futur. *By the time you get to work tomorrow morning, we **will have been driving** for seven hours already!* Quand vous arriverez au travail demain matin, cela fera déjà sept heures que nous serons au volant !	***by the time*** ***by 10 o'clock*** ***for / since***

Exercice 2 Les temps du futur

▶ Corrigé p. 118

Choisissez la bonne réponse pour compléter chaque phrase.

1 We ... have more information by the end of the month.
Ⓐ are going Ⓑ will be Ⓒ will Ⓓ is going to

2 This time next year Mrs. Weiden ... retired.
Ⓐ is Ⓑ will have Ⓒ will have been Ⓓ will

3 We are going ... three temporary workers for the busy period.
Ⓐ hire Ⓑ to hire Ⓒ hiring Ⓓ to be hired

4 The cashiers ... for four hours before they get their break.
Ⓐ works Ⓑ is working Ⓒ have been working Ⓓ will have been working

5 The CEO ... to announce the acquisition on Friday.
Ⓐ will Ⓑ is Ⓒ will go Ⓓ will have been

6 Will you ... the report in time for next Friday?
Ⓐ be finished Ⓑ finishing Ⓒ have finished Ⓓ have been finishing

TEST OFFICIEL Extrait de Part 4

▶ Corrigé p. 118

Pistes 4 - 5

Questions 71-73 refer to the following advertisement.

71. What type of business is being advertised?
(A) A food company
(B) A photography studio
(C) A sporting goods store
(D) A fitness center

72. Who is Mike Clark?
(A) A television journalist
(B) A famous film actor
(C) A professional athlete
(D) A city official

73. What does the speaker encourage listeners to do?
(A) Try a free service
(B) Arrive early to an event
(C) Compare prices online
(D) Enter a contest

Extrait de Part 7

▶ Corrigé p. 118

Questions 181-185 refer to the following article and e-mail.

A Long Road to the Acoustic Galleria

AUSTIN (June 17)—This Saturday, local guitar maker Adriana Villalobos fulfills a lifelong dream of opening her own guitar shop. Located at 904 Barton Road, the Acoustic Galleria has been a work in progress for many years.

Just days after her eighteenth birthday, a young Ms. Villalobos won a blue ribbon in the woodwork category at the Norton County Fair in Los Cielos, Texas. The table she designed featured detailed inlay work that impressed both the judges and a renowned Los Cielos guitar designer, Javier Torrez, who offered her an apprenticeship in his studio, Máximo Nivel Music.

This early apprenticeship allowed Ms. Villalobos to combine her woodworking skills with another passion—music. "I grew up playing the guitar, so I was excited to learn how to make my own instruments," said Ms. Villalobos. It was during the apprenticeship that she was able to develop special inlay techniques, which involve inserting finely cut pieces of wood into guitar fretboards and bodies to create beautiful decorative designs on guitars.

Since the apprenticeship, Ms. Villalobos has spent five years honing her craft and selling her guitars to boutique music shops. Now that the Acoustic Galleria is opening, her guitars will be sold only at the Barton Road location and at Agalleria.com. The store will also house her new workshop and classrooms for music lessons. Patrons at Saturday's grand opening will be treated to demonstrations of inlay work and guitar body-shaping techniques.

E-Mail Message

From: mtorrez@arch.net
To: avillalobos@agalleria.com
Subject: RE: Acoustic Galleria
Sent: June 21

Dear Adriana,

Thank you for sending me the link to the *Austin Advance* article about the opening of your shop. I'm delighted that you have achieved this big goal. From the time I first met you at our studio, so many years ago, I knew you had a special talent for making instruments. I've seen some of the instruments that you have crafted in recent years from online pictures, and they are of the highest quality. You've come such a long way. Javier and I are proud that you started out with us.

We may be traveling to Austin for the Star Guitars Exhibition in September. If so, we will make a point of visiting you there at your new shop.

Best wishes,

Maria Torrez

181. What is the article about?

(A) The owner of a new business

(B) The relocation of a business

(C) A local music teacher

(D) An upcoming concert

182. In the article, the word "Just" in paragraph 2, line 1, is closest in meaning to

(A) equally

(B) commonly

(C) accurately

(D) only

183. According to the article, what is true about Acoustic Galleria?

(A) It will be next to a clothing boutique.

(B) It will hold performances by local artists.

(C) It will include a space to make guitars.

(D) It will celebrate an anniversary in September.

184. Why was the e-mail sent?

(A) To request information

(B) To offer congratulations

(C) To confirm the date of a visit

(D) To give advice

185. Where did Ms. Torrez first see Ms. Villalobos' work?

(A) At the Acoustic Galleria

(B) At the Norton County Fair

(C) At Máximo Nivel Music

(D) At the Star Guitars Exhibition

6. LES QUESTIONS

Il est nécessaire de connaître et de bien comprendre les diverses formes interrogatives pour réussir le test, notamment **Part 2** qui est composée de questions sans contexte.

- Certaines questions sont formées avec un **mot interrogatif + un auxiliaire + un verbe** ; ce sont des **questions ouvertes**, on ne peut pas y répondre par « oui » ou par « non » :
  Ex. : ***Where were*** *you* ***born****?* — *I was born in Ireland.*
  Où êtes-vous né ? — Je suis né en Irlande.
- D'autres sont formées avec un **auxiliaire + un verbe** ; ce sont des **questions fermées** ; on peut y répondre par « oui » ou par « non » ou de façon indirecte :
  Ex. : ***Were*** *you* ***born*** *in Ireland?*
  Yes, I was / No, I wasn't. ou *Actually, I was born in Scotland.*
  Êtes-vous né en Irlande ? Oui / Non. À vrai dire, je suis né en Écosse.
- D'autres avec un **auxiliaire + un verbe + un *tag*** ; ce sont des **questions fermées** aussi :
  Ex. : ***You were born*** *in Ireland,* ***weren't you****?* — *(mêmes réponses que ci-dessus)*
  Vous êtes né en Irlande, n'est-ce pas ?

1. LES QUESTIONS OUVERTES

Une question ouverte commence par un **mot interrogatif** et a pour objectif de recueillir des renseignements.

Exemple :

Where is Conference Room C?
(A) I can see the room.
(B) There isn't enough room.
(C) It's at the end of the corridor.

Où se trouve la salle de conférence C ?
(A) Je vois la salle.
(B) Il n'y a pas assez de place.
(C) Elle est au bout du couloir.

Réponse (C)

(C) répond à la question en indiquant où se trouve la salle de conférence.
En (A), attention à la ressemblance entre ***see*** et **C** de l'énoncé.
En (B), ***room*** (de la place) a un sens indénombrable, contrairement à ***room*** dans l'énoncé (salle).

A. Les principaux mots interrogatifs

Mots interrogatifs	Informations recherchées	Exemples	
What	chose, idée, occupation...	***What*** *equipment will you need?*	**De quel** équipement aurez-vous besoin ?
When	moment, temps	***When*** *is the deadline to submit the project?*	**Quelle** est la date limite pour soumettre le projet ?
Where	lieu	***Where*** *are the new headquarters?*	**Où** se trouve le nouveau siège social ?

Which	choix, tri	***Which*** *day is better to travel?*	**Quel** est le meilleur jour pour voyager ?
Who	personne	***Who*** *will pick Ms. Chan up from the airport?*	**Qui** va chercher Mme Chan à l'aéroport?
Whose	propriétaire	***Whose*** *car is parked in the loading bay?*	**À qui** est la voiture garée sur l'aire de chargement ?
Why	raison	***Why*** *are the technicians here?*	**Pourquoi** les techniciens sont-ils là ?
What time	heure	***What*** *time will we arrive in Beijing?*	**À quelle** heure arriverons-nous à Pékin ?
What... like	caractère	***What*** *is the new trainee* ***like****?*	**Comment est** le nouveau stagiaire ?
How	moyen, manière	***How*** *would you like your parcel sent?*	**Quel** mode d'expédition souhaitez-vous pour votre colis ?
How many	quantité dénombrable	***How many*** *photographs should be sent with the form?*	**Combien** faut-il envoyer de photos avec le formulaire ?
How much	quantité indénombrable	***How much*** *money should I take?*	**Combien** d'argent dois-je prendre ?
How long	durée	***How long*** *will it take for the repair?*	**Combien** faudra-t-il de temps pour la réparation ?
How about	réponse à une suggestion	***How about*** *traveling by train?*	**Et si** on voyageait en train ?
How often	fréquence	***How often*** *does the shuttle depart?*	La navette part **tous les combien** ?
How far	distance	***How far*** *is it to the airport?*	**À quelle distance** se trouve l'aéroport ?

Exercice 1 Les mots interrogatifs

▶ *Corrigé p. 119*

Complétez les questions avec un mot interrogatif de la liste. Les mots en gras dans les réponses sont des indices pour bien le choisir.

How often	When	Which	Where	Why
How many	Who	What	How long	How
Whose	What time	How much	How far	What... like

Questions	Réponses	Indices
1 .... was the first person to arrive today?	It was **Sally**.	*Une personne*
2 .... can I find some photocopy paper?	We keep it **in the cabinet**.	*Un endroit*
3 .... / .... is the meeting?	**Early tomorrow** morning.	*Une heure*
4 .... didn't you call me yesterday?	I forgot!	*Une raison*
5 .... applicant did you prefer?	I liked **the first one** best.	*Un choix*
6 .... did you eat?	We all had **the chicken**.	*Un objet*
7 .... is Kim traveling to Cleveland?	He's flying.	*Un moyen*
8 .... is the new boss ....?	She's **young** and very **dynamic**.	*Une description*
9 .... is the blue car parked outside?	It's **mine**!	*Le propriétaire*
10 .... people are coming?	**Five**.	*Une quantité*
11 .... time do we have?	**Not** very **much**.	*Une quantité*
12 .... is it to the post office?	Only about **half a mile**.	*Une distance*
13 .... is the mail collected?	**Three times** a day.	*Une fréquence*
14 .... have you been waiting?	Only **a few minutes**.	*Une durée*

B. Les questions avec *who*

Le mot interrogatif ***who*** peut porter sur le sujet de la phrase ou sur l'objet d'une phrase.

- ***Who*** porte sur le **sujet**. L'ordre des mots est celui d'une phrase affirmative.
  Ex. : ***Who is*** *the person over there?* — Qui est la personne là-bas ?
  Who will be *there?* — Qui sera là ?
  Who wants to help *with this project?* — Qui veut aider avec ce projet ?

- ***Who*** porte sur l'**objet**. L'ordre des mots de la question est ***who*** **+ auxiliaire + sujet + verbe**.
  Ex. : ***Who did you ask?*** — *I asked* ***Brian***.
  À qui avez-vous demandé ? — J'ai demandé **à Brian**.
  Who can you ask to help us? — *I can ask* ***them*** *to help us.*
  À qui pouvez-vous demander de nous aider ? — Je peux **leur** demander de nous aider.

Exercice 2 Les questions avec *who*

▶ *Corrigé p. 119*

Trouvez la question qui porte sur l'information donnée en gras dans ces réponses.

1 **You** can publish the book under a different name.
2 **He** will inform them later today.
3 He will inform **them** later today.
4 **They** visited a beautiful house.
5 **Fred** loves Ginger.
6 Fred loves **Ginger**.
7 I saw **the accountant** yesterday.
8 **The accountant** gave us some good advice.
9 The accountant gave **us** some good advice.
10 **Maisie** would like a new job.

2. LES QUESTIONS FERMÉES

- Une question fermée démarre par un **auxiliaire conjugué** (***be***, ***have***, ***do***) ou par un **auxiliaire modal** (***can***, ***could***, ***will***, ***would***...).
  Ex. : ***Are*** *you coming to the book fair?* — Venez-vous au salon du livre ?
  Does *she travel a lot?* — Est-ce qu'elle voyage beaucoup ?
  Would *you be willing to help me?* — Seriez-vous d'accord pour m'aider ?

- En général, la réponse à une question fermée démarre par ***Yes*** ou ***No*** ou par une expression qui a le même sens : ***That's right..., Of course..., Sure..., I'm sorry but...***
  Ex. : *Is this a good time to talk?* — Est-ce le bon moment pour discuter ?
  Yes*, let's go over the latest figures.* — Oui, examinons les derniers chiffres.
  Sure*, what did you want to know?* — Bien sûr, que vouliez-vous savoir ?
  I'm afraid not*, I'll be in a meeting soon.* — Désolé, je vais bientôt entrer en réunion.
  I'd love to but *I must phone Tim first.* — J'aimerais bien mais je dois d'abord appeler Tim.

- Parfois, ***Yes***, ***No*** ou une expression qui a le même sens n'apparaissent pas dans les propositions de réponses ; la bonne réponse est **indirecte**, ce qui augmente la difficulté de faire le bon choix.
  Ex. : *Is the air conditioning system working again?* — La climatisation fonctionne-t-elle à nouveau ?
  It has just been fixed. — Elle vient juste d'être réparée.
  The technician is coming tomorrow. — Le technicien viendra demain.

- Les questions fermées peuvent aussi commencer par un auxiliaire à la forme négative.
  Ex. : ***Don't you like*** classical music? — Vous n'aimez pas la musique classique ?
  Wouldn't it be a good idea to stop now? — Vous ne croyez pas que l'on devrait s'arrêter maintenant ?

Exercice 3 Les auxiliaires

▶ Corrigé p. 119

Complétez les phrases avec les auxiliaires *do*, *is*, *are*, *won't* ou *could*.

1 .... you going to the meeting on Monday?
2 .... you help me carry these files?
3 .... the manager be happy we've completed the project?
4 .... you really go on business trips every month?
5 .... he the only candidate for this job?

Exercice 4 Les réponses *Yes/No* ou indirectes

▶ Corrigé p. 119

Cochez la bonne réponse à chacune de ces questions fermées.

1 Is the office manager available?
Ⓐ No, she's out of the office today.
Ⓑ They are.
Ⓒ The office is free.

2 Were those people the new office workers?
Ⓐ Yes, he was.
Ⓑ All new workers must attend a meeting.
Ⓒ No, they were cleaners.

3 Weren't you going to hire two new workers?
Ⓐ It certainly was.
Ⓑ I decided to hire three.
Ⓒ Prices are higher this year.

4 Does the new assistant live nearby?
Ⓐ I'll need your assistance.
Ⓑ She's leaving in five minutes.
Ⓒ Yes, just five minutes away.

5 Don't you have a green car?
Ⓐ My car is in the garage.
Ⓑ No, mine's blue.
Ⓒ Green cars have more accidents.

6 Did you arrive on time?
Ⓐ Yes, we got there just at the last minute.
Ⓑ A rival company is dangerous.
Ⓒ He always arrives on time.

7 Didn't they send the invoice?
Ⓐ Clients must pay within 60 days.
Ⓑ It arrived this morning.
Ⓒ My voice is tired today.

8 Isn't she going to be late if she leaves now?
Ⓐ You're right, it's getting dark.
Ⓑ The bus is always late.
Ⓒ Not if she takes a taxi.

9 Has the photocopier been fixed?
Ⓐ It's working perfectly now.
Ⓑ I have a lot of photocopies to do.
Ⓒ My copy has disappeared.

10 Haven't you finished the report yet?
Ⓐ The airport isn't finished yet.
Ⓑ I didn't have enough time.
Ⓒ No thank you, not today.

3. LES *TAGS*

Les questions terminées par un ***tag*** sont très proches des questions fermées : on s'attend à une réponse ***Yes/No*** ou à une confirmation de ce qui a été dit.

Exemple :
That is a big difference, isn't it?
(A) The different people are arriving.
(B) It is significant.
(C) I beg to differ.

Cela fait une grande différence, n'est-ce pas ?
(A) Les différentes personnes arrivent.
(B) Elle est significative.
(C) Je ne suis pas du même avis.

Réponse (B)

(B) ***Significant*** : important, significatif ; c'est la bonne réponse.
En (A) et en (C), attention à ne pas rapprocher ***different*** et ***differ*** de ***difference*** dans l'énoncé.

La formation des *question tags*

- Un ***tag*** est une question courte formée avec ***be***, ***have***, ***do*** ou un auxiliaire modal (***will***, ***can***, ***could***, ***should***, etc.).
- On ajoute un ***tag*** en fin de phrase pour demander à quelqu'un son accord ou son avis, ou pour obtenir une confirmation. **Le *tag* reprend l'auxiliaire de la phrase à la forme inversée :**

– si l'auxiliaire de la phrase est à la forme affirmative, le *tag* est à la forme négative :

La phrase contient	Le *tag* est formé avec	Exemples
be	***be***	***We're*** *closing early today,* ***aren't we?*** Nous fermons tôt aujourd'hui, n'est-ce pas ?
have	***have***	***They have received*** *a new offer,* ***haven't they?*** Ils ont reçu une nouvelle offre, non ?
un auxiliaire modal	**le même modal**	• ***(will)*** *–* ***The two companies will*** *merge,* ***won't they?*** Les deux sociétés vont fusionner, non ? • ***(should)*** *–* ***You should check*** *with the airline,* ***shouldn't you?*** Vous devriez vérifier auprès la compagnie aérienne, vous ne croyez pas ? • ***(could)*** *–* ***We could*** *arrive the next morning,* ***couldn't we?*** Nous pourrions arriver le lendemain matin, non ?
un verbe	***do***	***You drink*** *tea,* ***don't you?*** Vous buvez bien du thé ?

Si la phrase de départ ne contient pas d'auxiliaire, le ***tag*** se forme avec ***do*** ou ***does / don't / doesn't*** pour les phrases au présent, ***did*** ou ***didn't*** pour les phrases au prétérit.

– si l'auxiliaire de la phrase est à la forme négative, le *tag* est à la forme affirmative :

La phrase contient	Le *tag* est formé avec	Exemples
be	***be***	***We're*** *not closing early today,* ***are we?*** Nous ne fermons pas tôt aujourd'hui, n'est-ce pas ?
have	***have***	***They haven't got*** *a new offer,* ***have they?*** Ils n'ont pas de nouvelle offre, si ?
do	***do***	***You don't drink*** *tea,* ***do you?*** Vous ne buvez pas de thé, si ?
un auxiliaire modal	**le même modal**	• ***(will)*** *–* ***The two companies won't*** *merge,* ***will they?*** Les deux sociétés ne vont pas fusionner, si ? • ***(can)*** *–* ***We can't*** *expect to do as well as last year,* ***can we?*** On ne peut pas s'attendre à faire aussi bien que l'an dernier, si ? • ***(could)*** *–* ***You couldn't*** *come tomorrow instead,* ***could you?*** Vous ne pourriez pas venir demain à la place, par hasard ?

Exercice 5 Les *question tags*

▶ *Corrigé p. 119*

Ajoutez le *tag* qui convient à chaque phrase.

1 You **can** speak Russian, ... ?
2 There **isn't** any paper left in the machine, ... ?
3 There **were** fifty new employees last year, ... ?
4 Your manager **has** decided to leave, ... ?
5 You **haven't** made your decision yet, ... ?
6 Only Marielle **was** present during the theft, ... ?
7 You **remembered** to turn off the lights, ... ?
8 Our plan is complicated, but it **is** going to work, ... ?
9 We **could** ask for a subsidy, ... ?
10 The workers on the first shift **start** at 6 in the morning, ... ?

TEST OFFICIEL Extrait de Part 2

Exercice 1 Les questions ouvertes

▶ Corrigé p. 120

Piste 6

Select the best response to each question.

7	Ⓐ	Ⓑ	Ⓒ
8	Ⓐ	Ⓑ	Ⓒ
9	Ⓐ	Ⓑ	Ⓒ
10	Ⓐ	Ⓑ	Ⓒ
11	Ⓐ	Ⓑ	Ⓒ
13	Ⓐ	Ⓑ	Ⓒ
15	Ⓐ	Ⓑ	Ⓒ
23	Ⓐ	Ⓑ	Ⓒ
31	Ⓐ	Ⓑ	Ⓒ

Exercice 2 Les questions fermées

▶ Corrigé p. 120

Piste 7

Select the best response to each question.

16	Ⓐ	Ⓑ	Ⓒ
21	Ⓐ	Ⓑ	Ⓒ
24	Ⓐ	Ⓑ	Ⓒ
25	Ⓐ	Ⓑ	Ⓒ
29	Ⓐ	Ⓑ	Ⓒ

Exercice 3 Les *question tags*

▶ Corrigé p. 120

Piste 8

Select the best response to each question.

20	Ⓐ	Ⓑ	Ⓒ
30	Ⓐ	Ⓑ	Ⓒ

7. LES AUXILIAIRES MODAUX

- Les modaux sont des mots qui s'utilisent en association avec un verbe principal : ***can***, ***could***, ***shall***, ***should***, ***will***, ***would***, ***may***, ***might***, ***must***.
- **Au présent,** chaque modal représente une fonction décrite dans le tableau ci-dessous.
- ***Can***, ***could***, ***shall***, ***should***, ***will***, ***would***, ***may***, ***might*** et ***must*** ne sont jamais suivis de ***to***, contrairement à ***ought to***, ***have to*** et ***don't need to***.

1. LES AUXILIAIRES MODAUX AU PRÉSENT

Modal	Fonction	Exemple	
can	capacité	***Can*** *you drive?*	Savez-vous conduire ?
may / can	permission	*You* ***may*** *not water your garden during a drought.*	Vous n'avez pas le droit d'arroser votre jardin lors d'une sécheresse.
mustn't / can't	interdiction	*You* ***mustn't*** *leave the house in the event of a hurricane.*	Vous ne devez pas quitter la maison pendant un ouragan.
must / have to	obligation	*You* ***have to*** *take vitamin C if you want to recover quickly.*	Vous devez prendre de la vitamine C si vous voulez vous rétablir rapidement.
don't have to *don't need to* *needn't*	absence d'obligation	*You* ***don't have*** *to have a smartphone, but it's useful.*	Vous n'êtes pas obligé d'avoir un smartphone, mais c'est utile.
shall (seulement avec *I* et *we*)	suggestion	***Shall*** *I go and see if the mail has arrived?*	Et si j'allais voir si le courrier est arrivé ?
should, shouldn't *ought to* *ought not to*	conseil	*If you have asthma, you* ***ought not to*** *go outside when there is a high level of pollution.* *You* ***should have told*** *me you were ill.*	Si vous faites de l'asthme, vous ne devriez pas sortir pendant un pic de pollution. Vous auriez dû me dire que vous étiez malade.
can / could	demande	***Could*** *you tell me more about this project?*	Pourriez-vous m'en dire plus long sur ce projet ?
must	forte probabilité	*Someone's at the door, it* ***must*** *be Bill.*	Il y a quelqu'un à la porte, c'est sûrement Bill.
can't	incrédulité	*It* ***can't*** *be snow, we're in summer!*	Ça ne peut pas être de la neige, nous sommes en été !
might / may / could	possibilité	*There* ***might*** *be a merger soon.*	Il se peut qu'il y ait bientôt une fusion.

- ***Must*** et ***have to*** expriment tous les deux une idée d'obligation ; par contre, ***mustn't*** et ***don't have to*** n'ont pas du tout le même sens !
  Ex. : *You **mustn't wear** a suit to work.* — Il est interdit de porter un costume au travail.
  *You **don't have to wear** a suit to work.* — Vous n'êtes pas obligé de porter un costume au travail.

Exercice 1 Les modaux au présent

▶ *Corrigé p. 121*

Choisissez le modal en gras qui convient pour compléter chaque phrase.

1 The weather report says it **can / might** rain later today.

2 I'm on vacation at last! I **don't have to / mustn't** get up before 10 if I don't want to!

3 We **ought / should** to reorganize the office this week.

4 There **can't / mustn't** be a new CEO already, I don't believe it!

5 I don't think you **must / should** drink coffee so late at night.

2. LES AUXILIAIRES MODAUX AU PASSÉ

A. Les substitutions de modaux au passé

Au passé on utilise :

- ***could*** ou ***was able to*** à la place de ***can***.
  Ex. : *Tran **couldn't drive** when he was 16 years old.*
  Tran ne savait pas conduire à l'âge de 16 ans.

– ***Could*** exprime une **généralité** au passé.
  Ex. : *Tobey **could swim** when he was five.*
  Tobey savait nager à l'âge de cinq ans.

– ***Was able to*** s'emploie pour une action isolée.
  Ex. : *I **was able to get** a table by the window.*
  J'ai pu avoir une table près de la fenêtre.

– ***Was able to*** décrit une capacité dans le passé et sous-entend « réussir à faire quelque chose ».
  Ex. : *Tobey **was able to swim** when he was five.*
  Tobey savait déjà nager à l'âge de cinq ans.
  *He **was able to fix** the printer without any help.*
  Il a réussi à réparer l'imprimante tout seul.

- ***had to*** à la place de ***must*** pour exprimer une obligation.
  Ex. : *We **had to take** the dog to the vet.*
  On a dû emmener le chien chez le vétérinaire.

- ***needed to / didn't need to*** sont les formes au passé de ***need to***.
  Ex. : *We **didn't need to take** any money.*
  Nous n'avions pas besoin de prendre de l'argent.

B. La structure modal + *have* + participe passé

- Seulement quelques modaux s'emploient à cette forme.

Exemples :

*You **should/shouldn't have helped** him.* *You **ought/oughtn't to have helped** him.*	Vous auriez / n'auriez pas dû l'aider.
*You **needn't have helped** him.*	Ce n'était pas nécessaire de l'aider (mais vous l'avez fait).
*You **could/couldn't have helped** him.*	Vous auriez pu / n'auriez pas pu l'aider.
*You **might have helped** him.*	Vous auriez pu l'aider. (sous entendu : jugement)

Le modal ***would / wouldn't*** s'emploie aussi avec ***have***. ▶ *Voir le chapitre 8 sur le conditionnel.*

- On peut utiliser ***can't / might / could / must*** + ***have*** + **le participe passé** pour faire une hypothèse sur le passé.
  Ex. : *Sven* ***can't have stolen*** *the keys, he wasn't present.*
  Sven n'a pas pu voler les clés, car il n'était pas là.

  Rosina ***might/could have done it****, but I'm not sure.*
  Rosina aurait pu le faire, mais je n'en suis pas certain.

  Rosario ***must have done*** *it, as he is the only one with a motive.*
  Rosario a dû le faire, car il est le seul à avoir un mobile.

Distinguez bien ***They had to leave early*** et ***They must have left early*** : ces deux phrases se traduisent par « ils ont dû partir tôt ». La première indique que les personnes ont été obligées de partir tôt, on en est sûr ; la seconde n'est qu'une supposition ; on suppose que les personnes sont parties tôt.

Exercice 2 Les modaux au passé

▶ *Corrigé p. 121*

Choisissez le modal en gras qui convient pour compléter chaque phrase.

1 You **should / shouldn't** have put down the hot pan on the bench, it's got a mark now.
2 The secretary **can't / wasn't able to** have finished typing the newsletter because its contents have not been validated.
3 Shoshanna **was able to / could** book a table at the most expensive restaurant in town.
4 We **had to / might** have won the tender *(appel d'offres)*, with a slightly lower budget.
5 You **may / must** have been delighted when you got that promotion.

3. LES DEMANDES POLIES

- Les demandes polies comprennent les propositions, les suggestions, les offres d'aide.

Exemple :
Could you replace Iris while she is on sick leave?
(A) Of course I can.
(B) I feel a little sick.
(C) We leave at six.

Pourriez-vous remplacer Iris pendant son arrêt maladie ?
(A) Bien sûr.
(B) Je ne me sens pas très bien.
(C) Nous partons à six heures.

Réponse (A)

(A) répond positivement à l'énoncé, c'est la bonne réponse.
(B) reprend le vocabulaire de l'énoncé mais n'y répond pas.
(C) Attention aux confusions possibles entre le verbe ***leave*** (partir) et le nom ***leave*** (congé) ainsi qu'entre ***sick*** et ***six***.

- Les demandes polies sont formées avec des auxiliaires modaux :

– ***can / could / would*** pour une **requête** :
  Ex. : ***Would*** *you let us use your premises?* Nous laisseriez-vous utiliser vos locaux ?

– ***shall*** pour une **suggestion** :
  Ex. : ***Shall*** *I make them a new offer?* Dois-je leur faire une nouvelle proposition ?

– ***would you like*** pour **proposer** quelque chose :
  Ex. : ***Would you like*** *to see a sample?* Souhaitez-vous voir un échantillon ?

– ***may*** pour demander la **permission** :
  Ex. : ***May*** *I ask you a question?* Puis-je vous poser une question ?

Exercice 3 Les demandes polies

▶ Corrigé p. 121

Cochez la bonne réponse à ces questions.

1 Would you hold the door open for me please?
Ⓐ The doors open at 9 every day.
Ⓑ I'd be pleased to.
Ⓒ We hold a meeting every Monday.

2 Would you like some help?
Ⓐ I can manage, thanks.
Ⓑ I like helping people.
Ⓒ Thank you for helping me.

3 Shall we stop for lunch now?
Ⓐ There's a great new restaurant on 5th Avenue.
Ⓑ I can do the copies after lunch.
Ⓒ I'd rather finish this first.

4 May I contact you by phone again next week?
Ⓐ The phone signal is weak.
Ⓑ In May would be a good time.
Ⓒ That would be fine.

4. *LIKE – WOULD LIKE – BE LIKE*

- ***Like*** exprime une généralité, ***would like***, un désir ou une préférence dans une situation donnée.
  Ex. : ***I like*** *tea.* — J'aime le thé.
  Do you like *tea?* — Aimez-vous le thé ?
  I would like *(some) tea.* — Je voudrais du thé.
  Would you like *(some) tea?* — Voudriez-vous du thé ?

> ***What … like?*** ne demande pas la description physique de quelqu'un, mais quels sont ses traits de caractère.

- ***Be like*** s'emploie pour décrire quelque chose.
  Ex. : *Your new office* ***is*** *very much* ***like*** *the old one.*
  Votre nouveau bureau ressemble beaucoup à l'ancien.
  What is the new CEO ***like****?*
  Comment est le nouveau PDG ?

Exercice 4 *Like – Would like – Be like*

▶ Corrigé p. 121

Choisissez la bonne réponse en faisant attention aux possibles confusions.

1 Would you like something to drink?
Ⓐ I like coffee.
Ⓑ I'll have a coffee.
Ⓒ The coffee is in the pot.

2 What is the new beverage like?
Ⓐ No thank you, I'm not thirsty.
Ⓑ The Marketing Department says it is refreshing.
Ⓒ Yes, I would like a soda.

3 There is a new movie theater in the mall.
Ⓐ I'd like to do that.
Ⓑ What is she like?
Ⓒ Would you like to go?

4 Do you like sleeping on the train?
Ⓐ I like taking the train.
Ⓑ I'd like to sleep tonight.
Ⓒ I find it very relaxing.

5 Why are you leaving early?
Ⓐ I like to get to airports with plenty of time.
Ⓑ That's what I like about you.
Ⓒ I know what she likes.

5. LES SUGGESTIONS

Nous avons vu dans « Les demandes polies », page 44, que ***shall*** permettait de faire une suggestion. Il existe bien d'autres façons de proposer quelque chose et il faut les connaître car vous pouvez les rencontrer lors du test.

- Avec un **modal suivi d'une base verbale :**
  Ex. : ***Shall*** *we* ***stop*** *now?* — Et si on s'arrêtait maintenant ?
  You ***could / should stop*** *now.* — Vous pouvez / Vous devriez vous arrêter maintenant.
- Avec ***let's*** ou ***why don't you/we...*** **+ base verbale :**
  Ex. : ***Let's stop*** *now.* — Arrêtons-nous maintenant.
  Why don't you stop *now?* — Pourquoi ne pas s'arrêter maintenant ?
- Avec ***how about*** ou ***what about*** **+ verbe en** ***-ing*** **:**
  Ex. : ***How / What about stopping*** *now?* — Et si on s'arrêtait maintenant ?
- Avec le conditionnel :
  Ex. : ***If I were you****, I* ***would stop*** *now.*
  À votre place, je m'arrêterais maintenant.

Attention, on ne dit jamais ***if I was you...***

Exercice 5 Les suggestions

▶ *Corrigé p. 121*

Reliez les deux colonnes pour former des suggestions ; une seule configuration permet de compléter logiquement toutes les phrases. Faites bien attention à la ponctuation.

Why don't you •	• go out this evening.
Shall I •	• trying that new restaurant?
Let's •	• get you a coffee?
How about •	• take a break?

TEST OFFICIEL Extrait de Part 2

▶ *Corrigé p. 122*

Piste 9

Select the best response to each question.

12	Ⓐ Ⓑ Ⓒ		**22**	Ⓐ Ⓑ Ⓒ
14	Ⓐ Ⓑ Ⓒ		**27**	Ⓐ Ⓑ Ⓒ
17	Ⓐ Ⓑ Ⓒ		**28**	Ⓐ Ⓑ Ⓒ
19	Ⓐ Ⓑ Ⓒ			

Extrait de Part 7

▶ *Corrigé p. 122*

Questions 155-156 refer to the following text message chain.

155. At 8:52 A.M., what does Ms. Ortiz most likely mean when she writes, "No problem"?
(A) She will send a phone number to Ms. Ahn.
(B) She will reschedule transportation.
(C) She agrees that Ms. Ahn should change her flight.
(D) She will write down the flight information.

156. When will Ms. Ahn's plane leave San Juan?
(A) At 9:50 A.M.
(B) At 12:45 P.M.
(C) At 1:00 P.M.
(D) At 4:00 P.M.

8. LE CONDITIONNEL - LE SUBJONCTIF AMÉRICAIN

1. LE CONDITIONNEL

Il existe quatre façons de faire une phrase au conditionnel en anglais.

- Le conditionnel zéro, **pour un fait établi :**
  if **+ présent simple / présent simple**
  Ex. : ***If*** *you* ***eat*** *less, you* ***lose*** *weight.*
  Si vous mangez moins, vous perdez du poids.

- Le 1er conditionnel, **pour une situation qui va se réaliser si on remplit la condition :**
  if **+ présent simple /** ***will*** **+ base verbale**
  Ex. : ***If*** *you* ***eat*** *healthily, you* ***will live*** *longer.*
  Si vous mangez correctement, vous vivrez plus vieux.

> On ne trouve jamais deux fois ***will*** ni deux fois ***would*** dans la même phrase.
> ~~*I will say hello when I will see her.*~~
> *I will say hello when I see her.*
> Je lui dirai bonjour quand je la verrai.

- Le 2e conditionnel, **pour un présent irréel** (la condition est possible mais n'est pas remplie) :
  if **+ prétérit /** ***would*** **+ base verbale**
  Ex. : ***If*** *you* ***went*** *to the gym more often, you* ***would be*** *fitter than you are.*
  Si tu allais plus souvent à la gym, tu serais plus en forme.

- Le 3e conditionnel, **pour un passé irréel** (ça ne s'est pas passé comme ça) :
  if **+** ***had*** **+ participe passé /** ***would have*** **+ participe passé**
  Ex. : ***If*** *I* ***had bought*** *some vegetables, we* ***would have had*** *a healthy lunch, instead of this pizza.*
  Si j'avais acheté des légumes, on aurait eu un déjeuner plus sain, au lieu de cette pizza.

- ***If*** peut être remplacé dans les deux premiers conditionnels par ***when*** (quand), ***as soon as*** (dès que), ***the moment*** (l'instant), ***before*** (avant), ***after*** (après), ***until*** (jusqu'à), ***unless*** (à moins que).
  Ex. : ***The moment*** *you* ***give up*** *smoking you* ***will*** *notice an improvement in your health.*
  Dès que vous arrêterez de fumer, vous remarquerez une amélioration de votre santé.

> Ne mélangez pas les éléments des différentes formes du conditionnel.
> Ex. : ***If I go*** *to the gym,* ~~*I would*~~ / ***I will be*** *fitter.* Si je vais à la gym, je serai / ~~serais~~ plus en forme.

- Dans un contexte plus formel, ***should*** peut être utilisé à la place de ***if***.
  Ex. : ***Should*** *you see him, tell him that I need to speak to him.*
  Si jamais vous le voyez, dites-lui que j'ai besoin de lui parler.

  Should *we arrive early, we will go and have lunch.*
  Si jamais nous arrivons en avance, nous irons déjeuner.

- On peut remplacer ***will*** et ***would*** par ***might*** ou ***could***. Comparez :

Ex. : *I* ***will*** *help you if I have time.*	Je t'aiderai si j'en ai le temps.
I ***might*** *help you if I have time.*	Je t'aiderai peut-être si j'en ai le temps. (c'est moins sûr qu'avec ***will***)
I ***would*** *help you if I had time.*	Je t'aiderais si j'en avais le temps.
I ***could*** *help you if I had time.*	Je pourrais t'aider si j'en avais le temps. (j'en serais capable, mais je n'ai pas le temps)
I ***could*** *have helped you if you had asked.*	J'aurais pu t'aider si tu me l'avais demandé. (j'en étais capable, mais tu n'as pas demandé)

Exercice 1 Le conditionnel

▶ Corrigé p. 122

Complétez chaque phrase avec un mot de la liste. Il y a deux possibilités pour la phrase 4.
unless would will if have until

1 The contract .... be signed tomorrow if all goes well.
2 They would .... noticed if anything was wrong.
3 You .... have known that if you had attended the meeting.
4 I won't pay the contractor .... he presents me with an invoice.
5 .... you hadn't left before me, I would have given you a lift home.

If ou *whether* ?

- ***Whether*** peut remplacer ***if*** seulement si un choix se présente.
  Ex. : *He can't decide **whether/if** he wants to stay or not.*
  Il n'arrive pas à décider s'il veut rester ou non.
- ***Whether*** ne peut pas remplacer ***if*** dans un conditionnel (car il n'y a pas de choix à faire).
  Ex. : *We will go to the beach **if** / ~~**whether**~~ it doesn't rain.*
  Nous irons à la plage s'il ne pleut pas.

Exercice 2 Les modaux et le conditionnel

▶ Corrigé p. 122

Choisissez la bonne réponse pour compléter la phrase.

1 If you keep working so hard, you ... tired.
Ⓐ will get Ⓑ would get Ⓒ getting Ⓓ were

2 Prices go up when demand ... high.
Ⓐ be Ⓑ is Ⓒ was Ⓓ would be

3 If you ... your laptop, we could have finished the presentation.
Ⓐ don't lose Ⓑ haven't lost Ⓒ won't lose Ⓓ hadn't lost

4 I'm sure you would have gotten that job ... you had sent in an application.
Ⓐ if Ⓑ when Ⓒ whether Ⓓ before

5 You will receive a discount if you ... in bulk.
Ⓐ will purchase Ⓑ would purchase Ⓒ purchase Ⓓ purchased

2. LE SUBJONCTIF AMÉRICAIN

- Les Américains utilisent le subjonctif avec certains verbes.
  Ex. : *Mr. Wong's boss **insisted that he finish** the presentation.*
  Le chef de M. Wong a insisté pour qu'il termine la présentation.
  Il manque le **-s** de la 3e personne dans cet exemple : **le subjonctif se présente comme une base verbale, il n'est pas conjugué.**
- Les verbes suivants sont suivis du subjonctif : ***that*** **+ sujet + base verbale**.

advise	conseiller	***insist***	insister	***recommend***	recommander
ask	demander	***intend***	avoir l'intention de	***request***	demander
demand	exiger	***prefer***	préférer	***require***	demander
desire	désirer	***propose***	proposer	***suggest***	suggérer

Ex. : *The store manager* ***has proposed that we start*** *stocktaking early tomorrow.*
Le gérant a proposé que nous commencions l'inventaire tôt demain.

She ***insisted that she pay*** *for his own meal.* Elle a insisté pour payer son propre repas.
We ***suggested that he be*** *promoted.* Nous avons suggéré qu'il soit promu.

- On emploie également le subjonctif après certains adjectifs, tels que ***advisable***, ***important***, ***necessary***, ***crucial***, ***preferable***, ***vital***.
  Ex. : *It is* ***vital*** *that he* ***understand*** *the importance of taking these measures.*
  Il est essentiel qu'il comprenne l'importance de prendre ces mesures.

- On utilise aussi le subjonctif avec le conditionnel. Cette forme ne se remarque qu'avec le verbe ***be***.
  Ex. : *If it* ***were*** *possible, I* ***would take*** *a direct flight to Oslo.*
  Si c'était possible, je prendrais un vol direct pour Oslo.

> Au conditionnel, on emploie ***were*** à toutes les personnes : ***if it were possible***.

Exercice 3 Consignes et subjonctif américain

▶ *Corrigé p. 123*

Choisissez la bonne réponse pour compléter la phrase.

1 She suggested that he ... a cheaper lawyer.
Ⓐ find Ⓑ found Ⓒ finding Ⓓ is finding

2 We propose that she ... with team A in the morning and team B in the afternoon.
Ⓐ work Ⓑ works Ⓒ worked Ⓓ working

3 If the weather ... so bad, we would eat outside.
Ⓐ was Ⓑ were Ⓒ weren't Ⓓ isn't

4 It is crucial that he ... the report before the end of the week.
Ⓐ publish Ⓑ published Ⓒ will publish Ⓓ is publishing

5 Don't you wish your office ... bigger?
Ⓐ is Ⓑ were Ⓒ weren't Ⓓ are

TEST OFFICIEL Extrait de Part 6

▶ *Corrigé p. 123*

Questions 131-134 refer to the following advertisement.

Come to the Pebble River Resort, where our three restaurants present culinary adventures for every taste! .... (**131**). Its award-winning chefs offer a classic dining experience .... (**132**) by our regional heritage. .... (**133**) you prefer more casual fare, the Old Sands Grill features seasonal dishes served on the stone terrace. Also, be sure to visit .... (**134**) Sweet Shop to enjoy some handmade chocolates or pastries. Located just an hour from busy Johannesburg, we are an ideal vacation or business conference destination.

131. (A) The dining choices vary daily.
(B) Advance reservations are strongly recommended.
(C) Our most formal restaurant is the Riverbank Restaurant.
(D) Favorite dishes include many dessert specialties.

132. (A) influenced
(B) influential
(C) influencing
(D) influence

133. (A) Because
(B) Rather
(C) Should
(D) Though

134. (A) his
(B) our
(C) another
(D) this

9. LE PASSIF

- On emploie le passif pour s'intéresser davantage à l'action qu'à la personne qui effectue l'action.

- **Forme active :**
  Ex. : *The workers* ***make the candy*** *from fruit juice.*
  Les ouvriers fabriquent les bonbons à partir de jus de fruits. *(L'agent est « les ouvriers ».)*
- **Forme passive :**
  Ex. : ***The candy is made*** *from fruit juice.*
  Les bonbons sont fabriqués à partir de jus de fruits. *(On ne s'intéresse pas aux ouvriers.)*

- On emploie aussi le passif pour **décrire un processus.**
  Ex. : *First, the juice* ***is heated.***
  D'abord, on fait chauffer le jus de fruit.
  [Qui le fait ? Cela n'a pas d'importance.]
  Then other ingredients ***are added.***
  Puis, on ajoute d'autres ingrédients.
  Finally, the candy ***is tested*** *for quality.*
  Enfin, on teste la qualité des bonbons.

Après le verbe auxiliaire ***be***, il n'y a que deux formes possibles :
be + verbe en ***-ing*** (forme active)
et ***be*** + participe passé
(forme passive).

1. FORMER LE PASSIF

Formons le passif à partir de la phrase à la forme active suivante :

The realtor ***sold*** *my house in under a week.*
L'agent immobilier a vendu ma maison en moins d'une semaine.

1	Pour former le passif, on regarde en premier **le temps** du verbe à la forme active : ***sold*** = prétérit.
2	On **inverse** le sujet et l'objet en y ajoutant ***by*** : *The realtor ... my house... → My house...* ***by*** *the realtor.*
3	On conjugue le verbe ***be*** au même temps que celui de la phrase de départ (= prétérit, donc ***was***) et on ajoute le participe passé du verbe de départ : ***sold*** (actif) devient ***was sold*** (passif). *My house* ***was sold by*** *the realtor in under a week.* Ma maison a été vendue par l'agent immobilier en moins d'une semaine.
4	• On peut ensuite se demander si l'agent (ici, *the realtor*) est nécessaire. On a tendance à ne pas le mettre s'il est évident : *The police have arrested the burglar. → The burglar* ***has been arrested.*** La police a arrêté le cambrioleur. → Le cambrioleur a été arrêté. *(Seule la police peut arrêter quelqu'un.)* • Le responsable de l'action peut être ajouté à la phrase avec ***by*** quand c'est nécessaire. *Our guest-cottage* ***was leased by my neighbor's aunt.*** Notre gîte nous a été loué par la tante de mon voisin. *(Ici, l'agent est un élément important.)*

2. CONJUGUER L'AUXILIAIRE *BE*

Voici comment conjuguer ***be*** au passif ; le participe passé qui suit ***be*** ne change pas, quel que soit le temps.

Présent simple	*am / are / is*	*1 billion pairs of jeans* ***are sold*** *each year worldwide*
Présent continu	*am being* *are being* *is being*	*1 billion pairs of jeans* ***are being sold*** *worldwide.*
Prétérit	*was* *were*	*1 billion pairs of jeans* ***were sold*** *worldwide.*
Prétérit continu	*was being* *were being*	*1 billion pairs of jeans* ***were being sold*** *worldwide.*
Present perfect	*have been* *has been*	*1 billion pairs of jeans* ***have been sold*** *worldwide.*
Past perfect	*had been*	*1 billion pairs of jeans* ***had been sold*** *worldwide.*
Futur avec *will*	*will be*	*1 billion pairs of jeans* ***will be sold*** *worldwide.*
Futur avec *be going to*	*is going to be* *are going to be*	*1 billion pairs of jeans* ***are going to be sold*** *worldwide.*
Futur antérieur	*will have been*	*1 billion pairs of jeans* ***will have been sold*** *worldwide.*

Exercice 1 Conjuguer *be*

▶ *Corrigé p. 123*

Complétez les phrases avec *be* conjugué à la forme indiquée entre parenthèses.

1 Over 20% more cars .... built last year. (prétérit)

2 All our rooms .... booked for the entire week. *(present perfect)*

3 I think Profesor Nakamura's latest book .... sold in great numbers. (futur)

4 All the lights .... turned off by the time we left the office. *(past perfect)*

5 Our products .... packaged as soon as they leave the production line. (présent)

Exercice 2 Actif ou passif ?

▶ *Corrigé p. 123*

Choisissez la proposition en gras qui convient (forme active ou forme passive) pour compléter ces phrases.

1 Hundreds of houses **are building / are built** every year.

2 The police **arrested / was arrested** the thief.

3 The meeting **will hold / will be held** on Wednesday evening.

4 Minh's motorbike **was stealing / was stolen** during the weekend.

5 The taxes **include / are included** in the price.

Exercice 3 Le passif

▶ *Corrigé p. 123*

Choisissez la bonne réponse pour compléter la phrase.

1 The contractors ... a non-compete clause.

Ⓐ will have to sign
Ⓑ will be signed
Ⓒ are signed
Ⓓ are being signed

2 I was so ... during the conference.

Ⓐ bore
Ⓑ bored
Ⓒ boring
Ⓓ boredom

3 The hotel ... when I was last there.

Ⓐ renovated
Ⓑ was renovating
Ⓒ will be renovated
Ⓓ was being renovated

4 The committee ... several new proposals.

Ⓐ is considered
Ⓑ is considering
Ⓒ was considered
Ⓓ is being considered

5 The three-day subway breakdown was very ... for the commuters.

Ⓐ annoy
Ⓑ annoyed
Ⓒ annoyance
Ⓓ annoying

6 The equipment ... if it was too old.

Ⓐ would have been replaced
Ⓑ would have replaced
Ⓒ would replace
Ⓓ would have been replacing

TEST OFFICIEL **Extrait de Part 5** ▶ *Corrigé p. 124*

Select the best answer to complete each sentence.

118. Two water-quality studies, which .... last week, reflect the hard work of the Water Resource Council to keep local water clean.

(A) were released
(B) were being released
(C) had released
(D) had been releasing

128. In response to the consumer complaints, assembly instructions for the model 481 bookshelf have been ....

(A) acknowledged
(B) estimated
(C) controlled
(D) simplified

130. Owing to his knowledge of historic buildings, Luis Harmon was .... to lead the Main Street Restoration Project.

(A) persuasion
(B) persuasively
(C) persuaded
(D) persuading

10. LES FAÇONS DE DIRE « FAIRE FAIRE QUELQUE CHOSE »

En anglais, on peut dire « faire faire quelque chose » de plusieurs façons, principalement par des expressions formées avec ***make***, ***have*** et ***let***. Il faut faire attention à la forme du verbe qui suit.
Ex. : J'ai fait repeindre ma maison. *I **had** my house **painted**.*

- **Si on NE précise PAS qui exécute l'action**, on emploie ***have*** **+ objet + participe passé** que l'on peut conjuguer à presque tous les temps.

Ex. : *I **had** my house **painted**.*	J'ai fait repeindre ma maison.
*I **will have** my house **painted**.*	Je ferai repeindre ma maison.
*I **am having** my house **painted**.*	Je fais repeindre ma maison.

– La structure de base ne change pas, même si on ajoute « par qui ».
Ex. : *I had my house painted **by a professional**.*

– ***Get***, ***need*** ou ***want*** peuvent remplacer ***have***.
Ex. : *I **got** my house **painted** last year.*
J'ai fait repeindre ma maison l'an dernier.

*I **want** my house **painted** next week!*
Je veux qu'on repeigne ma maison la semaine prochaine !

*She **needs** her car **repaired** before the summer.*
Elle a besoin de faire réparer sa voiture avant l'été.

- **Si on PRÉCISE qui exécute l'action :**

– soit on emploie ***have / make / let*** **+ l'exécutant + base verbale** ;
Ex. : ***I had a professional paint** my house.*
J'ai fait repeindre ma maison par un professionnel.

*I **made my children** paint my house.*
J'ai obligé mes enfants à repeindre ma maison.

*I **let a local artist paint** my house.*
J'ai permis à un artiste du coin de repeindre ma maison.

> Retenez la structure
> ***Have someone do something*** :
> *We **had** the candidate **take** a series of tests before hiring him.*
> Avant de l'engager, nous avons fait passer une série de tests au candidat.

– soit on emploie tout **autre verbe + exécutant + *to* + infinitif**.
Ex. *I **asked a professional to paint** my house.*
J'ai demandé à un professionnel...

*I **got a professional to paint** my house.*
J'ai fait repeindre... par un professionnel

*I **obliged my children to paint** my house.*
J'ai obligé mes enfants...

*I **paid a professional to paint** my house.*
J'ai payé un professionnel pour...

*I **allowed a local artist to paint** my house.*
J'ai permis à un artiste du coin de...

Exercice 1 Faire faire quelque chose

▶ Corrigé p. 124

Choisissez la bonne réponse pour compléter la phrase.

1 Mr. Wang can't have the package ... until Monday.
Ⓐ deliver Ⓒ delivered
Ⓑ to deliver Ⓓ delivering

2 The manager made the applicants ... half an hour before interviewing them.
Ⓐ wait Ⓒ waited
Ⓑ to wait Ⓓ waiting

3 Did you ask Robert ... off all of the lights before he leaves?
Ⓐ turn Ⓒ turned
Ⓑ to turn Ⓓ turning

4 The boss allowed me ... home early because I was ill.
Ⓐ go Ⓒ gone
Ⓑ to go Ⓓ going

5 You really should get your hair ... before the interview.
Ⓐ style Ⓒ styled
Ⓑ to style Ⓓ styling

6 The company has never permitted employees ... public statements.
Ⓐ make Ⓒ made
Ⓑ to make Ⓓ making

7 I'll have my assistant contact you ... an appointment.
Ⓐ schedule Ⓒ scheduled
Ⓑ to schedule Ⓓ scheduling

8 The police ordered the driver ... so they could check his license.
Ⓐ pull over Ⓒ to be pulled over
Ⓑ to pull over Ⓓ pulled over

9 I think we should let the new trainees ... a longer lunch.
Ⓐ have Ⓒ had
Ⓑ to have Ⓓ having

10 The journalists encouraged the CEO ... something about the merger.
Ⓐ say Ⓒ said
Ⓑ to say Ⓓ saying

TEST OFFICIEL Extrait de Part 4

▶ Corrigé p. 124

Pistes 10 - 11

Questions 89-91 refer to the following excerpt from a meeting.

89. According to the speaker, what will take place this afternoon?
(A) A software upgrade
(B) A safety inspection
(C) A maintenance project
(D) A training session

90. What does the speaker ask listeners to do?
(A) Move their vehicles
(B) Set up some equipment
(C) Select a time slot
(D) Print some handouts

91. What does the speaker imply when he says, "It wasn't our decision to have this done today"?
(A) He needs more time to make a choice.
(B) He is unhappy with the timing of some work.
(C) He has an important meeting today.
(D) He does not know who managed a project.

11. LE DISCOURS INDIRECT

Quand on rapporte ce qui a été dit par une autre personne, on parle au **discours indirect**. En général, on est obligé de changer de sujet et il faut faire attention à la concordance des temps.

Progression des temps du discours direct au discours indirect	**Ce que la personne dit :**	**Les paroles rapportées (discours indirect) :**
présent → **prétérit**	*"Jonah **works** in marketing."*	*I was told that Jonah **worked** in marketing.*
am - is - are → ***was - were***	*"I **am** fascinated."*	*She said **she was** fascinated.*
has - have → ***had***	*"We **have** a new contract."*	*The CEO said we **had** a new contract.*
prétérit → **participe passé**	*"We **left** at midnight"*	*They said **they had left** at midnight.*
was - were → ***had been***	*"There **were** 8 participants."*	*He said there **had been** 8 participants.*
will → ***would***	*"**Will** you help me?"*	*He asked if **we would** help him.*
can → ***could***	*"**Can** you tell me the way to the station?"*	*She asked if I **could** tell **her** the way to the station.*

1. LA CONCORDANCE DES TEMPS

- Au discours indirect, un ordre peut s'exprimer par ***to*** + base verbale.
  Ex. : *You **must leave** the building now!* → *We **were ordered to leave** the building immediately.*
  Vous devez quitter le bâtiment maintenant ! → On nous a ordonné de quitter le bâtiment immédiatement.
- Une **question fermée *(yes/no)*** est introduite par ***if*** / ***whether*** au discours indirect.
  Ex. : ***Do you have** any children?* → ***The interviewer asked if** / **whether** I had any children.*
  Avez-vous des enfants ? → L'interviewer a demandé si j'avais des enfants.
- Notez que l'**ordre des mots** de la question de départ change quand on rapporte les paroles.
  Ex. : ***Where is** the bus stop?* → *He asked **where the bus stop was**.*
  Où se trouve l'arrêt de bus ? → Il a demandé où se trouvait l'arrêt de bus.
- **Les expressions de temps et les directions** changent également entre le discours direct et le discours indirect.

Discours direct	**Discours indirect**
tomorrow →	***the next day** / **the following day** / **the day after***
today →	***that day***
yesterday →	***the day before***
ago →	***before***
here →	***there***
this →	***that***

Ex. : *I'll see you **tomorrow morning**!* → *She said she would see us **the following morning**.*
On se voit demain matin ! → Elle a dit qu'elle nous verrait le lendemain matin.

*We arrived **three days ago**.* → *They said they had arrived **three days before**.*
Nous sommes arrivés il y a trois jours. → Ils ont dit qu'ils étaient arrivés trois jours auparavant.

*Do you like it **here**?* → *She asked if I liked it **there**.*
Vous aimez cet endroit ? → Elle m'a demandé si j'aimais cet endroit.

*Shall I carry **this** big bag for you?* → *He offered to carry **that** big bag for me.*
Voulez-vous que je porte ce gros sac ? → Il m'a proposé de porter ce gros sac.

2. LES QUESTIONS INDIRECTES

- Une question indirecte est une question cachée dans une autre question.
  Ex. : *Do you know* (1re question) ***when the flight arrives?*** (la question cachée).
  Savez-vous à quelle heure arrive le vol ?

– La première question respecte l'ordre des mots d'une question normale :
  Ex. : ***Do you know...*** ***Could you tell me...*** ***Do you remember...*** ***Do you have any idea...***

– Dans la question cachée (celle à laquelle il faut répondre), l'ordre des mots est celui d'une phrase affirmative, malgré la présence d'un mot interrogatif :
  (...) ***when the best moment to reach him is?*** (...) quel est le meilleur moment pour le joindre ?

Questions directes	Questions indirectes	
When is my appointment? *Why wasn't the invoice paid?* *How do I get to the post office?* *Is the assistant manager available?*	***Can you tell me***	***when my appointment is?*** ***why the invoice wasn't paid?*** ***how I get to the post office?*** ***if the assistant manager is available?***

- Attention aux éléments attrayants dans les propositions.

Exemple :
Do you remember where you left the keys?
(A) Yes, I do.
(B) The keys have disappeared.
(C) I left them at reception.

Vous rappelez-vous où vous avez laissé les clés ?
(A) Oui.
(B) Les clés ont disparu.
(C) Je les ai laissées à la réception.

Réponse (C)
(C) donne la réponse attendue.
(A) est techniquement correct, mais ne répond pas à la question.
(B) mentionne bien des clés mais ne répond pas non plus.

3. *SAY* OU *TELL* ?

- En règle générale, on utilise ***say*** + ce qu'on dit, et ***tell*** + la personne à qui on le dit.
  Ex. : *She **said goodbye** very quietly.*
  Elle a dit au revoir très doucement.
  *She **told the waiter to come back** in a few minutes.*
  Elle a dit au serveur de revenir dans quelques minutes.

Retenez bien : ***say something - tell someone :***
***He said** that he would be late.*
Il a dit qu'il serait en retard.
***He told me** that he would be late.*
Il m'a dit qu'il serait en retard.

- Comme toujours, il y a des exceptions...
  tell the truth dire la vérité
  tell a story raconter une histoire
  tell a joke raconter une blague
  tell the time donner l'heure
  tell a lie dire un mensonge
  tell the future prédire l'avenir

Exercice 1 Les verbes au discours indirect

▶ Corrigé p. 125

Complétez le texte en utilisant les verbes proposés.

informed enquired said promised replied asked ordered was would wanted

1 What is your final destination?"	She .... what my final destination was.
2 "I'm flying to Cuba."	I .... that I was flying to Cuba.
3 "Where did you board the plane?"	She .... where I had boarded the plane.
4 "When will you leave the country?"	She asked me when I .... leave.
5 "Open your suitcase, please."	She .... me to open my suitcase.
6 "It was already inspected by customs!"	I .... that it had already been inspected.
7 "Oh, look! I have found five bottles of perfume in your luggage!"	She .... me that she had found some perfume in my luggage.
8 "Did you declare this perfume?"	She .... to know if I had declared the perfume.
9 "Where is the receipt for the perfume?"	She asked where the receipt for the perfume ....
10 "I'm sorry, I won't do it again!"	I .... not to do it again.

Exercice 2 *Say* ou *tell* ?

▶ Corrigé p. 125

Choisissez la bonne proposition en gras pour compléter chaque phrase.

1 Your aunt asked me to **say / tell** hello.
2 She **said to me / told me** to give you this card.
3 The card **says / tells** the time when you open it.
4 Samir **said / told** us a funny joke about the card.
5 You should **say / tell** something nice to him.

Exercice 3 Le discours indirect

▶ Corrigé p. 125

Choisissez la bonne réponse pour compléter chaque phrase.

1 Kumiko said she ... to the theatre last night.
Ⓐ goes Ⓑ is going Ⓒ has been Ⓓ had been

2 The customs officer ... me whether I had anything to declare.
Ⓐ enquired Ⓑ demanded Ⓒ asked Ⓓ requested

3 My landlord ... not to unplug the air conditioning unit.
Ⓐ say Ⓑ said Ⓒ tell Ⓓ told

4 Last night we were asked if we ... work late.
Ⓐ will Ⓑ can Ⓒ would Ⓓ wanted

5 The librarian enquired ... we wanted to pay our fines in cash or by card.
Ⓐ whether Ⓑ that Ⓒ so Ⓓ what

▶ Corrigé p. 125

Questions 191-195 refer to the following information sheet, e-mail, and customer review.

Mini Sofa by Brossel

Product Information

The Mini Sofa combines old-fashioned comfort with a contemporary feel. Several customizable features enable customers to create just the look they want.

Dimensions: Width 203 cm, depth 101 cm, height 66 cm

Upholstery options: Meadow Green, Soft Peach, Modern Multistripe

Leg options: Maple or chrome; rectangular or round

Throw pillows: Optional, 45 cm square, match upholstery color

Price: $499

E-Mail Message

To: Sales Team
From: Natalia Beckley
Date: May 22
Subject: Brossel Mini Sofa

Sales team members,

I have learned that the information sheet on the new Brossel Mini Sofa has been updated by the manufacturer, and I'm writing to provide you with the revised details. The dimensions should be as follows: width 199 cm, depth 97 cm, and height 64 cm. There are also some upholstery options not listed in the earlier version of the information: Cornflower Blue and Brown Leaf Print. The throw pillows are available in an additional 60-cm size. Finally, the price of the sofa has changed to $549.

I will supply you with a corrected version of the sheet soon but wanted you to be aware of the changes now, since the new item will be available within the next few days, for our annual special sale.

Regards,

Natalia Beckley
Sales Team Manager, Lewiston's Fine Furnishings

TEST OFFICIEL

https://www.lewistonsfinefurnishings.com/

Home | **Reviews** | Locations | Photo Gallery

Customer review

Posted by: supershopper1462 **On:** June 2

Product: Brossel Mini Sofa

I purchased a new Brossel Mini Sofa during last week's big sale at Lewiston's Fine Furnishings, and I love it so far. It's stylish and comfortable, and the leaf print looks great in my study. There was only one minor problem in the purchasing process. The salesperson consulted his product information and stated that the piece was 203 cm wide. I was concerned that it might be too wide. As I weighed my options, though, the sales manager happened to pass by. Fortunately, she corrected the error by providing information from an updated sales sheet. Despite this small slip, I highly recommend both the sofa and the store.

191. How many pillow sizes are available?
(A) One
(B) Two
(C) Three
(D) Four

192. What does Ms. Beckley indicate she will do?
(A) Provide the sales team with some revised information
(B) Reduce the price of a product
(C) Move a piece of furniture to a new location
(D) Order a new supply of office furniture

193. What color most likely is the customer's new sofa?
(A) Green
(B) Black
(C) Blue
(D) Brown

194. What is probably true about the salesperson mentioned in the customer review?
(A) He has sold many pieces of Brossel furniture.
(B) He encouraged the customer to write a review.
(C) His manager is Ms. Beckley.
(D) Lewiston's Fine Furnishings hired him in April.

195. In the customer review, the word "weighed" in paragraph 1, line 7, is closest in meaning to
(A) explained
(B) considered
(C) checked the heaviness of
(D) described the size of

12. NOMS DÉNOMBRABLES ET NOMS INDÉNOMBRABLES

Tout au long du test et plus particulièrement dans **Part 5**, certaines questions vérifient que vous savez bien employer les noms dénombrables et les noms indénombrables.

Exemple :
Our office ... is going to be replaced progressively as of January.
(A) desks
(B) furniture
(C) supplies
(D) procedures

Le mobilier de notre bureau va progressivement être remplacé à partir de janvier.

Réponse **(B)**

C'est (B) ***furniture*** qui convient, car le verbe qui suit (***is***) est au singulier.
Les propositions (A), (C) et (D) sont des noms dénombrables au pluriel, ils devraient être suivis par un verbe accordé au pluriel.

1. SAVOIR DISTINGUER LES DÉNOMBRABLES ET LES INDÉNOMBRABLES

- **Un nom dénombrable** (la grande majorité des noms) désigne une chose que l'on peut compter.
  Ex. : *one **office**, two **offices***
  *one **person**, two **people**...*

Méfiez-vous des pluriels irréguliers ***(people)*** ; ce sont bien des pluriels même en l'absence du « s » final. C'est aussi le cas de ***mouse/mice, man/men, sheep/sheep, fish/fish...***

- **Un nom indénombrable :**

– désigne une entité que l'on ne peut pas compter à l'unité.
Ex. : ***rice*** le riz ***sugar*** le sucre ***money*** l'argent

– représente souvent un concept abstrait, des noms de masse ou de matières.
Ex. : ***water*** l'eau ***air*** l'air ***wood*** le bois
beauty la beauté ***happiness*** le bonheur ***time*** le temps

– n'a généralement pas de forme au pluriel et le verbe qui s'y rapporte est au singulier.
Ex. : *That **is** extremely good **news**!* Quelle bonne nouvelle !
*This is my **luggage**. **It is** heavy. Could you help me with **it**?*
Ce sont mes bagages. Ils sont lourds. Pourriez-vous m'aider à les porter ?

– ne peut pas s'employer avec l'article indéfini ***a / an*** (un / une), mais avec ***some*** (ou ***any*** dans une question ou une négation).
Ex. : *I have **some advice** for you.* J'ai des conseils à vous donner.
*I don't have **any advice** for you.* Je n'ai pas de conseils à vous donner.

- Certains noms indénombrables anglais se traduisent par un nom dénombrable en français.
  Ex. : ***advice*** les conseils ***furniture*** les meubles ***information*** les renseignements

- Certains noms sont dénombrables ou indénombrables selon le sens dans lequel ils sont employés.
  Ex. : *Would you like* ***a coffee****?* ... un café *(dénombrable = une tasse de café)*
  There is ***some coffee*** *in the pot.* ... du café *(indénombrable = le liquide)*

- Pour rendre dénombrable un nom indénombrable :
- on emploie le plus souvent ***a piece of*** (ou ***item*** pour le mot ***news***).
  Ex. : *I have* ***a piece*** */* ***three pieces of advice*** *for you.*
  J'ai un conseil / trois conseils à vous donner.
  I saw ***an*** *interesting* ***news item*** *on TV.*
  J'ai vu une information intéressante à la télévision.
- on peut également utiliser un contenant : ***a glass of***, ***a cup of***, ***a bottle of***, ***a loaf of***, etc.
  Ex. : *a glass of water, a cup of flour, a bottle of fruit juice, a loaf of bread...*

Exercice 1 Rendre dénombrable un nom indénombrable

▶ Corrigé p. 126

Trouvez les expressions que l'on emploie avec les noms indénombrables de la colonne de droite.

a pinch of •	• ham
a pitcher of •	• honey
a spoonful of •	• money
a bar of •	• paper
a sheet of •	• soap
a tube of •	• salt
a sum of •	• toothpaste
a slice of •	• water

2. *NUMBER OU AMOUNT ?*

- On utilise ***number*** **avec les noms dénombrables**.
  Ex. : *I have been to India a* ***number of times****.*
  Je suis allé plusieurs fois en Inde.
  There are ***a number of people*** *waiting for you outside.*
  Il y a un certain nombre de personnes qui vous attendent dehors.

- On utilise ***amount*** **avec les noms indénombrables**.
  Ex. : *We put a large* ***amount of furniture*** *into storage.*
  Nous avons déposé beaucoup de meubles dans le garde-meuble.
  What ***amount of money*** *do you wish to have transferred?*
  Quel somme d'argent souhaitez-vous transférer ?

Exercice 2 Dénombrables ou indénombrables ?

▶ Corrigé p. 126

Placez les mots dans le tableau selon qu'ils sont dénombrables, indénombrables, ou les deux selon le sens.

work – research – time – chocolate – furniture – hair – advice – desk – news
experience – information – luggage – tea – cake – paper – dollar – money – currency
television – evidence – safety – rice – traffic – job – progress – suitcase

Dénombrable	Indénombrable	Les deux selon le sens
....	....	....
....	....	....
....	....	....
....	....	....
....	....	....
....	....	....
....	....	....
....	....	....
....	....	....

TEST BLANC Extrait de Part 5

▶ *Corrigé p. 126*

Choisissez la bonne réponse pour compléter la phrase.

1. Our firm's extensive .... in marketing has led us to create innovative products.
(A) research
(B) researches
(C) researched
(D) researchers

2. We must get some new .... for this office.
(A) furnish
(B) furnishes
(C) furnitures
(D) furniture

3. I think I'll have a .... soup.
(A) piece of
(B) bowl of
(C) pinch of
(D) couple of

4. I'm sorry Sir, but you are only allowed to take one .... on board.
(A) baggage
(B) suitcases
(C) bag
(D) bags

5. How much .... did you spend working on this project?
(A) times
(B) time
(C) hours
(D) weeks

6. Could you pass me three .... of paper please?
(A) leaf
(B) sheets
(C) piece
(D) leaves

13. LES QUANTIFIEURS *(SOME, ANY, MUCH, MANY...)*

Un quantifieur est un mot qui permet d'indiquer une quantité plus ou moins grande du nom auquel il se rapporte : ***some, any, a lot, none, every...***

Exemple :
I'm afraid I can't give you ... advice on negotiating as I'm a novice myself.
(A) an
(B) many
(C) some
(D) much

Je crains de ne pas pouvoir vous donner beaucoup de conseils sur la négociation car je suis moi-même novice en la matière.

Réponse (D)
Puisque ***advice*** est indénombrable, on peut éliminer ***an*** et ***many*** qui ne s'utilisent qu'avec des noms dénombrables. ***Some*** s'emploie avec une phrase affirmative.

1. L'EMPLOI DES QUANTIFIEURS

- Dans le test, des questions vérifient que vous savez employer correctement les quantifieurs.
- Certains quantifieurs s'emploient avec des noms dénombrables, d'autres avec des noms indénombrables, d'autres avec les deux.

Quantifieur	+ dénombrable	+ indénombrable
all* tout	***All employees*** *have an annual assessment.*	***All advice*** *must be considered.*
a lot of** / ***lots of*** beaucoup de	***A lot of people*** *came.*	***A lot of food*** *was served.*
much** beaucoup	–	*Do you have **much time**? How **much (money)** does it cost?*
many** beaucoup	*There are **many options**! How **many options** are there?*	–
several plusieurs	***Several candidates*** *applied.*	–
more plus	***More stores*** *opened.*	***More information*** *is available.*
some du, de, de la, des	***Some questions*** *were asked.*	***Some equipment*** *is missing.*
any du, de, de la, des	*Were **any questions** asked?*	*Is **any equipment** missing?*
enough assez	*Are there **enough chairs**?*	*Is there **enough coffee**?*
both les deux	***Both applicants*** (ou ***both of the applicants***) *were equally qualified.*	–
a little un peu de	–	*I have **a little time** to help you.*
a few un peu de, quelques	***A few people*** *came.*	–
either l'un ou l'autre	***Either applicant*** (ou ***either of the applicants***) *is acceptable.*	–

each chaque	***Each passenger*** *is allowed one piece of luggage.*	–
little peu de	–	*We have very* ***little time****.*
few peu de	*There are very* ***few options****.* ***Few people*** *came.*	–
neither ni l'un ni l'autre, aucun des	***Neither applicant*** (ou ***neither of the applicants***) *was qualified enough.*	–
no pas de	*There are* ***no seats****.*	*There is* ***no coffee****.*
*none of**** aucun des	***None of the applicants*** *arrived late.*	***None of the information*** *I wanted was available.*
*most** la plupart	***Most engineers*** *have studied for many years.*	***Most advice*** *can be useful sooner or later.*

* Il faut faire la différence entre ***all*** et ***all of the***, et entre ***most*** et ***most of the***.

Ex. : ***All employees*** *must have an annual assessment.*
(généralité) Tous les employés doivent être évalués chaque année.

All of the employees *in R&D must have an annual assessment.*
Tous les employés du département R&D doivent être évalués... *(ceux-là précisément)*

Most engineers *have studied for many years.*
(généralité) La plupart des ingénieurs ont fait de longues études.

Most of the engineers *who work here studied at the same college.*
La plupart des ingénieurs qui travaillent ici ont étudié dans la même université. *(La plupart du groupe spécifié)*

> ***Enough*** se place avant un nom ***(enough money)*** et après un adjectif ***(it is large enough)*** !

** ***Much*** et ***many*** s'emploient surtout dans les phrases négatives ou dans les questions. Dans les phrases affirmatives, on utilise plutôt ***a lot of*** ou ***lots of***.

*** ***None of (the)*** s'emploie toujours avec un verbe à la forme affirmative.

Ex. : ***None of the*** *200 employees work part-time.*
Aucun des 200 employés ne travaille à temps partiel.

Exercice 1 Les quantifieurs

▶ *Corrigé p. 126*

Choisissez la bonne réponse pour compléter la phrase.

1 Are there restrictions on ... money you can exchange per day?

(A) each
(B) the number of
(C) how much
(D) how many

2 There are not ... coworkers who don't merit a bonus this year!

(A) lot
(B) lots
(C) a lot
(D) a lot of

3 ... people are applying for IT positions today than ten years ago.

(A) A little
(B) Lesser
(C) Few
(D) Fewer

4 I must call the manufacturer because ... new printers aren't working.

(A) any
(B) several
(C) either
(D) none of the

5 I don't know if ... of the parcels were delivered on time.
Ⓐ any Ⓒ none
Ⓑ little Ⓓ much

6 ... full-time and part-time employees should attempt to negotiate new terms each year.
Ⓐ Together Ⓒ Alike
Ⓑ Same Ⓓ Both

7 Do you think there is ... room for everybody to stay at the same hotel?
Ⓐ no Ⓒ several
Ⓑ enough Ⓓ many

8 Would you mind handing me ... sheets of paper?
Ⓐ little Ⓒ few
Ⓑ a little Ⓓ a few

9 ... proposal was approved by the board of directors.
Ⓐ Either Ⓒ Nor
Ⓑ Neither Ⓓ None

10 If you have ... reason for not attending the meeting, please inform me by e-mail.
Ⓐ much Ⓒ any
Ⓑ many Ⓓ an

2. LES QUANTIFIEURS *SOME*, *ANY* ET *NO*

A. Les emplois de *some*, *any* et *no*

- ***Some*** est employé :
- **dans des phrases affirmatives,** avec un nom indénombrable ou un nom dénombrable, pour indiquer une **quantité indéfinie**.
  Ex. : *I have **some** bags / luggage.* — J'ai des bagages.
- dans des **offres** ou des **demandes polies**.
  Ex. : *Would you like **some** help?* — Voulez-vous de l'aide ?

- ***Any*** est employé :
- **dans les questions**, avec des noms indénombrables ou dénombrables, pour savoir si quelque chose est disponible ou possible, ou **dans les négations** pour dire qu'une quantité est nulle.
  Ex. : *Do you have **any** bags / luggage?* — Avez-vous des bagages ?
  *I don't have **any** bags / luggage.* — Je n'ai pas de bagages.
- Employé dans une affirmation, ***any*** signifie « n'importe quel » ou bien « tout ».
  Ex. : *You can visit the center **any** time you wish.* — Vous pouvez visiter le centre à n'importe quel moment.
  ***Any** help would be appreciated!* — Toute aide sera appréciée !

- ***No*** s'emploie **dans une phrase affirmative** avec un nom dénombrable ou un nom indénombrable.
  Ex. : *I have **no** bags* (dénombrable).
  Je n'ai pas de bagages.
  *I have **no** luggage* (indénombrable).
  Je n'ai pas de bagages

> Il n'y a pas de double négation en anglais.
> ~~*I don't have no time.*~~
> *I don't have **any** time.*

B. Les mots composés avec *some*, *any* et *no*

somebody / someone quelqu'un	***somewhere*** quelque part	***something*** quelque chose
anybody / anyone personne (dans une négation) quelqu'un (dans une question)	***anywhere*** nulle part (négation) quelque part (question)	***anything*** rien (négation) quelque chose (question)
nobody / no one personne	***nowhere*** nulle part	***nothing*** rien

Exercice 2 *Some* ou *any* ?

▶ *Corrigé p. 127*

Choisissez le mot en gras qui convient pour compléter la phrase.

1 There are **any / some** documents which need to be signed before you leave.
2 When I arrived, there wasn't **anybody / somebody** at reception.
3 Do you think you could give me **any / some** advice on this subject?
4 The mechanic says he has never seen **anything / nothing** quite like my car!
5 The CEO wants to know if there are **any / some** potential new partners.

TEST OFFICIEL Extrait de Part 2

▶ *Corrigé p. 127*

Piste 12

Select the best response to each question.

18 Ⓐ Ⓑ Ⓒ **26** Ⓐ Ⓑ Ⓒ

Extrait de Part 5

▶ *Corrigé p. 127*

Select the best answer to complete the sentence.

105. No more than four passengers are permitted in .... taxi operated by the Halligan Company.
(A) any
(B) all
(C) some
(D) such

14. GÉRONDIF OU INFINITIF ? *USED TO DO* OU *BE USED TO DOING* ?

Certains verbes anglais sont toujours suivis de l'infinitif (**to + base verbale : *I want to eat***), d'autres du gérondif (**base verbale + verbe en *-ing* : *I enjoy swimming***).

1. LES EMPLOIS DU GÉRONDIF ET DE L'INFINITIF

- **Le gérondif** s'emploie :

– en sujet de phrase :
Ex. : ***Relaxing*** *beside the swimming pool is a good way to spend your vacation.*
Se détendre au bord d'une piscine est une bonne façon de passer ses vacances.

– après une préposition :
Ex. : *I'm really keen* ***on learning*** *new dance steps.*
J'aime bien apprendre de nouveaux pas de danse.

– après les verbes de préférence (***like, love, dislike, hate, enjoy, mind, adore...***).
Ex. : ***I enjoy gardening*** *in my spare time.*
J'aime jardiner pendant mes loisirs.

> ***Like***, ***love*** et ***hate*** peuvent aussi être suivis par un infinitif, mais dans le test *TOEIC®*, on ne vous demandera pas de choisir entre les deux formes qui suivent ces verbes.

- **L'infinitif** s'emploie :

– après un verbe suivi d'un objet :
Ex. : *The travel* ***agent advised us to choose*** *half board instead of full board.*
L'agent de voyage nous a conseillé de choisir la demi-pension au lieu de la pension complète.
(MAIS *The travel agent* ***advised choosing*** *half board.* → Pas d'objet après ***advised***)

He ***wants his new assistant to wash*** *the car!*
Il veut que son nouvel assistant lave la voiture !

- On peut utiliser l'infinitif pour donner des **consignes** : ***You are to... You are expected to... You are required to...***

Ex. : *You* ***are required to check in*** *two hours before the flight.*
Vous devez vous enregistrer deux heures avant le vol.

You ***are to leave*** *your keycard at reception.*
Vous devez laisser votre clé magnétique à l'accueil.

Employees ***are expected to be*** *punctual.*
Les employés doivent être ponctuels.

2. LES VERBES SUIVIS DU GÉRONDIF OU DE L'INFINITIF

- La signification de certains verbes change selon qu'ils sont suivis d'un verbe en ***-ing*** ou d'un verbe à l'infinitif.

– *to* ***stop to smoke*** — s'arrêter *(de faire quelque chose)* pour fumer
et *to* ***stop smoking*** — s'arrêter de fumer

– *to **remember to do** it* — ne pas oublier de le faire
 et *to **remember doing** it* — avoir le souvenir de l'avoir fait

– *to **forget to do** it* — oublier de le faire
 et ***to forget doing** it* — avoir oublié si on l'a fait *(même si c'est le cas)*

- Rappel des verbes suivis du gérondif ou de l'infinitif :

Quelques verbes suivis d'un verbe en *-ing*		Quelques verbes suivis d'un infinitif	
avoid	éviter	***agree***	accepter
can't help	ne pas pouvoir s'empêcher de	***can't wait***	attendre, (s'impatienter)
can't face	ne pas avoir le courage de	***expect***	s'attendre
give up	arrêter	***hope***	espérer
miss	manquer	***offer***	proposer
risk	risquer	***promise***	promettre
suggest	suggérer	***dare***	oser
feel like	avoir envie	***fail***	ne pas réussir à faire, ne pas faire
imagine	imaginer	***manage***	réussir
postpone	reporter	***prepare***	se préparer
spend time	passer du temps	***refuse***	refuser
deny	nier	***decide***	se décider
finish	finir	***happen****	se trouver que, par hasard
mind	déranger	***mean***	avoir l'intention
practice	s'entraîner	***pretend***	faire semblant
can't stand	ne pas supporter	***seem***	sembler
involve	comprendre	***wish***	souhaiter

Do you **happen to know the time?* Est-ce que vous auriez l'heure ?

Exercice 1 Gérondif ou infinitif ?

▶ *Corrigé p. 127*

Choisissez le verbe en gras qui convient pour compléter chaque phrase.

1 I'm afraid we'll have to put off **to discuss / discussing** your idea until the next meeting.

2 Did you manage **to catch / catching** the train?

3 It is imperative that you avoid **to take / taking** the elevator in the event of a fire.

4 I promised **to help / helping** the intern to understand our quality system.

5 There's no point **to deny / denying** you broke the door, I saw you do it!

6 I'll never forget **to drive / driving** from Boston to Florida last fall!

7 There is a possibility the employees will refuse **to work / working** overtime, but it's rare.

8 You may not want **to do / doing** that as it could be risky.

9 The physician advised me to stop **to eat / eating** so much salt.

10 We spent ages **to proofread / proofreading** the article before it was published.

3. *USED TO* ET *BE USED TO DOING*

Contrairement aux apparences, ces deux expressions ne sont pas liées.

- ***Be used to*** + verbe en ***-ing* indique une habitude** et sous-entend que ce qui est dit n'est pas le cas pour la plupart des gens.
 Ex. : *Mr. Lee **is used to flying** between Hong Kong and Boston several times a month.*
 M. Lee a l'habitude de faire des allers-retours en avion entre Hong Kong et Boston plusieurs fois par mois.

> ***Get*** peut remplacer ***be***, pour donner le sens de «s'habituer».
> Ex. : ***I got used to getting up** at 5 A.M. very slowly.*
> J'ai mis du temps pour m'habituer à me lever à 5 h du matin.

– **Forme négative :**
Ex. : *Mr. Lee* ***isn't used to flying****.*
M. Lee n'a pas l'habitude de prendre l'avion.

– **Dans une question :**
Is *Mr. Lee* ***used to flying****?*
M. Lee a-t-il l'habitude de prendre l'avion ?

– Cette formulation peut exister au passé, au futur, au présent, au conditionnel...
Ex. : *He* ***wasn't used to flying*** *but now he is.*
Il n'avait pas l'habitude de prendre l'avion mais maintenant si.
He ***will be used to flying*** *very quickly.*
Il s'habituera rapidement à prendre l'avion.

- ***Used to*** + base verbale **indique un passé révolu**.
Ex. : *Mr. Lee* ***used to manage*** *our accounts in Hong Kong.*
M. Lee s'occupait autrefois de nos clients à Hong Kong.

– Le mot « autrefois » (ou « avant », « auparavant »...) n'apparaît pas dans la phrase en anglais ; c'est ***used to*** **+ base verbale** qui exprime l'**idée d'une habitude dans le passé**.

– **Forme négative :**
Ex. : *I* ***didn't use to like*** *coffee, but now I do!*
Avant, je n'aimais pas le café, mais maintenant si !

– **Dans une question :**
Did you use to work *for an IT company?*
Tu travaillais pour une société d'informatique avant ?

Exercice 2 *Used to do* et *be used to doing*

▶ Corrigé p. 127

Choisissez la bonne proposition en gras pour compléter chaque phrase.

1 Jack Chen is used to **change / changing** cities every four years when he is transferred to a new job.
2 Our company used to **be / being** located in Delhi.
3 Our local florist used to **do / doing** very well on public holidays until a big chain moved into the same street.
4 Have you got used to **eat / eating** the local cuisine yet?
5 He says he never got used to **work / working** in air conditioning.
6 The new receptionist is not yet used to **be / being** in the public eye.
7 **I used to take / I'm used to taking** the train to work every day when I lived in London.

> • Après ***be used to***, on met un verbe en ***-ing***.
> Ex. : ***I am used to working*** *alone.*
> J'ai l'habitude de travailler seul.
> • Après ***used to***, on met une base verbale.
> Ex. : ***I used to work*** *alone.*
> Avant, je travaillais seul.

Exercice 3 Gérondif ou infinitif ?

▶ Corrigé p. 128

Choisissez le mot qui convient pour compléter chaque phrase.

1 I can't help ... disappointed that we didn't win the bet.
Ⓐ feel Ⓑ to feel Ⓒ feeling Ⓓ to be feeling

2 In spite of ... early, we arrived late at the airport.
Ⓐ leave Ⓑ to leave Ⓒ leaving Ⓓ left

3 Juno used to ... to every reunion, but she missed the last two.
Ⓐ come Ⓑ came Ⓒ coming Ⓓ has come

4 Do you happen ... who won the latest match?
Ⓐ know Ⓑ to know Ⓒ knowing Ⓓ knew

5 I'm afraid you are requested ... your bag at the reception.
Ⓐ leave Ⓑ leaves Ⓒ leaving Ⓓ to leave

6 Did you remember ... the door?
Ⓐ lock Ⓑ locked Ⓒ to lock Ⓓ locking

7 ... a new logo will be a challenge.
Ⓐ Choose Ⓑ Chose Ⓒ To choose Ⓓ Choosing

8 Chen will soon get used ... exclusively in English.
Ⓐ work Ⓑ to work Ⓒ working Ⓓ to working

9 All conference attendees are ... a flat fee which will cover hot beverages.
Ⓐ choose Ⓑ chose Ⓒ to choose Ⓓ chosen

10 Visitors are kindly asked ... on the grass.
Ⓐ walk Ⓑ walking Ⓒ not walking Ⓓ not to walk

TEST OFFICIEL **Extrait de Part 4**

▶ *Corrigé p. 128*

Pistes 13 - 14

Questions 86-88 refer to the following broadcast.

86. What is Nell McCarthy known for?
(A) Leading trips around the world
(B) Writing a best-selling book
(C) Discovering a plant species
(D) Acting in popular films

87. Why did Nell McCarthy move to Brazil?
(A) To open her own business
(B) To learn the local language
(C) To manage a corporate office
(D) To conduct some research

88. What will happen on June 16?
(A) An interview will be broadcast.
(B) A study will be published.
(C) An award recipient will be announced.
(D) A movie will be released.

15. LES ADJECTIFS - LE COMPARATIF ET LE SUPERLATIF

En anglais, les adjectifs décrivent un nom et se placent en général **avant le nom** en question, souvent **après un article** ou **après certains verbes** tels que ***be***, ***look***, ***seem***, ***sound***, ***feel***, ***appear***...

Ex. : *He looks* ***angry****.* Il a l'air d'être en colère

1. LES ADJECTIFS

- En anglais, les adjectifs sont **toujours invariables** : ils ne prennent pas de « s » au pluriel. La même règle s'applique aux noms qui prennent le rôle d'un adjectif.

  Ex. : *There were many* ***important*** *people at the party.*
  Il y avait beaucoup de personnalités à la fête.

  We only sell ***three-door*** *cars.*
  Nous ne vendons que des voitures à trois portes.

- Parfois les adjectifs **ont deux formes** qu'il est important de ne pas confondre car elles n'ont pas le même sens :

– **une forme au participe passé :** ce sont les adjectifs qui se terminent par ***-ed*** ; ils décrivent une émotion ou le ressenti de quelqu'un :

Ex. : ***tired*** fatigué ***surprised*** surpris ***bored*** qui s'ennuie

I am very ***interested*** *in what he is going to say.*
Je suis très intéressé par ce qu'il va dire.

– **une forme au gérondif :** ce sont les adjectifs qui se terminent par ***-ing*** ; ils décrivent la chose, l'événement ou la personne qui a causé le ressenti ou l'émotion :

Ex. : ***tiring*** fatigant ***surprising*** surprenant ***boring*** ennuyeux

That presentation was very ***interesting****.*
Cette présentation était très intéressante.

- On emploie ***very*** pour renforcer un adjectif, sauf avec les adjectifs « extrêmes » (***huge, incredible, amazing, awful...***) pour lesquels on utilise ***absolutely***, ***really*** ou même ***simply***.

  Ex. : *She has a* ***very good*** *relationship with her counterpart in Taiwan.*
  Elle entretient de très bons rapports avec son homologue à Taïwan.

  The factory was ***absolutely huge****.*
  L'usine était vraiment gigantesque.

  These movie sets are ***really incredible****.*
  Les décors de ce film sont réellement incroyables.

  The increase in turnover is ***simply amazing****.*
  L'augmentation du chiffre d'affaires est tout simplement stupéfiante.

Exercice 1 Les adjectifs

▶ Corrigé p. 128

Choisissez le mot qui convient pour compléter chaque phrase.

1 She was extremely ... when her promotion was announced.

Ⓐ surprise Ⓑ surprised Ⓒ surprising Ⓓ surprises

2 The soup Alice made us was ... .

Ⓐ delicacy Ⓑ deliciously Ⓒ delicious Ⓓ delectation

3 These houses are absolutely ..., so they must be very expensive.

Ⓐ big Ⓑ large Ⓒ enormous Ⓓ wide

4 I was so ... during the movie we went to see last night that I fell asleep.

Ⓐ tires Ⓑ tiring Ⓒ tired Ⓓ tiredness

5 It looks like one of the ... is shorter than the others.

Ⓐ tables legs Ⓑ table's leg Ⓒ table legs Ⓓ table leg

2. LES COMPARAISONS

A. Le comparatif

- **On emploie le comparatif** pour comparer des choses ou des personnes.

  Ex. : *This crate is **heavier than** your car!*
  Cette caisse est plus lourde que ta voiture !

– Avec les **adjectifs longs**, on emploie
more **+ adjectif *(than)*** ou ***less*** **+ adjectif *(than)***.
comfortable → ***more comfortable / less comfortable***
confortable → plus confortable / moins confortable

Ex. : *Our sponsor has been **less generous than** previous years.*
Notre sponsor a été moins généreux que les années précédentes.

– Avec les **adjectifs courts**, on emploie **adjectif + *-er (than)***.
cold → ***colder*** plus froid
fat → ***fatter*** (on double la consonne finale si elle est précédée d'une seule voyelle)
happy → ***happier*** (quand le ***-y*** suit une consonne, il est remplacé par ***-ier***).

Ex. : *Business this quarter is **easier than** at the same time last year.*
Ce trimestre, les affaires vont mieux qu'à la même époque l'année dernière.

La formule « plus ..., plus ... » ou « plus..., moins ... » se traduit par « ***the*** + comparatif, ***the*** + comparatif ».
Ex. : ***The bigger, the better.***
Plus c'est grand, mieux c'est.
***The more** people save, **the less** they have to worry about.*
Plus les gens épargnent, moins ils ont à se faire de souci.

- Pour dire « aussi ... que » ou « autant ... que », on emploie ***as*** **+ adjectif +** ***as***.

  Ex. : *Our sales are **as high as** last year's.*
  Nos ventes sont aussi élevées que celles de l'an dernier.

B. Le superlatif

- **On emploie le superlatif** pour dire « le plus ... » ou « le moins ... ».

– Avec les **adjectifs longs**, on emploie ***the most*** **+ adjectif** ou ***the least*** **+ adjectif**.
comfortable → ***the most comfortable / the least comfortable***
confortable → le plus confortable / le moins confortable

Ex. : *Conference calls are **the most convenient** way to contact our overseas staff.*
Les téléconférences sont la façon la plus pratique de joindre notre personnel à l'étranger.

- Avec les **adjectifs courts**, on emploie ***the*** **+ adjectif +** ***-est***.
  cold → ***the coldest*** le plus froid
  fat → ***the fattest*** le plus gros
  happy → ***the happiest*** le plus heureux

  Ex. : *It's* ***the cheapest*** *way to stay in touch.*
  C'est la façon la moins chère de garder le contact.

> Comment savoir si le mot manquant est un comparatif ou un superlatif ?
> • Si ***than*** est présent dans la phrase, il faut un comparatif.
> • Si ***the*** se trouve devant l'adjectif, il faut un superlatif (excepté dans la formule « plus ... plus ... » ou « plus ... moins ... »).

• **Quelques exceptions**

	Au comparatif	Au superlatif
good	better	the best
bad	worse	the worst
little	less	the least
many	more	the most
far	further / farther	the furthest / the farthest

• Un adverbe peut se transformer en comparatif en lui ajoutant ***more / less*** ou en superlatif avec ***the most / the least***.
Ex. : *Today, ergonomics recommendations are followed* **more closely than** *before.*
Aujourd'hui, on prend davantage en compte les recommandations sur l'ergonomie.

Exercice 2 Comparatif ou superlatif ?

▶ *Corrigé p. 128*

Choisissez la bonne réponse pour compléter la phrase.

1 According to a recent survey, the Unik 8.0 was rated the ... smartphone on the market.
Ⓐ user-friendly Ⓒ most user-friendly
Ⓑ more user-friendly Ⓓ user-friendlier

2 Customers think more ... of white electronic goods than grey ones.
Ⓐ high Ⓒ highly
Ⓑ higher Ⓓ highest

3 Third position is the ... we have ever been to winning the award.
Ⓐ close Ⓒ closer
Ⓑ closed Ⓓ closest

4 Business this year just keeps getting better and ... .
Ⓐ good Ⓒ best
Ⓑ better Ⓓ the best

5 In our experience, the ... the interest rates, the more borrowers there are.
Ⓐ low Ⓒ lowest
Ⓑ lower Ⓓ lowly

TEST OFFICIEL

Extrait de Part 3

▶ Corrigé p. 129

Pistes 15 - 16

Questions 44-46 refer to the following conversation.

44. What is the man unable to do?
(A) Make a reservation
(B) Keep an appointment
(C) Find a conference room
(D) Take some notes

45. What does the woman offer to do?
(A) Change the location of an event
(B) E-mail when a meeting time is confirmed
(C) Call if there is a cancellation
(D) Copy some records

46. What will the man probably do next?
(A) Fill out a form
(B) Update a contact list
(C) Meet with a coworker
(D) Check a schedule

Extrait de Part 7

▶ Corrigé p. 129

Questions 161-163 refer to the following e-mail.

E-mail

To:	Sergei Aptekar
From:	Ada Nowak
Date:	25 March
Subject:	Projector

Hi Sergei,

I was at Feddere Electronics yesterday. I tried out the Movie Stream projector that you suggested we use during our presentations at next week's investors meeting in Warsaw. I did like that the device is small enough to fit in my carry-on baggage and that it can project images onto any surface. I also like that it can stream material from the Internet in any location that has a wireless Internet connection. Unfortunately, if you place the device more than a meter away from the wall, the image becomes dim and blurred. That means that the images we want to show would not be large enough for our audience to see.

Thanks for your suggestion, but even at its bargain price, I don't think that this projector will suit our needs. For our upcoming trip, I think we should stick with what we have.

Ada

161. Why was the e-mail sent?
(A) To recommend a new type of technology
(B) To suggest revisions to a presentation
(C) To submit a complaint to a company
(D) To respond to a colleague's idea

162. What will Ms. Nowak most likely do next week?
(A) Purchase a device
(B) Travel to Warsaw
(C) Invest in a company
(D) Use a new product

163. What does Ms. Nowak mention about the Movie Stream projector?
(A) It cannot properly display images from certain distances.
(B) It cannot be connected to the Internet in Warsaw.
(C) It is difficult to transport.
(D) It is too expensive.

16. LES ADVERBES

- Le plus souvent, un adverbe est un mot ou une phrase qui **modifie** ou qui **précise le sens** d'un **verbe**.
  Ex. : *I had trouble understanding him, as he spoke* ***quickly****.*
  J'ai eu du mal à le comprendre, car il parlait vite.
- Les adverbes peuvent aussi décrire :
- des **adjectifs**,
  Ex. : *Jane was* ***extremely*** *enthusiastic.* Jane était très enthousiaste.
- et même **d'autres adverbes**.
  Ex. : *Tom finished his work* ***very*** *quickly.* Tom a fini son travail très rapidement.
  The team members worked ***incredibly*** *well.* Les membres de l'équipe ont incroyablement bien travaillé.

1. LE RÔLE DES ADVERBES

- Les adverbes servent à décrire :
- **la manière** de faire quelque chose :
  They work well ***together****.* Ils travaillent bien ensemble.

> Pour un rappel des **adverbes de fréquence**, voir le chapitre 2, page 17.

- mais aussi **la fréquence** :
  We ***often*** *go to the movies on Friday night.* Nous allons souvent au cinéma le vendredi soir.
- **l'endroit :**
  He likes to sing ***everywhere****.* Il aime bien chanter n'importe où.
- et **le temps :**
  We take a coffee break ***every morning****.*
  Nous faisons une pause-café tous les matins.

> • L'adjectif ***good*** est une exception ; l'adverbe est ***well***.
> • Attention, il existe aussi des **adjectifs** terminés par ***-ly*** : ***daily, friendly, silly...***

- Dans la plupart des cas, l'adverbe se termine par ***-ly***.
  Ex. : adjectif : *loud* → adverbe : ***loudly***
  adjectif : *quick* → adverbe : ***quickly***
- Certains adverbes ont une forme identique à celle de l'adjectif : ***fast***, ***early***...
  Ex. : (adjectif) *We're taking the* ***early*** *train.* Nous prenons le train du matin.
  (adverbe) *We arrived* ***early****.* Nous sommes arrivées tôt.

2. ADVERBE OU ADJECTIF ?

- Parfois on rencontre un adverbe qui s'écrit comme un adjectif et un autre adverbe proche en ***-ly***. Il peut y avoir des différences de sens ou d'emploi entre les deux.

Ex. : ***hard*** dur	***hardly*** à peine, peu
close près	***closely*** proche
late tard	***lately*** récemment
near près	***nearly*** presque

- Comparez :
  *He works **hard**. Il travaille dur.* — *He **hardly** works.* Il travaille à peine.
  *Don't stand too **close** to the edge.* — Ne vous tenez pas trop près du bord.
  *We work **closely** with marketing.* — Nous travaillons étroitement avec le marketing.

- Voici une liste d'adjectifs et d'adverbes qui ont la même forme.

adjectifs	adverbes	adverbes en *-ly*
close proche	***close*** à proximité	***closely*** de près
daily quotidien	–	***daily*** quotidiennement
early tôt, de bonne heure	–	***early*** tôt, de bonne heure
far lointain, l'autre	***far*** loin	–
fast rapide	***fast*** rapidement	–
free gratuit	***free*** gratuitement	***freely*** librement
hard dur	***hard*** assidûment	***hardly*** à peine
high haut	***high*** haut	***highly*** très
late tard, en retard	***late*** tardivement, en retard	***lately*** récemment
likely probable	–	***likely*** probablement
live vivant	***live*** en direct	***lively*** vivant, animé
long long	***long*** longtemps	–
low bas	***low*** à basse altitude	–
most la plupart	***most*** le plus	***mostly*** principalement
near proche	***near*** près	***nearly*** presque
right bon	***right*** correctement	***rightly*** à juste titre
short court	***short*** (idée de manque)	***shortly*** bientôt
straight droit	***straight*** directement	–
weekly hebdomadaire	–	***weekly*** chaque semaine
wide large	***wide*** grand	***widely*** généralement
yearly annuel	–	***yearly*** chaque année

Faux amis ! ***Actually*** ne signifie pas « actuellement » mais « en fait » ; ***currently*** ne signifie pas « couramment » mais « actuellement ». ***Luckily*** se traduit par « heureusement ».

Exercice 1 Les adverbes

▶ *Corrigé p. 129*

Choisissez le mot qui convient pour compléter chaque phrase.

1 She was ... surprised when her promotion was announced.
Ⓐ extreme Ⓑ extremes Ⓒ extremity Ⓓ extremely

2 This equipment must be handled ... .
Ⓐ care Ⓑ careful Ⓒ caring Ⓓ carefully

3 All our hotels are ... located near airports.
Ⓐ convenient Ⓑ convenience Ⓒ conveniently Ⓓ convenes

4 All the team worked very ... on the project we are presenting today.
Ⓐ hardly Ⓑ hard Ⓒ harder Ⓓ hardest

5 Our team ... won the match, but our opponents scored in the last minute.
Ⓐ near Ⓑ nearly Ⓒ nearer Ⓓ nearest

TEST OFFICIEL **Extrait de Part 5**

▶ *Corrigé p. 129*

Select the best answer to complete each sentence.

103. The sales report is due tomorrow, so please finish it ....

(A) easily

(B) quickly

(C) certainly

(D) truly

113. Research shows that an online marketing strategy is vital for survival in the .... competitive athletic shoe market.

(A) skillfully

(B) increasingly

(C) accidentally

(D) meaningfully

129. Choose an .... sized air conditioner for your company's needs, as larger models use more energy.

(A) affirmatively

(B) appropriately

(C) unexpectedly

(D) extensively

17. ADJECTIFS ET PRONOMS POSSESSIFS - PRONOMS RÉFLÉCHIS - GÉNITIF

1. RAPPEL DES ADJECTIFS POSSESSIFS ET DES PRONOMS POSSESSIFS

Pronoms personnels sujet		Adjectifs possessifs		Pronoms possessifs	
I	je	***my***	mon, ma, mes	***mine***	le mien, la mienne, les mien(ne)s
you	tu, vous	***your***	ton, ta, tes votre, vos	***yours***	le tien, la tienne, les tien(ne)s le vôtre, la vôtre, les vôtres
he	il	***his***	son, sa, ses	***his***	le sien, la sienne, les sien(ne)s
she	elle	***her***		***hers***	
it	il, elle (neutre)	***its***		–	
we	nous	***our***	notre, nos	***ours***	le nôtre, la nôtre, les nôtres
they	ils, elles	***their***	leur, leurs	***theirs***	le leur, la leur, les leurs

2. L'EMPLOI DES ADJECTIFS POSSESSIFS ET DES PRONOMS POSSESSIFS

- Un adjectif possessif s'utilise **devant un nom** :
  Ex. : *This is **my office**.*
  C'est mon bureau.
  *This is **her laptop**.*
  C'est son ordinateur portable.
  *They won't change **their plans**.*
  Ils ne vont pas modifier leurs projets.

Faites bien la différence entre les adjectifs possessifs et les pronoms possessifs ; ***theirs*** n'est pas la forme plurielle de ***their***.

- Un pronom possessif **remplace un adjectif possessif + nom** :
  Ex. : *This is **mine**.* C'est le mien.
  *This is **hers**.* C'est à elle. / C'est le sien.
  *They won't change **theirs**.* Ils ne vont pas modifier les leurs.

- ***Whose*** peut aussi être un pronom possessif :

Attention à ne pas confondre ***whose*** et la forme contractée ***who's*** (***who is*** ou ***who has***).

– s'il se rapporte à **quelqu'un** (le propriétaire), il se traduit par « à qui » ;
  Ex. : ***Whose** car is parked in front of the entrance?*
  À qui est la voiture garée devant l'entrée ?

– s'il se rapporte à **quelque chose** (l'objet dont on parle), il se traduit par « dont ».
  Ex. : *The plant, **whose** employees are on vacation, will re-open next week.*
  L'usine, dont les employés sont en vacances, rouvrira la semaine prochaine.

3. LES PRONOMS RÉFLÉCHIS

Pronoms personnels sujet		Pronoms réfléchis	
I	je	***myself***	moi-même (moi)*
you	tu	***yourself***	toi-même, vous-même (moi, vous)
he	il	***himself***	lui-même (lui)
she	elle	***herself***	elle-même (elle)
it	il, elle (neutre)	***itself***	lui-même, elle-même (se)
we	nous	***ourselves***	nous-mêmes (nous)
you	vous	***yourselves***	vous-mêmes (vous)
they	ils, elles	***themselves***	eux-mêmes, elles-mêmes (eux, elles)

* Exemples :

*I will do it **myself**.* Je le ferai **moi-même**. / C'est **moi** qui le ferai.

*This appliance rewinds **itself** automatically.* Cet appareil **se** rembobine automatiquement.

Exercice 1 Les adjectifs possessifs et les pronoms possessifs

▶ Corrigé p. 130

Choisissez la bonne réponse pour compléter la phrase.

1 Ms. Tien would like to get ... newspapers back as soon as possible.

Ⓐ his Ⓑ her Ⓒ hers Ⓓ ours

2 Their product is expensive, unlike ... .

Ⓐ ours Ⓑ our Ⓒ theirs Ⓓ their product

3 Would the people ... names start with the letters A to H please start boarding now.

Ⓐ which Ⓑ who's Ⓒ that Ⓓ whose

4 In order to get the desk through the door, we had to remove ... legs.

Ⓐ it's Ⓑ their Ⓒ theirs Ⓓ its

5 While Mrs. Taylor is absent, she can be contacted on ... cellphone.

Ⓐ she Ⓑ her Ⓒ hers Ⓓ herself

6 This mirror is so dirty, I can't even see ... .

Ⓐ me Ⓑ mine Ⓒ myself Ⓓ I

4. LE GÉNITIF *('S)*

- Nous avons vu que l'on pouvait indiquer le « propriétaire » de quelque chose avec les adjectifs possessifs ou les pronoms possessifs.

  Ex. : ***my / your / his / our / their** desk* mon / ton (votre) / son / notre / leur bureau

  mine / yours / his / ours / theirs le mien / le tien (vôtre) / le sien / le nôtre / le leur

- On peut aussi indiquer un **lien qui exprime la propriété ou la parenté** avec le **'s du génitif** :

– si le **possesseur est au singulier**, la construction est **possesseur + 's + nom** :

Ex. : *our friend**'s** house* la maison de notre ami *the lady**'s** nephew* le neveu de la dame

– si le **possesseur fait son pluriel en -s**, la construction est **possesseur + -s du pluriel + ' + nom** :

Ex. : *our friend**s'** house* la maison de nos amis

- si le **possesseur a un pluriel irrégulier**, la construction est **possesseur + *'s* + nom** :
  Ex. : *their children**'s** house* la maison de leurs enfants
- pour les **noms propres terminés par un -*s***, soit on ajoute seulement l'apostrophe, soit on ajoute ***'s*** :
  Ex. : ***Hans'** car* ou ***Hans's** car*
- quand il y a ***deux possesseurs***, on ajoute uniquement le ***'s*** au dernier possesseur cité :
  Ex. : *Ted and Sarah**'s** house*
  La maison de Ted et de Sarah

> Attention à ne pas confondre le ***'s*** du génitif avec le ***'s*** des formes contractés de ***is*** et ***has*** :
> *This is Jake**'s** house.* (forme possessive)
> *He**'s** working at the moment.* (contraction de ***is***)
> *He**'s** visited many countries.* (contraction de ***has***)

- enfin, on n'emploie pas ***'s*** quand le « propriétaire » est un objet :
  Ex. : *the **car door*** (et non *the car's door*) *the **shop window***

- Une autre façon d'exprimer la possession est d'utiliser la construction ***the* + nom + *of* + nom** :
  Ex. : ***the** streets **of** London* ***the** bottom **of** the stairs* ***the** end **of** the day*

TEST OFFICIEL Extrait de Part 1 ▶ *Corrigé p. 130*

Piste 17

Look at the picture and listen to the four statements.
Select the one statement that best describes what you see in the picture.

3. Ⓐ Ⓑ Ⓒ Ⓓ

TEST OFFICIEL Extrait de Part 3

▶ *Corrigé p. 130*

Pistes 18 - 19

Questions 68-70 refer to the following conversation and floor plan.

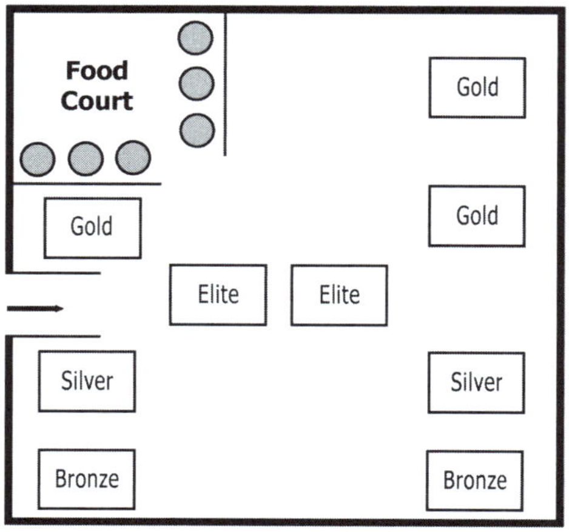

68. What most likely is the man's job?
(A) Landscaper
(B) Chef
(C) Cashier
(D) Architect

69. Look at the graphic. What type of booth does the man reserve?
(A) Elite
(B) Gold
(C) Bronze
(D) Silver

70. What requirement does the woman mention?
(A) Some information must be prepared.
(B) Some products must be inspected.
(C) A deposit must be made.
(D) A blueprint must be approved.

Extrait de Part 5

▶ *Corrigé p. 130*

Select the best answer to complete the sentence.

108. The property manager must ensure that renters understand .... rental agreement.
(A) their
(B) they
(C) theirs
(D) them

18. LES PRONOMS RELATIFS

Les pronoms relatifs servent à relier deux phrases.
Ex. : *My boss is Indian. He has lived here for 15 years.*
→ *My boss,* ***who*** *is Indian, has lived here for 15 years.*
Mon patron, qui est Indien, vit ici depuis 15 ans.

1. LE CHOIX DU PRONOM RELATIF

- On choisit le pronom relatif à employer en fonction de son **antécédent** (personne, chose) et de sa **fonction** dans la phrase (sujet, complément).

fonction / antécédent	Sujet	Complément	Possessif	Endroit
Personne	***who***	***that / whom***	***whose***	–
Chose	***which / that***	***which / that***	***whose***	***where***

Ex. : *The waitress* ***who*** *gets the most orders receives a bonus.*
(antécédent : personne ; fonction : sujet → ***who***)
La serveuse qui prend le plus de commandes reçoit une prime.

The package ***which*** *is advertised includes a boat trip and a meal.*
(antécédent : chose ; fonction : sujet → ***which***)
Le forfait présenté comprend une excursion en bateau et un repas.

The woman ***that*** *you see is my boss.*
(antécédent : personne ; fonction : complément → ***that***)
La femme que tu vois est ma patronne.

On peut souvent omettre le pronom relatif complément : *The woman* ***Ø*** *you see is my boss.*

- Dans les tests *TOEIC®*, ***whom*** s'emploie surtout après une préposition.
Ex. : *The person* ***to whom*** *you spoke...* La personne à qui vous avez parlé...
The researcher ***with whom*** *she is conducting a study...*
Le chercheur avec qui elle mène une étude...

- ***Whose*** (dont)
Ex. : *The truck* ***whose*** *tire blew out on the highway has finally arrived.*
Le camion dont le pneu a crevé sur l'autoroute est enfin arrivé.

- ***Where*** (où)
Ex. : *Put the paper in the cupboard* ***where*** *we keep the other office supplies.*
Mettez le papier dans l'armoire où l'on range les autres fournitures de bureau.

A. Proposition restrictive ou non restrictive ?

– Une proposition **non restrictive** est entourée de virgules ; on peut la supprimer sans nuire au sens premier de la phrase.
Ex. : *My boss, **who is Indian**, has lived here for 15 years.*

– Une proposition **restrictive** contient des éléments qui sont **indispensables** au sens de la phrase.
Ex. : *My boss **who is Indian** has lived here for 15 years.*
My other boss was born here.
Mon patron, celui qui est Indien, vit ici depuis 15 ans. Mon autre patron est né ici.

> Si on enlevait ***who is Indian***, on ne pourrait plus distinguer entre les deux patrons.

B. *That*

• Dans une proposition restrictive, on peut remplacer le pronom relatif par ***that***.
Ex. : *My boss **who / that** is Indian has lived here for 15 years.*

On ne peut pas le faire dans une proposition non-restrictive.
Ex. : *My boss, **who** / ~~that~~ is Indian, has lived here for 15 years.*

• ***That*** est obligatoire après :
– **les superlatifs :**
Ex. : *It is **the tallest** tower **that** / ~~which~~ I have ever seen.*
C'est la plus haute tour que j'aie jamais vue.

– ***everything, anything, nothing :***
Ex. : ***Nothing that*** */ ~~which~~ you say makes sense.*
Je ne comprends rien à ce que vous dites.

– ***only, all :***
Ex. : ***All** the people **that** I work with are foreign.*
Toutes les personnes avec qui je travaille sont étrangères.

***Only** the people **that** I work with are foreign.*
Ce ne sont que les personnes avec qui je travaille qui sont étrangères.

• On peut omettre ***that* quand il est suivi par un sujet** :
Ex. : *All the people **(that)** I work with are foreign.*
*The opera **(that)** we saw was very long.*
L'opéra que nous avons vu était très long.

> Si ***that*** n'est pas suivi par un sujet, on ne peut pas l'enlever.
> *The company **that** built the tower was founded by my uncle.*
> La société qui a construit la tour a été fondée par mon oncle.

Exercice 1 Les pronoms relatifs

▶ *Corrigé p. 131*

Choisissez le pronom relatif qui convient dans la phrase ; les deux sont parfois possibles.

1 This is the article **which / that** was published on Monday.
2 That is the best restaurant **that / which** I have ever eaten in.
3 **Whom / Who** wrote the letter?
4 The small company **where / which** I started my career has since gone bankrupt.
5 Our company, **which / whose** headquarters has recently relocated, is doing well.
6 I'm afraid that is the only piece of information **that / which** is still lacking.
7 I've completely forgotten the name of the hotel in **where / which** I stayed.
8 The woman **whom / who** I spoke to about enrolling in a night class told me to do it online.
9 I would like to return this item, **which / that** I bought last Thursday.
10 The client, with **whom / who** we have a huge contract, wants to renew.

2. *THAN*, *WHAT* OU *THAT* POUR TRADUIRE « QUE » ?

Le mot « **que** » peut se traduire le plus souvent par ***than***, ***what*** ou ***that*** ; comment choisir ?

- ***Than*** ne s'emploie **que dans les phrases comparatives**.
  Ex. : *Cycling would be faster* ***than*** *walking.* Ce serait plus rapide d'y aller à vélo qu'à pied.

- ***What***
- s'emploie en **mot interrogatif**,
  Ex. : ***What*** *do you want me to do?* Que voulez-vous que je fasse ?
- ou traduit « **ce qui** », « **ce que** ».
  Ex. : ***What*** *I find incredible is the quality of the finish!*
  Ce que je trouve incroyable, c'est la qualité de la finition.

- ***That***
- s'emploie en tant que **pronom relatif**,
  Ex. : *The report* ***that*** *you have to read is on the desk.*
  Le compte-rendu que tu dois lire est sur le bureau.
- ou en **conjonction**.
  Ex. : *Do you think* ***that*** *we have enough time?*
  Pensez-vous que nous ayons assez de temps ?

Exercice 2 *Than, what ou that ?*

▶ *Corrigé p. 131*

Complétez les phrases avec la réponse qui convient.

1 You can have everything ... you need.
Ⓐ than
Ⓑ that
Ⓒ what

2 That is not ... you want.
Ⓐ than
Ⓑ that
Ⓒ what

3 There's no better time ... now.
Ⓐ than
Ⓑ that
Ⓒ what

4 ... is not what I meant!
Ⓐ Than
Ⓑ That
Ⓒ What

TEST BLANC Extrait de Part 5

▶ *Corrigé p. 131*

Select the best answer to complete the sentence.

1. Diane Watanabe, ... currently heads the Los Angeles branch, began her career here in Tokyo.
(A) which
(B) whose
(C) who
(D) whom

19. LES PRÉPOSITIONS

- Une préposition est un mot invariable (***on, at, in, by, under, toward...***) qui sert à introduire un autre mot ou un groupe de mots avec une fonction de complément.
- La préposition marque un lien de dépendance (lieu, temps, manière, but, matière...) entre le mot qu'elle introduit et le complément rattaché à ce mot.
  Ex. : *They left **for** the conference **at** 8.30 **on** foot.*
  Ils sont partis pour la conférence à 8 h 30 à pied.
- Faites bien attention aux prépositions. Elles peuvent changer complètement le sens de la phrase et c'est souvent grâce à elles que l'on trouve la bonne réponse.

1. LES PRÉPOSITIONS DE LIEU

- Les prépositions peuvent indiquer la **position** d'une personne ou l'**emplacement** d'un objet (dans une photo de Part 1, par exemple).
  Ex. : *She's standing **next** to a whiteboard.* Elle se tient à côté d'un tableau blanc.
  *A fan has been placed **on** the desk.* Un ventilateur a été placé sur le bureau.

Les prépositions de lieu

in	dans	***between***	entre
among	parmi	***on***	sur
under	sous	***at***	à
below	sous, en dessous	***around***	autour
above	au-dessus	***near***	près de
over	au-dessus, par-dessus	***next to***	à côté de
opposite	en face de	***by***	à, à côté de
beside	à côté de	***across (from)***	en face (de)
in front of	devant	***inside***	dedans, à l'intérieur
behind	derrière	***outside***	dehors, à l'extérieur

Ne confondez pas les prépositions ***beside***, « à côté de », et ***besides***, qui signifie « en plus de ».

Exercice 1 **Les prépositions de lieu** ▶ *Corrigé p. 131*

Choisissez la préposition en gras qui convient pour compléter chaque phrase.

1 The traffic going **above / over** the bridge is denser than usual.

2 I left my car **beside / besides** yours, in front of the entrance.

3 She's working **in / on** Paris for three months.

4 The bank is **among / between** the post office and the fire station.

5 The park is locked, so you will have to go **around / through** it.

2. LES PRÉPOSITIONS DE TEMPS

• Les trois prépositions de temps les plus courantes sont ***at***, ***in*** et ***on***.

Prépositions	Emplois	Exemples	
at	Devant une heure, un moment de l'année	***at*** *2.15* ***at*** *midnight* ***at*** *lunchtime* ***at*** *night* ***at*** *Christmas* ***at*** *the end of June*	à 2 h 15 à minuit à l'heure du déjeuner la nuit à Noël fin juin
in	Devant les mois, années, saisons, les moments de la journée (sauf la nuit), avec une durée, un délai	***in*** *January / August* ***in*** *2025 / 1776* ***in*** *spring / summer* ***in*** *the morning* ***in*** *the afternoon* ***in*** *the evening* ***in*** *two minutes*	en janvier, en août en 2025, en 1776 au printemps, en été le matin l'après-midi le soir dans deux minutes
on	Devant une date ou un jour précis	***on*** *Monday* ***on*** *Christmas Day* ***on*** *June 5th* ***on*** *the first day of work* ***on*** *the weekend*	lundi le jour de Noël le 5 juin le premier jour de travail le/ce week-end
ø (pas de préposition)		*last week* *next spring* *yesterday* *tomorrow*	la semaine dernière au printemps prochain hier demain

Exercice 2 **Les prépositions de temps** ▶ *Corrigé p. 131*

Complétez les phrases avec *at*, *in* ou *on*, ou ø si aucune préposition n'est nécessaire.

1 How about meeting here .... Monday?

2 Actually, I finished working on my slides .... last week.

3 I think we'll go to Brazil .... next summer.

4 I'll see you .... lunchtime!

5 Our company was established .... 1987.

6 Hurry up! They are unveiling our work .... five minutes.

7 What are you doing .... Thanksgiving?

8 Our facilities must be operational .... next spring.

9 Jake told me that you saw him at a conference .... yesterday.

10 The company picnic always takes place .... weekends.

Autres prépositions et expressions de temps

Prépositions	Traductions	Exemples
after (suivi d'un nom)	après	*We'll work on it* ***after*** *lunch.* Nous y travaillerons après le repas.
afterward(s) (en fin de proposition)	après, plus tard	*We'll work on it* ***afterwards****.* Nous y travaillerons plus tard.
before	avant	*Sven asked to see the agenda* ***before*** *the meeting.* Sven a demandé de consulter l'ordre du jour avant la réunion.
beforehand (en fin de proposition)	au préalable, à l'avance	*Sven asked to see the agenda* ***beforehand****.* Sven a demandé de consulter l'ordre du jour à l'avance.
by	avant, d'ici	*We must be there* ***by*** *5 P.M.* Nous devons y être avant 17 h.
at the end	à la fin de, au bout de	*Let's see if there is a parking spot* ***at the end*** *of the street.* Allons voir si nous pouvons nous garer au bout de la rue.
in the end	finalement	***In the end*** *we parked opposite the subway entrance.* Finalement, nous nous sommes garés en face de l'entrée du métro.
in time	à temps	*If you want to arrive* ***in time*** *for the conference, you should hurry.* Si vous voulez arriver à l'heure pour la conférence, vous devriez vous dépêcher.
on time	à l'heure	*The train for Prague always leaves* ***on time****.* Le train à destination de Prague part toujours à l'heure.
currently	actuellement	*Our company is* ***currently*** *expanding our sales department.* Notre entreprise développe actuellement notre service des ventes.
last (suivi d'un nom)	dernier	*When was your* ***last*** *interview?* Quand s'est déroulé votre dernier entretien ?
latest	le plus récent	*Have you heard the* ***latest*** *news?* Êtes-vous au courant des dernières nouvelles ?
at last	enfin	*The plane has arrived.* ***At last****!* L'avion est arrivé. Enfin !
for / since (+ *present perfect*)	depuis	*We've been operating in this country* ***for*** *ten years /* ***since*** *last century.* Nous travaillons dans ce pays depuis dix ans / depuis le siècle dernier.
for (+ durée)	pendant	*She's going to work with us* ***for*** *three months.* Elle va travailler avec nous pendant trois mois.
during (+ nom et jamais suivi d'un nombre)	pendant	*Where are you going* ***during*** *your vacation?* Où partez-vous pendant vos vacances ?
while (+ verbe)	pendant	*I will gather the equipment* ***while*** *you finish writing the presentation.* Je vais rassembler l'équipement pendant que vous terminez de rédiger la présentation.
within	dans les, d'ici	*You must pay* ***within*** *90 days.* Vous devez payer dans les 90 jours.

Exercice 3 Les expressions de temps

▶ *Corrigé p. 132*

Choisissez l'expression de temps en gras qui convient pour compléter chaque phrase.

1 You will find the results **at the end / in the end** of the report.

2 First we're going to have a break, and we'll carry on working **after / afterwards**.

3 They are expected to launch their **last / latest** smartphone next week.

4 He was about to board the wrong train, but I stopped him **in time / on time**.

5 The company will pay for your hotel **during / for** five days.

3. LES PRÉPOSITIONS DE MOUVEMENT

- Les verbes peuvent aussi être suivis d'une préposition qui donne une indication sur la **direction** ou sur le **type de mouvement**.
- Le plus souvent, la préposition modifie le sens du verbe qu'elle suit :
  Ex. : *walk* marcher → *walk **out*** sortir
  go aller → *go **through*** traverser
  Ex. : *She's **walking out** of the shop.* Elle sort du magasin.
- ***To*** est la préposition de mouvement qu'il faut retenir à tout prix ; ***to*** s'emploie **avec un verbe de mouvement**.
  Ex. : *Could you please **deliver** this box **to** my office?*
  Pourriez-vous livrer ce carton à mon bureau ?
  *Shall I **come to** your office, or shall we meet in mine?*
  Est-ce que je viens dans votre bureau, ou allons-nous nous réunir dans le mien ?

> ***Come*** et ***deliver*** sont des verbes de mouvement, on utilise donc ***to*** ; ***meet*** n'en est pas un, on doit donc opter pour ***in***.

A. Les prépositions de mouvement

Prépositions	Indication	Exemples	
on	montée	***get on*** *(the plane)*	monter dans
off	sortie, retrait	***get off*** *(the bus)* ***wipe off*** *(the dirt)*	descendre enlever
up	vers le haut	***run up*** *(the stairs)*	monter en courant
down	vers le bas	***walk down*** *(the street)*	descendre à pied
away	éloignement	***put away*** ***walk away***	ranger s'éloigner
to	direction	***go to***	aller vers, à
at	direction	***shout at*** *(someone)* ***throw*** *(something)* ***at***	crier sur jeter sur / vers
along	le long de	***run along*** *(the river)*	courir le long de
beside, next to	à côté de	***sit beside*** *(someone)*	être assis à côté de
into	entrée, vers l'intérieur	***walk into*** *(the room)*	entrer dans
out of, from	sortie, vers l'extérieur	***walk out*** *(of the office)* ***remove from*** *(the shelf)*	sortir de retirer de
across, through	traversée	***swim across*** *(the lake)* ***walk through*** *(the door)*	traverser à la nage franchir
past	dépassement d'un point fixe	***go past*** *(the school)*	passer devant

- On peut **être** à la maison, ***at home*** (position), ou **aller** à la maison, ***go home*** (direction, sans ***to***) ; c'est une exception à la règle de mouvement avec ***to*** ci-dessus.)
  Ex. : *He **went** (ø) **home** early in order to work **at home** because his child was ill.*
  Il est rentré tôt pour travailler à la maison car son enfant était malade.
- Des expressions sans préposition peuvent traduire une idée de direction ou de lieu.

downtown	dans le centre-ville	***uptown***	dans les quartiers résidentiels
inside	à l'intérieur	***outside***	à l'extérieur
downstairs	en bas	***upstairs***	en haut

Ex. : *Minh is working **upstairs**.* (position)
Minh travaille à l'étage.
*Would you help me carry these boxes **outside**?* (déplacement)
Pourriez-vous m'aider à porter ces cartons dehors ?

Exercice 4 Les prépositions de mouvement

▶ Corrigé p. 132

Choisissez la préposition en gras qui convient pour compléter chaque phrase.

1 Could you take this pot of coffee **in / into** the meeting room?
2 It's very difficult to see **across / through** this window due to the rain.
3 Take this box **beside / outside** and leave it by the car.
4 The scene where the cowboy falls **from / off** the horse is hilarious!
5 I'm feeling really tired. Can you take me **at home / home**?

B. Récapitulatif *at*, *in*, *on*

Préposition	Temps	Lieu
at	devant une heure	devant une adresse ou un bâtiment, un lieu public
in	devant une année, un mois, une saison	devant un pays, une ville, ou à l'intérieur d'un bâtiment
on	devant une date ou un jour précis	devant un nom de rue

Ex. : *The concept was born **at** 3 A.M. **on** a Monday **in** April **in** 2014.*
Le concept a vu le jour à 3 h du matin un lundi d'avril 2014.

*It was **on** April Fool's Day, so **in** spring!*
C'était le 1er avril, donc au printemps !

*I'll meet you **at** the train station **in** Paris, **in** France!*
On se voit à la gare à Paris, en France !

*Don't you live **on** Queen Street? – Actually, I live **at** 23 King Street!*
Tu n'habites pas dans Queen Street ? – En fait, j'habite au 23 King Street !

Exercice 5 Les prépositions de temps, de lieu et de mouvement

▶ Corrigé p. 132

Choisissez la bonne réponse pour compléter la phrase.

1 We need a courier to deliver this package ... an address downtown.
Ⓐ at Ⓑ in Ⓒ to Ⓓ on

2 Could we bring our appointment forward to Monday ... noon?
Ⓐ on Ⓑ at Ⓒ to Ⓓ by

3 Ms. Kim has decided to ... home early today because of the inclement weather conditions.
Ⓐ drive Ⓑ drive to Ⓒ drive at Ⓓ drive around

4 What time will the flight arrive ... Rome?
Ⓐ at Ⓑ on Ⓒ in Ⓓ to

5 Our premises are located ... the Public Library.
Ⓐ in front Ⓑ near Ⓒ to Ⓓ on

6 What time will the train arrive ... Bangkok railway station?
Ⓐ at Ⓑ on Ⓒ in Ⓓ to

7 Are you accompanying the CEO ... Hamburg next week?
Ⓐ at Ⓑ on Ⓒ by Ⓓ to

TEST OFFICIEL

Extrait de Part 3

▶ Corrigé p. 132

Pistes 20 - 21

Questions 32-34 refer to the following conversation.

32. What does the man want to do?
(A) Take a city tour
(B) Check into a room
(C) Buy an admission ticket
(D) Walk to a tourist attraction

33. What does the woman show the man?
(A) A coupon
(B) A brochure
(C) A map
(D) An invoice

34. What does the woman recommend?
(A) Eating at a popular café
(B) Buying a bus pass
(C) Following a walking trail
(D) Consulting a train schedule

Extrait de Part 5

▶ Corrigé p. 132

Select the best answer to complete the sentences.

106. Sales of the Moro Camera dropped by 3 percent .... the last quarter.
(A) down
(B) well
(C) and
(D) during

107. The newest branch of the library is located .... Pine Street, directly across from the post office.
(A) in
(B) among
(C) until
(D) on

115. Applications received .... the October 15 deadline will not be processed.
(A) after
(B) already
(C) while
(D) often

20. LES MOTS SUIVIS D'UNE PRÉPOSITION

1. LES VERBES SUIVIS D'UNE PRÉPOSITION

- Certains **verbes** sont suivis d'une préposition qui sert à introduire le complément.

accuse somebody of accuser quelqu'un de	***laugh at / about*** rire de
apologize for s'excuser de	***listen to*** écouter
apply for poser sa candidature à	***look forward to*** attendre avec impatience
ask about se renseigner sur	***pay for*** payer
ask for demander	***rely on*** compter sur
belong to / belong with appartenir à / aller avec	***remind somebody of*** rappeler quelque chose à quelqu'un
care for tenir à	***succeed in*** réussir
deal with s'occuper de	***talk about*** parler de
depend on dépendre de	***talk to*** parler à
insist on s'évertuer à	***wait for*** attendre

(liste non-exhaustive)

- Ne confondez pas les verbes suivis d'une préposition et les verbes à particule ou ***phrasal verbs*** (voir le chapitre 21) :
- la préposition qui suit certains verbes **introduit simplement le complément**.
  You must ***talk to*** *the person in charge.* Vous devez parler au responsable.
- dans les verbes à particule, la préposition **modifie le sens du verbe**.
  We must find some time to ***talk*** *it* ***over****.* Nous devons trouver un moment pour en discuter.

- Les verbes qui **suivent** une préposition sont à la forme ***-ing***.

He is afraid ***of*** *los****ing*** *his job.*	Il a peur de perdre son travail.
She is responsible ***for*** *recruit****ing*** *new employees.*	Elle est responsable du recrutement des nouveaux employés.
They were accused ***of*** *embezzl****ing*** *the company's money.*	On les a accusés de détourner les fonds de la société.
I look forward ***to*** *hear****ing*** *from you.*	Dans l'attente d'avoir de vos nouvelles.

- Dans le *TOEIC®*, il n'y a que quelques expressions où l'on retrouve ***to*** suivi de ***-ing*** :
  look forward to + -ing et ***be / get used to + -ing.***

- Certaines questions demandent de sélectionner le mot manquant qui suit ***to***. Comment savoir si ce ***to*** est une **préposition** ou la **marque de l'infinitif** ?
- Si on peut mettre un nom après ***to***, il s'agit d'une **préposition** et ***to*** doit être suivi d'un verbe en ***-ing***.
  Ex. : *I look forward to* ***(hear / hearing)*** *from you.* (*I'm looking forward* ***to the weekend*** [nom])
  → réponse : ***hearing***
  We are committed to ***(help / helping)*** *you.* (*We are committed* ***to this agreement*** [nom])
  → réponse : ***helping***
- Si la phrase n'a pas de sens en mettant un nom après ***to***, c'est la marque de l'infinitif et ***to*** doit être suivi de la **base verbale**.
  Ex. : *I need you to* ***(sign / signing)*** *this document. (I need you to ~~signature~~.)* → réponse : ***sign***

2. LES ADJECTIFS SUIVIS D'UNE PRÉPOSITION

- Certains **adjectifs** sont associés à une préposition. Il n'y a pas de règles particulières pour dicter le choix de la préposition, il faut les retenir.

***afraid* of**	qui a peur de	***made* of**	en *(bois, verre...)*
***angry* at**	fâché de/avec	***married* to**	marié avec
***aware* of**	conscient de	***opposed* to**	contre, opposé à
***capable* of**	capable de	***proud* of**	fier de
***careless* about**	peu soucieux de	***responsible* for**	responsable de
***familiar* with**	qui connaît bien	***similar* to**	similaire à
***fond* of**	attaché à, qui aime bien	***sorry* for / about**	désolé de/pour
***happy* about / with**	content de	***sure* of / about**	certain de
***interested* in**	intéressé par	***tired* of**	qui en a assez de
***jealous* of**	jaloux de	***worried* about**	inquiet au sujet de

(liste non-exhaustive)

Responsible n'est pas un nom ; c'est un adjectif, suivi de la préposition ***for***. « Le/la responsable » se traduit par ***the person in charge***.

3. LES NOMS SUIVIS D'UNE PRÉPOSITION

- Certains **noms** sont associés à une préposition. Comme pour les adjectifs, il n'y a pas de règles particulières pour dicter le choix de la préposition, il faut les retenir...

addiction to	*We are seeing a rise in **addictions to** computer games.* Nous constatons une hausse des dépendances aux jeux vidéo.
age at	*The **age at** which you may vote varies from country to country.* L'âge auquel on peut voter varie selon le pays.
approach to	*They have a very interesting **approach to** the problem.* Leur approche du problème est très intéressante.
belief in	*Your **belief in** our action is reassuring.* Votre confiance dans notre action est rassurante.
cause of	*The **cause of** the power outage remained unknown.* On n'a jamais su pourquoi il y avait eu une coupure de courant.
change in	*The **change in** temperature should not affect the product.* Le changement de température ne devrait pas nuire au produit.
dedication to	*Her **dedication to** her job is exemplary.* Son dévouement à son travail est exemplaire.
delay in	*What was the **delay in** delivery due to?* À quoi le retard de livraison était-il dû ?
example of	*Can you give me an **example of** what you are saying?* Pouvez-vous me donner un exemple de ce que vous avancez ?
fear of	*A **fear of** insects can be a big problem in some hot countries.* La peur des insectes peut être très problématique dans certains pays chauds.
increase in / decrease in	*There has been a **decrease in** absenteeism recently.* Le taux d'absentéisme a baissé dernièrement.
interest in	*Mr. Franklin's **interest in** vintage cars led him to open a museum.* C'est son intérêt pour les voitures anciennes qui a poussé M. Franklin à ouvrir un musée.
knowledge of	*Ms. Hantai's **knowledge of** the market will be a useful asset.* La connaissance du marché de Mme Hantai sera un atout utile.

need for	*The journalist's **need for** reliable sources delayed the publication of the article.* La nécessité pour le journaliste d'avoir des sources fiables a retardé la publication de l'article.
preference for	*I have a **preference for** coffee, but I do also drink tea.* Je préfère le café, mais je bois aussi du thé.
reason for	*Is there a **reason for** this change in tactic?* Y a-t-il une raison derrière ce changement de stratégie ?
reaction to	*I was very surprised by her **reaction to** the news.* J'ai été très surpris par sa réaction à la nouvelle.
response to	*The firm's **response to** the accusations was to deny everything.* En réponse aux accusations, l'entreprise a nié en bloc.
rise in	*The **rise in** the cost of petrol is starting to affect us all.* La hausse du prix de l'essence commence à affecter tout le monde.
way of	*Where did you learn that **way of** reacting to stress?* Où avez-vous appris cette façon de réagir au stress ?

(liste non-exhaustive)

Attention aux synonymes qui emploient des prépositions différentes : ***reason for** / **cause of*** (la raison de, la cause de).

Exercice 1 Les prépositions

▶ *Corrigé p. 133*

Choisissez la bonne réponse pour compléter la phrase.

1 Who does the blue Ford, registration number KF167C, belong ... ?
Ⓐ with Ⓑ to Ⓒ for Ⓓ of

2 This place reminds me ... the town where I grew up.
Ⓐ of Ⓑ at Ⓒ to Ⓓ on

3 Whether I'll come or not depends ... the day.
Ⓐ off Ⓑ in Ⓒ of Ⓓ on

4 The recent increase ... employment rates is very encouraging.
Ⓐ of Ⓑ in Ⓒ with Ⓓ at

5 We are used to ... from the same supplier each time.
Ⓐ purchase Ⓑ purchased Ⓒ purchasing Ⓓ purchaser

6 I'm tired ... waiting for the answer to my request.
Ⓐ of Ⓑ about Ⓒ in Ⓓ by

7 Mr. Yamamoto used ... assistant purchaser but he has been promoted to Head of the department.
Ⓐ be Ⓑ to be Ⓒ being Ⓓ to being

8 The CEO is not at all opposed ... the merger.
Ⓐ by Ⓑ of Ⓒ against Ⓓ to

9 Since the beginning of the year, we have noticed a real ... of good applicants.
Ⓐ request Ⓑ shortage Ⓒ demand Ⓓ call

10 We look forward ... you to our company.
Ⓐ welcome Ⓑ welcoming Ⓒ to welcome Ⓓ to welcoming

TEST OFFICIEL

Extrait de Part 5

▶ Corrigé p. 133

Select the best answer to complete each sentence.

121. Glideline Technologies .... in archiving records and retrieving lost data.

(A) consists

(B) interests

(C) inspects

(D) specializes

125. Business travel is .... for Shawton Associates by Young-Pyo Kim at Wright Air Transit.

(A) equipped

(B) attributed

(C) coordinated

(D) concurred

Extrait de Part 7

▶ Corrigé p. 133

Questions 149-151 refer to the following flyer.

Copper Ridge Small-Business Forum
Tuesday, 16 April, 6:00 P.M.–8:30 P.M.
Copper Ridge Town Hall, 225 Gower Lane

Learn how your small business can succeed in today's economy.

Forum panelists:

- Dan Burbridge (moderator), author of the series *Loans, Grants, and Other Financial Resources for Entrepreneurs*
- Susan Jankowski, owner of Pricewell's Supermarket
- Joseph Salibi, president of the Copper Ridge Council of Merchants
- Augustine Lind, owner of Lind's Cleaning Service

Admission is free, but a reservation is required. Call 705-555-0121. Visit www.copperridgesb.ca/events for details on forum speakers and agenda.

149. What does the flyer advertise?

(A) A university lecture on economics

(B) A store's grand opening celebration

(C) A job fair for small businesses

(D) A meeting of business owners

150. What is indicated about the moderator?

(A) He lives in Copper Ridge.

(B) He writes about funding options.

(C) He manages a food market.

(D) He is a government official.

151. What should people do if they want to attend the event?

(A) Visit a ticket office

(B) Send an e-mail

(C) Make a telephone call

(D) Submit a form online

21. LES VERBES À PARTICULE - *PHRASAL VERBS*

- **On peut ajouter une particule à certains verbes ; celle-ci modifie le sens du verbe de départ.** Il faut apprendre par cœur les traductions des verbes à particule, car elles ne sont pas toujours faciles à deviner.
  Ex. : ***blow*** souffler ***blow up*** (faire) exploser, gonfler *(un ballon).*
- La phrase suivante montre l'importance de connaître les verbes à particule.

Sheila was advised to .... a small percentage of her pay each month for emergencies.
(A) put off
(B) put away
(C) put aside
(D) put on

On a conseillé à Sheila de mettre de côté une petite partie de son salaire chaque mois en cas d'urgence.

Réponse **(C)**
(A) ***put off :*** reporter
(B) ***put away :*** ranger
(D) ***put on :*** mettre (un vêtement)

1. L'EMPLOI DES VERBES À PARTICULE

- Les verbes à particule peuvent être **transitifs** (suivis d'un objet) ou **intransitifs** (pas d'objet direct).
  Ex. : *The caterer* ***turned up*** *late, so the food is not ready yet.* (intransitif)
  Le traiteur est arrivé en retard, alors les plats ne sont pas encore prêts.
  Don't forget to ***turn up*** *your trousers on the beach.* (transitif)
  N'oublie pas de remonter le bas de ton pantalon sur la plage.
- Pour les verbes transitifs, on peut généralement **séparer la particule du verbe**.
  Ex. : *Could you please* ***pick*** *the fork* ***up****?* ou *Could you please* ***pick up*** *the fork?*
  Pouvez-vous ramasser la fourchette ?
- Quand on emploie un pronom, il se place entre le verbe et la particule.
  Ex. : *Could you please* ***pick it up****?*
  Pouvez-vous la ramasser ?
- Certains verbes ont deux particules.
  Ex. : *We* ***broke down*** *the budget* ***into*** *three sections.*
  Nous avons divisé le budget en trois parties.
  We ***look forward to*** *meeting you.*
  Nous sommes impatients de vous rencontrer

2. QUELQUES VERBES À PARTICULE

Voici une sélection de verbes à particule qu'il est utile de retenir. Nous vous conseillons de consulter un dictionnaire, notamment des verbes très courants tels que ***get***, ***look***, ***take***, ***go***, ***bring***, ***put***... pour vous rendre compte de la quantité des verbes à particule en anglais...

break down (intr)	tomber en panne	***make up for***	compenser
call off	annuler	***narrow down***	limiter (ses choix)
drop in (intr)	passer à l'improviste	***own up to***	avouer
fall through (intr)	tomber à l'eau, échouer	***put up with***	tolérer, supporter
get up (intr)	se lever	***run into***	tomber sur (quelqu'un)
hear from	avoir des nouvelles de	***step down*** (intr)	démissionner
keep up with	se maintenir au niveau de	***turn on/off***	allumer/éteindre
look up	chercher (dans une liste)	***wake up*** (tr/intr)	(se) réveiller

Exercice 1 Les verbes à particule

▶ *Corrigé p. 133*

Choisissez la bonne réponse pour compléter la phrase.

1 We tried not to ... the guard dog but failed!
Ⓐ turn up Ⓒ put up
Ⓑ get up Ⓓ wake up

2 We cannot ... this noise while we work.
Ⓐ put over Ⓒ put up with
Ⓑ put up Ⓓ put back

3 We will have to ... the meeting if nobody is available.
Ⓐ break down Ⓒ call off
Ⓑ keep up Ⓓ bring about

4 Can you ... our mailing list to see if Ms. Tien is in it?
Ⓐ look up Ⓒ look after
Ⓑ look around Ⓓ look for

5 Were you able to ... to Mr. Morgenson?
Ⓐ get off Ⓒ get around
Ⓑ get through Ⓓ get over

22. *MAKE* OU *DO* ?

- Observez ces exemples avant de répondre aux questions de l'exercice 1.

Ex. : *I **made a cake** yesterday.* — J'ai fait un gâteau hier.
__Make a copy__ of your contract. — Faites une copie de votre contrat.
*Who **made the mess** in the boardroom?* — Qui a mis le bazar dans la salle de réunion ?

*Can you **do the dishes**?* — Tu peux faire la vaisselle ?
*I want to **do some reading**.* — Je veux faire un peu de lecture.
*In my free time, I love **doing nothing**!* — Pendant mon temps libre, j'aime bien ne rien faire !

*We **did a lot of cycling** during our vacation.* — Nous avons fait beaucoup de vélo pendant nos vacances.

*I love **doing things** with my hands but I **have made nothing** this weekend.*
J'adore faire des choses manuelles, mais je n'ai rien fabriqué ce week-end.

Exercice 1 *Make* ou *do*?

▶ *Corrigé p. 134*

Aidez-vous des exemples ci-dessus pour décider si on emploie *make* ou *do* dans les activités suivantes.

1 On emploie **make / do** pour parler du travail ou de corvées.

2 On emploie **make / do** pour créer ou fabriquer quelque chose de concret.

3 On emploie **make / do** pour parler d'une activité non précisée.

4 On emploie **make / do** pour parler d'activités plus longues ou répétées telles qu'un passe-temps.

- On emploie ***make*** dans la traduction de « rendre heureux / triste » *(ou autre sentiment)*.

Ex. : *The long weekend **made** all the employees very **happy**.*
Le week-end prolongé a fait très plaisir aux employés.

- On emploie ***make*** **+ base verbale** dans l'expression « faire + verbe » (faire rire, faire tomber...).

Ex. : *Try not to **make** that vase **fall**!*
Essayez de ne pas faire tomber ce vase !

*Uncle Thomas' stories always **made** us **laugh**.*
Les histoires de l'oncle Thomas nous faisaient toujours rire.

- Voici une liste non-exhaustive d'expressions avec ***make*** et ***do*** qui méritent d'être retenues.

Make		**Do**	
make a decision	prendre une décision	***do your best***	faire de son mieux
make a phone call	passer un coup de fil	***do the dishes***	faire la vaisselle
make money	gagner de l'argent	***do business***	faire affaire/des affaires
make progress	faire des progrès	***do someone a favor***	rendre service à
make an effort	faire un effort	***do good***	faire le bien
make a profit	faire des bénéfices	***do someone good***	faire du bien à quelqu'un
make an exception	faire une exception	***do the ironing***	repasser
make a mess	mettre le bazar	***do your hair***	se coiffer
make a fuss	faire toute une histoire	***do your duty***	faire son devoir
make an attempt	essayer	***do well/badly***	bien/mal se débrouiller
make a mistake	se tromper	***do the shopping***	faire les courses
make enquiries	se renseigner	***do the washing***	faire la lessive
make an appointment	prendre rendez-vous	***do damage***	faire des dégâts
make arrangements	s'organiser	***do work***	travailler
make war/peace	faire la guerre/la paix	***do the rest***	faire le reste
make amends	se faire pardonner		
make do	faire avec		

Exercice 2 Phrases à compléter

▶ *Corrigé p. 134*

Complétez la conversation avec une forme conjuguée de *make* ou *do*. Essayez de repérer les expressions qui se rapprochent de celles du tableau ci-dessus.

– Have you .... any plans for this weekend yet?

– No, but I think a trip to the countryside will .... me good. I'd like to .... some hiking if the weather is good. What about you?

– Oh, I've .... arrangements to visit my in-laws. I .... business with my father-in-law and we have to .... a decision about a new employee. We're not .... a lot of money at the moment and I think we .... an error when we hired this person.

– So, will you have to fire him?

– In general, I don't like firing people, but I'll have to .... an exception this time. He's such a terrible worker! His mistakes .... me roll my eyes!

– Oh well, good luck. And .... your best to keep calm!

GRAMMAIRE

23. LES MOTS DE LIAISON

- Les mots et expressions de liaison sont bien utiles pour **relier des idées** dans une phrase ou dans un texte. On les regroupe selon leur utilisation : ordonner des idées ou des étapes, développer un point, indiquer une opposition ou une restriction, etc.

  Ex. : ***Although*** *I left home early this morning, I arrived late for the meeting.* (contraste)
  Bien que je sois parti tôt ce matin, je suis arrivé en retard pour la réunion.

1. ORDONNER – DONNER UNE INFORMATION SUPPLÉMENTAIRE

Ex. : ***First****, let us address the issue of punctuality,* ***then*** *we will talk about our sales figures.*
D'abord, occupons-nous du problème de ponctualité, ensuite on parlera de nos chiffres de vente.

Ordonner		Information supplémentaire	
first	d'abord	***and***	et
then	après	***also***	aussi
after that	après ça	***additionally***	en outre, de plus
finally	enfin	***in addition (to)***	de plus (en plus de)
next	puis, ensuite	***moreover, what is more***	de plus
		furthermore	en outre, de plus
		besides	en plus, encore
		not only... but also	non seulement... mais aussi
		as well as	aussi bien que

Exercice 1 Ordonner, développer

▶ *Corrigé p. 134*

Choisissez la bonne proposition en gras pour compléter chaque phrase.

1 Stir until it boils, **furthermore / then** add the vanilla pods.

2 After all these years collaborating over the phone, we **finally / besides** meet in person.

3 You have to apologize to your manager if you want to keep this post. **And / Besides**, no one will hire you if he gives you a bad reference.

4 **Also / First** he tells me he's interested in our product and then he signs a contract with our competitor.

5 **In addition to / Also** ten years' experience in marketing, I have many other professional skills.

Exercice 2 Phrases à compléter

▶ Corrigé p. 134

Complétez les phrases en utilisant les mots proposés.

first besides next moreover and

1 The entire team has been given a written warning. .... , their company benefits have been suspended.
2 .... planting additional trees in that part of the garden, you should also put a bench there.
3 You had me order new office furniture, ... you'll be asking for a new office!
4 When collecting your car from our parking lot, ... check that there is no damage to it.
5 I've been to both Japan .... China.

Exercice 3 Insérer une phrase manquante

▶ Corrigé p. 134

Trouvez le meilleur endroit [1], [2] ou [3] dans le texte pour insérer la phrase suivante :
It's been a while since a movie left me speechless, but "The Chip" did.

[1] If you haven't made any plans for the weekend yet, I strongly recommend going to the movies. "The Chip" premieres today and it's a must-see! **[2]** We are all used to the amazing quality of John Stanton's work and right now he is at the top of his game. At first it isn't easy to wrap your head around the plot, but once you do there is no denying that this is the best original screenplay of the decade. **[3]** Besides, even if you aren't familiar with Stanton's previous work, you know the cast all too well and you cannot expect these people to perform badly or to star in a mediocre film.

2. MARQUER LE CONTRASTE – DÉVELOPPER UN ARGUMENT

- Certains mots de liaison permettent d'introduire un contraste dans une phrase ou de prolonger une idée. En les reconnaissant, vous dégagerez mieux le sens de la phrase.
- Inversement, si vous comprenez déjà le contexte et le sens de la phrase, vous trouverez plus facilement le mot de liaison qui manque dans la phrase à compléter.

Contraste		Développement	
but	mais	***in fact, actually***	en fait
though	bien que, pourtant	***indeed***	en effet, en fait
although	bien que	***above all***	surtout
even though	bien que	***obviously***	évidemment
even if	même si	***evidently***	apparemment, à l'évidence
whereas	tandis que	***clearly***	clairement
while	alors que, quoique	***apparently***	apparemment
in spite of, despite	malgré, en dépit de	***according to***	selon
however	cependant, pourtant	***personally***	personnellement
in contrast	au contraire, par contraste	***in my opinion***	à mon avis
nevertheless	cependant, néanmoins	***fortunately***	heureusement
on the other hand	par contre	***unfortunately***	malheureusement
unlike, in contrast to	contrairement à	***surprisingly***	étonnamment
instead of	au lieu de		

- Parfois, **la position de l'espace à compléter limite le nombre de réponses** possibles.

– ***Though*** peut être utilisé en fin de phrase.
Ex. : *He received an immediate promotion. He wasn't expecting it,* ***though****.*
Il a eu une promotion immédiate. Pourtant, il ne s'y attendait pas.

– ***Although***, ***even though***, ***even if***, ***while*** et ***whereas*** se placent au début d'une phrase, ou entre deux propositions afin de relier deux idées contrastées.

- ***In spite of*** et ***despite*** peuvent être utilisés au début ou au milieu d'une phrase. Ils sont suivis d'un nom ou d'un verbe en ***-ing***.

« Malgré » se traduit par 1 mot, ***despite***, ou par 3 mots, ***in spite of***, jamais par 2 mots !

- ***However*** s'utilise habituellement en début de phrase et se réfère à la phrase précédente. Il est également suivi d'une virgule.
  Quand ***however*** débute une phrase sans se référer à celle d'avant, c'est dans le sens de « peu importe comment... ». Dans ce cas, il n'est pas suivi d'une virgule.
  Ex. : ***However*** *you look at it, it's wrong!* Peu importe comment on le regarde, c'est faux !

Exercice 4 Le contraste

▶ *Corrigé p. 135*

Choisissez la bonne proposition en gras pour compléter chaque phrase.

1 **Unlike / However** our competitors, we do not pressure our customers to make a purchase every month.

2 The board of directors voted against the merger. **Personally, / Certainly,** I think it was a mistake.

3 **Actually / According** to this manual, you have to wear protective clothing while using the product.

4 We managed to book a holiday **despite / in contrast** having very busy schedules.

5 I still don't know which laptop to choose, but what I do know is that Led17 is light, **unlike / whereas** Comp4 is heavy.

Exercice 5 Phrases à compléter

▶ *Corrigé p. 135*

Complétez les phrases en utilisant les mots proposés.

on the other hand in spite of clearly unfortunately actually

1 .... the slump on the world markets my portfolio gained ground.

2 .... the lift is out of order, so you will have to take the stairs.

3 .... , I'd rather walk than drive with you.

4 .... , you didn't listen to a word she said, or you wouldn't be asking these questions.

5 Moving our production to China will save us a lot of money. We will .... spend a lot more on transport.

Exercice 6 Texte à compléter

▶ *Corrigé p. 135*

Complétez le texte en utilisant les mots proposés.

as a result consequently unfortunately in fact

Dear Mr. Ali,

I am writing this letter to complain about an order delivered to my house three days ago. .... , I had ordered three pairs of shoes, a dress and two handbags from your website, but was clearly delivered the wrong order, as what I received were two tee-shirts and two pairs of sneakers. .... , I called your customer service and tried to inform them of the error. .... , I was told that the order number matched the items I received and that there couldn't have been any mistake on the part of your company. .... , I was denied the right to return the order free of charge.

I am very disappointed with your company's service and hope this misunderstanding can be cleared up and the items I did not order returned to you.

Sincerely yours,

Rita Kaahn

3. INDIQUER UN RÉSULTAT, LA CAUSE, LE BUT

Ces mots amènent les liens de cause à effet ou introduisent les conséquences.

Résultat		Cause		But	
so	donc, par conséquent	***as***	comme, puisque	***so that***	pour que
thus	donc, ainsi	***since***	puisque	***so as (not) to***	de façon à (ne pas)
as a result	en conséquence	***because***	parce que	***in order (not) to***	afin de (ne pas)
therefore, consequently	donc, par conséquent	***because of* + nom**	à cause de, en raison de		
		***due to* + nom**	à cause de		

N'oubliez pas que ***since*** a deux sens : « depuis » ou « puisque ».

Exercice 7 Le résultat, la cause, le but

▶ *Corrigé p. 135*

Choisissez la bonne proposition en gras pour compléter chaque phrase.

1 We couldn't possibly buy this house, **so / as** we cannot afford it.

2 Make sure you wait for the ink to dry before lifting the poster, **so as not to / as a result** create any smudges on the surface.

3 Human Resources ensures that our employees work in the best conditions possible **consequently / in order** to boost their creativity.

4 The company provided language training to all its employees last year, **thus / since** they were able to expand abroad this year.

5 **As / Thus** the company provided language training for all its employees last year, they were able to expand abroad this year.

6 **Because / Due to** inclement weather, the flight has been delayed 30 minutes.

Exercice 8 Phrases à compléter

▶ *Corrigé p. 135*

Complétez les phrases en utilisant les mots proposés.

so because so as not to as a result as

1 Chen left the office an hour ago .... be late for her presentation.

2 I'm vegetarian, ... I never eat meat.

3 It's not .... this park was designed by a very famous architect that it is popular with tourists.

4 The scandal shook the entire government. .... , the Prime minister was forced to resign.

5 When exchanging business cards in China, make sure you hold your card using both hands .... you do not want to offend anybody.

Exercice 9 Insérer une phrase manquante

▶ Corrigé p. 136

Trouvez le meilleur endroit [1], [2], [3] ou [4] dans le texte pour insérer la phrase suivante : Non-compliance with these safety regulations can result in serious injury.

Warning! **[1]** This device is to be used in dry and well-ventilated spaces only. Do not handle it unless your hands are dry and you are wearing protective goggles. Always keep away from inflammable substances. Switch off the device as soon as you complete the process. **[2]** Allow for cooling time before storing. Remember, the device is to be kept inside the protective case provided by the manufacturer. **[3]** Consequently, Kaplings declines any responsibility for accidents due to misuse. Should you have any questions contact us through our website: www.kaplings.com. **[4]**

4. EXPLICITER OU DONNER DES EXEMPLES

namely	à savoir
that is	c'est-à-dire
in other words	autrement dit
i.e.	c'est-à-dire (abréviation latine de *id est*)

Ex. : *Tim has applied for several jobs,* ***namely****, admin clerk, PA and bookkeeper,* ***i.e****. accountant.*
Tim a postulé à plusieurs postes, à savoir, employé de bureau, assistant de direction et « bookkeeper », c'est-à-dire, comptable.

TEST OFFICIEL

Extrait de Part 5

▶ *Corrigé p. 136*

Select the best answer to complete the sentences.

109. .... Ms. Bai was not available to lead the board meeting, she was able to find a replacement.

(A) Although

(B) Whether

(C) Instead

(D) Accordingly

112. To maintain the Cheerbrew coffeemaker properly, wipe it with a .... sponge after each use.

(A) moist

(B) moistens

(C) moistly

(D) moisten

117. Tickets to the museum's special exhibit may be ordered in advance on the Web site .... purchased upon arrival.

(A) or

(B) for

(C) where

(D) since

119. .... the efforts of cycling enthusiasts, the proposal to resurface bicycle paths in County Kildare was defeated yesterday.

(A) Throughout

(B) Besides

(C) Despite

(D) Versus

123. Employees should submit time sheets by noon today .... the payroll office can distribute paychecks on schedule.

(A) so that

(B) in order to

(C) that is

(D) in case of

24. LES VERBES IRRÉGULIERS

Base verbale	Prétérit	Participe passé	Traduction
abide	abode	abode	*respecter/se conformer à*
arise	arose	arisen	*survenir*
awake	awoke	awoken	*se réveiller*
be	was, were	been	*être*
bear	bore	borne	*porter/supporter*
beat	beat	beaten	*battre*
become	became	become	*devenir*
begin	began	begun	*commencer*
bend	bent	bent	*plier/se courber*
bet	bet	bet	*parier*
bid	bid	bid	*offrir, faire une enchère*
bind	bound	bound	*engager, lier*
bite	bit	bitten	*mordre*
bleed	bled	bled	*saigner*
blow	blew	blown	*souffler*
break	broke	broken	*casser*
breed	bred	bred	*élever (des animaux)*
bring	brought	brought	*apporter*
build	built	built	*construire*
burn	burnt	burnt	*brûler*
burst	burst	burst	*éclater*
buy	bought	bought	*acheter*
cast	cast	cast	*lancer, distribuer (rôles)*

Base verbale	Prétérit	Participe passé	Traduction
catch	caught	caught	*attraper*
choose	chose	chosen	*choisir*
cling	clung	clung	*s'accrocher*
come	came	come	*venir*
cost	cost	cost	*coûter*
creep	crept	crept	*ramper*
cut	cut	cut	*couper*
deal	dealt	dealt	*distribuer*
dig	dug	dug	*creuser*
do	did	done	*faire*
draw	drew	drawn	*dessiner, tirer*
dream	dreamt/dreamed	dreamt/dreamed	*rêver*
drink	drank	drunk	*boire*
drive	drove	driven	*conduire*
dwell	dwelt/dwelled	dwelt/dwelled	*habiter*
eat	ate	eaten	*manger*
fall	fell	fallen	*tomber*
feed	fed	fed	*nourrir*
feel	felt	felt	*(se) sentir/ressentir*
fight	fought	fought	*se battre*
find	found	found	*trouver*
flee	fled	fled	*s'enfuir*
fling	flung	flung	*lancer*
fly	flew	flown	*voler*
forbid	forbade	forbidden	*interdire*
forecast	forecast	forecast	*prévoir*
foresee	foresaw	foreseen	*prévoir/pressentir*
foretell	foretold	foretold	*prédire*
forget	forgot	forgotten	*oublier*
forgive	forgave	forgiven	*pardonner*

Base verbale	Prétérit	Participe passé	Traduction
forsake	forsook	forsaken	*abandonner*
freeze	froze	frozen	*geler*
get	got	got/gotten	*obtenir*
give	gave	given	*donner*
go	went	gone	*aller*
grind	ground	ground	*moudre*
grow	grew	grown	*pousser/grandir*
hang	hung	hung	*pendre, accrocher*
have	had	had	*avoir*
hear	heard	heard	*entendre*
hide	hid	hidden	*cacher*
hit	hit	hit	*taper/frapper*
hold	held	held	*tenir*
hurt	hurt	hurt	*blesser*
keep	kept	kept	*garder*
kneel	knelt/kneeled	knelt/kneeled	*s'agenouiller*
knit	knit	knit	*tricoter*
know	knew	known	*connaître/savoir*
lay	laid	laid	*poser, mettre*
lead	led	led	*mener/guider*
lean	leaned/leant	leaned/leant	*s'incliner/se pencher*
leap	leaped/leapt	leaped/leapt	*sauter/bondir*
learn	learned/learnt	learned/learnt	*apprendre*
leave	left	left	*laisser, partir*
lend	lent	lent	*prêter*
let	let	let	*laisser, permettre, louer*
lie	lay	lain	*être couché/se trouver*
light	lit	lit	*allumer, éclairer*
lose	lost	lost	*perdre*
make	made	made	*fabriquer*

Base verbale	Prétérit	Participe passé	Traduction
mean	meant	meant	*signifier*
meet	met	met	*(se) rencontrer*
mow	mowed	mown	*tondre (le gazon)*
overcome	overcame	overcome	*surmonter*
partake	partook	partaken	*prendre part à*
pay	paid	paid	*payer*
put	put	put	*mettre*
quit	quit	quit	*cesser de, abandonner*
read	read	read	*lire*
rid	rid	rid	*débarrasser*
ride	rode	ridden	*monter (cheval, vélo)*
ring	rang	rung	*sonner*
rise	rose	risen	*(se) lever, monter, augmenter*
run	ran	run	*courir, diriger*
saw	sawed	sawn	*scier*
say	said	said	*dire*
see	saw	seen	*voir*
seek	sought	sought	*chercher*
sell	sold	sold	*vendre*
send	sent	sent	*envoyer*
set	set	set	*fixer*
sew	sewed	sewn	*coudre*
shake	shook	shaken	*secouer*
shear	sheared	shorn	*tondre (animaux)*
shed	shed	shed	*perdre (poils, feuilles)*
shine	shone	shone	*briller*
shoe	shod	shod	*chausser*
shoot	shot	shot	*tirer (fusil), tuer, filmer*
show	showed	shown	*montrer*
shut	shut	shut	*fermer*

Base verbale	Prétérit	Participe passé	Traduction
sing	sang	sung	*chanter*
sink	sank	sunk	*couler*
sit	sat	sat	*être assis*
slay	slew	slain	*tuer, assassiner*
sleep	slept	slept	*dormir*
slide	slid	slid	*glisser*
slit	slit	slit	*fendre*
smell	smelt/smelled	smelt/smelled	*sentir*
sow	sowed	sown	*semer*
speak	spoke	spoken	*parler*
speed	sped	sped	*aller vite*
spell	spelt/spelled	spelt/spelled	*épeler*
spend	spent	spent	*dépenser/passer du temps*
spill	spilled/spilt	spilled/spilt	*renverser*
spin	spun	spun	*tourner/faire tourner, filer*
spit	spat/spit	spat/spit	*cracher*
split	split	split	*fendre*
spoil	spoiled/spoilt	spoiled/spoilt	*gâcher/gâter*
spread	spread	spread	*répandre*
spring	sprang	sprung	*surgir/jaillir/bondir*
stand	stood	stood	*être debout*
steal	stole	stolen	*voler/dérober*
stick	stuck	stuck	*coller*
sting	stung	stung	*piquer*
stink	stank	stunk	*puer, empester*
stride	strode	stridden	*marcher à grands pas*
strike	struck	stricken/struck	*frapper*
strive	strove	striven	*s'efforcer*
swear	swore	sworn	*jurer*
sweep	swept	swept	*balayer*

Base verbale	Prétérit	Participe passé	Traduction
swell	swelled	swollen	*gonfler/enfler*
swim	swam	swum	*nager*
swing	swung	swung	*se balancer*
take	took	taken	*prendre*
teach	taught	taught	*enseigner*
tear	tore	torn	*déchirer*
tell	told	told	*dire/raconter*
think	thought	thought	*penser*
throw	threw	thrown	*jeter*
thrust	thrust	thrust	*enfoncer*
tread	trod	trodden	*piétiner (quelque chose)*
undergo	underwent	undergone	*subir*
understand	understood	understood	*comprendre*
undertake	undertook	undertaken	*se charger de/entreprendre*
upset	upset	upset	*renverser, affecter*
wake	woke	woken	*réveiller*
wear	wore	worn	*porter (avoir sur soi)*
weave	wove	woven	*tisser*
weep	wept	wept	*pleurer*
win	won	won	*gagner*
wind	wound	wound	*enrouler/remonter (montre)*
withdraw	withdrew	withdrawn	*(se) retirer*
withhold	withheld	withheld	*retenir*
withstand	withstood	withstood	*résister à*
wring	wrung	wrung	*tordre*
write	wrote	written	*écrire*

CORRIGÉS DE LA GRAMMAIRE

1 LES CATÉGORIES GRAMMATICALES

Exercice 1 Reconnaître la catégorie grammaticale

▶ *Énoncé p. 13*

1 **Nom** (avant, il y a un adverbe et un adjectif)
2 **Adverbe** (il vient après un verbe)
3 **Préposition** (le mot introduit un nom qui n'est ni sujet ni objet du verbe)
4 **Verbe** (introduit par ***to***)
5 **Adjectif** (un mot entre un article et un nom)
6 **Pronom** (le verbe qui suit a besoin d'un sujet ; le pronom permet de ne pas répéter ***Mrs. Parathi***)
7 **Conjonction** (elle rassemble les deux propositions afin d'en faire une seule phrase)

Exercice 2 Les catégories grammaticales

▶ *Énoncé p. 14*

1 He's an overly careful **(C) driver**.
2 You should think about this very **(D) carefully**.
3 The merger of the two companies will go down **(B) in** history.
4 Your main responsibility is to **(A) schedule** appointments.
5 Selecting a **(B) suitable** candidate is our next priority.
6 Mrs. Parathi would be able to help you if **(C) she** were here.
7 We made an offer **(D) but** it was refused.

Exercice 3 Les suffixes

▶ *Énoncé p. 14*

1 toler**ate** : **(B) verbe** ; *tolérer*
2 dark**ness** : **(A) nom** ; *obscurité*
3 manage**able** : **(C) adjectif** ; *gérable*
4 broad**en** : **(B) verbe** ; *élargir*
5 essential**ly** : **(D) adverbe** ; *essentiellement*

TEST OFFICIEL Extrait de Part 5

▶ *Énoncé p. 15*

104. Referring to the **(C) illustration** in the user's manual will help you to identify the parts of the workbench.
110. Once staff has had training in the new accounting software, they will be prepared to work **(B) independently**.
116. Customers expressed dissatisfaction with the cost of the phone, but complaints about the user interface were relatively **(B) rare**.
120. Crum Carpeting's profits have risen **(C) steadily** since the company introduced a new environmentally friendly carpet line.
122. The mayoral candidates are competing for television **(D) exposure**.
124. Suburban residents are **(B) overwhelmingly** in favor of expanding Highway 589 to relieve traffic congestion.
126. Most models of the Remagine laptop computer now come with a **(C) removable** keyboard.

2 LE PRÉSENT SIMPLE ET LE PRÉSENT CONTINU

Exercice 1 Les auxiliaires au présent simple ou au présent continu

▶ *Énoncé p. 17*

1 The order **doesn't** cost as much this time.
2 **Don't** we change planes in London?
3 Can you tell me why he **is** sitting in my office?
4 **Does** the operator prepare the parcels or is it someone else?
5 **Are** you coming to the conference next month?

Exercice 2 La phrase qui convient

▶ *Énoncé p. 18*

1 They **usually arrive** early.
2 We **often go** to the headquarters in Boston.
3 He **sometimes has** brilliant ideas!
4 Cynthia **is always making** negative comments.
5 You **don't always need to** stay late.

Exercice 3 Présent simple ou présent continu ?

▶ *Énoncé p. 19*

1 The cashiers **always have** a meal break in the middle of their shift.
2 What sort of suit **are you looking for**?
3 The two companies **are currently negotiating** their merger.
4 Mr. Tanako **seldom takes** a vacation.
5 **Do you work** in the office on Fridays?
6 **Are you working** in the office on Friday?
7 The ballet company **is appearing** every evening this week at the Civic Theater.
8 It **appears** that the Mayor is running for a second term.
9 Mrs. Hayden **is seeing** a lawyer about buying a house at the moment.
10 I **don't understand** what you **mean**.

TEST OFFICIEL Extrait de Part 1 — Piste 1

▶ *Énoncé p. 20*

1.

Ⓐ They're working on computers.
Ⓑ They're hanging up posters.
Ⓒ They're putting on coats.
Ⓓ **They're gathered at a counter.**

3 LE *PRESENT PERFECT* ET LE *PRESENT PERFECT* CONTINU

Exercice 1 Les auxiliaires au *present perfect*

▶ *Énoncé p. 22*

1 The order **hasn't** arrived yet.
2 I **have** lived in this house since I was a little boy.
3 I just got a job in this city, so I **haven't been** living here long.
4 He **has been** waiting for the parcel to arrive all day.
5 I can't believe she **hasn't** asked for a promotion yet.

Exercice 2 La phrase qui convient

▶ *Énoncé p. 22*

1 We have never **been** to Tokyo.
2 She has already **worked** on a similar project.
3 The two companies have already **agreed** on their merger.
4 The candidates have **been waiting** for an interview for over an hour.
5 I have just **seen** the CEO leave the building.
6 Have you **been sitting** in meetings since this morning?
7 Have you ever **seen** her perform live?
8 Apparently, they have already **finished** their presentation.
9 Mr. Sadik hasn't **returned** his rental car yet.
10 The contractor still hasn't **completed** our headquarters.

Exercice 3 Le choix du temps

▶ *Énoncé p. 23*

1 We must stay in touch while we **(A) coordinate** this project.
2 Mr. Yung **(B) has worked** for this company for the past three years.
3 My sister **(B) has been living** here since she changed jobs.
4 I really hope my boss **(D) believes** me when I tell him why I'm behind schedule.
5 The announcement has just said that our plane **(B) has been** delayed for two hours.

Exercice 4 Choisir entre deux temps

▶ *Énoncé p. 23*

1 He **has worked** in IT for 20 years.
2 They **have been running** since 9 o'clock.
3 I **have eaten** spicy food all my life.
4 She **has waited** for five minutes.

TEST OFFICIEL Extrait de Part 3

Pistes 2 - 3

▶ *Énoncé p. 24*

Questions 62-64 refer to the following conversation.

(M) Good morning, Ms. Lee. This is Clyde Anderson from *Business Global Magazine*. I'm writing an article on waste reduction programs, and I understand your company has made significant achievements in that regard at your manufacturing plants.

(W) That's right. There are programs in place at our food plants in both Shanghai and Mexico City. We've reduced the amount of packaging waste by 40 percent in the last year.

(M) That's quite impressive! Will you be implementing the same program in the United States soon?

(W) Well, we'd like to. It might be hard to do at our California-based plant though. There are a lot of regulations to consider.

62. What is the man's job? **(B) Journalist**
63. What has the company done during the past year? **(A) Reduced waste**
64. Why does the woman say, "Well, we'd like to"? **(B) To express doubt**

4 LES TEMPS DU PASSÉ

Exercice 1 Les auxiliaires au passé

▶ Énoncé p. 26

1 Unfortunately, the order **didn't** arrive last week.
2 When the delegates arrived, there **was** nobody to greet them.
3 By the time I arrived at the office, I **had** received over a hundred e-mails.
4 We **were** calling the shipping company when the doorbell rang.
5 **Did** you go to the conference last month?

Exercice 2 Choisir entre le prétérit et le *present perfect*

▶ Énoncé p. 27

1 **Have you ever seen** such a complicated question?
2 She **started** working for us eight years ago.
3 Jake and Sumi **have known** each other since they **were** little.
4 We **arrived** at the hotel two days ago.
5 We **have just arrived** at the hotel.
6 **Have you finished** working on the report yet?
7 Our company **was** established in 1989.
8 Junitchi **has prepared** only three slides so far.
9 When I was in my teens long hair **was** really fashionable.
10 Could you call the florist and check if she **finished** the bouquets yesterday?

Exercice 3 Choisir entre les temps du passé

▶ Énoncé p. 28

1 All our branches **achieved** excellent sales results last year.
2 The sales reps **traveled** constantly during the first quarter of this year but later they were able to work from home.
3 Even if it rained a lot during my vacation last summer, I really **enjoyed** it.
4 They had turned around and **were walking** back along the street when they saw me.
5 I **had finished** discussing the project when my phone **rang**.
6 When you phoned me last night I **was working** hard.
7 While Hideo **was writing** an e-mail, there was a power cut.
8 Who **was driving** the car at the time of the accident?
9 The reception **had already finished** when we finally **found** the venue.
10 Jan missed the meeting yesterday because nobody **had told** him about it.

Exercice 4 Le choix du temps au passé

▶ Énoncé p. 29

1 When the boss walked in, everyone **(D) was concentrating** on their work.
2 Mr. Yung **(A) worked** for this company three years ago.
3 My sister has lived here since she **(A) lost** her job.
4 By the time we got the order we **(D) had written** a letter of complaint.
5 I really hope my boss **(B) believed** me when I told him why I was behind schedule.
6 Last week our plane **(C) was** delayed for two hours.

TEST OFFICIEL Extrait de Part 6

▶ Énoncé p. 30

135. (D) developed
136. (C) sound
137. (B) She scheduled a repair for the following day.
138. (A) excellent

5 LES TEMPS DU FUTUR

Exercice 1 Le futur avec *will*

▶ *Énoncé p. 33*

1 The order **won't** have arrived yet.
2 When the delegates arrive, there **will** be nobody to greet them.
3 Next year, I **will** have worked for this company for ten years.
4 We forgot to check the express delivery box and the parcel **won't** arrive on time.
5 **Will** you be coming to the conference next month?

Exercice 2 Les temps du futur

▶ *Énoncé p. 33*

1 We **(C) will** have more information by the end of the month.
2 This time next year Mrs. Weiden **(B) will have** retired.
3 We are going **(B) to hire** three temporary workers for the busy period.
4 The cashiers **(D) will have been working** for four hours before they get their break.
5 The CEO **(B) is** to announce the acquisition on Friday.
6 Will you **(C) have finished** the report in time for next Friday?

TEST OFFICIEL Extrait de Part 4

Pistes 4 - 5

▶ *Énoncé p. 34*

Questions 71-73 refer to the following advertisement.

(M) Middletown Fitness Club has just opened a new center on Chapman Road. Our grounds have indoor and outdoor facilities for volleyball, tennis, and basketball, plus the biggest rock-climbing wall in the city! We'll be celebrating our opening with a special event this Friday at six o'clock featuring one of the biggest sports stars of our generation. Basketball legend Mike Clark will be here signing autographs. Get here early, because the first fifty people through the door will have their picture taken with Mike. Only the first fifty, so don't be late!

71. What type of business is being advertised?
(D) A fitness center

72. Who is Mike Clark?
(C) A professional athlete

73. What does the speaker encourage listeners to do?
(B) Arrive early to an event

Extrait de Part 7

▶ *Énoncé p. 34*

181. What is the article about?
(A) The owner of a new business

182. In the article, the word "Just" in paragraph 2, line 1, is closest in meaning to
(D) only

183. According to the article, what is true about Acoustic Galleria?
(C) It will include a space to make guitars.

184. Why was the e-mail sent?
(B) To offer congratulations

185. Where did Ms. Torrez first see Ms. Villalobos' work?
(C) At Máximo Nivel Music

6 LES QUESTIONS

Exercice 1 Les mots interrogatifs

▶ Énoncé p. 37

1 **Who** was the first person to arrive today?
2 **Where** can I find some photocopy paper?
3 **When / What time** is the meeting?
4 **Why** didn't you call me yesterday?
5 **Which** applicant did you prefer?
6 **What** did you eat?
7 **How** is Kim traveling to Cleveland?
8 **What** is the new boss **like**?
9 **Whose** is the blue car parked outside?
10 **How many** people are coming?
11 **How much** time do we have?
12 **How far** is it to the post office?
13 **How often** is the mail collected?
14 **How long** have you been waiting?

Exercice 2 Les questions avec *who*

▶ Énoncé p. 38

1 **Who can publish the book** under a different name?
2 **Who will inform them** later today?
3 **Who will he inform** later today?
4 **Who visited** a beautiful house?
5 **Who loves** Ginger?
6 **Who does Fred love?**
7 **Who did you see** yesterday?
8 **Who gave you** some good advice?
9 **Who did the accountant give good advice to?**
10 **Who** would like a new job?

Exercice 3 Les auxiliaires

▶ Énoncé p. 39

1 **Are** you going to the meeting on Monday?
2 **Could** you help me carry these files? (**won't** you help me (...) *est possible*)
3 **Won't** the manager be happy we've completed the project?
4 **Do** you really go on business trips every month?
5 **Is** he the only candidate for this job?

Exercice 4 Les réponses *Yes/No* ou indirectes

▶ Énoncé p. 39

1 Is the office manager available? **(A) No, she's out of the office today.**
2 Were those people the new office workers? **(C) No, they were cleaners.**
3 Weren't you going to hire two new workers? **(B) I decided to hire three.**
4 Does the new assistant live nearby? **(C) Yes, just five minutes away.**
5 Don't you have a green car? **(B) No, mine's blue.**
6 Did you arrive on time? **(A) Yes, we got there just at the last minute.**
7 Didn't they send the invoice? **(B) It arrived this morning.**
8 Isn't she going to be late if she leaves now? **(C) Not if she takes a taxi.**
9 Has the photocopier been fixed? **(A) It's working perfectly now.**
10 Haven't you finished the report yet? **(B) I didn't have enough time.**

Exercice 5 Les *question tags*

▶ Énoncé p. 40

1 You can speak Russian, **can't you?**
2 There isn't any paper left in the machine, **is there?**
3 There were fifty new employees last year, **weren't there?**
4 Your manager has decided to leave, **hasn't he/she?**
5 You haven't made your decision yet, **have you?**
6 Only Marielle was present during the theft, **wasn't she?**
7 You remembered to turn off the lights, **didn't you?**
8 Our plan is complicated, but it is going to work, **isn't it?**
9 We could ask for a subsidy, **couldn't we?**
10 The workers on the first shift start at 6 in the morning, **don't they?**

TEST OFFICIEL Extrait de Part 2

Exercice 1 Les questions ouvertes

Piste 6

▶ Énoncé p. 41

7. How long is the movie?
   (A) At seven thirty.
   (B) I saw it this weekend.
   (C) Almost two hours.

8. Which department is on the second floor?
   (A) Customer service.
   (B) In the conference room.
   (C) He didn't arrive on time.

9. When's the next meeting at the town hall?
   (A) At the end of the hall.
   (B) The last Wednesday of the month.
   (C) The park improvement plan.

10. Who booked the airline tickets?
   (A) Laura returned the book.
   (B) Flights leave every hour.
   (C) Someone in the Paris office.

11. Where's the nearest place to get something to eat?
   (A) I thought it was good.
   (B) Just down the street.
   (C) You can put it here.

13. Why has the roadway been blocked?
   (A) Don't forget to lock it.
   (B) It's being repaired.
   (C) In a parking area.

15. Which real estate agency did you use to sell your house?
   (A) The fees were reasonable.
   (B) I like that property.
   (C) The one that Luis recommended.

23. When will the safety inspector check the emergency exits?
   (A) Over there, on your right.
   (B) He'll be here on Tuesday.
   (C) He can't open the safe.

31. Why isn't the vegetable soup on your lunch menu today?
   (A) It suits you well.
   (B) The same amount of water.
   (C) We're offering French onion soup.

Exercice 2 Les questions fermées

Piste 7

▶ Énoncé p. 41

16. Aren't there any direct flights to London from here?
   (A) The director will arrive late.
   (B) No, not anymore.
   (C) For a business trip.

21. Isn't the museum closed now?
   (A) Nine dollars.
   (B) Not too far.
   (C) Well, it is after nine.

24. Will the fliers be ready today, or do you need more time to finish them?
   (A) I'll start work on them now.
   (B) I don't know who's going.
   (C) Her flight's late.

25. Didn't you submit an article to the business journal last month?
   (A) Why? Has it been published?
   (B) Can I renew it?
   (C) It's always been that way.

29. Do you have this same T-shirt design, but in blue?
   (A) Thanks, I'll tell the designer.
   (B) We have it in purple.
   (C) To meet the company dress code.

Exercice 3 Les *question tags*

Piste 8

▶ Énoncé p. 41

20. You haven't seen my mobile phone anywhere, have you?
   (A) I've been there before.
   (B) I'd check in the break room.
   (C) I don't know her number.

30. The rental car has been returned, hasn't it?
   (A) Thanks, I'm ready to order.
   (B) I did it myself.
   (C) Four hundred miles.

7 LES AUXILIAIRES MODAUX

Exercice 1 Les modaux au présent

▶ *Énoncé p. 43*

1 The weather report says it **might** rain later today.
2 I'm on vacation at last! I **don't have to** get up before 10 if I don't want to!
3 We **ought** to reorganize the office this week.
4 There **can't** be a new CEO already, I don't believe it!
5 I don't think you **should** drink coffee so late at night.

Exercice 2 Les modaux au passé

▶ *Énoncé p. 44*

1 You **shouldn't** have put down the hot pan on the bench, it's got a mark now.
2 The secretary **can't** have finished typing the newsletter because its contents have not been validated.
3 Shoshanna **was able to** book a table at the most expensive restaurant in town.
4 We **might** have won the tender with a slightly lower budget.
5 You **must** have been delighted when you got that promotion.

Exercice 3 Les demandes polies

▶ *Énoncé p. 45*

1 Would you hold the door open for me please?
(B) I'd be pleased to.

2 Would you like some help?
(A) I can manage, thanks.

3 Shall we stop for lunch now?
(C) I'd rather finish this first.

4 May I contact you by phone again next week?
(C) That would be fine.

Exercice 4 *Like – Would like – Be like*

▶ *Énoncé p. 45*

1 Would you like something to drink?
(B) I'll have a coffee.

2 What is the new beverage like?
(B) The Marketing Department says it is refreshing.

3 There is a new movie theater in the mall.
(C) Would you like to go?

4 Do you like sleeping on the train?
(C) I find it very relaxing.

5 Why are you leaving early?
(A) I like to get to airports with plenty of time.

Exercice 5 Les suggestions

▶ *Énoncé p. 46*

1 Why don't you **take a break?**
2 Shall I **get you a coffee?**
3 Let's **go out this evening.**
4 How about **trying that new restaurant?**

TEST OFFICIEL Extrait de Part 2 — Piste 9

▶ *Énoncé p. 47*

12. Would you like to pay now, or be billed later?
    (A) Please send me a bill.
    (B) We're building another office.
    (C) Just a few copies.

14. How about stopping at that new coffee shop on our way to work tomorrow?
    (A) A pound of coffee, please.
    (B) By five o'clock, I think.
    (C) OK, I've heard good things about it.

17. Can you drop this packet off at the accountant's for me?
    (A) You won't need a jacket.
    (B) Sure, I'm heading there now.
    (C) No, it's not broken.

19. I'd like a refill of this medication, please.
    (A) About a hundred pills.
    (B) When would you like to pick it up?
    (C) You're welcome.

22. I can't reach the boxes on this top shelf.
    (A) Shall I get a ladder?
    (B) More packaging materials.
    (C) It stopped a while ago.

27. Could you possibly change the time of the marketing meeting?
    (A) But Mr. Cho is only available this morning.
    (B) No, I've been to the market.
    (C) We had a great time.

28. Who'd like to volunteer to be a tour guide?
    (A) I've done it before.
    (B) That's very helpful.
    (C) Two weeks ago.

Extrait de Part 7

▶ *Énoncé p. 47*

155. At 8:52 A.M., what does Ms. Ortiz most likely mean when she writes, "No problem"?
    (B) She will reschedule transportation.

156. When will Ms. Ahn's plane leave San Juan?
    (A) At 9:50 A.M.

8 LE CONDITIONNEL - LE SUBJONCTIF AMÉRICAIN

Exercice 1 Le conditionnel

▶ *Énoncé p. 49*

1 The contract **will** be signed tomorrow if all goes well.
2 They would **have** noticed if anything was wrong.
3 You **would** have known that if you had attended the meeting.
4 I won't pay the contractor **unless** / **until** he presents me with an invoice.
5 **If** you hadn't left before me, I would have given you a lift home.

Exercice 2 Les modaux et le conditionnel

▶ *Énoncé p. 49*

1 If you keep working so hard, you **(A) will get** tired.
2 Prices go up when demand **(B) is** high.
3 If you **(D) hadn't lost** your laptop, we could have finished the presentation.
4 I'm sure you would have gotten that job **(A) if** you had sent in an application.
5 You will receive a discount if you **(C) purchase** in bulk.

Exercice 3 Consignes et subjonctif américain

▶ *Énoncé p. 50*

1 She suggested that he **(A) find** a cheaper lawyer.
2 We propose that she **(A) work** with team A in the morning and team B in the afternoon.
3 If the weather **(C) weren't** so bad, we would eat outside.
4 It is crucial that he **(A) publish** the report before the end of the week.
5 Don't you wish your office **(B) were** bigger?

TEST OFFICIEL **Extrait de Part 6**

▶ *Énoncé p. 51*

131. (C) Our most formal restaurant is the Riverbank Restaurant.
132. (A) influenced
133. (C) Should
134. (B) our

9 LE PASSIF

Exercice 1 Conjuguer *be*

▶ *Énoncé p. 53*

1 Over 20% more cars **were** built last year.
2 All our rooms **have been** booked for the entire week.
3 I think Profesor Nakamura's latest book **will be** sold in great numbers.
4 All the lights **had been** turned off by the time we left the office.
5 Our products **are** packaged as soon as they leave the production line.

Exercice 2 Actif ou passif ?

▶ *Énoncé p. 53*

1 Hundreds of houses **are built** every year.
2 The police **arrested** the thief.
3 The meeting **will be held** on Wednesday evening.
4 Minh's motorbike **was stolen** during the weekend.
5 The taxes **are included** in the price.

Exercice 3 Le passif

▶ *Énoncé p. 53*

1 The contractors **(A) will have to sign** a non-compete clause.
2 I was so **(B) bored** during the conference.
3 The hotel **(D) was being renovated** when I was last there.
4 The committee **(B) is considering** several new proposals.
5 The three-day subway breakdown was very **(D) annoying** for the commuters.
6 The equipment **(A) would have been replaced** if it was too old.

TEST OFFICIEL Extrait de Part 5

▶ *Énoncé p. 54*

118. Two water-quality studies, which **(A) were released** last week, reflect the hard work of the Water Resource Council to keep local water clean.

128. In response to the consumer complaints, assembly instructions for the model 481 bookshelf have been **(D) simplified**.

130. Owing to his knowledge of historic buildings, Luis Harmon was **(C) persuaded** to lead the Main Street Restoration Project.

10 LES FAÇONS DE DIRE « FAIRE FAIRE QUELQUE CHOSE »

Exercice 1 Faire faire quelque chose

▶ *Énoncé p. 56*

1 Mr. Wang can't have the package **(C) delivered** until Monday.
2 The manager made the applicants **(A) wait** half an hour before interviewing them.
3 Did you ask Robert **(B) to turn** off all of the lights before he leaves?
4 The boss allowed me **(B) to go** home early because I was ill.
5 You really should get your hair **(C) styled** before the interview.
6 The company has never permitted employees **(B) to make** public statements.
7 I'll have my assistant contact you **(B) to schedule** an appointment.
8 The police ordered the driver **(B) to pull over** so they could check his license.
9 I think we should let the new trainees **(A) have** a longer lunch.
10 The journalists encouraged the CEO **(B) to say** something about the merger.

TEST OFFICIEL Extrait de Part 4

Pistes 10 - 11

▶ *Énoncé p. 57*

Questions 89-91 refer to the following excerpt from a meeting.

(M) Hi, everyone. The first thing on the agenda this morning is to let you know that there's going to be some maintenance work going on outside our office today. This afternoon a crew's going to be coming to repaint the lines between parking spaces in the lot in front of the building. This means that at lunch we're going to need everyone to move their car either to street parking or to the parking garage on Jefferson Street. I thank you all in advance for getting this done and I apologize for the late notice. It wasn't our decision to have this done today.

89. According to the speaker, what will take place this afternoon?
(C) A maintenance project

90. What does the speaker ask listeners to do?
(A) Move their vehicles

91. What does the speaker imply when he says, "It wasn't our decision to have this done today"?
(B) He is unhappy with the timing of some work.

11 LE DISCOURS INDIRECT

Exercice 1 Les verbes au discours indirect

▶ *Énoncé p. 60*

1 She **asked / enquired** what my final destination was.
2 I **said / replied** that I was flying to Cuba.
3 She **asked / enquired** where I had boarded the plane.
4 She asked me when I **would** leave.
5 She **ordered / asked** me to open my suitcase.
6 I **said / replied** that it had already been inspected.
7 She **informed** me that she had found some perfume in my luggage.
8 She **wanted** to know if I had declared the perfume.
9 She asked where the receipt for the perfume **was**.
10 I **promised** not to do it again.

Exercice 2 *Say* ou *tell* ?

▶ *Énoncé p. 60*

1 Your aunt asked me to **say** hello.
2 She **told me** to give you this card.
3 The card **tells** the time when you open it.
4 Samir **told** us a funny joke about the card.
5 You should **say** something nice to him.

Exercice 3 Le discours indirect

▶ *Énoncé p. 60*

1 Kumiko said she **(D) had been** to the theatre last night.
2 The customs officer **(C) asked** me whether I had anything to declare.
3 My landlord **(B) said** not to unplug the air conditioning unit.
4 Last night we were asked if we **(C) would** work late.
5 The librarian enquired **(A) whether** we wanted to pay our fines in cash or by card.

TEST OFFICIEL Extrait de Part 7

▶ *Énoncé p. 61*

191. How many pillow sizes are available?
(B) Two

192. What does Ms. Beckley indicate she will do?
(A) Provide the sales team with some revised information

193. What color most likely is the customer's new sofa?
(D) Brown

194. What is probably true about the salesperson mentioned in the customer review?
(C) His manager is Ms. Beckley.

195. In the customer review, the word "weighed" in paragraph 1, line 7, is closest in meaning to
(B) considered

12 NOMS DÉNOMBRABLES ET NOMS INDÉNOMBRABLES

Exercice 1 Rendre dénombrable un nom indénombrable

▶ Énoncé p. 64

a pinch of **salt** ; a pitcher of **water** ; a spoonful of **honey** ; a bar of **soap** ; a sheet of **paper** ; a tube of **toothpaste** ; a sum of **money** ; a slice of **ham**

Exercice 2 Dénombrables ou indénombrables ?

▶ Énoncé p. 64

Dénombrable	Indénombrable	Dénombrable / Indénombrable selon le sens		
			dénombrable	indénombrable
desk *bureau* **dollar** **currency** *devise* **job** *boulot* **suitcase** *valise*	**work** *le travail* **research** *la recherche* **furniture** *les meubles* **advice** *le conseil* **news** *les informations* **information** *les renseignements* **luggage** *les bagages* **money** *l'argent* **evidence** *des preuves* **safety** *la sécurité* **rice** *le riz* **traffic** *la circulation* **progress** *le progrès*	**time** **chocolate** **hair** **experience** **tea** **cake** **paper** **television**	*fois* *un chocolat (individuel)* *un cheveu* *une expérience dans la vie* *une tasse de thé* *un gâteau (entier)* *un journal / document* *le téléviseur*	*le temps/l'heure* *du chocolat* *la chevelure* *de l'expérience* *le thé* *du gâteau* *du papier* *les émissions de télévision*

TEST BLANC Extrait de Part 5

▶ Énoncé p. 65

1. Our firm's extensive **(A) research** in marketing has led us to create innovative products.
2. We must get some new **(D) furniture** for this office.
3. I think I'll have a **(B) bowl of** soup.
4. I'm sorry Sir, but you are only allowed to take one **(C) bag** on board.
5. How much **(B) time** did you spend working on this project?
6. Could you pass me three **(B) sheets** of paper please?

13 LES QUANTIFIEURS *(SOME, ANY, MUCH, MANY...)*

Exercice 1 Les quantifieurs

▶ Énoncé p. 67

1 Are there restrictions on **(C) how much** money you can exchange per day?
2 There are not **(D) a lot of** coworkers who don't merit a bonus this year!
3 **(D) Fewer** people are applying for IT positions today than ten years ago.
4 I must call the manufacturer because **(B) several** new printers aren't working.
5 I don't know if **(A) any** of the parcels were delivered on time.
6 **(D) Both** full-time and part-time employees should attempt to negotiate new terms each year.
7 Do you think there is **(B) enough** room for everybody to stay at the same hotel?

8 Would you mind handing me **(D) a few** sheets of paper?
9 **(B) Neither** proposal was approved by the board of directors.
10 If you have **(C) any** reason for not attending the meeting, please inform me by e-mail.

Exercice 2 *Some* ou *any* ?

▶ *Énoncé p. 69*

1 There are **some** documents which need to be signed before you leave. *(affirmation)*
2 When I arrived, there wasn't **anybody** at reception. *(négation)*
3 Do you think you could give me **some** advice on this subject? *(demande polie)*
4 The mechanic says he has never seen **anything** quite like my car! *(négation)*
5 The CEO wants to know if there are **any** potential new partners. *(question indirecte)*

TEST OFFICIEL Extrait de Part 2 Piste 12

▶ *Énoncé p. 69*

18. These new trains are so much faster.
(A) I already completed my training.
(B) Sorry, I don't have any.
(C) They really are.

26. Do you have flowers for sale?
(A) Birthdays and graduations.
(B) I expect to have some soon.
(C) Are those for me?

Extrait de Part 5

▶ *Énoncé p. 69*

105. No more than four passengers are permitted in **(A) any** taxi operated by the Halligan Company.

14 GÉRONDIF OU INFINITIF ? *USED TO DO* OU *BE USED TO DOING* ?

Exercice 1 Gérondif ou infinitif ?

▶ *Énoncé p. 71*

1 I'm afraid we'll have to put off **discussing** your idea until the next meeting.
2 Did you manage **to catch** the train?
3 It is imperative that you avoid **taking** the elevator in the event of a fire.
4 I promised **to help** the intern to understand our quality system.
5 There's no point **denying** you broke the door, I saw you do it!
6 I'll never forget **driving** from Boston to Florida last fall!
7 There is a possibility the employees will refuse **to work** overtime, but it's rare.
8 You may not want **to do** that as it could be risky.
9 The physician advised me to stop **eating** so much salt.
10 We spent ages **proofreading** the article before it was published.

Exercice 2 *Used to do* et *be used to doing*

▶ *Énoncé p. 72*

1 Jack Chen is used to **changing** cities every four years (...)
2 Our company used to **be** located in Delhi.
3 Our local florist used to **do** very well on public holidays until a big chain moved into the same street.
4 Have you got used to **eating** the local cuisine yet?
5 He says he never got used to **working** in air conditioning.
6 The new receptionist is not yet used to **being** in the public eye.
7 **I used to take** the train to work every day when I lived in London.

Exercice 3 Gérondif ou infinitif ?

▶ Énoncé p. 72

1 I can't help **(C) feeling** disappointed that we didn't win the bet.
2 In spite of **(C) leaving** early, we arrived late at the airport.
3 Juno used to **(A) come** to every reunion, but she missed the last two.
4 Do you happen **(B) to know** who won the latest match?
5 I'm afraid you are requested **(D) to leave** your bag at the reception.
6 Did you remember **(C) to lock** the door?
7 **(D) Choosing** a new logo will be a challenge.
8 Chen will soon get used **(D) to working** exclusively in English.
9 All conference attendees are **(C) to choose** a flat fee which will cover hot beverages.
10 Visitors are kindly asked **(D) not to walk** on the grass.

TEST OFFICIEL Extrait de Part 4

Pistes 13 - 14

▶ Énoncé p. 73

Questions 86-88 refer to the following broadcast.

(W) Welcome to Fayetteville Public Radio. On today's show, we have Nell McCarthy, the author of the best-selling book, *Life in a Brazilian Forest*. We'll hear the fascinating story of Ms. McCarthy's experience of moving to Brazil and living in the rain forest to conduct her research on the Amazonian habitat. On June sixteenth, a feature film based on Ms. McCarthy's book will be released, so we'll also explore the challenges of adapting her work into a movie. I'd like to welcome Nell McCarthy to our program.

86. What is Nell McCarthy known for?
(B) Writing a best-selling book

87. Why did Nell McCarthy move to Brazil?
(D) To conduct some research

88. What will happen on June 16?
(D) A movie will be released.

15 LES ADJECTIFS - LE COMPARATIF ET LE SUPERLATIF

Exercice 1 Les adjectifs

▶ Énoncé p. 75

1 She was extremely **(B) surprised** when her promotion was announced.
2 The soup Alice made us was **(C) delicious**.
3 These houses are absolutely **(C) enormous**, so they must be very expensive.
4 I was so **(C) tired** during the movie we went to see last night that I fell asleep.
5 It looks like one of the **(C) table legs** is shorter than the others.

Exercice 2 Comparatif ou superlatif ?

▶ Énoncé p. 76

1 According to a recent survey, the Unik 8.0 was rated the **(C) most user-friendly** smartphone on the market.
2 Customers think more **(C) highly** of white electronic goods than grey ones.
3 Third position is the **(D) closest** we have ever been to winning the award.
4 Business this year just keeps getting better and **(B) better**.
5 In our experience, the **(B) lower** the interest rates, the more borrowers there are.

TEST OFFICIEL Extrait de Part 3 — Pistes 15 - 16

▶ Énoncé p. 77

Questions 44-46 refer to the following conversation.

(W) Hello, Mr. Thornton? I'm calling to confirm your dental appointment with Dr. O'Rourke tomorrow at three-thirty.

(M) Oh, yes, sorry, but I can't make it. My boss scheduled a meeting tomorrow afternoon and I forgot to cancel my appointment with Dr. O'Rourke. When's the earliest I can reschedule?

(W) Well, we don't have any appointments available until next month. But I can make a note to call you if we have any cancellations before then.

(M) That's okay—next month is fine. Just let me check my calendar before we make the appointment.

44. What is the man unable to do?
(B) Keep an appointment

45. What does the woman offer to do?
(C) Call if there is a cancellation

46. What will the man probably do next?
(D) Check a schedule

Extrait de Part 7

▶ Énoncé p. 77

161. Why was the e-mail sent?
(D) To respond to a colleague's idea

162. What will Ms. Nowak most likely do next week?
(B) Travel to Warsaw

163. What does Ms. Nowak mention about the Movie Stream projector?
(A) It cannot properly display images from certain distances.

16 LES ADVERBES

Exercice 1 Les adverbes

▶ Énoncé p. 79

1 She was **(D) extremely** surprised when her promotion was announced.
2 This equipment must be handled **(D) carefully**.
3 All our hotels are **(C) conveniently** located near airports.
4 All the team worked very **(B) hard** on the project we are presenting today.
5 Our team **(B) nearly** won the match, but our opponents scored in the last minute.

TEST OFFICIEL Extrait de Part 5

▶ Énoncé p. 80

103. The sales report is due tomorrow, so please finish it **(B) quickly**.

113. Research shows that an online marketing strategy is vital for survival in the **(B) increasingly** competitive athletic shoe market.

129. Choose an **(B) appropriately** sized air conditioner for your company's needs, as larger models use more energy.

17 ADJECTIFS ET PRONOMS POSSESSIFS - PRONOMS RÉFLÉCHIS - GÉNITIF

Exercice 1 Les adjectifs possessifs et les pronoms possessifs

▶ *Énoncé p. 82*

1 Ms. Tien would like to get **(B) her** newspapers back as soon as possible. (Ms. = Mme)
2 Their product is expensive, unlike **(A) ours**.
3 Would the people **(D) whose** names start with the letters A to H please start boarding now.
4 In order to get the desk through the door, we had to remove **(D) its** legs.
5 While Mrs. Taylor is absent, she can be contacted on **(B) her** cellphone.
6 This mirror is so dirty, I can't even see **(C) myself**.

TEST OFFICIEL

Extrait de Part 1

Piste 17

▶ *Énoncé p. 83*

3.

Ⓐ A man's getting into a car.
Ⓑ A man's leaving a building.
Ⓒ Leaves are covering a car's rear window.
Ⓓ Some cars are stuck in traffic.

Extrait de Part 3

Pistes 18 - 19

▶ *Énoncé p. 84*

Questions 68-70 refer to the following conversation and floor plan.

(M) Hello, I'd like to register for this year's garden show. I think it'll be a good way to market my landscaping business.

(W) I'm sure it will be! We have four types of vendor booths. I suggest one of the "Elite" locations.

(M) Hmm, those are the most expensive, right? But I will take one of the spots directly across from the food court. I'm guessing there'll be a lot of foot traffic there. Do I need to pay now?

(W) Just a deposit. And I'll give you an information packet in case you have other questions.

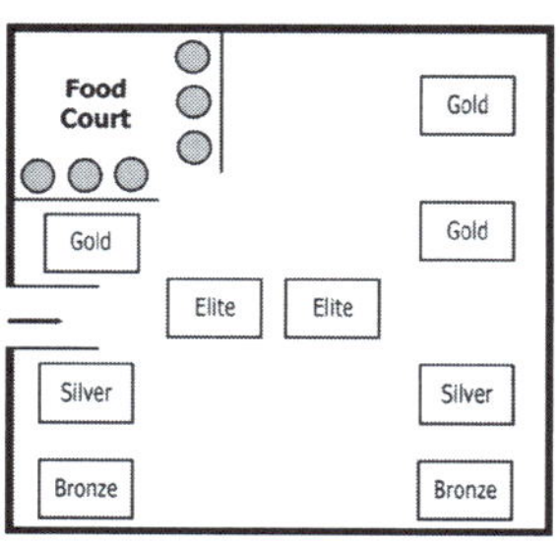

68. What most likely is the man's job?
(A) Landscaper

69. Look at the graphic. What type of booth does the man reserve?
(B) Gold

70. What requirement does the woman mention?
(C) A deposit must be made.

Extrait de Part 5

▶ *Énoncé p. 84*

108. The property manager must ensure that renters understand **(A) their** rental agreement.

18 LES PRONOMS RELATIFS

Exercice 1 Les pronoms relatifs

▶ Énoncé p. 86

1 This is the article **which / that** was published on Monday.
2 That is the best restaurant **that** I have ever eaten in.
3 **Who** wrote the letter?
4 The small company **where** I started my career has since gone bankrupt.
5 Our company, **whose** headquarters has recently relocated, is doing well.
6 I'm afraid that is the only piece of information **that** is still lacking.
7 I've completely forgotten the name of the hotel in **which** I stayed.
8 The woman **whom / who** I spoke to about enrolling in a night class told me to do it online.
9 I would like to return this item, **which** I bought last Thursday.
10 The client, with **whom** we have a huge contract, wants to renew.

Exercice 2 *Than, what* ou *that* ?

▶ Énoncé p. 87

1 You can have everything **(B) that** you need.
2 That is not **(C) what** you want.
3 There's no better time **(A) than** now.
4 **(B) That** is not what I meant!

TEST BLANC Extrait de Part 5

▶ Énoncé p. 87

1. Diane Watanabe, **(c) who** currently heads the Los Angeles branch, began her career here in Tokyo.

19 LES PRÉPOSITIONS

Exercice 1 Les prépositions de lieu

▶ Énoncé p. 89

1 The traffic going **over** the bridge is denser than usual.
2 I left my car **beside** yours, in front of the entrance.
3 She's working **in** Paris for three months.
4 The bank is **between** the post office and the fire station.
5 The park is locked, so you will have to go **around** it.

Exercice 2 Les prépositions de temps

▶ Énoncé p. 89

1 How about meeting here **on** Monday?
2 Actually, I finished working on my slides **Ø** last week.
3 I think we'll go to Brazil **Ø** next summer.
4 I'll see you **at** lunchtime!
5 Our company was established **in** 1987.
6 Hurry up! They are unveiling our work **in** five minutes.
7 What are you doing **at** Thanksgiving?
8 Our facilities must be operational **Ø** next spring.
9 Jake told me that you saw him at a conference **Ø** yesterday.
10 The company picnic always takes place **on** weekends.

Exercice 3 Les expressions de temps

▶ Énoncé p. 90

1 You will find the results **at the end** of the report.
2 First we're going to have a break, and we'll carry on working **afterwards**.
3 They are expected to launch their **latest** smartphone next week.
4 He was about to board the wrong train, but I stopped him **in time**.
5 The company will pay for your hotel **for** five days.

Exercice 4 Les prépositions de mouvement

▶ Énoncé p. 92

1 Could you take this pot of coffee **into** the meeting room?
2 It's very difficult to see **through** this window due to the rain.
3 Take this box **outside** and leave it by the car.
4 The scene where the cowboy falls **off** the horse is hilarious!
5 I'm feeling really tired. Can you take me **home**?

Exercice 5 Les prépositions de temps, de lieu et de mouvement

▶ Corrigé p. 92

1 We need a courier to deliver this package **(C) to** an address downtown.
2 Could we bring our appointment forward to Monday **(B) at** noon?
3 Ms. Kim has decided to **(A) drive** home early today because of the inclement weather conditions.
4 What time will the flight arrive **(C) in** Rome?
5 Our premises are located **(B) near** the Public Library.
6 What time will the train arrive **(A) at** Bangkok railway station?
7 Are you accompanying the CEO **(D) to** Hamburg next week?

TEST OFFICIEL

Extrait de Part 3

Pistes 20 - 21

▶ Énoncé p. 93

Questions 32-34 refer to the following conversation.

(M) Hi, I just checked into the hotel, and I'd like to visit the Newman Tower. Is it within walking distance?

(W) Let me give you a map. You can see the hotel is here and the tower is all the way over there. I'd say it's at least three miles.

(M) Well, in that case, I guess I could take public transportation. How much would the bus cost?

(W) It's about two euros each way, but if you're going to visit other popular tourist places as well, you could get a one-day pass instead. They're just six euros.

32. What does the man want to do?
(D) Walk to a tourist attraction

33. What does the woman show the man?
(C) A map

34. What does the woman recommend?
(B) Buying a bus pass

Extrait de Part 5

▶ Énoncé p. 93

106. Sales of the Moro Camera dropped by 3 percent **(D) during** the last quarter.
107. The newest branch of the library is located **(D) on** Pine Street, directly across from the post office.
115. Applications received **(A) after** the October 15 deadline will not be processed.

20 LES MOTS SUIVIS D'UNE PRÉPOSITION

Exercice 1 Les prépositions

▶ Énoncé p. 96

1 Who does the blue Ford, registration number KF167C, belong **(B) to**?
2 This place reminds me **(A) of** the town where I grew up.
3 Whether I'll come or not depends **(D) on** the day.
4 The recent increase **(B) in** employment rates is very encouraging.
5 We are used to **(C) purchasing** from the same supplier each time.
6 I'm tired **(A) of** waiting for the answer to my request.
7 Mr. Yamamoto used **(B) to be** assistant purchaser but he has been promoted to Head of the department.
8 The CEO is not at all opposed **(D) to** the merger.
9 Since the beginning of the year, we have noticed a real **(B) shortage** of good applicants.
10 We look forward **(D) to welcoming** you to our company.

TEST OFFICIEL

Extrait de Part 5

▶ Énoncé p. 97

121. Glideline Technologies **(D) specializes** in archiving records and retrieving lost data.
125. Business travel is **(C) coordinated** for Shawton Associates by Young-Pyo Kim at Wright Air Transit.

Extrait de Part 7

▶ Énoncé p. 97

149. What does the flyer advertise?
(D) A meeting of business owners

150. What is indicated about the moderator?
(B) He writes about funding options.

151. What should people do if they want to attend the event?
(C) Make a telephone call

21 LES VERBES À PARTICULE - *PHRASAL VERBS*

Exercice 1 Les verbes à particule

▶ Énoncé p. 99

1 We tried not to **(D) wake up** the guard dog but failed!
2 We cannot **(C) put up with** this noise while we work.
3 We will have to **(C) call off** the meeting if nobody is available.
4 Can you **(A) look up** our mailing list to see if Ms. Tien is in it?
5 Were you able to **(B) get through** to Mr. Morgenson?

22 *MAKE* OU *DO* ?

Exercice 1 *Make* ou *do* ?

▶ *Énoncé p. 100*

1 On emploie **do** pour parler du travail ou de corvées. *(do the dishes)*
2 On emploie **make** pour créer ou fabriquer quelque chose de concret. *(make a cake/a copy)*
3 On emploie **do** pour parler d'une activité non précisée. *(do nothing, do things)*
4 On emploie **do** pour parler d'activités plus longues ou répétées telles qu'un passe-temps. *(do some reading)*

Exercice 2 Phrases à compléter

▶ *Énoncé p. 101*

– Have you **made** any plans for this weekend yet?
– No, but I think a trip to the countryside will **do** me good. I'd like to **do** some hiking if the weather is good. What about you?
– Oh, I've **made** arrangements to visit my in-laws. I **do** business with my father-in-law and we have to **make** a decision about a new employee. We're not **making** a lot of money at the moment and I think we **made** an error when we hired this person.
– So, will you have to fire him?
– In general, I don't like firing people, but I'll have to **make** an exception this time. He's such a terrible worker! His mistakes **make** me roll my eyes!
– Oh well, good luck. And **do** your best to keep calm!

23 LES MOTS DE LIAISON

Exercice 1 Ordonner, développer

▶ *Énoncé p. 102*

1 Stir until it boils, **then** add the vanilla pods.
2 After all these years collaborating over the phone, we **finally** meet in person.
3 You have to apologize to your manager if you want to keep this post. **Besides**, no one will hire you if he gives you a bad reference.
4 **First** he tells me he's interested in our product and then he signs a contract with our competitor!
5 **In addition to** ten years' experience in marketing, I have many other professional skills.

Exercice 2 Phrases à compléter

▶ *Énoncé p. 103*

1 The entire team has been given a written warning. **Moreover**, their company benefits have been suspended.
2 **Besides** planting additional trees in that part of the garden, you should also put a bench there.
3 You had me order new office furniture, **next** you'll be asking for a new office!
4 When collecting your car from our parking lot, **first** check that there is no damage to it.
5 I've been to both Japan **and** China.

Exercice 3 Insérer une phrase manquante

▶ *Énoncé p. 103*

If you haven't made any plans for the weekend yet, I strongly recommend going to the movies. "The Chip" premieres today and it's a must-see! **[2] It's been a while since a movie left me speechless, but "The Chip" did.** We are all used to the amazing quality of John Stanton's work and right now he is at the top of his game. (...)

Exercice 4 Le contraste

▶ Énoncé p. 104

1 **Unlike** our competitors, we do not pressure our customers to make a purchase every month.
2 The board of directors voted against the merger. **Personally**, I think it was a mistake.
3 **According** to this manual, you have to wear protective clothing while using the product.
4 We managed to book a holiday **despite** having very busy schedules.
5 I still don't know which laptop to choose, but what I do know is that Led17 is light, **whereas** Comp4 is heavy.

Exercice 5 Phrases à compléter

▶ Énoncé p. 104

1 **In spite of** the slump on the world markets my portfolio gained ground.
2 **Unfortunately** the lift is out of order, so you will have to take the stairs.
3 **Actually**, I'd rather walk than drive with you.
4 **Clearly**, you didn't listen to a word she said, or you wouldn't be asking these questions.
5 Moving our production to China will save us a lot of money. We will **on the other hand** spend a lot more on transport.

Exercice 6 Texte à compléter

▶ Énoncé p. 104

Dear Mr. Ali,
I am writing this letter to complain about an order delivered to my house three days ago. **In fact**, I had ordered three pairs of shoes, a dress and two handbags from your website, but was clearly delivered the wrong order, as what I received were two tee-shirts and two pairs of sneakers. **Consequently**, I called your customer service and tried to inform them of the error. **Unfortunately**, I was told that the order number matched the items I received and that there couldn't have been any mistake on the part of your company. **As a result**, I was denied the right to return the order free of charge. (...)

Exercice 7 Le résultat, la cause, le but

▶ Énoncé p. 105

1 We couldn't possibly buy this house, **as** we cannot afford it.
2 Make sure you wait for the ink to dry before lifting the poster, **so as not to** create any smudges on the surface.
3 Human Resources ensures that our employees work in the best conditions possible **in order to** boost their creativity.
4 The company provided language training to all its employees last year, **thus** they were able to expand abroad this year.
5 **As** the company provided language training for all its employees last year, they were able to expand abroad this year.
6 **Due to** inclement weather, the flight has been delayed 30 minutes.

Exercice 8 Phrases à compléter

▶ Énoncé p. 105

1 Chen left the office an hour ago **so as not to** be late for her presentation.
2 I'm vegetarian, **so** I never eat meat.
3 It's not **because** this park was designed by a very famous architect that it is popular with tourists.
4 The scandal shook the entire government. **As a result**, the Prime minister was forced to resign.
5 When exchanging business cards in China, make sure you hold your card using both hands **as** you do not want to offend anybody.

Exercice 9 Insérer une phrase manquante

▶ *Énoncé p. 106*

Warning! This device is to be used in dry and well-ventilated spaces only. Do not handle it unless your hands are dry and you are wearing protective goggles. Always keep away from inflammable substances. Switch off the device as soon as you complete the process. Allow for cooling time before storing. Remember, the device is to be kept inside the protective case provided by the manufacturer. **[3] Non-compliance with these safety regulations can result in serious injury.** Consequently, Kaplings declines any responsibility for accidents due to misuse. Should you have any questions contact us through our website: www.kaplings.com.

TEST OFFICIEL Extrait de Part 5

▶ *Énoncé p. 107*

109. **(A) Although** Ms. Bai was not available to lead the board meeting, she was able to find a replacement.
112. To maintain the Cheerbrew coffeemaker properly, wipe it with a **(A) moist** sponge after each use.
117. Tickets to the museum's special exhibit may be ordered in advance on the Web site **(A) or** purchased upon arrival.
119. **(C) Despite** the efforts of cycling enthusiasts, the proposal to resurface bicycle paths in County Kildare was defeated yesterday.
123. Employees should submit time sheets by noon today **(A) so that** the payroll office can distribute paychecks on schedule.

VOCABULAIRE

Les thématiques

1. JOBS
Les emplois

Piste 22

- **account manager** *(nom)* **chargé(e) de clientèle**

As an **account manager**, you are responsible for building and maintaining relationships with key clients.
En tant que chargée de clientèle, votre mission est de construire et d'entretenir de bonnes relations avec les clients importants.

Les mots de la même famille sont signalés par ▸ (contexte du chapitre) ou ▸ (hors chapitre).

▸ **accountable** *(adj)* responsable
The department manager will be held **accountable** for any delays.
Le chef de service sera tenu responsable de tout retard.

▸ **account** *(nom)* client *(d'une entreprise)* ; compte *(en banque)*

▸ **account for** *(vb)* constituer, représenter
Marketing **accounts for** 50% of our annual budget.
Le marketing représente 50 % de notre budget annuel.

▸ **account** *(nom)* récit, témoignage
Your **account** differs from your neighbor's. *Votre témoignage diffère de celui de votre voisin.*

- **board member** *(nom)* **membre du conseil d'administration**

Later today the new **board members** will be appointed by the CEO.
Le PDG va nommer les nouveaux membres du conseil d'administration plus tard dans la journée.

▸ **board of directors** *(nom)* conseil d'administration

▸ **boardroom** *(nom)* salle du conseil d'administration

- **CEO (chief executive officer)** *(nom)* **PDG (président-directeur général)**

Helen's meeting with the **CEO** went very well.
La réunion de Helen avec le PDG s'est très bien passée.

- **CFO (chief financial officer)** *(nom)* **directeur(-trice) financier(-ière)**

Before any big decisions are made, the **CFO** must approve the budget.
Avant de prendre toute décision importante, le directeur financier doit approuver le budget.

- **clerk** *(nom)* **employé(e) de bureau**

Mr. Sanchez's first job was as a simple **clerk**, and now he is a successful business-owner!
M. Sanchez a commencé comme simple employé, et maintenant c'est un chef d'entreprise qui réussit !

▸ **clerical** *(adj)* de bureau, administratif
Due to a **clerical** error, the invoice was never sent.
La facture n'a jamais été envoyée en raison d'une erreur d'écriture.

- **contractor** *(nom)* **prestataire, contractuel(le) ; entrepreneur** (en bâtiment)

Our company employs **contractors** to clean the premises.
Notre entreprise emploie des prestataires pour nettoyer les locaux.

I have the name of a reliable **contractor** if you want to renovate your bathroom.
J'ai les coordonnées d'un entrepreneur fiable si vous voulez rénover votre salle de bains.

▸ **contractual** *(adj)* contractuel *(termes d'un contrat)*

- **coworker** *(nom)* **collègue**

The new accountant gets on very well with his **coworkers**.
Le nouveau comptable s'entend très bien avec ses collègues.

- **engineer** *(nom)* **ingénieur(e)**

The **engineers** have informed us that the new installation has been approved.
Les ingénieurs nous ont informés que la nouvelle installation a été approuvée.

▸ **engineering** *(nom)* ingénierie, technique

▸ **engineer** *(vb)* concevoir, construire
We were asked to **engineer** a new engine.
Il nous a été demandé de concevoir un nouveau moteur.

- **executive** *(nom)* **cadre ;** *(adj)* **exécutif ;** (en avion) **classe affaires**

Executives generally work longer hours than other office workers.
En général, les cadres font davantage d'heures que les autres employés de bureau.

▸ **execute** *(vb)* mettre en œuvre

- **floor manager** *(nom)* **chef de rayon**

We need to hire a **floor manager** for the new boutique, to serve customers, supervise the junior store associates and arrange window displays.
Nous devons embaucher un chef de rayon dans la nouvelle boutique pour servir les clients, superviser les vendeurs débutants et préparer les vitrines.

- **graphic designer** *(nom)* **graphiste**

Essential qualities of a successful **graphic designer** are creativity and artistic ability.
Les qualités essentielles d'un bon graphiste sont la créativité et des compétences artistiques.

▸ **graphics** *(nom)* graphisme, éléments visuels

▸ **graph** *(nom)* graphique
This **graph** shows the progression of sales.
Ce graphique montre la progression des ventes.

- **head of department** *(nom)* **chef de service**

The **head of department** has asked for a meeting of all team members this afternoon.
Le chef de service a demandé une réunion avec tous les membres de l'équipe cet après-midi.

▸ **departmental** *(adj)* du service, du département, du rayon
The **departmental** budget has been increased.
Le budget du service a été augmenté.

- **Human Resources director** *(nom)* **DRH (directeur(-trice) des ressources humaines)**

The **Human Resources director** is studying applications for the new clerical position this morning.
Ce matin, le DRH étudie les candidatures pour le nouveau poste d'employé de bureau.

▸ **resourceful** *(adj)* ingénieux, plein de ressources

- **intern** *(nom)* **stagiaire**

The new **intern** is doing very well. We should offer her a job when she graduates.
La nouvelle stagiaire se débrouille très bien. Nous devrions lui proposer un poste quand elle aura son diplôme.

▸ **internship** *(nom)* stage en entreprise

- **IT technician** *(nom)* **informaticien(ne)**

It is becoming increasingly difficult to find good **IT technicians**.
Il devient de plus en plus difficile de trouver de bons informaticiens.

▸ **IT = Information Technology** *(nom)* informatique

- **job seeker** *(nom)* **demandeur(-euse) d'emploi**

Because the economy has improved, there are fewer **job seekers** than before, so we are having difficulty recruiting.
Puisque l'économie s'est améliorée, il y a moins de demandeurs d'emploi qu'avant, alors nous avons du mal à recruter.

▸ **seek** *(vb)* chercher *(un indice, un emploi)*
▸ **sought-after** *(adj)* recherché, convoité
This is a very **sought-after** location.
C'est un emplacement très demandé.

> ***Look for*** s'emploie plus souvent que ***seek***.

- **management** *(nom)* **la direction ; gestion**

The **management** has decided to merge with our main competitor.
La direction a décidé de fusionner avec notre concurrent principal.

▸ **managerial** *(adj)* de direction
He got promoted to a **managerial** position.
Il a été promu à une fonction de direction.
▸ **manager** *(nom)* directeur(-trice), superviseur
▸ **manage** *(vb)* gérer, diriger

- **office manager** *(nom)* **responsable administratif(-ive)**

Responsibilities of an **office manager** include organizing, scheduling and overseeing administrative staff.
Un responsable administratif se charge de l'organisation, de la planification et de la supervision du personnel administratif.

- **PA (personal assistant)** *(nom)* **assistant(e) de direction**

After ten years as a **PA**, Sam decided he wanted to learn new skills.
Après avoir occupé la fonction d'assistant de direction pendant dix ans, Sam a décidé qu'il voulait apprendre de nouvelles compétences.

- **sales rep, salesperson** *(nom)* **commercial(e), représentant(e)**

A good **sales rep** will find a way to sell anything!
Un bon commercial trouvera le moyen de vendre n'importe quoi !

> Faux ami : en anglais, le nom ***commercial*** a le sens de « publicité à la télévision » ; il ne traduit jamais « représentant ».

- **security guard** *(nom)* **agent(e) de sécurité**

Please show your ID to the **security guard** before entering the site.
Veuillez montrer votre pièce d'identité à l'agent de sécurité avant de pénétrer dans le site.

> Faites bien la différence entre ***security*** (prévention d'activités malveillantes) et ***safety*** (prévention d'accidents).

▸ **secure** *(adj)* bien fixé ; *(vb)* attacher, obtenir
The CEO **secured** funding to revamp the old building.
Le directeur financier a obtenu un financement pour rénover le vieux bâtiment.

- **site manager** *(nom)* **chef de chantier ; responsable de site**

The **site manager** must sign for all deliveries of building materials.
La signature du chef de chantier est nécessaire pour toute livraison de matériel de construction.

- **temp** *(nom)* **intérimaire**

The **temp** quickly felt at home, despite not really belonging to the company.
L'intérimaire s'est rapidement senti à l'aise, bien qu'il ne fasse pas vraiment partie de l'entreprise.

Exercice 1 Les prépositions

▶ Corrigé p. 343

Complétez les phrases avec la préposition qui convient.

1 The last person to leave is responsible ... locking the door.
- Ⓐ for
- Ⓑ of
- Ⓒ at
- Ⓓ to

2 Everybody in the department gets on well ... everybody else.
- Ⓐ with
- Ⓑ by
- Ⓒ at
- Ⓓ through

3 You must sign ... the keys and show some ID.
- Ⓐ of
- Ⓑ for
- Ⓒ to
- Ⓓ with

4 Keiko didn't think she should be held accountable ... the loss of the account.
- Ⓐ to
- Ⓑ on
- Ⓒ for
- Ⓓ by

5 It never takes him long to feel ... home in a new job.
- Ⓐ to
- Ⓑ on
- Ⓒ at
- Ⓓ in

Exercice 2 Les abréviations

▶ Corrigé p. 343

Dans l'entreprise, certains métiers, services ou documents sont souvent désignés par leur abréviation. Retrouvez les abréviations à partir de ces formes complètes.

temporary worker ....
chief executive officer ....
personal assistant ....
vice president ....
memorandum ....
representative ....
Information Technology ....
Public Relations ....
Human Resources ....
Research and Development ....

Exercice 3 Les postes et leurs fonctions

▶ Corrigé p. 343

Associez deux activités de la liste à chaque poste.

programming – creating – advising – troubleshooting – typing
stocktaking – increasing sales – coordinating – supervising – drawing

1 account manager ....
2 graphic designer ....
3 floor manager ....
4 PA ....
5 IT technician ....

Exercice 4 Les familles de mots

▶ Corrigé p. 343

Complétez chaque phrase avec le mot qui convient.

1 The new furniture for the .... was very expensive.

Ⓐ board Ⓒ boardroom
Ⓑ board member Ⓓ boarding

2 .... our plan will be difficult.

Ⓐ Execute Ⓒ Executing
Ⓑ Execution Ⓓ Executive

3 All .... of department must finish appraisals before the end of the month.

Ⓐ head Ⓒ headed
Ⓑ heads Ⓓ header

4 Mr. Van Dam has excellent .... skills.

Ⓐ manage Ⓒ managed
Ⓑ manager Ⓓ managerial

5 The managers are all .... for their budgets.

Ⓐ account Ⓒ accountable
Ⓑ accounted Ⓓ accountant

6 A .... job may not be very exciting, but it is a good entry-level position.

Ⓐ clerk Ⓒ clergy
Ⓑ cleric Ⓓ clerical

7 The .... we hired was very efficient.

Ⓐ temp Ⓒ temped
Ⓑ temping Ⓓ temporary

8 Most people these days start their career with an ....

Ⓐ intern Ⓒ internally
Ⓑ internal Ⓓ internship

9 The creative team's .... were very well received.

Ⓐ design Ⓒ designer
Ⓑ designs Ⓓ designated

10 Jenny likes working as a .... because she can set her own hours.

Ⓐ contract Ⓒ contractor
Ⓑ contracted Ⓓ contraction

TEST OFFICIEL **Extrait de Part 3**

▶ *Corrigé p. 344*

Pistes 23 - 24

Questions 59-61 refer to the following conversation.

59. What was the woman doing in Vancouver?

(A) Interviewing job candidates

(B) Meeting new clients

(C) Taking a vacation

(D) Teaching a class

60. What does the woman imply when she says, "Is this César Villa's résumé"?

(A) She is surprised to see a document.

(B) She is recommending a candidate.

(C) She is worried about security.

(D) She is unable to read some writing.

61. How does the woman know César Villa?

(A) They used to be neighbors.

(B) They went to the same university.

(C) They organized a conference together.

(D) They worked at the same firm.

VOCABULAIRE

2. THE OFFICE ENVIRONMENT
L'environnement de travail

Piste 25

- **binder** *(nom)* **classeur**

The green **binders** contain all our clients' names arranged in alphabetical order.
Les classeurs verts contiennent les noms de tous nos clients, classés par ordre alphabétique.

▸ **bind** *(vb – prét/PP* **bound/bound***)* relier *(livre)*

- **cartridge** *(nom)* **cartouche**

An order for toner **cartridges** was put in yesterday.
Une commande de cartouches de toner a été passée hier.

- **chair** *(nom)* **chaise**

An ergonomic **chair** is a big help for people who spend all day at their desk.
Un siège ergonomique est bien utile pour ceux qui sont assis toute la journée à leur bureau.

▸ **swivel chair** *(nom)* siège pivotant

- **clock** *(nom)* **horloge**

The **clock** by the main entrance is ten minutes fast!
L'horloge de l'entrée principale avance de dix minutes !

▸ **clockwise** *(adv)* dans le sens des aiguilles d'une montre

▸ **like clockwork** *(exp)* ça ne rate jamais
The mail carrier turns up every day at 10 AM **like clockwork**.
Le facteur passe systématiquement tous les jours à 10 heures.

▸ **go like clockwork** *(exp)* marcher comme sur des roulettes

- **desk** *(nom)* **bureau** (meuble)

How did you get your **desk** through that door?
Comment avez-vous fait passer votre bureau par cette porte ?

▸ **desk lamp** *(nom)* lampe de bureau

▸ **desktop** *(nom)* ordinateur de bureau ; le bureau *(sur l'écran de l'ordinateur)*

▸ **desktop publishing** *(nom)* publication assistée par ordinateur, PAO

▸ **hot desking** *(nom)* partage de bureaux
People don't like **hot desking** because there is no place for personal items.
Les gens n'aiment pas les bureaux partagés car on ne peut pas y ranger d'objets personnels.

- **drawer** *(nom)* **tiroir**

The paper is kept in the third **drawer** down.
Le papier se trouve dans le troisième tiroir à partir du haut.

À l'oral, ne confondez pas le nom ***drawer*** et le verbe ***draw***, car leurs prononciations sont très proches.

• **file** *(nom)* **dossier, chemise ;** *(vb)* **classer**

HR keeps a **file** on every employee.
Les RH possèdent un dossier de renseignements sur chaque employé.
Could you **file** these invoices?
Pourriez-vous classer ces factures ?

- **on file** *(adv)* dans un fichier, sur fichier
- **filing** *(nom)* archivage
- **filing cabinet** *(nom)* classeur de rangement *(meuble)*

Ne confondez pas ***filing***, « l'archivage », et ***filling*** (avec deux « l »), qui désigne la garniture (d'un gâteau) ou un plombage dentaire !

• **folder** *(nom)* **dossier, classeur**

All the employee files are stored in that blue **folder**.
Tous les fichiers des employés sont conservés dans ce classeur bleu.

- **fold** *(vb)* plier

• **headphones** *(nom)* **casque audio**

Workers in an open-plan office sometimes wear **headphones** to screen out the noise.
Les gens qui travaillent dans un openspace utilisent parfois un casque audio pour s'isoler du bruit.

- **headset** *(nom)* casque micro

• **ink** *(nom)* **encre**

The printer has run out of **ink**.
L'imprimante n'a plus d'encre.

• **in tray** *(nom)* **corbeille d'arrivée**

I put the invoice in your **in tray**.
J'ai mis la facture dans votre corbeille d'arrivée.

- **out tray** *(nom)* courrier sortant, corbeille de départ

• **notepad** *(nom)* **bloc-notes**

The PA took copious notes on his **notepad** before typing them up.
L'assistant de direction a pris beaucoup de notes sur son bloc avant de les saisir sur l'ordinateur.

- **note down** *(vb)* prendre des notes

• **office** *(nom)* **bureau** (pièce)

The corner **office** has windows on both sides and so is very bright.
Le bureau de l'angle a des fenêtres sur deux côtés et il est donc très lumineux.

- **head office** *(nom)* siège social

• **photocopier, copier** *(nom)* **photocopieuse**

The **photocopier** has broken down again!
La photocopieuse est encore tombée en panne !

- **photocopy** *(nom)* photocopie ; *(vb)* photocopier
  I made a **photocopy** of the contract.
  J'ai fait une photocopie du contrat.

• **refrain from** *(vb)* **s'abstenir de**

Please **refrain from** using the copier for your personal use.
Veuillez éviter d'utiliser la photocopieuse à des fins personnelles.

Refrain from et ***avoid*** (éviter) sont synonymes, mais ***avoid*** n'est pas suivi par une préposition.

- **run out of** *(vb – prét/PP* **ran/run***)* **manquer de, ne plus avoir de**

  Please buy some envelopes before we **run out of** them again!
  Veuillez acheter des enveloppes avant que nous soyons de nouveau à court.

- **shelf** *(pl.* **shelves***)* *(nom)* **étagère**

  I last saw the headphones on the top **shelf**.
  La dernière fois que j'ai vu le casque audio, il était sur l'étagère du haut.
  - ▸ **shelving** *(nom)* rangement
  - ▸ **shelve** *(vb)* mettre en rayon, ranger
  - ▸ **shelve a project** *(vb)* abandonner, enterrer un projet

    We had to **shelve the Bemtom project**, because we were unable to find sufficient funding.
    Nous avons dû abandonner le projet Bemtom, faute de trouver un financement suffisant.

- **stapler** *(nom)* **agrafeuse**

  Somebody has borrowed my **stapler**.
  Quelqu'un a emprunté mon agrafeuse.
  - ▸ **staples** *(nom)* agrafes
  - ▸ **staple** *(vb)* agrafer

- **tape** *(nom)* **ruban adhésif ;** *(vb)* **scotcher**

  Could you please **tape** the schedule to the door?
  Pourriez-vous scotcher le planning sur la porte ?
  - ▸ **tape dispenser** *(nom)* dévidoir à ruban adhésif
  - ▸ **tape up** *(vb)* fermer avec du ruban adhésif

- **wastepaper basket** *(nom)* **poubelle, corbeille à papier**

  Please don't throw food remains into the **wastepaper basket**.
  Merci de ne pas jeter de restes de nourriture dans la corbeille à papier.

- **water cooler** *(nom)* **fontaine à eau**

  Office workers often exchange a lot of information around the **water cooler**.
  Les employés discutent souvent autour de la fontaine à eau.

Exercice 1 Les mots similaires

▶ Corrigé p. 344

Choisissez le mot en gras qui convient pour compléter chaque phrase.

1 Staff are asked to **refrain / avoid** leaving their dirty cups in the kitchen.
2 The clerk places all paid invoices in the **in tray / out tray** ready for filing.
3 People who use the telephone a lot find it more practical to wear a **headset / headphones**.
4 There is ample **shelves / shelving** in the office.
5 The dispenser is empty. Dou you have any more **staples / tape** somewhere?

Exercice 2 Les verbes

▶ Corrigé p. 344

Complétez le verbe de chaque phrase avec la préposition ou la particule qui convient.

1 Don't forget to tape ... the envelope before sending it.
Ⓐ over Ⓒ around
Ⓑ up Ⓓ on

2 We ran ... of toner last week.
Ⓐ up Ⓒ into
Ⓑ over Ⓓ out

3 I mustn't forget to type ... the minutes of the meeting.
Ⓐ up Ⓒ around
Ⓑ down Ⓓ over

4 Please refrain ... sitting on the photocopier.
Ⓐ to Ⓒ of
Ⓑ from Ⓓ by

5 It's very difficult to screen ... noise when working next door to a building site.
Ⓐ with Ⓒ over
Ⓑ through Ⓓ out

Exercice 3 Les expressions

▶ Corrigé p. 344

Reliez les mots des deux colonnes pour former des expressions courantes, puis complétez les phrases avec les expressions obtenues.

shelve •	• office
go •	• the water cooler
open-plan •	• file
gather around •	• the project
on •	• like clockwork

1 An .... is supposed to facilitate the transfer of information.
2 HR will have the contractor's details .... if you need to contact him.
3 We are expecting the new advertising campaign to ....
4 As we have no budget left, we will have to ....
5 Employees often .... to have a chat and find out what is happening in other departments.

Exercice 4 Les familles de mots

▶ Corrigé p. 345

Complétez chaque phrase avec le mot qui convient.

1 Make sure you turn the button .... to avoid breaking the mechanism.

Ⓐ clock
Ⓑ clocked
Ⓒ clockwise
Ⓓ clockwork

2 .... the letters before putting them in the envelopes can be done by everyone available.

Ⓐ Fold
Ⓑ Folded
Ⓒ Folder
Ⓓ Folding

3 The memo was .... to the bulletin board.

Ⓐ staple
Ⓑ stapled
Ⓒ stapler
Ⓓ stapling

4 Han Corporation makes high quality .... cabinets to store your documents.

Ⓐ file
Ⓑ files
Ⓒ filing
Ⓓ filling

5 Files A-H are .... on the right.

Ⓐ shelf
Ⓑ shelves
Ⓒ shelving
Ⓓ shelved

6 Head .... has requested we keep them more in the loop.

Ⓐ office
Ⓑ offices
Ⓒ official
Ⓓ officially

7 Be careful you don't .... paper during the printing process.

Ⓐ run across
Ⓑ run into
Ⓒ run out of
Ⓓ run through

8 You can put your things in the top three ....

Ⓐ draw
Ⓑ draws
Ⓒ drawer
Ⓓ drawers

9 I need a pen to note .... this information.

Ⓐ up
Ⓑ out
Ⓒ down
Ⓓ in

10 At the end of the year, all the newsletters are .... together to create a book.

Ⓐ bind
Ⓑ binder
Ⓒ binding
Ⓓ bound

TEST OFFICIEL Extrait de Part 1

▶ *Corrigé p. 345*

Piste 26

Look at the picture and listen to the four statements.
Select the one statement that best describes what you see in the picture.

5. Ⓐ Ⓑ Ⓒ Ⓓ

3. COMMUNICATION
La communication

Piste 27

- **attachment** *(nom)* **pièce jointe**

It says this e-mail contains an **attachment**, but I can't see it.
Il est indiqué que ce courriel contient une pièce jointe, mais je ne la vois pas.
▸ attach *(vb)* joindre

> On utilise ***attach*** pour un courrier électronique et ***enclose*** pour un courrier sur papier. *Please find **enclosed** an authenticated copy of the contract.* Veuillez trouver ci-joint un exemplaire certifié du contrat.

- **at your earliest convenience** *(exp)* **le plus tôt possible, dans les meilleurs délais**

Please reply **at your earliest convenience**.
Veuillez répondre le plus tôt possible.

> ***At your earliest convenience*** est une façon très formelle de dire ***as soon as possible***.

- **bulletin board** *(nom)* **panneau d'affichage**

We put Tobie's postcard up on the **bulletin board** for everyone to read.
Nous avons affiché la carte postale de Tobie sur le panneau pour que tout le monde puisse la lire.

- **correspondence** *(nom)* **courrier, correspondance**

All **correspondence** should be addressed to our Pasadena office.
Tous les courriers doivent être envoyés à notre bureau de Pasadena.
▸ corresponding *(adj)* correspondant
Be sure to put each letter in the **corresponding** envelope.
Faites en sorte de mettre chaque lettre dans l'enveloppe qui lui correspond.
▸ correspond *(vb)* correspondre

- **envelope** *(nom)* **enveloppe**

We prefer self-adhesive **envelopes** to those you have to lick.
Nous préférons les enveloppes autocollantes à celles qu'il faut lécher.

- **inbox** *(nom)* **boîte de réception** (électronique)

I can't see your e-mail in my **inbox**, but it's possible that it's in my spam folder.
Je ne vois pas ton message dans ma boîte de réception, mais il est peut-être dans les indésirables.

- **letterhead (paper)** *(nom)* **(papier à) en-tête**

Make sure you send all our official correspondence using our company **letterhead**.
Assurez-vous d'envoyer tous les courriers officiels sur notre papier à en-tête.

- **look forward to** *(vb)* **attendre avec impatience**

I **look forward to** hearing from you.
Dans l'attente de vos nouvelles.

> Cette formule de fin de courrier ou de courriel est toujours suivie d'un verbe en ***-ing***.

- **mail** *(nom)* **courrier ;** *(vb)* **poster**

We **mailed** all the orders this morning.
Nous avons posté toutes les commandes ce matin.
- ▸ **mail carrier** *(nom)* facteur(-trice)
- ▸ **mailbox** *(nom)* boîte à lettres *(courriers et courriels)*
- ▸ **junk mail** *(nom)* courrier indésirable

How much **junk mail** do you get every day?
Combien de courriers indésirables recevez-vous tous les jours ?

> • Le mot ***mail*** ne traduit jamais « courrier électronique » qui se dit ***e-mail***.
> • ***Junk mail*** et ***spam*** sont synonymes.

- **memo, memorandum** *(nom)* **note de service**

The CEO sent a **memo** yesterday about the upcoming merger.
Le PDG a envoyé une note de service hier au sujet de la fusion imminente.

- **postage** *(nom)* **affranchissement**

You don't have to pay **postage** for this letter.
Il n'est pas nécessaire d'affranchir ce courrier.
- ▸ **postal** *(adj)* postal, de la poste
- ▸ **post** *(vb)* envoyer

- **recipient** *(nom)* **destinataire**

The **recipient** claims the goods were defective.
Le destinataire prétend que la marchandise était défectueuse.
- ▸ **reception** *(nom)* accueil
- ▸ **receive** *(vb)* recevoir

- **rest assured** *(exp)* **soyez assuré que**

Rest assured that there will be no hidden fees to pay.
Soyez assuré qu'il n'y aura pas de frais cachés à payer.

- **sender** *(nom)* **expéditeur**

If you receive mail for a previous tenant, write "Return to **sender**" in red and put it in a mailbox.
Si vous recevez du courrier pour le locataire précédent, écrivez en rouge « Retour à l'expéditeur » et mettez-le dans une boîte à lettres.
- ▸ **send** *(vb – prét/PP* **sent/sent***)* envoyer

- **stamp** *(nom)* **timbre ; tampon** (marque) **;** *(vb)* **tamponner**

Could you stick a **stamp** on this letter and send it for me please?
Pouvez-vous coller un timbre sur ce courrier et l'envoyer pour moi, s'il vous plaît ?

- **stationery** *(nom)* **papeterie, fournitures de bureau**

Ask the office manager to order more **stationery**, as there are no more pens and there's hardly any paper left.
Demandez au responsable administratif de commander des fournitures de bureau, car il ne reste plus de stylos et presque plus de papier.
- ▸ **stationer** *(nom)* papeterie *(magasin)*

> Ne confondez pas ***stationery*** et l'adjectif ***stationary*** qui signifie « à l'arrêt, stationnaire ».

- **submit** *(vb)* **soumettre**

The deadline to **submit** our report is next Monday.
La date limite pour soumettre notre rapport est lundi prochain.
- ▸ **submission** *(nom)* remise, contribution

• **utmost** *(adj)* **extrême, le plus**

It is a matter of the **utmost** importance.
C'est un sujet de la plus haute importance.

▸ **do one's utmost** *(exp)* faire tout son possible
We **do our utmost** to satisfy our clients.
Nous faisons tout notre possible pour satisfaire nos clients.

• **weight** *(nom)* **poids**

Is there a **weight** limit for a standard letter?
Y a-t-il une limitation de poids pour un courrier standard ?

▸ **weigh** *(vb)* peser

Certaines prononciations sont très proches ; faites bien la différence entre le verbe ***weigh*** et le nom ***weight*** ou entre l'adjectif ***high*** et le nom ***height***.

• **zip code** *(nom)* **code postal**

Do you know what the **zip code** for Greenville is?
Connaissez-vous le code postal de Greenville ?

Exercice 1 Le vocabulaire

▶ *Corrigé p. 345*

Complétez les phrases avec les mots de vocabulaire du chapitre.

1 I have to send this parcel. How much will .... be?
2 The deadline for your .... is Friday at midday.
3 The easiest way to distribute official information to everybody in the company is to send a ....
4 Instead of going to the post office, there's a .... on the corner of the street where you can post the letter.
5 Oops! I forgot to .... the document to my previous e-mail, so here it is.

Exercice 2 Les mots similaires

▶ *Corrigé p. 345*

Choisissez le mot en gras qui convient pour compléter chaque phrase.

1 The **sender / recipient** did not pay for tracking.
2 Please find **attached / enclosed** the packing slip, along with the goods ordered.
3 I left your assistant a **memo / note** about ordering some red pens.
4 How much does the parcel **weigh / weight**?
5 Would you send me **a mail / an e-mail** to confirm?
6 A mail carrier got out of the **stationery / stationary** van.

Exercice 3 Les expressions

▶ *Corrigé p. 346*

Reliez les mots de chaque colonne pour former des expressions courantes, puis complétez les phrases avec un ou plusieurs mots des expressions obtenues.

please •	• regards
do your •	• forward to
look •	• utmost
further •	• find attached
to whom •	• it may concern
kind •	• to your request
rest •	• convenience
at your earliest •	• assured

1 Further to your .... a pricelist has been attached to this letter.
2 Kind ...., Jim Tanner.
3 To .... it may concern.
4 Please return the order form at your ....
5 Please find .... my résumé and cover letter.
6 I look .... to meeting you in person on Friday
7 Rest ...., we will do our .... to resolve the matter.

Exercice 4 Les familles de mots

▶ Corrigé p. 346

Complétez chaque phrase avec le mot qui convient.

1 Please .... these letters and put the stamps on.

Ⓐ weigh
Ⓑ weight
Ⓒ weightless
Ⓓ weighs

2 I've heard that you are .... with our direct competitor.

Ⓐ correspond
Ⓑ correspondent
Ⓒ correspondence
Ⓓ corresponding

3 You will find my résumé .... to this e-mail.

Ⓐ attach
Ⓑ attached
Ⓒ attaching
Ⓓ attachment

4 Please take this .... to the post office.

Ⓐ mail
Ⓑ e-mail
Ⓒ mailbox
Ⓓ junk mail

5 We have to send this .... to all the company employees.

Ⓐ memorize
Ⓑ memorable
Ⓒ memos
Ⓓ memorandum

6 Let's get some .... with the company logo on it.

Ⓐ stationer
Ⓑ stationary
Ⓒ stationery
Ⓓ stationed

7 Is it true that they haven't .... their project on time?

Ⓐ submit
Ⓑ submission
Ⓒ submitted
Ⓓ submissively

8 My application was .... yesterday afternoon.

Ⓐ send
Ⓑ sent
Ⓒ sending
Ⓓ sender

9 You must sign upon .... of the package as proof of delivery.

Ⓐ receive
Ⓑ receiver
Ⓒ reception
Ⓓ recipient

10 .... workers have requested a pay rise.

Ⓐ Postal
Ⓑ Posting
Ⓒ Posted
Ⓓ Postage

TEST OFFICIEL Extrait de Part 7

▶ Corrigé p. 346

Questions 157-158 refer to the following letter.

March 23

Mr. Vardhan Patel
Sky High Solar
Panels 732 East
Bridge Road
Orlando, Florida 32803

Dear Mr. Patel,

Waterton's Office of Engineering is looking for ways to decrease the town's energy expenses. To this end, we are interested in having solar panels installed on our municipal buildings. After researching several solar energy companies, we believe that yours might best fit our needs.

We would like to request a consultation to determine the approximate cost, including installation, for a system of ACF34 panels on our buildings. May I ask you to please contact me at 407-555-0173 to schedule a consultation? I look forward to hearing from you.

Dalia Peralta

Dalia Peralta
Chief engineer
Waterton,
Florida

157. Why was the letter written?

(A) To negotiate a discount
(B) To order a company catalog
(C) To set up an appointment
(D) To revise a construction plan

158. What information does Ms. Peralta want?

(A) Product dimensions
(B) A price estimate
(C) Maintenance instructions
(D) Client references

4. HUMAN RESOURCES (HR) & RECRUITMENT

Ressources humaines et recrutement

Piste 28

- apply (for) *(vb)* **postuler, poser sa candidature**

If you wish to **apply for** the position, please send us your résumé.
Si vous souhaitez postuler, veuillez nous transmettre votre CV.

▸ applicant *(nom)* candidat
▸ application *(nom)* candidature
▸ applied *(adj)* appliqué

- appoint *(vb)* **nommer**

I have high hopes for the new staff representative who was **appointed** yesterday.
Je fonde de grands espoirs sur le nouveau délégué du personnel qui a été nommé hier.

▸ appointed *(adj) (heure)* convenu, prévu ; *(comité, équipe)* nommé
▸ appointee *(nom)* personne nommée
▸ appointment *(nom)* nomination, rendez-vous

- appraisal *(nom)* **évaluation**

Jochen was nervous about his annual **appraisal**.
Jochen appréhendait son évaluation annuelle.

▸ appraise *(vb)* évaluer

> Ne confondez pas ***appraise*** et le verbe ***praise***, qui a le sens de « faire des éloges ».

- assess *(vb)* **évaluer**

In 360° evaluations, coworkers are asked to **assess** their colleagues.
Lors des évaluations à 360°, on demande aux employés d'évaluer leurs collègues.

▸ assessment *(nom)* évaluation
▸ assessor *(nom)* contrôleur, expert

- asset *(nom)* **atout**

Kurt is a real **asset** to the company. We must give him a promotion.
Kurt est un véritable atout pour l'entreprise. Il faut lui accorder une promotion.

▸ assets *(nom)* l'actif, les avoirs *(d'une société)*

- attendance *(nom)* (taux de) **présence**

We have to investigate why staff **attendance** is so low at the moment.
Nous devons chercher à comprendre pourquoi le taux de présence des employés est si bas en ce moment.

▸ attendant *(nom)* préposé
▸ attend *(vb)* assister à

> Faux ami : le verbe ***attend*** ne traduit jamais « attendre » qui se dit ***wait (for)***.

- clock in / clock out *(vb)* **pointer (en arrivant / en partant)**

If you don't **clock in** on time in the morning, your pay may be docked.
Si vous ne pointez pas à l'heure le matin, votre salaire pourrait être réduit.

You are not allowed to **clock out** before 5 P.M.
Quand vous partez, il est interdit de pointer avant 17 h.

- **credentials** *(nom)* **qualifications, références**

The applicant has all the necessary **credentials** for the job.
Le candidat a toutes les qualifications requises pour ce poste.

- **dismiss** *(vb)* **renvoyer**

The employee **was dismissed** for being late repeatedly.
L'employé a été renvoyé en raison de ses retards répétés.
  ▸ **dismissal** *(nom)* renvoi

- **downsize** *(vb)* **réduire les effectifs**

They will be forced to **downsize** if they don't get more work soon.
Ils seront obligés de réduire les effectifs s'ils n'obtiennent pas plus de travail rapidement.

- **fill out** *(vb)* **remplir** (formulaire)

Please **fill out** this application form.
Veuillez remplir ce formulaire d'inscription.

- **give notice** *(vb – prét/PP* **gave/given***)* **donner son préavis**

Before you can leave the company, you have to **give** one month's **notice**.
Avant de quitter l'entreprise, il faut donner un préavis d'un mois.

- **hire** *(nom)* **recrue, personne embauchée ;** *(vb)* **embaucher, engager**

All new **hires** receive a tour of the headquarters.
On fait visiter les locaux du siège social à toutes les nouvelles recrues.
We plan to **hire** three sales reps over the next six months.
Nous prévoyons d'engager trois commerciaux au cours des six mois à venir.
  ▸ **hire** *(vb)* louer *(véhicule)*

- **lay off** *(vb – prét/PP* **laid/laid***)* **licencier** (pour motif économique)

Mr. Moon was one of the first employees to **be laid off** at the beginning of the recession.
M. Moon fut l'un des premiers employés à être licencié au début de la crise.
  ▸ **layoffs** *(nom)* licenciements économiques ; personnes licenciées pour motif économique

- **leave** *(nom)* **congé ;** *(vb – prét/PP* **left/left***)* **partir**

You must apply for annual **leave** two months in advance.
Il faut poser ses congés annuels deux mois à l'avance.
  ▸ **sick leave** *(nom)* congé maladie
  ▸ **maternity leave** *(nom)* congé maternité

- **manpower** *(nom)* **main-d'œuvre, effectifs**

We may have to let some people go, as there is not enough work to justify our current **manpower**.
Nous allons peut-être devoir nous séparer de quelques personnes, car il n'y a pas assez de travail pour justifier nos effectifs actuels.

- **provide** *(vb)* **fournir**

My previous employer will be happy to **provide** a reference.
Mon ancien employeur sera ravi de fournir une recommandation.
  ▸ **provided** *(adj)* fourni ; *(conj)* à condition que/de
  ▸ **provision** *(nom)* disposition ; provision
  ▸ **provider** *(nom)* fournisseur *(téléphonie)*
  an Internet access **provider**   *un fournisseur d'accès Internet*

• **resign (from)** *(vb)* **démissionner (de)**

Ms. Newberry didn't find her job fulfilling any longer, so she **resigned** and found a more interesting job.
Mme Newberry ne s'épanouissait plus dans son travail, alors elle a démissionné et a trouvé un poste plus intéressant.

▸ **resignation** *(nom)* démission
▸ **resigned** *(adj)* résigné
▸ **resignedly** *(adv)* avec résignation

• **résumé** *(nom)* **CV, curriculum vitae**

Fiona had an excellent **résumé**, having worked in many different positions at her previous company.
Comme elle avait occupé des fonctions diverses dans son entreprise précédente, Fiona avait un CV excellent.

> Ne confondez pas ***résumé*** et le verbe ***resume***, qui a le sens de « reprendre » (après une pause, une interruption).

• **shortlist** *(nom)* **les candidats finalistes ;** *(vb)* **présélectionner**

Being **shortlisted** is a very good sign for getting the job.
Être sur la liste des finalistes est de bon augure pour décrocher le poste.

• **take on** *(vb – prét/PP* **took/taken***)* **embaucher**

Gen-Ex **took on** 14 new employees this quarter.
Gen-Ex a embauché 14 nouveaux employés ce trimestre.

> ***Take on*** et ***hire*** sont synonymes : *Gen-Ex* ***hired*** *14 new employees...*

• **temp agency** *(nom)* **agence d'intérim**

We work hand in hand with a **temp agency** which supplies us with qualified workers.
Nous travaillons étroitement avec une agence d'intérim qui nous fournit des ouvriers qualifiés.

• **transfer** *(nom)* **mutation ;** *(vb)* **muter**

Geraldine applied for a **transfer** to the West Coast.
Geraldine a demandé une mutation sur la côte Ouest.

She **was transferred** to another branch.
Elle a été mutée dans une autre succursale.

▸ **transferable** *(adj)* transférable, polyvalent, applicable
▸ **transferral** *(nom)* transfert

• **vacancy** *(nom)* **poste vacant**

HR is currently looking to fill two **vacancies** in the Production department.
Le département des Ressources Humaines cherche actuellement à pourvoir deux postes vacants en production.

▸ **vacant** *(adj)* libre
a **vacant** seat — *un siège libre*
a **vacant** building — *un immeuble inoccupé*
▸ **vacantly** *(adv)* d'un air absent

Exercice 1 Les verbes

▶ Corrigé p. 346

Complétez les verbes avec une préposition ou une particule de la liste, puis complétez les phrases avec les verbes obtenus en les conjuguant si nécessaire.

out off on on from for

apply .... (a job)
take .... (staff)
clock .... (before leaving the office)
resign .... (a position)
lay .... (workers)
be .... the shortlist

1 At 5 P.M. Yolanda was waiting by the time clock, impatient to .... and leave.
2 Did you .... the vacancy in the Human Resources department?
3 I didn't get the job, but at least I .... the shortlist.
4 The person we will .... must be flexible and reliable.
5 If we budget carefully, we can avoid .... too many workers.
6 Why did you .... your last position?

Exercice 2 Les phrases à compléter

▶ Corrigé p. 347

Complétez les phrases avec les mots de la liste.

applicant dismissal appointed resignation provided transferal résumé transferable

1 A .... and a .... are not at all the same thing. In the first, the employee is asked to leave the company. In the second, the employee chooses to leave.
2 I will meet you at the .... time at the reception desk.
3 We would like to offer you the position, ... that you accept the salary conditions.
4 Pearl Hee has a lot of .... skills, so she will be comfortable in whichever department we put her.
5 The strongest .... was definitely the youngest person we interviewed.
6 I don't think she understands English, as she looked at me vacantly when I asked for her ....
7 The .... of ownership of the company resulted in a lot of new positions.

Exercice 3 Le vocabulaire

▶ Corrigé p. 347

À quel mot étudié correspondent ces définitions ?

1 a job or position which has not been filled: a ....
2 to give up a job: to ....
3 the act of judging someone's work in a company: an ....
4 the fact of being present at work: the ....
5 to give someone a job: to ....

Exercice 4 Les familles de mots

▶ Corrigé p. 347

Complétez chaque phrase avec le mot qui convient.

1 The vice president's .... happened immediately after the merger.

Ⓐ dismiss Ⓑ dismissed Ⓒ dismissal Ⓓ dismissive

2 The .... of a new Production Manager was very welcome news.

Ⓐ appoint Ⓑ appointed Ⓒ appointee Ⓓ appointment

3 Frida received a lot of .... from her line manager for completing the project ahead of time.

Ⓐ praise Ⓑ appraise Ⓒ appraisal Ⓓ appraising

4 There's an opening in Marketing that I encourage you to .... for.

Ⓐ apply Ⓑ applied Ⓒ applicant Ⓓ application

5 At his annual ...., Gareth was told to be more punctual.

Ⓐ assess Ⓑ assessed Ⓒ assessor Ⓓ assessment

6 I asked for a day of .... leave in order to care for my mother who broke her leg.

Ⓐ annual Ⓑ maternity Ⓒ sick Ⓓ family

7 Hans decided to leave the company on a Wednesday and handed in his .... the next day.

Ⓐ sign Ⓑ resign Ⓒ resigned Ⓓ resignation

8 Jan asked to be .... from the Baker Street site to the downtown site.

Ⓐ transfer Ⓑ transferred Ⓒ transferal Ⓓ transfering

9 From the 25 applicants, we have selected a .... of three.

Ⓐ shortlists Ⓑ shortlist Ⓒ shortlisted Ⓓ shortlisting

10 The applicant's .... history is not complete – there's a big gap of five years.

Ⓐ employ Ⓑ employee Ⓒ employer Ⓓ employment

▶ Corrigé p. 347

Questions 168-171 refer to the following letter.

THE BALESTRI CORPORATION

7 February

Michi Hashimoto
Hashimoto Consultants, Inc.
32 Joo Koon Circle
Singapore 628990

Dear Mr. Hashimoto:

I am responding to your reference request for Ms. Mou Lee, who was an employee of the Balestri Corporation up until two years ago. It is my sincere pleasure to recommend Ms. Lee for a position with your company. – [1] –.

Ms. Lee was hired as a budget associate but was promoted in just one year to revenue accounting manager because of her exceptional problem-solving skills. For example, she created a unique spreadsheet for conducting statistical analyses that was used to help one of our top clients become more profitable. – [2] –. This was directly responsible for her promotion.

As revenue accounting manager, Ms. Lee's leadership contributed substantially to increased productivity in her department. During her first year in that role, her team was commended for finding cost savings in four consecutive quarters. – [3] –. In addition, she is a talented speaker, and she successfully represented the Balestri Corporation at a number of client meetings.

After six years with the Balestri Corporation, Ms. Lee resigned to pursue an advanced degree. – [4] –. She was an asset to the Balestri Corporation, and I am confident she will be an asset to your company as well.

Regards,

Nelson Groth
Nelson Groth, Vice President of Finance

168. What accomplishment earned Ms. Lee a promotion to revenue accounting manager?

(A) She reduced corporate spending.
(B) She launched a new business unit.
(C) She developed a new statistical tool.
(D) She increased employees' productivity.

169. For how long was Ms. Lee a budget associate at the Balestri Corporation?

(A) One year
(B) Two years
(C) Four years
(D) Six years

170. According to Mr. Groth, why did Ms. Lee leave the Balestri Corporation?

(A) She had little opportunity for advancement.
(B) She was not adequately compensated.
(C) She accepted a position with a competitor.
(D) She enrolled in an educational program.

171. In which of the positions marked [1], [2], [3], and [4] does the following sentence best belong?
"The technique she created for this client was adopted for use throughout the company."

(A) [1]
(B) [2]
(C) [3]
(D) [4]

5. REMUNERATION AND CONTRACTS

La rémunération et les contrats

Piste 29

- **abide by** *(vb – prét/PP* **abode/abode***)* **respecter**

Each party shall **abide by** the terms of the contract for its duration.
Chacune des parties respectera les termes du contrat jusqu'à son terme.

> ***Shall*** peut remplacer ***will*** dans les termes d'un contrat ou dans une langue très formelle.

- **agreement** *(nom)* **accord**

The two parties reached an **agreement** after some negotiating.
Les deux parties sont parvenues à un accord à l'issue d'une négociation.

▸ **agree** *(vb)* être d'accord ; convenir de, s'accorder sur
We **agreed** on a new name for the company.
Nous nous sommes mis d'accord sur une nouvelle raison sociale pour l'entreprise.

▸ **agree to** *(vb)* accepter
The coach **agreed to** a three-year contract extension.
L'entraîneur a accepté une prolongation de son contrat pendant trois ans.

- **amendment** *(nom)* **avenant**

If your situation changes, we can modify your contract with an **amendment**.
Si votre situation évolue, nous pouvons modifier votre contrat au moyen d'un avenant.

▸ **amend** *(vb)* modifier

- **benefits** *(nom)* **avantages**

Benefits include the use of a company car and luncheon vouchers.
Les avantages comprennent l'accès à une voiture de fonction et des tickets restaurant.

▸ **beneficial** *(adj)* bénéfique
▸ **beneficiary** *(nom)* bénéficiaire
▸ **benefit** *(vb)* bénéficier à
This change will **benefit** all the employees. *Ce changement bénéficiera à tous les employés.*
▸ **benefit from** *(vb)* profiter de, tirer un avantage de
Who **benefits** from this decision? *Qui va profiter de cette décision ?*

- **binding** *(adj)* **qui lie, qui engage**

When you sign the contract, it becomes **binding**.
La signature du contrat vous engage.

▸ **bind** *(vb – prét :* **bound/bound***)* obliger, contraindre (à) *(par contrat, loi, accord)*

- **closely** *(adj)* **de près, avec attention**

Read your contract **closely** before signing it.
Lisez bien le contrat avant de le signer.

> Ne confondez pas ***closely*** (de près) et ***nearly*** (presque).

- **eligible** *(adj)* **éligible**

At the end of your trial period you will be **eligible** for all the benefits the company offers.
À la fin de votre période d'essai, vous aurez accès à tous les avantages que propose l'entreprise.
▸ **eligibility** *(nom)* éligibilité

- **expect** *(vb)* **s'attendre à**

Employees **are expected** to arrive before 9 A.M.
Les employés sont censés arriver avant 9 heures.
▸ **expectancy** *(nom)* espérance *(de vie)*

- **freelance** *(adj)* **indépendant, à son compte ;** *(nom)* **travailleur indépendant**

Harald does not want to work as a **freelance**, because there is no guarantee of revenue.
Harald ne veut pas être travailleur indépendant, car il n'y a aucune garantie de revenu.
▸ **freelancer = freelance** *(nom)* travailleur indépendant

- **full-time / part-time** *(adj)* **à plein-temps / à temps partiel**

The contract stipulates that both **full-time** and **part-time** employees will receive health insurance.
Le contrat stipule que les employés à plein-temps et les employés à temps partiel bénéficieront d'une assurance santé.

- **hereunder** *(adv)* **ci-dessous, ci-après**

Mrs. Samantha Drew, **hereunder** referred to as the "service provider"...
Madame Samantha Drew, ci-après désignée « la Prestataire »...

- **hourly** *(adj)* **horaire**

The **hourly** wage increase will be effective as of February.
L'augmentation du salaire horaire prendra effet à partir du mois de février.

- **incentive** *(nom)* **motivation**

Sometimes your salary is not enough of an **incentive** to stay in a job you don't like.
Parfois, le salaire n'est pas une motivation suffisante pour rester dans un poste qui vous déplaît.
▸ **incentivize** *(vb)* encourager (à), favoriser

- **initial** *(vb)* **parapher**

Please **initial** each page at the bottom right.
Veuillez parapher chaque page en bas à droite.

- **namely** *(adv)* **c'est-à-dire, à savoir**

The main provision of the contract, **namely** your job description, is not negotiable.
La principale clause du contrat, à savoir le profil de poste, n'est pas négociable.

- **overtime** *(nom)* **heures supplémentaires**

Working **overtime** is limited to only a few hours per month.
Les heures supplémentaires se limitent à quelques heures par mois seulement.

- **party** *(nom)* **partie** (personne engagée)

Each **party** is encouraged to show the contract to their lawyer.
On encourage chacune des parties à montrer le contrat à un avocat.

- **pay slip** *(nom)* **bulletin de paie**

Each employee receives a **pay slip** at the end of each pay period.
Chaque employé reçoit un bulletin de salaire à la fin de chaque mois.

> Ne confondez pas ***pay slip*** et ***pink slip***, qui désigne une lettre de licenciement.

• **perks** *(nom)* **avantages** (en nature)

There are some notable **perks** when working for a larger company.
Travailler pour une grande entreprise présente des avantages importants.

• **raise** *(nom)* **augmentation ;** *(vb)* **augmenter**

I asked my boss for a **raise** and she said yes!
J'ai demandé une augmentation à ma patronne et elle a dit oui !

The company decided to **raise** wages to attract semi-skilled workers.
L'entreprise a décidé d'augmenter les salaires pour attirer des ouvriers spécialisés.

▸ **raise money** *(exp)* collecter des fonds, lever des fonds

• Le nom ***increase*** décrit n'importe quel type d'augmentation ; il n'est pas assez précis pour la notion d'augmentation **de salaire** exprimée par ***raise*** ; il faudrait spécifier ***an increase in salary***.
• Le verbe ***raise*** est transitif, il est suivi d'un COD (***funds***, ***money***), alors que le verbe ***rise***, qui signifie aussi « augmenter » est intransitif : *Taxes will **rise** this year.* Les impôts vont augmenter cette année.

• **salary / wages** *(nom)* **salaire**

If you are on a monthly **salary** then you are not paid extra for working overtime. However, if you are paid **wages**, then you are paid more for every extra hour you work.
Si vous touchez un salaire mensuel, vous n'êtes pas payé davantage pour les heures supplémentaires. Par contre, si votre salaire est calculé sur une base horaire ou journalière, vous êtes payé pour chaque heure travaillée en plus.

Salary désigne la rémunération mensuelle dans le cadre d'un CDD ou d'un CDI.
Wages désigne un salaire calculé sur la base précise du nombre d'heures ou de jours travaillés.

• **trial period** *(nom)* **période d'essai**

After a **trial period** of a month you will sign your permanent contract.
Après une période d'essai d'un mois, vous signerez un contrat définitif.

• **unless** *(conj)* **à moins de/que**

You can't access these files **unless** you have written permission from the Human Resources director.
Vous ne pouvez pas consulter ces dossiers à moins d'avoir une permission écrite du DRH.

▸ **unless otherwise noted** *(exp)* sauf indication contraire
You will be paid on the fourth Thursday of the month **unless otherwise noted**.
Vous serez payé le quatrième jeudi du mois sauf indication contraire.

• **volunteer** *(nom)* **bénévole ;** *(vb)* **se porter volontaire, faire du bénévolat**

It can look good on your résumé if you **volunteer** during periods of unemployment.
Cela peut être un avantage pour votre CV si vous faites du bénévolat pendant des périodes sans emploi.

▸ **voluntary** *(adj)* volontaire
▸ **voluntarily** *(adv)* volontairement

• **whereby** *(conj)* **selon lequel, par lequel**

The grievance procedure, **whereby** the employee may make a complaint about the employer, is long and complicated.
La procédure de doléance, par laquelle l'employé peut se plaindre de l'employeur, est longue et compliquée.

Exercice 1 Les mots similaires

▶ Corrigé p. 348

Choisissez le mot en gras qui convient pour compléter chaque phrase.

1 Salaries will **rise / raise** next month.
2 My **salary / wages** were smaller this month.
3 I was very happy to receive my **pink slip / pay slip** today.
4 Unless you have worked here one full year, you are not **legible / eligible** to vote at general meetings.
5 The **freelance / volunteer** billed us by the hour.
6 I **closely / nearly** signed the contract but thought better of it.

Exercice 2 Les prépositions

▶ Corrigé p. 348

Complétez les phrases avec la préposition qui convient.

1 Is my spouse eligible ... health benefits too?
Ⓐ by Ⓒ at
Ⓑ of Ⓓ for

2 HR agreed ... all of my requirements!
Ⓐ to Ⓒ at
Ⓑ of Ⓓ in

3 There has been a recent increase ... wages.
Ⓐ of Ⓒ with
Ⓑ in Ⓓ at

4 You could really benefit ... talking to a lawyer.
Ⓐ from Ⓒ of
Ⓑ to Ⓓ for

5 Jean volunteered ... early retirement.
Ⓐ on Ⓒ for
Ⓑ to Ⓓ at

Exercice 3 Les synonymes

▶ Corrigé p. 348

Trouvez les synonymes des mots entre parenthèses parmi les mots du chapitre.

1 When you sign an .... (contract), you agree to .... (respect) the terms.
2 I get a lot of .... (benefits) in my job – a company car, health insurance and luncheon vouchers.
3 There is a six-week .... (probationary period) built into my contract.
4 Each .... (signatory) must sign at the bottom of every page.

Exercice 4 Les familles de mots

▶ Corrigé p. 348

Complétez chaque phrase avec le mot qui convient.

1 The two parties .... to sign the contract.

Ⓐ agrees Ⓒ agreeing
Ⓑ agreed Ⓓ agreement

2 You are .... by the terms of the contract.

Ⓐ bind Ⓒ bound
Ⓑ binding Ⓓ binder

3 The company is referred to as the "contractor" ....

Ⓐ whereby Ⓒ hereby
Ⓑ whereas Ⓓ hereunder

4 Automotive .... have been increased by 2.5%.

Ⓐ salary Ⓒ salaried
Ⓑ salaries Ⓓ wage

5 The interview with the CEO didn't have the .... result.

Ⓐ expect Ⓒ expectant
Ⓑ expected Ⓓ expectancy

6 Susan .... regularly at her local soup kitchen.

Ⓐ volunteer Ⓒ voluntary
Ⓑ volunteers Ⓓ volunteer work

7 Only .... workers are eligible for all benefits.

Ⓐ full-time Ⓒ overtime
Ⓑ part-time Ⓓ half time

8 The government has once again .... taxes.

Ⓐ rise Ⓒ raise
Ⓑ risen Ⓓ raised

9 If you are over 18, you are .... to vote in my country.

Ⓐ alleged Ⓒ eligible
Ⓑ legible Ⓓ illegible

10 You should choose a family member to be the .... of your insurance policy.

Ⓐ benefit Ⓒ beneficial
Ⓑ benefits Ⓓ beneficiary

TEST OFFICIEL Extrait de Part 4

▶ *Corrigé p. 348*

Pistes 30 - 31

Questions 74-76 refer to the following excerpt from a meeting.

74. Who are the listeners?
(A) Company shareholders
(B) Sales representatives
(C) Marketing consultants
(D) Software developers

75. Why does the speaker thank the listeners?
(A) For working long hours
(B) For holding a fundraiser
(C) For reducing expenses
(D) For assisting customers

76. What will the listeners receive?
(A) An invitation to dinner
(B) Some additional time off work
(C) Some extra money
(D) A tablet computer

6. MEETINGS AND PRESENTATIONS
Les réunions et les présentations

Piste 32

• **agenda** *(nom)* **ordre du jour**

If you would all look at the **agenda**, you will see that the first item today is the budget.

Si vous voulez bien regarder l'ordre du jour, vous verrez que le premier sujet aujourd'hui est le budget.

▸ **hidden agenda** *(nom)* arrière-pensée

> Faux ami : « un agenda » se dit ***diary***, ***schedule*** ou ***calendar***.

• **be set for** *(vb – prét/PP* **was/been***)* **être organisé pour, être prêt pour**

Is everything **set for** this afternoon's meeting?

Est-ce que tout est prêt pour la réunion de cet après-midi ?

• **cancel** *(vb)* **annuler**

It will be necessary to **cancel** Friday's meeting, as the head of Marketing will be away at a trade fair.

Il va falloir annuler la réunion de vendredi, car le directeur du marketing sera en déplacement sur un salon.

▸ **cancellation** *(nom)* annulation

> ***Cancel*** et ***call off*** sont synonymes : *It will be necessary to **call off** the meeting...*

• **chair** *(vb)* **présider**

Despite having very little experience in the matter, the boss has asked Han to **chair** the next meeting.

Malgré son manque d'expérience, le patron a demandé à Han de présider la prochaine réunion.

▸ **chair, chairman, chairwoman, chairperson** *(nom)* président(e)

• **chart** *(nom)* **graphique, diagramme, tableau**

Have a look at the seating **chart** if you don't know where you should sit.

Jetez un coup d'œil au plan de table si vous ne savez pas où vous devez vous asseoir.

▸ **bar chart** *(nom)* histogramme

▸ **pie chart** *(nom)* graphique à secteurs, camembert

• **closed** *(adj)* **fini**

I declare the meeting **closed**.

La réunion est terminée / La séance est levée.

• **conclude** *(vb)* **conclure, terminer, finir**

We need to conclude **before** 5 P.M. as I have a train to catch.

Nous devons terminer avant 17 heures car j'ai un train à prendre.

▸ **inconclusive** *(adj)* peu concluant

▸ **conclusively** *(adv)* définitivement

• **flip chart** *(nom)* **paper-board**

Dwayne, will you make sure there is a **flip chart** in the meeting room, please?
Dwayne, pourrais-tu t'assurer qu'il y a un paper-board dans la salle de réunion ?

▸ **flip over** *(vb)* retourner

▸ **flip through** *(vb)* feuilleter

• **graph** *(nom)* **graphique**

As you can see, the **graph** shows the evolution of pricing for this model.
Comme vous pouvez le constater, le graphique montre l'évolution du prix de ce modèle.

• **hold** *(vb – prét/PP* **held/held***)* **organiser, se tenir**

The meeting **will be held** in conference room C. / We **are holding** the meeting in conference room C.
La réunion se tiendra dans la salle de conférence C.

• **item** *(nom)* **sujet**

The first **item** on the agenda is procurement.
Le premier sujet à l'ordre du jour est l'approvisionnement.

▸ **itemize** *(vb)* lister

• **lead** *(vb – prét/PP* **led/led***)* **mener, conduire, animer**

Barbara, would you please **lead** the next IT training workshop?
Barbara, pourriez-vous animer le prochain atelier de formation en informatique ?

▸ **leading** *(adj)* premier, de tête

▸ **leader** *(nom)* leader

• **minutes** *(nom)* **compte-rendu, procès-verbal** (de réunion)

Francesco, could you please take the **minutes** during the meeting?
Francesco, pourriez-vous prendre des notes pendant la réunion ?

• **move up** *(vb)* **avancer** (date)

The deadline **has been moved up** to next week, so we better get working!
La date butoir a été avancée à la semaine prochaine, nous avons donc intérêt à nous mettre au travail !

> ***Move up*** et ***bring forward*** sont synonymes : *The deadline has been **brought forward** to...*

• **overview** *(nom)* **vue d'ensemble, aperçu**

I'll start my presentation with an **overview** of the situation.
Je vais démarrer ma présentation par une vue d'ensemble de la situation.

• **postpone** *(vb)* **reporter**

The presentation which was scheduled for this afternoon **has been postponed** until tomorrow.
La présentation qui était prévue cet après-midi a été reportée à demain.

▸ **postponement** *(nom)* report

> ***Postpone*** et ***put off*** sont synonymes : *The presentation has been **put off** to...*

• **projector** *(nom)* **projecteur**

The **projector** in conference room A has broken down, so we will use room C.
Le projecteur de la salle de conférence A est tombé en panne, nous allons donc utiliser la salle C.

▸ **project** *(vb)* projeter, avoir le projet de

• **resume** *(vb)* **reprendre**

We will have a quick break now and **resume** in 15 minutes.
Nous allons faire une courte pause et nous reprendrons dans 15 minutes.

Faux ami : ***resume*** n'a jamais le sens de « résumer » qui se dit ***sum up.***

▸ **resumption** *(nom)* reprise

• **review** *(nom)* **avis, critique, commentaire ;** *(vb)* **passer en revue**

At the end of the presentation, **I'll review** all of the information before we vote.
À la fin de la présentation, je vais passer tous les renseignements en revue avant de voter.

▸ **reviewer** *(nom)* critique *(métier)*

• **screen** *(nom)* **écran**

The new projector **screen** is so much clearer than the old one!
Le nouvel écran de projection est tellement plus net que l'ancien !

• **sum up** *(vb)* **résumer**

Myrtle, would you like to **sum up** before we close?
Myrtle, voulez-vous faire le résumé avant de clore la réunion ?

▸ **summary** *(nom)* résumé

▸ **summarize** *(vb)* résumer, synthétiser

• **take place** *(vb – prét/PP* **took/taken***)* **avoir lieu**

When will the next meeting take place?
Quand aura lieu la prochaine réunion ?

Exercice 1 Les expressions

▶ Corrigé p. 349

Reliez les mots des deux colonnes pour former des expressions courantes.

chair •	• a presentation
hold •	• the lead
take •	• a meeting
take •	• a meeting
give •	• the minutes

Exercice 2 Les mots similaires

▶ Corrigé p. 349

Choisissez le mot en gras qui convient pour compléter chaque phrase.

1 Do you mind if we **cancel / put off** the meeting until Thursday?
2 The appointment was **brought forward / postponed** one day from Tuesday to Monday.
3 What time are we scheduled to **summarize / resume** the meeting?
4 My **agenda / schedule** is completely full this week.
5 The sales presentation will **hold / take place** at 3 P.M.

Exercice 3 Les verbes à particule

▶ Corrigé p. 349

Complétez chaque phrase avec la particule de la liste qui convient.

up up forward off off

1 The meeting will be put .... until an undetermined later date.
2 I took the liberty of bringing .... your last appointment of the day.
3 Because you moved .... the presentation, I won't be able to be present.
4 Is it necessary to call .... the visit?
5 So, to sum ...., we will start the advertising campaign as soon as possible.

Exercice 4 Les familles de mots

▶ Corrigé p. 349

Complétez chaque phrase avec le mot qui convient.

1 Although she had never .... a meeting before, Ms. Chan did a good job.
Ⓐ chair Ⓒ chairing
Ⓑ chaired Ⓓ chairperson

2 The .... of the meeting coincided with the arrival of the CEO.
Ⓐ resume Ⓒ resumed
Ⓑ résumé Ⓓ resumption

3 The .... brand has been available for only 6 months.
Ⓐ lead Ⓒ leader
Ⓑ leading Ⓓ leads

4 The .... for the new product are very encouraging.
Ⓐ review Ⓒ reviewed
Ⓑ reviews Ⓓ reviewer

5 Before we .... the meeting, can we proceed to a vote?

Ⓐ close — Ⓒ closing

Ⓑ closed — Ⓓ closure

6 We cannot yet say .... if the product will be a success or not.

Ⓐ conclude — Ⓒ conclusive

Ⓑ conclusion — Ⓓ conclusively

7 Before we start the meeting, did everyone receive a copy of the .... ?

Ⓐ agent — Ⓒ agency

Ⓑ agenda — Ⓓ hidden agenda

8 Do you mind if we .... the appointment from Wednesday to Thursday?

Ⓐ postpone — Ⓒ postponing

Ⓑ postpones — Ⓓ postponement

9 The .... of the meeting is very inconvenient.

Ⓐ cancel — Ⓒ cancelled

Ⓑ cancels — Ⓓ cancellation

10 Heide, would you like to .... the main points?

Ⓐ sum — Ⓒ summarize

Ⓑ summary — Ⓓ summarily

TEST OFFICIEL Extrait de Part 4

▶ Corrigé p. 349

Pistes 33 - 34

Questions 92-94 refer to the following excerpt from a meeting and agenda.

AGENDA	
1. Overview	Brenda
2. Video	Xinzhou
3. Handbook	Monica
4. Coaching	Shigeru

92. What is the purpose of the meeting?

(A) To present changes to a program

(B) To review client feedback

(C) To introduce new staff

(D) To select a product design

93. Look at the graphic. According to the speaker, which presenter will require the most time?

(A) Brenda

(B) Xinzhou

(C) Monica

(D) Shigeru

94. What does the speaker request that the listeners do?

(A) Turn off their phones

(B) Wait to ask questions

(C) Sign an attendance sheet

(D) Stay a few minutes longer

7. WORK EVENTS
Les évènements professionnels

Piste 35

- **accommodate** *(vb)* **répondre à, accueillir, loger**

Is your hotel big enough to **accommodate** the needs of our conference?
Votre hôtel est-il assez grand pour répondre à tous les besoins de notre conférence ?

▸ **accommodation** *(nom)* logement, hébergement

- **attendee** *(nom)* **participant**

How many **attendees** are we expecting at the conference?
On attend combien de participants à la conférence ?

▸ **attendant** *(nom)* préposé ; *(adj)* associé
▸ **attend** *(vb)* assister à

Attend (assister à) est différent de ***attend to*** (s'occuper de).

- **booth** *(nom)* **stand, cabine, box**

Our company's **booth** at the fair was very popular.
Au salon professionnel, le stand de notre société a eu beaucoup de succès.

- **caterer** *(nom)* **traiteur**

Could you call the **caterer** and tell him the number of heads for the meal?
Pouvez-vous appeler le traiteur et lui indiquer le nombre de couverts pour le repas ?

▸ **catering** *(nom)* restauration
▸ **cater** *(vb)* faire traiteur, organiser des repas
▸ **cater to** *(vb)* subvenir aux besoins de, accueillir
Our hotel **caters** mainly **to** business travelers.
Notre hôtel accueille surtout des voyageurs d'affaires.

- **charity event** *(nom)* **événement caritatif**

My financial advisor told me hosting a **charity event** is partially tax-deductible.
Ma conseillère financière m'a dit que l'organisation d'un événement caritatif était partiellement déductible des impôts.

- **company retreat** *(nom)* **séminaire d'entreprise**

This year's **company retreat** will take place at a local resort.
Cette année, le séminaire d'entreprise se déroulera dans un complexe hôtelier de la région.

- **convention** *(nom)* **congrès**

Will you be attending the **convention** in Chicago?
Participerez-vous au congrès de Chicago ?

- **eagerly** *(adv)* **avec impatience**

The employees are **eagerly** anticipating the results of this year's team competition.

Les employés attendent avec impatience les résultats du concours par équipe de cette année.

▸ **eager** *(adj)* enthousiaste, fervent

Ms. Jetting is **eager to** unveil the new facility.

Mme Jetting est impatiente de présenter la nouvelle installation.

- **employee appreciation dinner** *(nom)* **repas de remerciement aux employés**

Having checked the schedule, the best date for the annual **employee appreciation dinner** is October 20th.

Après avoir vérifié le planning, la meilleure date pour le repas de remerciement aux employés est le 20 octobre.

- **employee of the month** *(nom)* **employé du mois**

Many companies like to designate an **employee of the month**, to reward good work.

De nombreuses sociétés aiment désigner un employé du mois afin de récompenser le bon travail accompli.

- **entertain** *(vb)* **inviter**

We often **entertain** corporate clients at the famous amusement park just outside the city.

Nous invitons souvent les clients importants au célèbre parc d'attractions à la sortie de la ville.

▸ **entertainment** *(nom)* divertissement ; spectacle

- **farewell** *(nom)* **adieu, départ**

Mr. Fang's **farewell** dinner is a secret, so don't say anything to him!

Le repas pour le départ de M. Fang est un secret, alors ne lui dites rien !

- **fundraiser** *(nom)* **collecte de fonds**

A charity event is always a good **fundraiser**, especially if you invite the clients.

Un événement de bienfaisance permet toujours de récolter beaucoup d'argent, surtout si on invite les clients.

- **induction** *(nom)* **parcours d'intégration**

All new recruits must attend a three-day **induction**, during which they will learn more about the company.

Toute nouvelle recrue doit suivre un parcours d'intégration de trois jours afin de se familiariser avec notre entreprise.

> ***Induction*** et ***orientation program*** sont synonymes :
> *New recruits must attend a three-day* ***orientation program****.*

- **on behalf of** *(exp)* **de la part de**

On behalf of the management, I would like to extend an invitation to attend the company's 50th anniversary.

De la part de la direction, j'ai le grand plaisir de vous convier au 50e anniversaire de l'entreprise.

> ***Extend an invitation*** est une façon très polie de dire ***invite***.

- **outing** *(nom)* **sortie**

The employees look forward to their end-of-year **outing** to a restaurant.

Les employés attendent avec impatience leur sortie de fin d'année au restaurant.

- **retirement** *(nom)* **retraite**

There will be farewell drinks on Friday in honor of the **retirement** of Marcy Dean.
Il y aura un pot de départ vendredi à l'occasion du départ à la retraite de Marcy Dean.

▸ **retiree** *(nom)* retraité
▸ **retire** *(vb)* prendre sa retraite

- **schedule** *(nom)* **planning ;** *(vb)* **planifier**

The **schedule** for this month is full.
Le planning est complet ce mois-ci.
What is **scheduled** for tomorrow?
Qu'est-ce qui est prévu pour demain ?

- **smooth** *(adj)* **sans incident, en douceur**

The retiring manager will stay on for another month so as to ensure a **smooth** transition with the new team.
Le directeur qui part à la retraite va rester un mois de plus afin d'assurer une transition en douceur avec la nouvelle équipe.

▸ **smoothly** *(adv)* sans incident, sans difficulté
Despite the bad weather the outing went **smoothly**.
Malgré le mauvais temps, la sortie s'est bien passée.

- **trade show** *(nom)* **salon** (professionnel)

I often have to attend **trade shows** to present my company's products to potential customers.
Je dois souvent assister à des salons afin de présenter les produits de mon entreprise aux clients potentiels.

- **unconventional** *(adj)* **non conventionnel**

The idea of a visit to the zoo was **unconventional**, at the very least!
Le moins que l'on puisse dire c'est que l'idée d'une sortie au zoo était peu orthodoxe.

- **workshop** *(nom)* **atelier**

We held a **workshop** on increasing sales and it was a great success.
Nous avons organisé un atelier sur l'augmentation des ventes et il a eu un franc succès.

Exercice 1 Les phrases à compléter

▶ Corrigé p. 350

Complétez les phrases avec les mots de la liste.

smoothly unconventional raised behalf eager entertainment accommodate

1 The money we .... will go towards revamping the offices.
2 Sue Yun is an .... reader. She spends all her time with a book in her hand.
3 I would like to thank you for your service on .... of all the staff.
4 Tonight's .... promises to be a lot of fun!
5 Let's hope that the day's activities go as .... as possible.
6 How many people can your hotel ....?
7 It's a rather .... solution, but I think it will work.

Exercice 2 Les expressions

▶ Corrigé p. 350

Reliez un mot de chaque colonne pour former une expression courante, puis complétez les phrases avec les mots qui conviennent.

eagerly •	• an outing
accommodate •	• an invitation
go on •	• early retirement
take •	• anticipate
extend •	• behalf of
on •	• our needs

1 Joanna has decided to take .... and travel the world.
2 On .... my department, may I congratulate you all.
3 Everyone is .... anticipating the merger of our two companies.
4 The last time we went on a staff .... was three years ago.
5 I'd like to .... an invitation to join us this evening.
6 Can the restaurant .... the needs of our vegan staff members?

Exercice 3 Les synonymes

▶ Corrigé p. 350

Trouvez les synonymes des mots entre parenthèses parmi les mots du chapitre.

1 Our .... (visit) to the museum was highly popular.
2 One .... (participant) will be selected to represent the company.
3 When has this year's .... (induction) been scheduled?
4 The PA is currently trying to .... (program) a departmental meeting.
5 There is a .... (leaving) party tomorrow for the head of marketing.
6 Your methods are a little .... (unusual), but they appear to get results!
7 Will we receive traveling expenses to go to the .... (conference)?

Exercice 4 Les familles de mots

▶ Corrigé p. 350

Complétez chaque phrase avec le mot qui convient.

1 Every year the company's employees go on an .... to a local tourist spot.
Ⓐ outdoor Ⓒ outer
Ⓑ outside Ⓓ outing

2 It can be hard to adapt to being a ....
Ⓐ retire Ⓒ retiree
Ⓑ retired Ⓓ retirement

3 For dancing purposes, this floor is .... than that one.
Ⓐ smooth Ⓒ smoothest
Ⓑ smoother Ⓓ smoothly

4 The meeting has been .... for first thing on Monday.
Ⓐ schedule Ⓒ scheduler
Ⓑ scheduled Ⓓ scheduling

5 This year's sales .... attendance was up on last year's.
Ⓐ convention Ⓒ unconventional
Ⓑ conventional Ⓓ conventionally

6 Every year our department .... an invitation to the others to compete for best department.
Ⓐ extends Ⓒ extension
Ⓑ extended Ⓓ extensive

7 Who have we asked to do the .... for the AGM?
Ⓐ cater Ⓒ caterer
Ⓑ caters Ⓓ catering

8 I hope the .... at the convention is as good as last year's.
Ⓐ accommodate Ⓒ accomodating
Ⓑ accommodated Ⓓ accommodation

9 Each .... at the conference will receive a welcome pack.
Ⓐ attend Ⓒ attendee
Ⓑ attended Ⓓ attendance

10 The outing to the theater was extremely ....
Ⓐ entertain Ⓒ entertainingly
Ⓑ entertaining Ⓓ entertainment

TEST OFFICIEL

Extrait de Part 3

▶ *Corrigé p. 351*

Pistes 36 - 37

Questions 47-49 refer to the following conversation.

47. What event are the speakers discussing?
(A) A product launch
(B) A holiday celebration
(C) An awards ceremony
(D) A birthday party

48. What does the man want the catering staff to do?
(A) Collect guests' coats
(B) Bring supplies through a rear entrance
(C) Wear hats when serving food
(D) Work later hours than usual

49. What does the man still need to confirm?
(A) The price of each dish
(B) The number of servers
(C) The arrangement of some tables
(D) The names of some guests

Extrait de Part 4

▶ *Corrigé p. 351*

Pistes 38 - 39

Questions 77-79 refer to the following telephone message.

77. Where does the speaker most likely work?
(A) At a catering company
(B) At a hotel
(C) At an airport
(D) At a tourist office

78. What does the speaker want to confirm?
(A) The size of a room
(B) The name of a traveler
(C) The number of people
(D) The time of arrival

79. What does the speaker say is available on a Web site?
(A) Some photographs
(B) An event schedule
(C) A discount code
(D) A dinner menu

8. RETAIL
La vente au détail

Piste 40

- **aisle** *(nom)* **allée**

The washing detergent is found in the 3rd **aisle**.
La lessive se trouve dans la 3e allée.

> On trouve seulement des ***aisles*** dans les magasins, les avions et les églises.

- **apparel** *(nom indénombrable)* **les vêtements**

Men's **apparel** is on the top floor.
Les vêtements pour hommes se trouvent au dernier étage.

- **appliance** *(nom)* **appareil électroménager**

When we renovated the kitchen, we got all new **appliances**.
Quand nous avons rénové la cuisine, nous avons pris de l'électroménager tout neuf.

- **browse** *(vb)* **regarder, jeter un coup d'œil**

Fiona likes to spend her lunch break **browsing** in the mall. She rarely buys anything, though.
Fiona aime passer son déjeuner à flâner dans le centre commercial. Mais elle achète rarement quelque chose.

- **carry** *(vb)* **vendre**

Sorry Sir, our store does not **carry** that brand.
Je suis désolé monsieur, mais notre magasin ne vend pas cette marque.

- **cart** *(nom)* **chariot ;** *(vb)* **transporter**

The store associate makes sure the **carts** have been returned to their correct place in the parking lot.
L'employé du magasin vérifie que les chariots ont bien été remis à leur place dans le parking.

  ▸ **cart away** *(vb)* enlever
  The office furniture we left in front of the building **has been carted away** by the city employees.
  Le mobilier de bureau que nous avons déposé devant l'immeuble a été enlevé par les employés municipaux.

- **cashier** *(nom)* **caissier, caissière**

Before the store opens, the **cashiers** have to make sure they have enough change in their cash registers.
Avant l'ouverture du magasin, les caissiers doivent s'assurer qu'ils ont assez de monnaie dans leurs caisses.

  ▸ **cash register** *(nom)* caisse *(machine)*

- **change** *(nom indénombrable)* **monnaie**

Do you have **change** for a fifty-dollar bill?
Avez-vous la monnaie sur un billet de 50 dollars ?

> On emploie ***dollar*** au pluriel dans ***It costs 50 dollars***, mais au singulier dans ***a fifty-dollar bill***, car il agit comme adjectif pour le nom ***bill***.

- **checkout** *(nom)* **caisse**

When you have finished shopping, please pay at the **checkout**.
Quand vous aurez terminé vos courses, veuillez payer à la caisse.

• **coupon** *(nom)* **bon (de réduction)**

Using **coupons** to get your groceries at a reduced price has almost become a national sport!
Le fait de payer ses courses à prix réduit avec des bons est presque devenu un sport national !

• **dairy products** *(nom)* **produits laitiers**

You will find the cheese and other **dairy products** at the end of aisle number 3.
Vous trouverez le fromage et les autres produits laitiers au bout de l'allée numéro 3.

• **discount** *(nom)* **réduction, remise ;** *(vb)* **solder, réduire** (prix)

Do I get a **discount** for buying in bulk? *Est-ce qu'il y a une remise pour les achats en gros ?*

Cell phones are heavily **discounted** at the moment.
Il y a de grosses remises sur les portables en ce moment.

▸ **discounter** *(nom)* magasin discount

• **display** *(nom)* **présentoir ;** *(vb)* **exposer, afficher**

Ms. Woods was so embarrassed when she knocked over the **display** with her cart!
Mme Woods a vraiment été très gênée après avoir renversé le présentoir avec son chariot !

Please **display** your parking ticket clearly.
Veuillez afficher clairement votre ticket de parking.

• **fabric** *(nom)* **tissu**

This **fabric** was sourced in India.
Ce tissu a été fabriqué en Inde.

▸ **fabrication** *(nom)* fabrication

Fabric n'a jamais le sens de « fabrique » (usine) qui se traduit par ***factory***.

• **fit** *(vb)* **aller à** (taille)

Does this pair of shoes **fit**?
Est-ce que cette paire de chaussures vous va / est à la bonne taille ?

▸ **fitting** *(adj)* approprié, juste

It is **fitting** that Gregson was promoted after acting as store manager for so long.
Il est normal que Gregson ait été promu après avoir été responsable suppléant pendant si longtemps.

▸ **fitting room** *(nom)* cabine d'essayage

• **garment** *(nom)* **vêtement**

All of my **garments** were made in North America.
Tous mes vêtements ont été fabriqués en Amérique du nord.

• **label** *(nom)* **étiquette ;** *(vb)* **étiqueter**

The washing instructions are on the **label**.
Les instructions pour le lavage se trouvent sur l'étiquette.

▸ **labeling** *(nom)* étiquetage

• **loyal** *(adj)* **fidèle, loyal**

Sun Market rewarded its most **loyal** customers with discount coupons.
Sun Market a récompensé ses clients les plus fidèles par des bons de réduction.

▸ **loyalty** *(nom)* loyauté, fidélité

• **make** *(vb – prét/PP* ***made/made****)* **fabriquer, faire**

This jacket is **made of** high quality natural fabric.
Cette veste est en tissu naturel de bonne qualité.

• **mall** *(nom)* **centre commercial**

Did you see the plans for the new **mall**? It will house a movie theater and a bowling alley.
Avez-vous vu le projet du nouveau centre commercial ? Il accueillera un cinéma et un bowling.

• **mark down** *(vb)* **baisser un prix**

Baked goods are often **marked down** at the end of the day.
Les pâtisseries sont souvent vendues à prix réduit en fin de journée.

- ▸ **markdown** *(nom)* rabais, réduction
- ▸ **markup** *(nom)* marge
  There is a significant **markup** on these shoes.
  Il y a une marge importante sur ces chaussures.

Le verbe ***mark down*** s'écrit en deux mots, le nom ***markdown*** en un seul.

• **outlet** *(nom)* **point de vente**

The clothing brand has **outlets** in every big mall.
Cette marque de vêtements a des points de vente dans tous les grands centres commerciaux.

- ▸ **factory outlet** *(nom)* magasin d'usine
- ▸ **power outlet** *(nom)* prise électrique

• **produce** *(nom)* **fruits et légumes ;** *(vb)* **produire**

We pride ourselves on having the freshest **produce** in town!
Nous sommes fiers de proposer les fruits et légumes les plus frais de la ville !

- ▸ **product** *(nom)* produit
- ▸ **producer** *(nom)* producteur(-trice)

• **receipt** *(nom)* **ticket de caisse**

Refunds will only be issued upon presentation of the **receipt**.
Les remboursements se font uniquement sur présentation du ticket de caisse.

• **sale** *(nom)* **promotion**

Appliances are on **sale** this week.
Il y a une promotion sur les appareils ménagers cette semaine.

- ▸ **sales** *(nom)* soldes
- ▸ **salesperson** *(nom)* vendeur(-euse)

• **sleeve** *(nom)* **manche**

Roll up your **sleeves**, it's time to get to work.
Remontez-vous les manches, il est temps de se mettre au travail.

- ▸ **in shirtsleeves** *(exp)* en manches de chemise
- ▸ **have something up your sleeve** *(exp)* avoir plus d'un tour dans son sac

• **stock** *(vb)* **avoir en stock, vendre**

Do you **stock** the same products as the Kuala Lumpur store?
Vendez-vous les mêmes produits qu'au magasin de Kuala Lumpur ?

- ▸ **stocked** *(adj)* approvisionné
- ▸ **out of stock** *(exp)* en rupture de stock
- ▸ **shelf stocker** *(nom)* employé de libre-service
- ▸ **restock** *(vb)* regarnir, réapprovisionner

• **store** *(nom)* **magasin**

What time does the **store** shut?
À quelle heure ferme le magasin ?

- ▸ **store associate** *(nom)* employé de magasin
  Mr. Khan asked the **store associate** where to find the refrigerators.
  M. Khan a demandé à l'employé où se trouvaient les réfrigérateurs.

• **suit** *(nom)* **costume, tailleur ;** *(vb)* **aller à**

Do you have this **suit** in a larger size? *Avez-vous ce costume en plus grand ?*
That color really **suits** you! *Cette couleur vous va vraiment bien !*

Exercice 1 Les verbes à particule

▶ Corrigé p. 351

Ajoutez une particule de la liste à chaque verbe pour qu'il corresponde à la définition donnée.

out down down off on around

1 close ....: to close definitively
2 mark ....: to reduce a price
3 try ....: see if an item of clothing fits before you buy it
4 shop ....: visit different shops to find the best price for an item
5 sell ....: to sell an item at a reduced price to make shelf space
6 sell ....: to sell all of a product; to have none left

Exercice 2 Les synonymes

▶ Corrigé p. 351

Trouvez les synonymes des mots entre parenthèses parmi les mots du chapitre.

1 Excuse me, do you .... (stock) men's shoes?
2 Did you buy your jacket at the .... (shopping center)?
3 There was a substantial .... (reduction) on cameras this week.
4 Isn't there a new women's clothing .... (outlet) in town?
5 I have a lot of .... (coins) in my pocket.

Exercice 3 Les mots similaires

▶ Corrigé p. 352

Choisissez le mot qui convient pour compléter les phrases.

1 The cashier put the money into the **checkout / cash register**.
2 Do you think these glasses **fit / suit** the shape of my face?
3 Every **garment / apparel** we produce is checked for defects.
4 The shoe **fabric / factory** is located in the south.
5 Retailers usually have a **markup / markdown**, which allows them to make a profit.

Exercice 4 Les familles de mots

▶ Corrigé p. 352

Complétez chaque phrase avec le mot qui convient.

1 Thank you, I don't need any help, as I'm just ....

Ⓐ browse Ⓒ browsed
Ⓑ browser Ⓓ browsing

2 We need to hire a part-time .... for the holiday period to take the pressure off the full-timers.

Ⓐ cash Ⓒ cashier
Ⓑ cashed Ⓓ cashing

3 If you are lucky, you can find designer clothes on .... at the end of the season.

Ⓐ sale Ⓒ seller
Ⓑ sell Ⓓ sales

4 This store trains the cashiers to place the .... on the counter and not in the customer's hand.

Ⓐ change Ⓒ changing

Ⓑ changed Ⓓ changes

5 Most of our kitchen .... come with a two-year warranty.

Ⓐ apply Ⓒ appliances

Ⓑ appliance Ⓓ applianced

6 It is important to eat a variety of fresh .... in order to remain healthy.

Ⓐ producer Ⓒ production

Ⓑ product Ⓓ produce

7 Since the new .... opened directly opposite our store, sales have dropped dramatically.

Ⓐ discount Ⓒ discounted

Ⓑ discounter Ⓓ discounting

8 A well- .... supermarket never runs out of milk.

Ⓐ stock Ⓒ stocker

Ⓑ stocked Ⓓ stocking

9 Yoko checked her .... carefully to make sure she hadn't paid too much.

Ⓐ receive Ⓒ recipient

Ⓑ recipe Ⓓ receipt

10 Please return your shopping .... to the appropriate place before leaving the premises.

Ⓐ cart Ⓒ carted

Ⓑ carton Ⓓ carter

TEST OFFICIEL Extrait de Part 1

▶ *Corrigé p. 352*

Piste 41

Look at the picture and listen to the four statements.
Select the one statement that best describes what you see in the picture.

2. Ⓐ Ⓑ Ⓒ Ⓓ

9. ORDERING
La commande

Piste 42

- **after-sales service** *(nom)* **SAV, service après-vente**

Please contact the **after-sales service** for any questions you have concerning this product.
Adressez-vous au SAV pour toute question sur ce produit.

- **batch** *(nom)* **lot**

All headphones with the **batch** number W1651 are being recalled.
Tous les casques audio dont le numéro de lot est W1651 font l'objet d'un rappel.

- **click and collect** *(vb)* **commander en ligne et retirer en magasin**

Click and collect is a very useful time-saving service.
Le service de commande en ligne et de retrait en magasin permet de gagner beaucoup de temps.

- **complimentary** *(adj)* **gratuit, offert**

Receive a **complimentary** digital radio for every four boxes of pens ordered.
Une radio numérique offerte pour toute commande de quatre cartons de stylos.

▸ **compliment** *(nom)* compliment

> • Ne confondez pas ***complimentary*** et ***complementary*** qui a le sens de « complémentaire ».
> • ***Complimentary*** et ***free*** sont synonymes : *Receive a* ***free*** *radio...*

- **deadline** *(nom)* **date butoir, date limite**

What is the **deadline** for express delivery?
Quelle est l'heure limite pour demander une livraison en express ?

- **deal** *(nom)* **affaire**

We got a great **deal** on new desks from the shop over the road.
On a fait une super-affaire en achetant nos nouveaux bureaux au magasin en face.

▸ **deal in** *(vb – prét/PP* **dealt/dealt***)* vendre, faire le commerce de
This shop mainly **deals** in nuts and dried fruits.
Ce magasin vend surtout des fruits à coque et des fruits secs.

- **defective** *(adj)* **défectueux**

If any item is **defective**, we will replace it, no questions asked.
Si un objet est défectueux, nous le remplacerons sans conditions.

▸ **defect** *(nom)* défaut

- **discard** *(vb)* **jeter**

Do not **discard** the order form. You may need it later.
Ne jetez pas le bon de commande. Vous en aurez peut-être besoin plus tard.

- **goods** *(nom)* **marchandise**

The **goods** we ordered are of the highest quality.
La marchandise que nous avons commandée est de la meilleure qualité.

> ***Goods*** ne s'emploie pas au singulier : *The* ***goods*** *are on their way.* La marchandise est en cours de livraison.

- **item** *(nom)* **article**

The **items** in your cart will be ordered again automatically.
Les articles dans votre panier seront à nouveau commandés de façon automatique.

- **merchandise** *(nom)* **marchandise**

The **merchandise** you ordered will be delivered on Wednesday.
La marchandise que vous avez commandée sera livrée mercredi.

  ▸ **merchandise** *(vb)* commercialiser

- **place an order** *(vb)* **passer commande**

I'm placing an order for office supplies. Is there anything you need?
Je vais passer une commande de fournitures de bureau. Avez-vous besoin de quelque chose ?

> ***Place an order*** et ***order*** sont synonymes : ***I'm ordering*** *office supplies...*

- **purchaser** *(nom)* **acheteur** (d'une société)

Our chief **purchaser** is retiring next year, so one of the assistant buyers will replace her.
Notre acheteuse en chef prend sa retraite l'an prochain, alors l'un des acheteurs assistants la remplacera.

> ***Purchaser*** et ***buyer*** sont synonymes : *Our chief* ***buyer*** *is retiring...*

  ▸ **purchasing** *(adj)* d'achat ; *(nom)* achat

  Our **purchasing** department will consider all the bids.
  Notre service des achats examinera toutes les offres.

  ▸ **purchase** *(vb)* acheter

- **quote** *(nom)* **devis ;** *(vb)* **donner un prix, faire une proposition de prix**

I'm afraid the shipping you charged me for does not correspond to the amount on your **quote**.
Je crains que les frais de port que vous m'avez facturés ne correspondent pas au montant indiqué sur votre devis.

The rate they **quoted** us is the same as last year.
Le tarif qu'ils nous ont proposé est le même que celui de l'an dernier.

- **rebate** *(nom)* **remise**

Send the voucher along with proof of purchase to receive a $50 **rebate** off the cost of your laptop.
Envoyez le bon avec la preuve d'achat pour recevoir une remise de 50 $ sur le prix de votre ordinateur portable.

- **recall** *(vb)* **rappeler** (produit défectueux)

Recalling a product is very bad publicity for a company.
Le rappel d'un produit génère une publicité négative pour une société.

> ***Recall*** ne signifie jamais « rappeler au téléphone », qui se dit ***call back***.

- **refund** *(nom)* **remboursement ;** *(vb)* **rembourser**

I would like a **refund**, not a replacement.
Je voudrais un remboursement, pas un remplacement.

  ▸ **refundable** *(adj)* remboursable

- **retailer** *(nom)* **détaillant**

Many **retailers** are suffering from the increase in shipping costs.
Beaucoup de détaillants souffrent de l'augmentation des frais de port.

▸ **retail** *(vb)* coûter
This laptop normally **retails** at $500. *Cet ordinateur portable coûte normalement 500 $.*

- **return** *(vb)* **retourner** *(un article)*

If you are not entirely satisfied with the Ergo desk chair, please **return** it and you will receive a complete refund.
Si vous n'êtes pas entièrement satisfait de votre chaise de bureau Ergo, renvoyez-la nous et vous serez intégralement remboursé.

- **shipping cost** *(nom)* **frais de port**

We estimated the **shipping cost** based on your zip code.
Nous avons fait une estimation des frais de port en fonction de votre code postal.

- **stock** *(nom)* **inventaire, stock**

Our **stock** of spare parts is getting low. It's time to order some more.
Notre stock de pièces détachées est très bas. Il faut en commander.

▸ **stocktaking** *(nom)* inventaire *(l'action)*
▸ **stockpile** *(vb)* faire des réserves

- **supplier** *(nom)* **fournisseur**

We need a new **supplier**, as the old one has become too expensive.
Il nous faut un nouveau fournisseur, car l'ancien est devenu trop cher.

> On peut aussi employer ***provider*** : *an Internet service **provider**, switch your energy **provider**...*

- **variety** *(nom)* **variété**

We stock a wide **variety** of lighting solutions.
Nous vendons une large gamme de solutions d'éclairage.

▸ **various** *(adj)* divers
▸ **vary** *(vb)* varier

> ***Wide*** et ***variety*** sont souvent employés ensemble : *a **wide** **variety** of activities / benefits / experiences...*

- **warranty** *(nom)* **garantie**

All of our items are covered by a five-year **warranty** on parts and labor.
Tous nos articles ont une garantie de cinq ans pour les pièces et la main d'œuvre.

- **wholesaler** *(nom)* **grossiste**

A retailer sells to the general public, whereas a **wholesaler** sells to shops.
Un détaillant vend au grand public, alors qu'un grossiste vend aux magasins.

Exercice 1 Les prépositions

▶ Corrigé p. 352

Complétez les phrases avec les prépositions de la liste.

in in on at out of

1 Excuse me, I'm looking for the Shredder 3000. Do you have any .... stock?
2 I'm terribly sorry, Madam. The Shredder 3000 is .... stock at the moment.
3 You can purchase this mattress .... a trial basis. If you don't like it, then return it to us within 30 days and get a full refund.
4 It's generally cheaper to buy things like rice and cereal .... bulk rather than in small packets.
5 The same chair retails .... a cheaper price elsewhere.

Exercice 2 Les synonymes

▶ Corrigé p. 353

Trouvez les synonymes des mots entre parenthèses parmi les mots du chapitre.

1 Our current electricity .... (provider) is running a promotional campaign.
2 There are five .... (articles) in your virtual cart. Go to checkout?
3 It is essential to ask for a shipping .... (estimate) before signing any contract.
4 We undertake to replace or refund any .... (faulty) product.
5 Order three pots of special bathroom paint and get a .... (free) paintbrush!

Exercice 3 Les expressions

▶ Corrigé p. 353

Reliez les deux colonnes pour former des expressions courantes, puis complétez les phrases.

wide •	• afraid
retail •	• variety
place •	• price
I'm •	• number
batch •	• an order

1 I have ordered a .... variety of samples.
2 I'm .... I am unable to help you.
3 What is the batch .... of the defective item?
4 The recommended .... price is given as a guide.
5 Will you help me .... an order later?

Exercice 4 Les familles de mots

▶ Corrigé p. 353

Complétez chaque phrase avec le mot qui convient.

1 One of the most common .... is a failure to turn off automatically.

Ⓐ defect Ⓒ defected
Ⓑ defective Ⓓ defects

2 Mr. Delfino is responsible for the .... department.

Ⓐ purchase Ⓒ purchaser
Ⓑ purchased Ⓓ purchasing

3 I would like to return the .... because it is faulty.
Ⓐ good
Ⓑ goods
Ⓒ merchandise
Ⓓ merchandising

4 Our latest desk lamp model .... at $29.99.
Ⓐ retail
Ⓑ retails
Ⓒ retailer
Ⓓ retailing

5 The .... is void if the seal is broken.
Ⓐ warrant
Ⓑ warranted
Ⓒ warranty
Ⓓ warrantee

6 .... people have told me how good our after-sales service is.
Ⓐ Vary
Ⓑ Varied
Ⓒ Various
Ⓓ Variety

7 During ...., every piece of stock must be counted.
Ⓐ stocking
Ⓑ stockholding
Ⓒ stockbroking
Ⓓ stocktaking

8 The price you .... us is double the estimate we received from the competition!
Ⓐ quote
Ⓑ quoted
Ⓒ quotation
Ⓓ quota

9 When an increase in prices is announced, people have a tendency to .... basic nonperishable goods.
Ⓐ stock
Ⓑ stocking
Ⓒ stocker
Ⓓ stockpile

10 The CEO paid our department a .... by choosing us as the example to follow.
Ⓐ compliment
Ⓑ complimentary
Ⓒ complement
Ⓓ complementary

▶ *Corrigé p. 353*

Questions 152-154 refer to the following coupon.

Britton Outfitters

Maker of quality outdoor apparel and accessories

From now until January 31, enjoy 25% off your purchase of outerwear.

Discount applies to purchases made at Britton Outfitters stores or to online purchases through the Britton Outfitters Web site (Coupon Code BOUT1). Cannot be applied to Britton Outfitters products sold by other retailers.

Discount is good for up to three items. Eligible items include coats and jackets. Cannot be used on shoes, eyewear, or other accessories. Cannot be applied to special-order items.

Visit www.brittonoutfitters.co.uk every season for details on our current promotional offers.

Coupon Code BOUT1

152. For what could the coupon most likely be used?

(A) Sunglasses

(B) A handbag

(C) Wool socks

(D) A rain jacket

153. What is implied about Britton Outfitters?

(A) Its products are available only at Britton Outfitters stores.

(B) It offers discounts once a year.

(C) Its line of products includes footwear.

(D) It specializes in men's apparel.

154. What is NOT true about the advertised discount?

(A) It can be applied to more than one item.

(B) It can be used for items purchased online.

(C) It is available for a limited time.

(D) It is limited to first-time customers.

10. INVOICING
La facturation

Piste 43

- **actually** *(adv)* **en fait**

I was billed for solid wood doors, but **actually**, I had ordered glass doors.
On m'a facturé des portes en bois massif, mais en fait j'avais commandé des portes vitrées.

> Faux ami : ***actually*** ne signifie jamais « actuellement », qui se traduit par ***currently*** ou ***at the moment***.

- **amount** *(nom)* **montant, somme**

I was charged twice the normal **amount**, there must be a mistake.
On m'a facturé un montant deux fois plus élevé que d'habitude, il doit y avoir une erreur.

- **bill** *(nom)* **addition, facture ;** *(vb)* **facturer**

We **were billed** for only half of the purchases.
On ne nous a facturé que la moitié des achats.

> On emploie souvent ***bill*** pour les factures d'électricité, de gaz et d'eau et ***invoice*** pour les factures d'une société.

- **charge** *(nom)* **frais ;** *(vb)* **facturer**

What is this extra **charge** on my credit card bill?
À quoi correspondent ces frais supplémentaires sur ma facture de carte de crédit ?

In addition to the usual shipping costs, **we were charged** a rush fee.
En plus des frais de port habituels, on nous a facturé des frais pour envoi en express.

  ▸ **overcharge** *(vb)* faire payer trop cher, surfacturer
  ▸ **undercharge** *(vb)* faire payer moins cher, sous-facturer

- **creditor** *(nom)* **créancier**

Our main **creditor** is ready to waive the late fee.
Notre principal créancier est prêt à renoncer aux pénalités de retard.

- **disregard** *(vb)* **ne pas tenir compte de**

The reminder letter said to **disregard** it if I had already paid the invoice.
La lettre de rappel disait de ne pas en tenir compte si j'avais déjà réglé la facture.

  ▸ **regarding** *(prép)* au sujet de
  ▸ **regardless of** *(prép)* sans tenir compte de, malgré

- **due** *(adj)* **dû** (somme) **; attendu** (personne) **; à rendre** (projet)

You can find the total amount **due** at the bottom of the bill.
Vous trouverez la somme totale due à la fin de la facture.

We were **due** at the office at 9 A.M. but arrived a little early.
Nous étions attendus au bureau pour 9 heures, mais nous sommes arrivés un peu en avance.

  ▸ **due to** *(prép)* en raison de

- **fee** *(nom)* **frais**

There is a **fee** for ordering below a certain number of units.
Il y a des frais pour les commandes inférieures à un certain nombre d'unités.

> ***Fee*** et ***charge*** sont synonymes : *There is a **charge** for ordering...*

- **fine** *(nom)* **amende ;** *(vb)* **donner / infliger une amende à**

Do you issue a **fine** in the event of late payment?
Faites-vous payer une amende en cas de paiement tardif ?

- **fine print** *(exp)* **petits caractères**

The terms of payment should be easily visible on any invoice, but in this document, they are at the end, in the **fine print**.
Les modalités de paiement devraient être clairement visibles dans toute facture, mais dans ce document elles sont à la fin, en petits caractères.

- **hopefully** *(adv)* **avec un peu de chance**

Hopefully, this is the last reminder we will send for that invoice.
Avec un peu de chance, c'est la dernière lettre de rappel que nous envoyons pour cette facture.
  ▸ **hope** *(vb)* espérer

- **invoice** *(nom)* **facture ;** *(vb)* **facturer**

Could I please have your **invoice** number?
Puis-je avoir votre numéro de facture, s'il vous plaît ?
  ▸ **invoicing** *(adj)* de facturation ; *(nom)* facturation

- **issue** *(vb)* **publier, émettre, faire** (un chèque)

When you **issue** a check, don't forget to get the manager to sign it.
Quand vous émettez un chèque, n'oubliez pas de le faire signer par le directeur.
  ▸ **issuer** *(nom)* émetteur

- **outstanding** *(adj)* **en retard, impayé**

We have several **outstanding** debts that we must pay before the end of the month.
Nous avons plusieurs factures impayées à régler avant la fin du mois.

> ***Outstanding*** a aussi le sens de « remarquable ».

- **payable** *(adj)* **payable**

Please make your check **payable** to ABC Ltd.
Rédigez votre chèque à l'ordre d'ABC Ltd.
  ▸ **payer** *(nom)* payeur
  ▸ **payee** *(nom)* bénéficiaire

- **pending** *(adj)* **en attente, en cours**

Payment is **pending**, we are just waiting for the bank to clear the check.
Le paiement est en cours, nous attendons juste que la banque compense le chèque.

- **reminder** *(nom)* **(lettre de) rappel, relance**

Jay forgot to pay the electricity bill and received a **reminder** from the company.
Jay a oublié de payer la facture d'électricité et a reçu une relance de la société.
  ▸ **remind** *(vb)* rappeler

> Ne confondez pas ***remind someone of something*** (rappeler quelque chose à quelqu'un) et ***remind someone to do something*** (rappeler à quelqu'un de faire quelque chose).

- **shipping and handling** *(nom)* **frais d'envoi, frais de port et manutention**

The amount due is $625 including **shipping and handling** using our preferred carrier.
La somme due est 625 $, y compris les frais d'envoi par notre transporteur attitré.

- **terms of payment** *(nom)* **modalités de paiement**

The **terms of payment** should be perfectly clear before you sign.
Les modalités de paiement doivent être parfaitement comprises avant que vous ne signiez.

- **unit** *(nom)* **unité**

How many **units** do you require?
De combien d'unités avez-vous besoin ?

- **void** *(adj)* **nul, caduc ;** *(vb)* **annuler**

This new payment schedule renders the previous one **void**.
Ce nouvel échéancier de paiement annule le précédent.

- **waive** *(vb)* **ne pas faire payer, renoncer à**

If you order 30 units or more, we will **waive** the shipping fee.
Pour une commande à partir de 30 unités, nous vous offrirons les frais de port.

▸ **waiver** *(nom)* décharge, clause de renonciation

- **within** *(prép)* **dans les, d'ici**

You must pay the invoice **within** 30 days of reception.
Vous devez régler la facture dans les 30 jours qui suivent sa réception.

Exercice 1 Les mots similaires

▶ *Corrigé p. 353*

Choisissez le mot en gras qui convient pour compléter chaque phrase.

1 Our power **invoice / bill** is higher than usual this month.
2 Karina received a **fine / fee** for parking in the wrong place.
3 We are trying to find a solution **actually / at the moment**.
4 Did you **remember / remind** to send the invoices?
5 The printer ran out of paper, but **hopefully / luckily**, I was there to refill it.

Exercice 2 Le vocabulaire

▶ *Corrigé p. 354*

Trouvez un mot dans le chapitre qui correspond à chacun des sens de chaque ligne.

1 a problem / supply *(vb)* / a copy of a magazine : ....
2 late, unpaid / excellent : ....
3 ask for payment / replenish a battery / officially accuse someone of a crime : ....
4 canceled, expired / lacking / empty : ....
5 a financial penalty / good (weather) / small : ....

Exercice 3 Les synonymes

▶ Corrigé p. 354

Trouvez les cinq paires de synonymes parmi les mots suivants.

bill charge overdue fee outstanding invalid disregard invoice void ignore

1 .... = ...
2 .... = ...
3 .... = ...
4 .... = ...
5 .... = ...

Exercice 4 Les familles de mots

▶ Corrigé p. 354

Complétez chaque phrase avec le mot qui convient.

1 Could you check if there are any bills .... this week?
Ⓐ due Ⓒ amount due
Ⓑ due to Ⓓ dues

2 .... a client is much more problematic than the opposite, as the store loses money.
Ⓐ Charging Ⓒ Recharging
Ⓑ Overcharging Ⓓ Undercharging

3 The invoicing work .... me of my first job as a clerk.
Ⓐ remind Ⓒ reminder
Ⓑ reminded Ⓓ reminiscent

4 The .... of the check must have sufficient funds to cover its amount.
Ⓐ issue Ⓒ issuer
Ⓑ issues Ⓓ issuing

5 Please contact the .... service if you have any questions regarding your payment.
Ⓐ bill Ⓒ invoicing
Ⓑ invoice Ⓓ billed

6 The creditor will .... accept the late payment.
Ⓐ hope Ⓒ hoped
Ⓑ hoping Ⓓ hopefully

7 Could you please phone us today .... your order?
Ⓐ regard Ⓒ disregard
Ⓑ regarding Ⓓ regardless

8 They will use their cash reserve to pay off all the ....
Ⓐ credit Ⓒ creditor
Ⓑ credits Ⓓ creditors

9 We were only charged for one ....

Ⓐ unitary
Ⓑ unity
Ⓒ unite
Ⓓ unit

10 We were asked to sign a .... giving up our right to claim extra fees.

Ⓐ waive
Ⓑ waived
Ⓒ waiver
Ⓓ waiving

TEST OFFICIEL Extrait de Part 7

▶ *Corrigé p. 354*

Questions 176-180 refer to the following Web page and form.

Welcome to Wakeford International Airport

The Lost and Found Office at Wakeford International Airport is located in Terminal A on the ground level. The office is open daily from 5:00 A.M. to midnight. Items found in the airport terminals, curbside areas, parking areas, or airport-operated shuttles are stored for 90 days before being discarded. For belongings that were left or discovered in an aircraft, please contact the airline directly.

To request assistance with locating a missing item, click the "Lost Property Report" link on this page. Describe the missing property in as much detail as possible. Include the date that you lost the item, a good time for us to contact you, and your telephone number or e-mail address. Once we receive your completed form, we will make every attempt to locate your lost item and notify you of its availability as soon as possible. Items can be claimed in person during our regular business hours or sent to your office or house for the cost of shipping and handling. Either way, a signature will be required upon receipt.

WIA Lost Property Report

Today's Date: 9 July **Date Item Lost:** 8 July

Name Milton Benton

Address 216 Olivia Street
Sydney NSW Australia 2023

Home phone 02 5550 0113

Work phone ______

E-mail mben@gnuj.com.au

Preferred time to reach you: ______

Preferred method of contact home phone

Preferred method of receipt mailed to my address

Description of lost property:
Men's raincoat, black. Label inside reads "To my loving son, Milton." I traveled on Bruin Airlines from Wakeford to Sydney and left the coat on one of the airport shuttle buses that transports passengers between terminals.

176. According to the Web page, for what is there a charge?
(A) A lost-item search
(B) A telephone call
(C) Storage space
(D) Home delivery

177. What is true about Mr. Benton?
(A) He is briefly visiting Sydney.
(B) He recently traveled by airplane.
(C) He works for Bruin Airlines.
(D) He lives near Wakeford International Airport.

178. What is indicated about Mr. Benton's coat?
(A) It was found on an airplane.
(B) It has important documents in one of the pockets.
(C) It belongs to one of his customers.
(D) It was a gift from a family member.

179. Based on the Web page information, what is missing from Mr. Benton's form?
(A) A time
(B) An item description
(C) A flight number
(D) A work phone number

180. Why would Mr. Benton be asked to provide a signature?
(A) To accept changes to his travel itinerary
(B) To confirm that he has received his property
(C) To acknowledge a refund for returned items
(D) To submit a claim form

11. DELIVERY
La livraison

Piste 44

- **carrier** *(nom)* **transporteur**

Can you recommend a reliable **carrier**?
Pouvez-vous recommander un transporteur fiable ?
▸ **carry** *(vb)* porter, transporter

- **consignment** *(nom)* **expédition, cargaison**

The **consignment** is still held up in customs.
La cargaison est toujours bloquée à la douane.

- **courier** *(nom)* **coursier**

A bicycle **courier** is much more efficient at delivering small packages in a city.
Un coursier à vélo est beaucoup plus efficace pour livrer les petits colis en ville.

- **crate** *(nom)* **caisse** (en bois) **;** *(vb)* **mettre en caisse**

We shipped the precious statue in a wooden **crate**, surrounded by packing peanuts.
Nous avons expédié la précieuse statue dans une caisse en bois, entourée de chips de calage.

- **deliver** *(vb)* **livrer**

The merchandise **was delivered** earlier this morning.
La marchandise a été livrée plus tôt dans la matinée.
▸ **delivery person** *(nom)* livreur
▸ **delivery truck** *(nom)* camionnette de livraison

- **dispatch** *(vb)* **expédier**

We generally **dispatch** our orders at midday.
En général nous expédions les commandes à midi.
▸ **dispatcher** *(nom)* expéditeur, répartiteur

- **drop off** *(vb)* **déposer**

If the recipient is not there, just **drop** the parcel **off** at reception.
Si le destinataire n'est pas là, déposez le colis à l'accueil.

- **expedite** *(vb)* **accélérer**

We will do our best to **expedite** shipping, but I can't promise anything.
Nous ferons notre possible pour accélérer l'expédition, mais je ne promets rien.

- **freight** *(nom)* **fret, cargaison**

The train company is responsible for the safety of all **freight** trains.
La société ferroviaire est responsable de la sécurité de tous les trains de fret.

- **load** *(nom)* **chargement ;** *(vb)* **charger**

If the truck's **load** is too heavy, it could cause problems on the road.
Si la charge du camion est trop importante, cela pourrait causer des ennuis sur la route.

  - ▸ **loading bay** *(nom)* aire de chargement
  - ▸ **unload** *(vb)* décharger

- **overnight** *(adv)* **en 24 heures, le lendemain**

If you want your parcel to get there **overnight** you will have to pay a rush fee.
Si vous voulez que votre colis arrive demain, vous allez devoir payer des frais d'envoi en express.

- **pack** *(vb)* **emballer**

Make sure you **pack** your parcel carefully to minimize breakage.
Assurez-vous d'emballer le colis avec soin afin de minimiser la casse.

  - ▸ **package** *(nom)* colis ; *(vb)* emballer
  - ▸ **packaging** *(nom)* emballage
  - ▸ **unpack** *(vb)* déballer

- **pick up** *(vb)* **passer prendre**

The courier is coming to **pick up** the envelope in 15 minutes.
Le coursier passe prendre l'enveloppe dans 15 minutes.

- **rush fee** *(nom)* **frais d'envoi en express**

The **rush fee** is double the normal postage.
Les frais d'envoi en express coûtent le double du tarif habituel.

- **seal** *(nom)* **sceau, cachet ;** *(vb)* **sceller, cacheter**

The box arrived **sealed** with heavy-duty tape.
Le carton est arrivé scellé avec du scotch ultrarésistant.

  - ▸ **unseal** *(vb)* décacheter

- **shipment** *(nom)* **expédition, cargaison**

When is the **shipment** due to arrive?
Quand la cargaison doit-elle arriver ?

  - ▸ **ship** *(nom)* navire ; *(vb)* expédier *(par bateau, avion...)*
  - ▸ **shipper** *(nom)* transporteur

- **stack** *(nom)* **pile ;** *(vb)* **empiler**

Please don't **stack** things on top of this box, as the contents are fragile.
Veuillez ne rien empiler sur ce carton, car son contenu est fragile.

  - ▸ **stackable** *(adj)* empilable

- **storage** *(nom)* **stockage, garde-meuble, rangement**

It was easier to put the furniture in **storage** than to try to sell it.
Il était plus facile de mettre le mobilier dans un garde-meuble que d'essayer de le vendre.

  - ▸ **store** *(vb)* stocker

- **tracking** *(nom)* **suivi**

You may have to pay extra for **tracking**.
Vous allez peut-être devoir payer un supplément pour le suivi.

- **warehouse** *(nom)* **entrepôt**

The operator stacked the crates carefully in the **warehouse**.
L'opérateur a empilé les caisses avec soin dans l'entrepôt.

- **weigh** *(vb)* **peser**

Take your parcel to the post office where a postal worker will **weigh** it.
Apportez votre colis à la poste où un employé le pèsera.

▸ **weigh up** *(vb)* peser *(le pour et le contre)*
The CEO wants to **weigh up** our different options before making a final decision.
Le PDG veut évaluer les différentes options avant d'arrêter sa décision.

- **wrap** *(vb)* **emballer**

Wrap this pallet carefully before sealing it.
Emballez bien cette palette avant de la sceller.

▸ **wrapper** *(nom)* plastique, papier d'emballage *(de bonbon, magazine)*
▸ **unwrap** *(vb)* déballer

Exercice 1 Le vocabulaire

▶ Corrigé p. 354

À quels mots de vocabulaire du chapitre correspondent ces définitions ?

1 to close a box securely : ....
2 to do something to make a process faster : ....
3 the place where a company stores its goods : ....
4 to transport an object to the correct place or person : ....
5 to cover an object with something to protect it : .... ou ....

Exercice 2 Les prépositions

▶ Corrigé p. 355

Complétez les phrases avec les prépositions de la liste.

by by in in up

1 Pierre put all his furniture .... storage when he moved to Australia for a one-year contract.
2 Do you think it is possible to pick .... the parcel before 10 o'clock?
3 I sent you the document to sign .... courier. You should have it .... this afternoon.
4 Please stack the pallets .... a tidy pile.

Exercice 3 Les synonymes

▶ Corrigé p. 355

Trouvez les synonymes des mots entre parenthèses parmi les mots du chapitre.

1 Take special care when you .... (wrap) this parcel.
2 The .... (shipment) should arrive any day now.
3 The .... (parcel) weighs under 2 kilos, so it can be sent as ordinary mail.
4 What time is the .... (transporter) coming to pick up the shipment?
5 I'm sorry Madam, I will .... (send) a replacement immediately.

Exercice 4 Les familles de mots

▶ Corrigé p. 355

Complétez chaque phrase avec le mot qui convient.

1 Dairy products must be kept in cold .... to stop them from going bad.
Ⓐ store Ⓒ stores
Ⓑ stored Ⓓ storage

2 When we received the consignment, the .... was damaged.
Ⓐ pack Ⓒ packaged
Ⓑ unpack Ⓓ packaging

3 .... costs get higher and higher every year.
Ⓐ Ship Ⓒ Shipments
Ⓑ Shipped Ⓓ Shipping

4 We need to calibrate our scales because the post office says the .... is different.

Ⓐ weigh Ⓒ weighed

Ⓑ weight Ⓓ weighing

5 The .... bay is behind the warehouse.

Ⓐ load Ⓒ loading

Ⓑ unload Ⓓ loaded

6 We bought these special crates which are designed to be ....

Ⓐ stack Ⓒ stacker

Ⓑ stacks Ⓓ stackable

7 Make sure the .... has the new address as it changed recently.

Ⓐ dispatch Ⓒ dispatcher

Ⓑ dispatched Ⓓ dispatching

8 The .... of the award should contact us in order to organize delivery of their trophy.

Ⓐ receipt Ⓒ receive

Ⓑ receiver Ⓓ recipient

9 Are you sure you should .... that box on your own?

Ⓐ seals Ⓒ sealed

Ⓑ unseal Ⓓ sealant

10 The book was .... very carefully.

Ⓐ wrap Ⓒ wrapped

Ⓑ wraps Ⓓ wrapping

▶ Corrigé p. 355

Pistes 45 - 46

Questions 65-67 refer to the following conversation and order form.

Circle Optical Supplies Order: 78119	
QUANTITY	**ITEM**
10	Display racks
20	Contact lens cases
50	Cleaning cloths
100	Eyeglass cases

65. Why is the woman calling?

(A) To upgrade an account

(B) To advertise a product

(C) To report a problem

(D) To provide an estimate

66. Look at the graphic. What quantity on the original order form has to be changed?

(A) 10

(B) 20

(C) 50

(D) 100

67. What has the woman's manager instructed her to do?

(A) Provide free shipping

(B) Send samples of new products

(C) Personally deliver an order

(D) Offer a discount on a future purchase

12. TRAVEL FOR WORK

Les déplacements professionnels

Piste 47

- **announcement** *(nom)* **annonce**

In the train station, always listen to **announcements** in case you have to go to a different platform.
À la gare, écoutez toujours les annonces au cas où vous devriez changer de quai.

▸ **announcer** *(nom)* annonceur, présentateur
▸ **announce** *(vb)* annoncer

- **board** *(nom)* **tableau d'affichage**

Look at the departure **board** to see if our train is on time.
Regardez le panneau des départs pour voir si notre train est à l'heure.

- **cab** *(nom)* **taxi**

I took a **cab** from the station, as it's the fastest way of getting downtown
J'ai pris un taxi à la gare, car c'est le moyen le plus rapide pour aller au centre-ville.

> ***Cab*** et ***taxi*** sont synonymes :
> *I took a **taxi** from the station...*

- **carpool** *(nom)* **covoiturage ;** *(vb)* **faire du covoiturage**

Many people **carpool** to work with their colleagues nowadays.
Aujourd'hui, de nombreuses personnes font du covoiturage entre collègues pour se rendre au travail.

- **catch** *(vb – prét/PP* **caught/caught***)* **prendre, attraper**

You must leave on time if you want to **catch** your bus.
Vous devez partir à l'heure si vous voulez attraper votre bus.

- **commute** *(nom)* **trajet domicile-travail ;** *(vb)* **faire un trajet quotidien**

I work downtown, but I live in the suburbs, so I **commute** to work every day.
Je travaille dans le centre-ville mais j'habite en banlieue, donc je fais la navette tous les jours pour aller travailler.

▸ **commuter** *(nom)* banlieusard, navetteur

- **conductor** *(nom)* **contrôleur**

Show your ticket to the **conductor** and she will validate it.
Montrez votre billet au contrôleur et elle le compostera.

- **downtown** *(nom)* **centre-ville ;** *(prép)* **dans le/au centre-ville**

Our offices are located **downtown**, opposite City Hall.
Nos bureaux se trouvent dans le centre-ville, en face de la mairie.

- **fare** *(nom)* **prix du ticket, du billet**

The bus **fare** is cheaper in this city than where I live.
Le prix du ticket de bus coûte moins cher dans cette ville que là où j'habite.

▸ **cab fare** *(nom)* montant de la course

- **hail** *(vb)* **héler**

I prebooked a taxi, as it's more efficient than trying to **hail** one in the middle of the night.
J'ai réservé un taxi, car c'est plus efficace que d'essayer d'en héler un en pleine nuit.

- **headquarters** *(nom)* **siège social**

Mr. Nailor travels between his office and the company **headquarters** weekly.
M. Nailor fait le déplacement entre son bureau et le siège social chaque semaine.

▸ **be headquartered** *(vb)* avoir son siège

- **journey** *(nom)* **trajet, voyage**

My **journey** to the office got shorter this year thanks to a new bus line.
Grâce à l'ouverture d'une nouvelle ligne de bus, mon trajet pour aller au bureau s'est raccourci cette année.

- **lane** *(nom)* **voie** (routière)

It's much safer to cycle in a dedicated **lane**.
C'est beaucoup moins dangereux de faire du vélo dans une voie réservée.

- **map** *(nom)* **plan, carte ;** *(vb)* **cartographier**

Can you help me read this **map**?
Pouvez-vous m'aider à lire ce plan ?

▸ **road map** *(nom)* feuille de route

- **miss** *(vb)* **manquer**

My alarm clock didn't ring this morning, so I **missed** my train.
Mon réveil n'a pas sonné ce matin, alors j'ai raté mon train.

▸ **miss the bus** *(exp)* rater le coche

- **one-way ticket, single ticket** *(nom)* **aller simple**

Buying a round trip is often cheaper than buying two **one-way tickets**.
Acheter un aller-retour est souvent moins cher que d'acheter deux allers simples.

- **platform** *(nom)* **quai**

The train to Kyoto will leave from **platform** 8.
Le train à destination de Kyoto partira du quai numéro 8.

- **public transportation** *(nom)* **transports en commun**

Yushimi hates driving and that is why she always uses **public transportation**.
Yushimi déteste conduire, c'est pourquoi elle prend toujours les transports en commun.

- **round trip, return ticket** *(nom)* **aller-retour**

Mr. Tonio bought a **return ticket** to go to Washington this morning and to return to Boston tonight.
M. Tonio a acheté un billet aller-retour pour aller à Washington ce matin et rentrer à Boston ce soir.

- **rush** *(vb)* **se dépêcher**

I've got to **rush** to the bus stop if I don't want to miss my bus.
Il faut que je me dépêche d'aller à l'arrêt d'autobus si je ne veux pas rater mon bus.

▸ **rush hour** *(nom)* heure de pointe

It was the morning **rush hour** and the traffic was very slow.
C'était l'heure de pointe matinale et la circulation était très lente.

• **suburb / the suburbs** *(nom)* **banlieue / la banlieue**

More and more workers are cycling between their homes in **the suburbs** and the office.
De plus en plus d'employés font le trajet à vélo entre leur maison en banlieue et le bureau.

▸ **suburban** *(adj)* de banlieue

• **toll** *(nom)* **péage**

If you drive over this bridge, you will have to pay a **toll**, but it will cut your journey in half.
Si vous empruntez ce pont vous payerez un péage, mais votre trajet sera réduit de moitié.

▸ **tollbooth** *(nom)* poste de péage
▸ **toll bridge** *(nom)* pont à péage

• **track** *(nom)* **voie** (ferrée)

Due to maintenance on the **tracks**, the train from Savannah will be somewhat delayed.
En raison de travaux sur les voies, le train en provenance de Savannah aura un peu de retard.

Exercice 1 Les verbes

▶ *Corrigé p. 356*

Complétez les verbes avec une préposition de la liste, puis complétez les phrases avec les associations obtenues.

to in in in(to) by out of on on off

get .... / .... the bus/train/plane *(monter / descendre)*
get .... / .... the car *(monter / descendre)*
be .... the car
be .... the train/bus/plane
travel .... car/train/plane
go .... New York
be .... New York

1 I went to Chicago this year, but next year I will .... New York.
2 You should .... the train before it leaves.
3 Flying is really expensive, so we've decided to .... train.
4 Jim has already left, he must .... his train by now.
5 I'm sorry, I can't speak to you right now, as I .... the car.

Exercice 2 Les synonymes

▶ *Corrigé p. 356*

Trouvez les cinq paires de synonymes parmi les mots suivants :

commuter round trip one-way trip single ticket catch traveler return ticket journey take

1 .... = ...
2 .... = ...
3 .... = ...
4 .... = ...
5 .... = ...

Exercice 3 Les mots similaires

▶ Corrigé p. 356

Choisissez le mot en gras qui convient pour compléter chaque phrase.

1 I tried to **catch / hail** a taxi, but they were all taken.
2 Most of my friends live in **the suburbs / downtown**.
3 We paid the **fare / toll** on the motorway by credit card.
4 I'm going on a business **travel / trip** next week.
5 I have a 40-minute **commute / travel** to go to work.

Exercice 4 Les familles de mots

▶ Corrigé p. 356

Complétez chaque phrase avec le mot qui convient.

1 The new arrivals .... is updated in real time.
Ⓐ boarding Ⓑ boards Ⓒ board Ⓓ boarder

2 My morning train is packed full of .... going to work.
Ⓐ commute Ⓑ commutes Ⓒ commuters Ⓓ commuting

3 We apologize for the cancellation, which is due to ice on the ....
Ⓐ tracking Ⓑ tracker Ⓒ tracks Ⓓ tracked

4 If you hurry, you might still .... the 7:30 train.
Ⓐ catcher Ⓑ catches Ⓒ catching Ⓓ catch

5 They .... track numbers ten minutes before the train leaves.
Ⓐ announce Ⓑ announces Ⓒ announcing Ⓓ announcement

6 Even though Ms. Onofrio .... to the station, she missed her train.
Ⓐ rush Ⓑ rushes Ⓒ rushed Ⓓ rushing

7 Our head office is located in a quiet .... of the capital.
Ⓐ suburb Ⓑ suburbs Ⓒ suburban Ⓓ suburbanite

8 Simon and Mick enjoy .... to the office.
Ⓐ carpool Ⓑ carpooler Ⓒ carpools Ⓓ carpooling

9 I don't know how many cabs I .... last night before I finally managed to get one to pick me up.
Ⓐ shouted Ⓑ halted Ⓒ hailed Ⓓ commuted

10 Kate really enjoyed her business .... to Korea.
Ⓐ trip Ⓑ commute Ⓒ travel Ⓓ journey

TEST OFFICIEL Extrait de Part 7

▶ Corrigé p. 357

Questions 196-200 refer to the following e-mail, letter, and calendar.

To: gblum@rosetteengineer.com
From: ialuko@rosetteengineer.com
Date: September 7
Subject: Corporate credit card

Dear Ms. Blum,

I have received your request for a corporate credit card. In order to issue a card to you, I require proof of one of the following.

- Anticipated business-related expenses of $300 or more
- Three or more scheduled international business trips for this year
- Signed documentation from a manager that you are required to entertain corporate clients

As you await your card, please be sure to review our expense and travel policies on pages 56–72 of the employee handbook. Here are highlights from those policies.

- All transportation (airline, train, etc.) and hotel arrangements must be made through the corporate travel division.
- Car rentals must be approved by your manager before requesting a rental through the corporate travel division.
- Meals are covered by the company as long as they do not exceed daily allowances (refer to section 20, page 61).

Thank you,
Ife Aluko
Corporate Travel Division, Rosette Engineering

The Institute of Engineering and Technology (IET)

Geraldine Blum
Rosette Engineering
1719 Avenue A
New York, NY 10009

September 16

Dear Geraldine Blum,

You have successfully registered for the IET Conference in São Paulo, Brazil, and your payment of $400 has been processed. Thank you.

IET recommends that you make travel and lodging arrangements as soon as possible to ensure availability. We have secured discounted rates for conference participants at Hotel Cortiana, which is the conference site, and Hotel Montes; rooms at Hotel Cortiana are reserved for IET members only, however. We will be providing complimentary breakfast from 7 to 9 A.M. as well as coffee and tea from 2 to 3 P.M. daily, both in the hotel lobby. Participants are responsible for all other meals.

For questions or suggestions, feel free to contact us at info@ietconference.org.

Sincerely,

IET Conference Committee

Calendar for Geraldine Blum: Week of November 6

November 6	November 7	November 8	November 9	November 10
Depart 10:30 A.M., New York, NY (flight AV177) Arrive 9:25 P.M., São Paulo, Brazil Transportation to Hotel Cortiana via Taxi Minuto (late check-in confirmed by hotel manager)	9:00–4:30 P.M. conference sessions 4:45 P.M. Gilberto Cruz job interview, hotel lobby	9:00–3:40 P.M. conference sessions 3:45 P.M. Gilberto Cruz presentation	9:00–4:30 P.M. conference sessions 6:00 P.M. closing ceremony and reception, Salon D	8:45 A.M. Transportation to airport via hotel shuttle Depart 11:01 A.M., São Paulo, Brazil (flight AV313) Arrive 8:03 P.M., New York, NY

196. What qualifies Ms. Blum to receive a corporate credit card?

(A) Her upcoming travel is international.

(B) Her registration fee is over $300.

(C) She will be traveling for more than three days.

(D) She will be entertaining clients on her business trip.

197. What is a purpose of the letter?

(A) To share hotel reviews

(B) To advertise a restaurant

(C) To confirm a registration

(D) To publicize a conference

198. In the letter, the word "secured" in paragraph 2, line 2, is closest in meaning to

(A) guarded

(B) established

(C) paid

(D) enclosed

199. What is suggested about Ms. Blum?

(A) She is a member of the IET.

(B) She will present at the conference.

(C) She is leaving the conference early.

(D) She works with Mr. Cruz at Rosette Engineering.

200. What expense policy does NOT apply to Ms. Blum's trip?

(A) The policy about food costs

(B) The policy about hotel arrangements

(C) The policy about booking flights

(D) The policy about renting cars

13. AIR TRAVEL
Les voyages en avion

Piste 48

• **airline** *(nom)* **compagnie aérienne**

Thank you for choosing our **airline**. We wish you a pleasant flight.
Merci d'avoir choisi notre compagnie aérienne. Nous vous souhaitons un agréable vol.

• **aisle** *(nom)* **couloir**

Could I have an **aisle** seat please?
Puis-je avoir une place côté couloir ?

• **baggage** *(nom indénombrable)* **bagages**

Once you collect your **baggage**, you need to go through customs.
Quand vous aurez récupéré vos bagages, vous devrez passer la douane.

▸ **baggage claim** *(nom)* arrivée des bagages

> • ***Baggage*** et ***luggage*** sont synonymes : *Once you collect your **luggage**...*
> • Ils sont suivis d'un verbe au singulier : *All **baggage is** subject to a search.*

• **board** *(vb)* **embarquer, monter à bord**

You cannot **board** the plane without your boarding card.
Vous ne pouvez pas embarquer sans la carte d'embarquement.

▸ **boarding** *(nom)* embarquement
▸ **boarding pass** *(nom)* carte d'embarquement

• **cabin crew** *(nom)* **équipage**

The pilot and the **cabin crew** welcome you aboard.
Le pilote et l'équipage vous souhaitent la bienvenue à bord.

• **carry-on** *(adj)* (bagage) **à main**

How many pieces of **carry-on** luggage are we allowed?
Combien de bagages à main sont autorisés ?

• **check-in** *(nom)* **enregistrement**

It is recommended that you arrive for **check-in** at least two hours before takeoff.
On vous conseille d'arriver pour l'enregistrement au moins deux heures avant le décollage.

▸ **check-in desk** *(nom)* comptoir d'enregistrement
▸ **check in** *(vb)* (s')enregistrer

> Le verbe ***check in*** s'écrit en deux mots, le nom ***check-in*** s'écrit avec un trait d'union.

• **conveyor belt** *(nom)* **tapis roulant, carrousel** (à bagages)

My suitcase looked exactly like all the other suitcases on the **conveyor belt**!
Ma valise était parfaitement identique à toutes les autres valises sur le carrousel à bagages !

- **customs** *(nom)* **douane**

The **customs** officer may ask you to open your bag.
Le douanier peut vous demander d'ouvrir votre sac.

- **delay** *(nom)* **retard ;** *(vb)* **retarder**

Passengers were warned to expect **delays** due to the heavy snowfall.
On a prévenu les passagers que les importantes chutes de neige occasionneraient probablement des retards.

> Faux ami : ***delay*** n'a pas le sens de « délai », qui se traduit par ***deadline*** ou ***time limit***.

Our flight was **delayed** for two hours, so we stayed in the airport terminal and waited.
Notre vol a été retardé de deux heures, alors nous sommes restés dans le terminal à attendre.

- **exceed** *(vb)* **dépasser**

I'm afraid you'll have to pay extra, as your baggage weight **exceeds** the limit.
J'ai bien peur que vous deviez payer un supplément, car vos bagages dépassent la limite de poids.

  - ▸ **excessive** *(adj)* excessif
  - ▸ **excessively** *(adv)* excessivement
  - ▸ **exceedingly** *(adv)* extrêmement
  - ▸ **excess** *(nom)* excédent

- **fasten** *(vb)* **attacher**

Please **fasten** your seat belt, we are about to land.
Veuillez attacher votre ceinture, nous allons bientôt atterrir.

  - ▸ **unfasten** *(vb)* défaire

- **fly** *(vb – prét/PP* **flew/flown***)* *(intransitif)* **prendre l'avion, voyager en avion ;** *(transitif)* **piloter**

We **are flying** to Bangkok on Thursday.
Nous prenons l'avion pour Bangkok jeudi.

I'm learning how to **fly** an aircraft.
J'apprends à piloter un avion.

  - ▸ **flight** *(nom)* vol

    European **flights** to New Zealand usually include a stopover in Singapore, Dubai or Hong Kong.
    Les vols au départ de l'Europe pour la Nouvelle-Zélande font en général escale à Singapour, Dubai ou Hong Kong.
  - ▸ **flight attendant** *(nom)* hôtesse de l'air, steward
  - ▸ **fly over** *(vb)* survoler

    No planes are allowed to **fly over** this military area.
    Aucun avion n'est autorisé à survoler cette zone militaire.
  - ▸ **fly** *(nom)* mouche

- **gate** *(nom)* **porte d'embarquement**

Mr. Khan is kindly requested to proceed to **gate** 31.
M. Khan est prié de se rendre à la porte d'embarquement 31.

- **ID** *(nom)* **pièce d'identité**

You must have valid **ID** to be able to fly.
Vous devez avoir une pièce d'identité en cours de validité pour pouvoir prendre l'avion.

> Les mots ***valid*** et ***ID*** sont souvent associés ; ***ID*** est l'abréviation de ***identification*** *(document)*.

• **land** *(vb)* **atterrir**

What time will we **land**?
À quelle heure allons-nous atterrir ?

▸ **landing** *(nom)* atterrissage

• **luckily** *(adv)* **heureusement**

The plane was fully booked, but **luckily** there was a last-minute cancellation.
L'avion était complet, mais heureusement il y a eu une annulation de dernière minute.

• **mindful** *(adj)* **soucieux, conscient**

Please be **mindful** of the peace and quiet of the other passengers.
Veuillez respecter la tranquillité des autres voyageurs.

▸ **mind** *(vb)* faire attention à ; déranger
Would you **mind** being a little quieter?
Ça vous dérangerait de faire un peu moins de bruit ?

▸ **keep in mind** *(exp)* garder à l'esprit, se rappeler de

• **overhead bin** *(nom)* **compartiment supérieur** (à bagages)

You can stow your carry-on luggage in the **overhead bin**.
Vous pouvez ranger votre bagage à main dans le compartiment supérieur.

> ***Overhead bin*** et ***overhead locker*** sont synonymes.

• **proceed** *(vb)* **avancer, procéder**

Please **proceed** to gate 11 now.
Veuillez vous rendre à la porte d'embarquement 11 maintenant.

▸ **process, procedure** *(nom)* processus

▸ **proceedings** *(nom)* évènements
The day's **proceedings** included a meeting, two presentations and a delayed flight!
Parmi les évènements de la journée il y a eu une réunion, deux présentations et un vol retardé !

• **remove** *(vb)* **retirer**

Madam, you must **remove** your jewelry and belt.
Madame, vous devez retirer vos bijoux et votre ceinture.

▸ **removal** *(nom)* retrait

• **runway** *(nom)* **piste**

The plane bound for Washington is already on the **runway**.
L'avion à destination de Washington est déjà sur la piste de décollage.

• **takeoff** *(nom)* **décollage ; take off** *(vb – prét/PP* **took/taken***)* **décoller**

Fifteen minutes after we **took off**, the flight attendants brought us a meal.
Quinze minutes après le décollage, l'équipage nous a apporté un repas.

> Le verbe ***take off*** s'écrit en deux mots, le nom ***takeoff*** en un seul.

• **tray table** *(nom)* **tablette**

Your **tray table** must be in the locked position during landing.
Votre tablette doit être refermée pendant l'atterrissage.

Exercice 1 Les contraires

▶ Corrigé p. 357

Reliez les mots de la première colonne à leur contraire, puis utilisez les contraires pour compléter les phrases.

pick up •	• on time
takeoff •	• drop off
fasten •	• checked
carry-on •	• landing
delayed •	• unfasten

1 Excuse me, how do I .... my seatbelt? I need to go to the lavatory.
2 My wife will .... me .... at the airport, so I don't have to book a taxi.
3 Ladies and gentlemen, please return to your seats in preparation for ....
4 I'm sorry sir, but only one .... item is included in the price of your ticket.
5 I'm very lucky, my flights are always ....

Exercice 2 Les expressions

▶ Corrigé p. 357

Formez des expressions courantes en reliant les mots des deux colonnes puis complétez les phrases.

inclement •	• altitude
conveyor •	• belt
aisle •	• call
emergency •	• crew
cruising •	• exit
final •	• seat
cabin •	• weather

1 Flight FR607 has been delayed due to .... weather.
2 Isn't that your suitcase on the .... belt?
3 This is the final .... for passengers on flight SA789.
4 Is there any chance I could have an .... seat?
5 The .... crew will present the safety instructions.
6 Take a minute to identify the emergency .... nearest to you.
7 Ladies and gentlemen, we have just reached .... altitude.

Exercice 3 Les mots similaires

▶ Corrigé p. 357

Choisissez le mot en gras qui convient pour compléter chaque phrase.

1 Could you help me lift my bag into the overhead **tray / locker** please?
2 The **landing / takeoff** was delayed due to a late passenger.
3 The **cabin crew / customs officer** served everyone beverages.
4 Mr. Khan is expected at **door / gate** 3.
5 Do not **fasten / unfasten** your seat belts until the light goes off.

Exercice 4 Les familles de mots

▶ Corrigé p. 358

Complétez chaque phrase avec le mot qui convient.

1 Please do not .... your seat belt during the turbulence.

Ⓐ fast Ⓒ unfasten
Ⓑ fasten Ⓓ fastening

2 You must .... at least one hour before the flight.

Ⓐ check through Ⓒ check out
Ⓑ check over Ⓓ check in

3 All .... from London Heathrow have been cancelled.

Ⓐ flies Ⓒ flights
Ⓑ flyovers Ⓓ flight attendants

4 The last people who .... the plane had no choice but to sit where they could.

Ⓐ boards Ⓒ boarding
Ⓑ boarded Ⓓ boarder

5 Even when you have flown a million times, the check-in .... still seems long.

Ⓐ proceed Ⓒ process
Ⓑ proceeded Ⓓ proceeds

6 I'm afraid your baggage .... our weight limit.

Ⓐ excess Ⓒ exceeds
Ⓑ excessive Ⓓ excessively

7 You should have told me that your flight had been .... !

Ⓐ delay Ⓒ delayed
Ⓑ delays Ⓓ delaying

8 The .... of all the objects from your pockets will facilitate the security process.

Ⓐ remove Ⓒ removed
Ⓑ removal Ⓓ removing

9 Please fill out this .... form before we land.

Ⓐ customer Ⓒ accustomed
Ⓑ customize Ⓓ customs

10 We sat in the plane on the .... for over an hour.

Ⓐ runaway Ⓒ running way
Ⓑ runway Ⓓ roadway

TEST OFFICIEL Extrait de Part 3

▶ *Corrigé p. 358*

Pistes 49 - 50

Questions 35-37 refer to the following conversation.

35. Why is the woman calling?

(A) To change an itinerary

(B) To request a refund

(C) To ask about a lost item

(D) To exchange an order

36. What information does the man ask for?

(A) A description of an item

(B) A confirmation code

(C) A departure time

(D) A seat number

37. What is the woman told to do?

(A) Go to a baggage claim area

(B) Show some identification

(C) Speak to a travel agent

(D) Complete a form

14. HOTELS
Les hôtels

Piste 51

• **amenities** *(nom)* **aménagements, équipements**

This resort has excellent **amenities**: a sauna, an indoor swimming pool and a restaurant.
Ce complexe a des équipements remarquables : un sauna, une piscine couverte et un restaurant.

• **blanket** *(nom)* **couverture**

It's a little chilly, let's put another **blanket** on the bed.
Il fait un peu frais, ajoutons une couverture sur le lit.

• **book** *(vb)* **réserver**

I'd like to **book** a double room for three nights.
J'aimerais réserver une chambre double pour trois nuits.

▸ **booked up** *(exp)* complet
During the festival, all the hotels are **booked up**.
Pendant le festival, tous les hôtels sont complets.

▸ **booking** *(nom)* réservation

> ***Booked up*** et ***fully booked*** sont synonymes : ... *the hotels are **fully booked**.*

• **check out** *(vb)* **régler sa note**

I'd like to **check out** of room 505 please.
Puis-je régler la note pour la chambre 505, s'il vous plaît.

> Le verbe ***check out*** s'écrit en deux mots. Le nom ***checkout*** s'écrit en un seul mot et désigne la « caisse » (où l'on paie) dans un magasin.

• **convenient** *(adj)* **bien situé, pratique**

Our location is very **convenient**: only a 10-minute walk to the city center.
Nous sommes très bien situés : le centre-ville n'est qu'à dix minutes à pied.

▸ **conveniently** *(adv)* à proximité immédiate, commodément

▸ **convenience** *(nom)* confort, avantage
For your **convenience**, the front desk is open all night.
Pour votre confort, la réception est ouverte toute la nuit.

▸ **inconvenient** *(adj)* inopportun, gênant

▸ **inconvenience** *(nom)* inconvénient, désagrément

• **elevator** *(nom)* **ascenseur**

Do not use the **elevator** in the event of a fire.
Ne pas utiliser l'ascenseur en cas d'incendie.

• **facilities** *(nom)* **aménagements, équipements**

This hotel's many **facilities** make it the ideal venue for a conference.
Les nombreux équipements de cet hôtel en font un lieu idéal pour une conférence.

> ***Facilities*** et ***amenities*** sont synonymes : *This hotel's many **amenities** make it the ideal venue ...*

• **front desk** *(nom)* **réception**

You can check in at the **front desk** from 6 A.M. to 11 P.M.
Vous pouvez vous enregistrer à l'accueil de 6 heures à 23 heures.

• **guest** *(nom)* **client(e)**

We welcome over 10 000 **guests** per year.
Nous accueillons plus de 10 000 clients par an.

• **host** *(nom)* **hôte, hôtesse ;** *(vb)* **accueillir**

Which hotel have you selected to **host** the convention?
Quel hôtel avez-vous choisi pour accueillir le congrès ?

• **housekeeper** *(nom)* **femme de chambre, gouvernante**

A good **housekeeper** has a keen eye for detail.
Une bonne gouvernante a un sens aigu du détail.

▸ **housekeeping service** *(nom)* service d'entretien

• **included** *(adj)* **compris**

You are entitled to Wi-Fi access, which is **included** in the price.
Vous avez un accès Wi-Fi qui est compris dans le prix.

▸ **all-inclusive** *(adj)* tout compris

▸ **include** *(vb)* inclure

• **keycard** *(nom)* **clé magnétique**

My **keycard** isn't working, the door is still locked.
Ma carte magnétique ne fonctionne pas, la porte reste verrouillée.

• **lobby** *(nom)* **hall d'entrée**

The shuttle driver will wait for you in the **lobby** of your hotel.
Le chauffeur de la navette vous attendra dans le hall de votre hôtel.

• **location** *(nom)* **emplacement, situation**

The downtown **location** of our hotel makes it very popular with business travelers.
Les voyageurs d'affaires apprécient beaucoup notre hôtel parce qu'il est situé dans le centre-ville.

▸ **located** *(adj)* localisé

▸ **locate** *(vb)* localiser

• **pillow** *(nom)* **oreiller**

Could I have an extra **pillow** please?
Pourrais-je avoir un oreiller en plus ?

• **plenty** *(adj)* **un grand nombre de, beaucoup de**

There are **plenty** of rooms free at this time of year.
Il y a beaucoup de chambres libres à cette période de l'année.

▸ **plentiful** *(adj)* abondant

• **porter** *(nom)* **bagagiste**

The front desk clerk called a **porter** to help me with my luggage.
L'employé de la réception a appelé un bagagiste pour m'aider avec mes bagages.

- **rate** *(nom)* **tarif ;** *(vb)* **évaluer, classer**

  What is the **rate** for a double room with breakfast?
  Quel est le tarif d'une chambre double avec petit-déjeuner ?
  On this website, most people **rate** the hotel as "very good".
  Sur ce site, la plupart des gens accordent une très bonne évaluation à l'hôtel.
  ▸ **rating** *(nom)* note, classement

- **room service** *(nom)* **service d'étage, service de chambre**

  Is this **room service**? I'd like to order lunch in my room.
  Allô, le service de chambre ? Je voudrais commander un déjeuner dans ma chambre.

- **shuttle** *(nom)* **navette**

  Our airport **shuttle** leaves in 20 minutes.
  Notre navette pour l'aéroport part dans 20 minutes.

- **towel** *(nom)* **serviette**

  There's nothing nicer than a soft hotel **towel**!
  Il n'y a rien de plus agréable qu'une serviette d'hôtel bien moelleuse !

- **vacate** *(vb)* **quitter**

  What time do we have to **vacate** the room at the latest?
  À quelle heure devons-nous quitter la chambre au plus tard ?
  ▸ **vacant** *(adj)* libre, non occupé
  ▸ **vacancy** *(nom)* chambre libre

- **view** *(nom)* **vue**

  I'd prefer a room with a **view** of the ocean.
  Je préférerais une chambre avec vue sur l'océan.
  ▸ **viewing** *(nom)* visite *(d'un appartement, d'une maison)*

Exercice 1 Les mots similaires

▶ Corrigé p. 358

Choisissez le mot en gras qui convient pour compléter chaque phrase.

1 As your **guest / host**, I would like to welcome you to the Three Pines Motel.
2 This **blanket / pillow** is too hard for me.
3 You can pay for the drinks and snacks you consumed when you **check in / check out**.
4 My room has a lovely **view / viewing** of the park.
5 You must **occupy / vacate** your room by midday on the day of your departure.

Exercice 2 Les synonymes

▶ Corrigé p. 358

Trouvez les synonymes des mots entre parenthèses parmi les mots du chapitre.

1 Please leave your keys at the .... (reception) when you go out for the day.
2 There are comfortable armchairs in the hotel .... (entrance).
3 Hi, I have a .... (reservation) for two nights, name of O'Connor.
4 They have outstanding .... (facilities) at the hotel you chose.
5 The .... (practical) location of the hotel makes it accessible even without a car.

Exercice 3 Les expressions

▶ Corrigé p. 359

Formez des expressions courantes en reliant les mots des deux colonnes puis complétez les phrases.

have •	• complimentary Wi-Fi
can •	• of the sea
make •	• a pleasant stay
offer •	• manage
a view •	• a reservation

1 Can I make .... on your website?
2 No need to pay for the Internet access, as our hotel offers ....
3 Here is your keycard, Madam, have ....
4 Shall I carry your bags to your room? - No thanks, I can ....
5 Do any of your rooms have a view .... ?

Exercice 4 Les familles de mots

▶ Corrigé p. 359

Complétez chaque phrase avec le mot qui convient.

1 Do you have any rooms with a .... , please?
Ⓐ viewed Ⓒ views
Ⓑ viewing Ⓓ view

2 Is the hotel .... located?
Ⓐ convenient Ⓒ convenience
Ⓑ inconvenient Ⓓ conveniently

3 The .... in this hotel is impeccable!

Ⓐ housekeep Ⓒ housekeeping

Ⓑ housekept Ⓓ housekeepers

4 We were surprised to see how highly your rooms are .... on the Internet.

Ⓐ rate Ⓒ rating

Ⓑ rates Ⓓ rated

5 I can't see your name on the list. Are you sure you have a .... ?

Ⓐ book Ⓒ booked

Ⓑ books Ⓓ booking

6 The cost of your stay is all-.................................. , covering all food and beverages.

Ⓐ include Ⓒ inclusive

Ⓑ includes Ⓓ including

7 Do you have any .... rooms?

Ⓐ vacant Ⓒ vacating

Ⓑ vacancy Ⓓ vacation

8 Good evening, I am your .... this evening. How may I help you?

Ⓐ guest Ⓒ guestroom

Ⓑ host Ⓓ hosting

9 There were .... of seats in the limousine.

Ⓐ plenty Ⓒ plentiful

Ⓑ plenteous Ⓓ plentifully

10 The .... is located at the end of this hall, on your right.

Ⓐ elevate Ⓒ elevation

Ⓑ elevated Ⓓ elevator

▶ *Corrigé p. 359*

Questions 147-148 refer to the following e-mail.

From:	frontdesk@parkersquarehotel.com
To:	rnoro@mailsail.com
Subject:	re: Early check-in
Date:	May 16, 1:30 P.M.

Dear Mr. Noro,

We received your e-mail about early check-ins. To answer your question, at the Parker Square Hotel early check-ins are available between 10:00 A.M. and 2:00 P.M. for an additional $25. Guests are requested to contact us at least one day ahead of time so that we can make arrangements and have a room ready for them in the morning. Because you'll be arriving tomorrow, could you please reply today by 6:00 P.M. to confirm that you are interested in checking in earlier?

With best regards,

Lisa Murata
Front Desk Manager, Parker Square Hotel

147. What is the purpose of the e-mail?
(A) To explain a policy
(B) To offer a room upgrade
(C) To advertise a special rate
(D) To confirm a reservation

148. When is the latest that Mr. Noro should contact Ms. Murata?
(A) By 10:00 A.M.
(B) By 1:30 P.M.
(C) By 2:00 P.M.
(D) By 6:00 P.M.

15. CAR RENTAL
La location d'une voiture

Piste 52

- **automatic** *(adj)* **automatique**

I can't drive a manual, don't you have any **automatic** cars?
Je ne sais pas conduire une voiture avec une boîte de vitesses manuelle, vous n'avez pas de voiture automatique ?

- **brake** *(nom)* **frein ;** *(vb)* **freiner**

Among other things, test the **brakes** before you sign the rental contract.
Vérifiez les freins entre autres avant de signer le contrat de location.

- **breakdown** *(nom)* **panne**

Your insurance policy includes assistance for all **breakdowns** within the state.
Votre police d'assurance comprend une assistance pour toute panne survenue dans l'État.

▸ **break down** *(vb)* tomber en panne

> Le verbe ***break down*** s'écrit en deux mots, le nom ***breakdown*** en un seul.

- **dashboard** *(nom)* **tableau de bord**

Just before we stopped, I noticed a flashing red light on the **dashboard**.
Juste avant qu'on s'arrête, j'ai remarqué un voyant rouge qui clignotait sur le tableau de bord.

- **drive** *(vb – prét/PP* **drove/driven***)* **conduire**

They **drove** for hours without finding a garage.
Ils ont roulé pendant des heures sans trouver de garage.

▸ **driver** *(nom)* conducteur, chauffeur
▸ **driver's license** *(nom)* permis de conduire

- **economy car** *(nom)* (voiture) **citadine**

Most business travelers hire **economy cars**.
La plupart de voyageurs d'affaires louent des citadines.

▸ **economical** *(adj)* économique *(qui utilise peu de ressources)*, économe
▸ **economic** *(adj)* économique *(qui est relatif à l'économie)*
▸ **economics** *(nom)* l'économie *(la discipline)*

- **fill** *(vb)* **remplir**

It's unbelievable that you never learned to **fill** a tank.
C'est incroyable que tu n'aies jamais appris à faire le plein.

▸ **fill up** *(vb)* faire le plein, remplir

- **fleet of vehicles** *(nom)* **parc automobile**

They have an impressive **fleet of vehicles**, which means you get a lot of choice.
Leur parc automobile est impressionnant, on a donc un choix très large.

• **four-wheel drive** *(nom)* **4 x 4, quatre-quatre**

Which vehicle do you prefer to drive? A **four-wheel drive** or an economy?
Quel véhicule préférez-vous conduire ? Un 4 x 4 ou une citadine ?

• **fuel** *(nom)* **carburant**

What type of **fuel** should I put in the car? Diesel or gasoline?
Quel carburant dois-je mettre dans la voiture ? Du diesel ou de l'essence ?

▸ **refuel** *(vb)* se ravitailler en carburant

• **gas station** *(nom)* **station-service**

There are **gas stations** to be found all along the route.
On trouve des stations-service tout le long du chemin.

> ***Gas*** ou ***gasoline*** désigne l'essence.

• **light** *(nom)* **lumière, éclairage**

There's a **light** over there, there must be a house.
Il y a de la lumière là-bas, il doit y avoir une maison.

▸ **headlights** *(nom)* phares
▸ **hazard lights** *(nom)* feux de détresse
▸ **streetlight** *(nom)* réverbère
▸ **(traffic) light** *(nom)* feu tricolore

• **mechanic** *(adv)* **garagiste**

Do you have the telephone number of a good **mechanic**?
Avez-vous le numéro de téléphone d'un bon garagiste ?

• **nearly** *(adv)* **presque**

We had **nearly** arrived when we ran out of gas.
Nous étions presque arrivés quand nous sommes tombés en panne sèche.

• **policy** *(nom)* **politique ; police** (d'assurance)

Could you tell me more about your insurance **policy**?
Pourriez-vous me donner davantage de renseignements sur votre police d'assurance ?

> ***Policy*** ne traduit jamais « police » (maintien de l'ordre), qui se dit ***police***, ni « la politique » qui se dit ***politics***.

• **puncture** *(nom)* **crevaison**

Here's a kit to repair **punctures** if you need it.
Voici un kit de réparation pour les crevaisons si vous en avez besoin.

• **rent** *(vb)* **louer**

Which **rental agency** do we usually **rent** our cars from?
À quelle agence faisons-nous appel d'habitude pour louer des voitures ?

▸ **rental agency** *(nom)* agence de location

> ***Hire*** et ***rent*** sont synonymes.

• **reverse** *(vb)* **faire marche arrière**

The car was scratched when the driver **reversed** into a wall.
La voiture a été rayée quand le conducteur a heurté un mur en marche arrière.

▸ **reversal** *(nom)* revirement, inversion

• **seatbelt** *(nom)* **ceinture de sécurité**

It is illegal to drive without a **seatbelt**.
Il est illégal de conduire sans ceinture de sécurité.

▸ **car seat** *(nom)* siège auto

- **steering wheel** *(nom)* **volant**

A good driver always keeps both hands on the **steering wheel**.
Un bon conducteur garde toujours les deux mains sur le volant.

- **tank** *(nom)* **réservoir**

We need to stop at the next gas station, because our **tank** is almost empty.
Nous devons nous arrêter à la prochaine station-service, car notre réservoir est presque vide.

  - ▸ **tanker** *(nom)* camion-citerne
  - ▸ **tankage** *(nom)* capacité du réservoir

- **tire** *(nom)* **pneu**

The spare **tire** is in the trunk.
La roue de secours est dans le coffre.

- **trunk** *(nom)* **coffre**

This model's **trunk** can hold luggage for five adults.
Le coffre de ce modèle peut accueillir les bagages de cinq adultes.

- **windshield** *(nom)* **pare-brise**

Thanks for washing my car, I've never seen my **windshield** this clean!
Merci d'avoir nettoyé ma voiture, mon pare-brise n'a jamais été aussi propre !

- **winterize** *(vb)* **préparer pour l'hiver**

We systematically **winterize** our fleet of vehicles at the end of fall.
À la fin de l'automne, nous préparons systématiquement notre parc automobile pour l'hiver.

Exercice 1 Les synonymes

▶ Corrigé p. 359

Trouvez les synonymes des mots entre parenthèses parmi les mots du chapitre.

1 Can you recommend a good place to .... (hire) a car?
2 Oh no! I drove over some glass and now I have a .... (flat tire)!
3 Your car insurance .... (contract) only covers you personally.
4 The tank is .... (almost) empty, time to fuel up!
5 Where's the closest place to get .... (gas)?

Exercice 2 Les expressions

▶ Corrigé p. 359

Formez des expressions courantes en reliant les mots des deux colonnes puis complétez les phrases.

windshield •	• driver
flat •	• rate
valid •	• policy
insurance •	• driver's license
authorized •	• wipers

1 You need a .... to rent one of our vehicles.
2 We have a .... of $20 per day.
3 I had to have my .... changed, as they were pretty old.
4 Our .... covers car damage and road accidents.
5 Unfortunately, there is only one .... and you will have to pay extra for additional ones.

Exercice 3 Les verbes

▶ Corrigé p. 360

Reliez un verbe à une préposition ou à une particule pour correspondre aux verbes français, puis complétez les phrases en conjuguant les verbes si nécessaire.

(avancer) drive •	• out
(remplir) fill •	• over
(se ranger) pull •	• up
(inspecter) look •	• over
(déboiter) pull •	• on

1 The police officer told us to .... and get out of our car.
2 Just as we were ...., the tire burst.
3 When I saw the gas station I wanted to stop, but Zach insisted that I ....
4 Always .... the rental car .... before signing anything.
5 I ran out of gas in the middle of the highway, because you forgot to .... the tank!

Exercice 4 Les familles de mots

▶ Corrigé p. 360

Complétez chaque phrase avec le mot qui convient.

1 When we arrived at the filling station, a .... was replenishing the fuel.
Ⓐ tanker Ⓒ tank
Ⓑ tanks Ⓓ tankage

2 I don't want to waste my money on gas, so I always rent .... cars.
Ⓐ economically Ⓒ economist
Ⓑ economics Ⓓ economy

3 The rental agreement says you must .... the tank before returning the car.
Ⓐ filling Ⓒ filler
Ⓑ filled Ⓓ fill

4 He told me he's been .... since he was 16!
Ⓐ drive Ⓒ driving
Ⓑ driver Ⓓ driveway

5 She braked as soon as the .... turned yellow.
Ⓐ traffic lights Ⓒ streetlights
Ⓑ hazard lights Ⓓ headlights

6 The gears change .... on my new car.
Ⓐ auto Ⓒ automated
Ⓑ automatic Ⓓ automatically

7 Economy cars are generally more ....-efficient than SUVs.
Ⓐ fuel Ⓒ refueling
Ⓑ fueled Ⓓ refuel

8 .... a car will be cheaper than flying.
Ⓐ Renter Ⓒ Rental
Ⓑ Rented Ⓓ Renting

9 When .... , drivers should always use the vehicle's mirrors and turn their body.
Ⓐ reversed Ⓒ reversing
Ⓑ reverse Ⓓ reversal

10 The .... states that you have to return your vehicle to the location you rented it from.
Ⓐ police Ⓒ policy
Ⓑ policing Ⓓ policies

▶ Corrigé p. 360

Questions 1-3 refer to the following vehicle rental form.

ZIPPY'S AUTO RENTAL

Name of principal driver: *Catherine Banks*
Pick-up: *November 03, 8 A.M.*
Drop-off: *November 05, 12 P.M.*
Vehicle:

- Car – Driver + one passenger ☐
- Car – Driver + up to 3 passengers ☐
- Minivan – Driver + up to 7 passengers ☒
- Utility vehicle – $3m^3$ ☐
- Utility vehicle – $9m^3$ ☐
- Utility vehicle – $20m^3$ ☐

Multiple drivers:
How many people will drive the vehicle? [2]
Insurance must be purchased for every additional driver.

Special requests:
Could I book two child car seats: one for a child of 2 and one for a child of 6.

SUBMIT REQUEST

1. Who will probably be traveling in the vehicle?
(A) One driver and 7 passengers
(B) One driver and at least two children
(C) Two drivers and at least two children
(D) More than two drivers and 5 passengers

2. What is implied on the Web page?
(A) It is not possible to drive with young people.
(B) It is more expensive to share the driving.
(C) Animals are forbidden in the vehicles.
(D) You cannot rent a vehicle to move furniture.

3. Which word is closest in meaning to "drop-off" in line 3?
(A) take
(B) delay
(C) collect
(D) return

16. WEATHER
Le temps, la météo

Piste 53

- **black ice** *(nom)* **verglas**

Black ice is quite common on this stretch of road.
Le verglas est assez fréquent sur cette portion de route.

- **blow** *(vb – prét/PP* **blew/blown***)* **souffler**

Strong winds will **blow** all night.
Des vents forts souffleront toute la nuit.

- **breeze** *(nom)* **brise**

There was a delicious **breeze** blowing over the bay.
Une brise délicieuse soufflait sur la baie.

- **bright** *(adj)* **ensoleillé**

Tomorrow will be **bright** and warm.
La journée de demain sera ensoleillée et chaude.

> ***Warm*** est agréablement chaud, alors que ***hot*** commence à être trop chaud.

- **cloud** *(nom)* **nuage**

The **clouds** will give way to clear skies later today.
Les nuages céderont la place à un ciel dégagé plus tard dans la journée.

▸ **cloudy** *(adj)* nuageux

- **draft** *(nom)* **courant d'air**

The door was banging because of a **draft**.
Un courant d'air faisait claquer la porte.

▸ **drafty** *(adj)* plein de / dans les courants d'air

> ***Draft*** a aussi le sens de « brouillon » *(nom)* et « rédiger un brouillon, faire un premier jet » *(vb)*.

- **drought** *(nom)* **sécheresse**

The rain came just in time to avoid a serious **drought**.
Il s'est mis à pleuvoir juste avant qu'il y ait une grosse sécheresse.

- **flood, flooding** *(nom)* **inondation, crue**

The risk of **flooding** has now diminished as the rain has stopped falling.
Maintenant le risque d'inondation est moins élevé puisqu'il s'est arrêté de pleuvoir.

▸ **flood in** *(vb)* affluer

Letters **flooded** in after we changed to the new weather bulletin.
Nous avons été inondés de courrier après être passés au nouveau bulletin météo.

- **fog** *(nom)* **brouillard**

Thick **fog** is contributing to low visibility along the valley.
La mauvaise visibilité dans la vallée est en partie causée par le brouillard épais.

▸ **foggy** *(adj)* brumeux

• **forecast** *(nom)* **prévision ;** *(vb – prét/PP* **forecast/forecast***)* **prévoir**

Yesterday's **forecast** was spot on!

Les prévisions météo d'hier étaient tout à fait justes.

▸ **weather forecaster** *(nom)* présentateur(-trice) de la météo

• **frost** *(nom)* **gel, gelée**

There will be a light **frost** which will disappear over the morning.

Il y aura une légère gelée qui disparaîtra au cours de la matinée.

▸ **freezing** *(adj)* gelé, glacial

▸ **freeze** *(vb – prét/PP* **froze/frozen***)* geler

• **hazardous** *(adj)* **dangereux**

Be very careful on the roads this morning as black ice is making them **hazardous**.

Faites bien attention au volant ce matin, le verglas rend les routes dangereuses.

▸ **hazard** *(nom)* danger, risque

• **heatwave** *(nom)* **canicule**

The current **heatwave** is the worst we've seen in ten years.

La canicule actuelle est la pire de ces dix dernières années.

▸ **heat** *(nom)* chaleur ; *(vb)* chauffer

▸ **heating** *(nom)* chauffage

• **high** *(nom)* **température maximale**

Today's **high** will be in the high 70s.

Aujourd'hui, la température maximale frôlera les 25 °C.

▸ **high pressure** *(nom)* anticyclone

• **light** *(adj)* **léger**

The **light** rain forecast will do the gardens good.

La légère pluie qui est annoncée fera du bien aux jardins.

▸ **lightly** *(adv)* légèrement

• **lightning** *(nom)* **éclair**

Kenza was very lucky as **lightning** hit the house opposite hers last night.

Kenza a eu beaucoup de chance, la foudre est tombée sur la maison en face de la sienne cette nuit.

• **mild** *(adj)* **doux**

This weekend's **mild** weather will make it perfect for outdoor activities.

Ce week-end, le temps doux sera idéal pour les activités de plein air.

> ***Mild*** = pas trop froid (en hiver) ou pas trop chaud (en été).

• **overcast** *(adj)* **couvert**

It won't rain tomorrow, but the sky will remain **overcast** all day.

Il ne pleuvra pas demain, mais le ciel restera couvert toute la journée.

• **rainfall** *(nom indénombrable)* **précipitations**

Rainfall this month corresponds to the average for September.

Ce mois-ci, les précipitations sont dans la moyenne pour un mois de septembre.

▸ **rain** *(nom)* pluie

▸ **torrential rain** *(nom)* pluie diluvienne

- **shower** *(nom)* **averse**

Take an umbrella with you, in case of **showers**.
Emportez un parapluie si jamais il y a des averses.

- **slippery** *(adj)* **glissant**

The sidewalks are very **slippery** because of the compacted snow.
La neige empilée rend les trottoirs très glissants.
▸ **slip** *(vb)* glisser

- **snowfall** *(nom)* **chute de neige**

Many cars were completely buried by last night's **snowfall**.
Beaucoup de voitures ont été ensevelies par la chute de neige de la nuit dernière.
▸ **snow** *(nom)* neige ; *(vb)* neiger

- **storm** *(nom)* **orage, tempête**

Last weekend's **storm** uprooted dozens of trees around the city.
L'orage du week-end dernier a déraciné des dizaines d'arbres dans toute la ville.
▸ **stormy** *(adj)* orageux
▸ **snowstorm** *(nom)* tempête de neige

La traduction exacte de ***dozen*** est « douzaine », mais en général ***dozen*** indique un chiffre approximatif, comme « dizaine » en français.

- **thunder** *(nom)* **tonnerre ;** *(vb)* **tonner**

The heavy rainfall was accompanied by **thunder** and lightning last night.
La nuit dernière, les fortes pluies ont été accompagnées de tonnerre et de foudre.
▸ **thunderstorm** *(nom)* orage *(avec éclairs)*

- **sunny interval** *(nom)* **éclaircie**

Tomorrow's weather will be chilly with showers interspersed with **sunny intervals**.
Le temps de demain sera froid avec des averses ponctuées d'éclaircies.

Sunny interval et ***sunny spell*** sont synonymes.

- **wet** *(nom)* **pluvieux**

Take your raincoat and boots, it's going to be a **wet** afternoon.
Prenez votre imperméable et vos bottes, il va pleuvoir cet après-midi.

- **wind** *(adj)* **vent**

We wanted to check the roof of the new building but we put it off because of the **wind**.
Nous voulions vérifier le toit du nouveau bâtiment, mais nous avons reporté car il y avait trop de vent.
▸ **windy** *(nom)* venteux

Exercice 1 Le vocabulaire

▶ Corrigé p. 360

À quels mots de vocabulaire du chapitre correspondent ces définitions ?

1 It hasn't rained in weeks; there's a ....

2 A short period of sun is a ....

3 The noise which accompanies lightning is ....

4 When the temperatures are abnormally high over a few days, there's a ....

5 A short period of rain is a ....

Exercice 2 Les mots similaires

▶ Corrigé p. 360

Choisissez le mot en gras qui convient pour compléter chaque phrase.

1 I'm looking forward to a pleasantly **warm / hot** weekend.

2 You won't see any blue sky today as the sky will be **overcast / bright**.

3 The forecast has said it will **frost / freeze** overnight.

4 Do you mind if we shut the window? It's a little **drafty / windy** in here.

5 It will be a **chilly / mild** weekend, so wrap up warm.

Exercice 3 Les expressions

▶ Corrigé p. 361

Reliez chaque expression à sa traduction.

1 a clap of thunder •	• des pluies torrentielles
2 dense fog •	• des conditions météo exécrables
3 flash floods •	• un coup de tonnerre
4 freak weather conditions •	• de violents orages
5 high temperatures •	• de forts coups de vents
6 severe gales •	• des crues subites
7 torrential rain •	• des températures élevées
8 violent storms •	• un brouillard épais

Exercice 4 Les familles de mots

▶ Corrigé p. 361

Complétez chaque phrase avec le mot qui convient.

1 The day was much .... than forecast.

Ⓐ wind Ⓒ windier

Ⓑ windy Ⓓ windblown

2 All cars must be equipped with .... tires during the winter months.

Ⓐ snow Ⓒ snowfall

Ⓑ snowy Ⓓ snowstorm

3 Spring is coming, so you can safely turn off your ....!

Ⓐ heat Ⓒ heating

Ⓑ heated Ⓓ heatwave

4 There was a brief yet violent .... last night, during which two centimeters of rain fell.

Ⓐ storms Ⓒ snowstorm

Ⓑ stormy Ⓓ thunderstorm

5 My boss .... on the sidewalk and had to stay at home today.

Ⓐ slip Ⓒ slippery

Ⓑ slipped Ⓓ slipping

6 It was so cold that the lake .... in the night.

Ⓐ freeze Ⓒ frost

Ⓑ froze Ⓓ frosty

7 There was a .... sprinkling of snow on the ground when I left for work.

Ⓐ light Ⓒ lightning

Ⓑ lighten Ⓓ lightly

8 Stay indoors in case it ....

Ⓐ rain Ⓒ rainy

Ⓑ rains Ⓓ rainfall

9 The weather .... was famous for wearing extravagant clothes.

Ⓐ forecast Ⓒ forecasting

Ⓑ forecaster Ⓓ forecasts

10 Leaves were .... all over the parking lot.

Ⓐ blow Ⓒ blew

Ⓑ blows Ⓓ blown

▶ *Corrigé p. 361*

Pistes 54 - 55

Questions 1-3 refer to the following weather forecast.

1. What day might you hear this forecast?

(A) Thursday

(B) Friday

(C) Saturday

(D) Sunday

2. When will the weather become cooler?

(A) Saturday morning

(B) Saturday evening

(C) Sunday morning

(D) Sunday evening

3. What does the man mean when he says "I don't have to tell you that it was hot"?

(A) I shouldn't say it was hot.

(B) I'm not sure of the temperature.

(C) I'm sure you noticed it was hot.

(D) I think the temperature was a record.

17. OUTINGS
Les sorties

Piste 56

• **cast** *(nom)* **la distribution** (d'un film)**, les acteurs ;** *(vb – prét/PP* **cast**/**cast***)* **attribuer/donner un rôle**

The main strength of this movie is the excellent **cast**.
L'atout majeur de ce film est son excellente distribution.
She was **cast** as a police detective, but I don't think it was a good choice.
On lui a donné un rôle d'inspectrice de police, mais je trouve que ce n'est pas une bonne idée.

• **character** *(nom)* **personnage**

The main **character** is a doctor who has developed super powers.
Le personnage principal est un médecin qui a développé des supers pouvoirs.
▸ **characterization** *(nom)* caractérisation, manière de décrire *(personnages)*
▸ **characterize** *(vb)* définir comme

• **comedian** *(nom)* **humoriste**

Jon Withers started his career as a stand-up **comedian**.
Jon Withers a démarré sa carrière comme humoriste.

• **conduct** *(vb)* **diriger** (orchestre) **; conduire, mener** (enquête)

The first violin **conducted** the orchestra between solos.
Le premier violon a dirigé l'orchestre entre les solos.
▸ **conductor** *(nom)* chef d'orchestre

• **critic** *(nom)* **critique** (la personne)

I read a terrible review of Safir's latest movie. The **critic** was brutal!
J'ai lu une très mauvaise critique du dernier film de Safir. Le critique ne l'a pas ménagé !
▸ **criticism** *(nom)* critique *(jugement)*
An actor should try not to be too sensitive to **criticism**.
Un comédien doit s'efforcer de ne pas être trop sensible aux critiques.
▸ **criticize** *(vb)* critiquer

• **crowd** *(nom)* **foule ;** *(vb)* **s'attrouper, se presser**

The **crowd** burst into spontaneous applause.
La foule a applaudi spontanément.
▸ **crowded** *(adj)* bondé, rempli
The theater was **crowded** with fans. *Le théâtre était rempli de fans.*

• **director** *(nom)* **réalisateur(-trice)**

She's a young **director**, but she shows a lot of promise.
C'est une jeune réalisatrice, mais elle est très prometteuse.
▸ **direct** *(vb)* réaliser *(film)*

• **exhibition** *(nom)* **exposition**

We are going to see a modern art **exhibition** tomorrow.
Nous allons voir une exposition d'art moderne demain.

▸ **exhibitor** *(nom)* exposant
▸ **exhibit** *(vb)* exposer

> ***Exhibit*** (nom) désigne aussi un objet exposé dans un musée : *Several new **exhibits** will be on show.*

• **intermission** *(nom)* **entracte**

Could you get us something to drink during the **intermission**?
Pourrais-tu aller nous chercher des boissons pendant l'entracte ?

• **matinee** *(nom)* **matinée**

Do you have any tickets left for a **matinee** performance of "Noises"?
Est-ce qu'il vous reste des places en matinée pour « Noises » ?

• **opening** *(nom)* **ouverture, vernissage**

The gallery **opening** will be tomorrow night. Would you like to come?
Le vernissage aura lieu demain soir. Aimeriez-vous venir ?

• **painting** *(nom)* **tableau**

Look at the **painting** I bought at an auction this weekend!
Regardez le tableau que j'ai acheté dans une vente aux enchères ce week-end !

▸ **paint** *(nom)* peinture *(matière)* ; *(vb)* peindre
▸ **painter** *(nom)* peintre
▸ **paintbrush** *(nom)* pinceau

• **play** *(nom)* **pièce de théâtre ;** *(vb)* **passer** (à la télévision)

Would you like to go see the **play** that's on at the theater at the moment?
Aimeriez-vous voir la pièce qui est jouée au théâtre en ce moment ?

> Jouer dans une pièce de théâtre se dit ***act*** (et non ***play***) et les acteurs sont des ***actors*** (et non ***players***).

• **plot** *(nom)* **intrigue**

The **plot** of this play is banal and making me want to sleep.
L'intrigue de cette pièce est banale et me donne envie de dormir.

• **rehearsal** *(nom)* **répétition**

We were lucky enough to attend the final **rehearsal**.
Nous avons eu la chance de pouvoir assister à la répétition générale.

▸ **rehearse** *(vb)* répéter

• **review** *(nom)* **critique** (d'un film, d'un livre) **;** *(vb)* **faire la critique de**

All this morning's **reviews** are overwhelmingly positive.
Ce matin, toutes les critiques sont globalement positives

▸ **reviewer** *(nom)* critique *(personne)*

• **runway** *(nom)* **podium**

The models practically danced down the **runway** in the young designer's creations.
Les mannequins vêtus des créations du jeune styliste ont presque dansé en défilant sur le podium.

• **sculptor** *(nom)* **sculpteur**

You must be very excited to see the exhibition of your favorite **sculptor**.
Vous devez être impatient de voir l'exposition consacrée à votre sculpteur préféré.

▸ **sculpt** *(vb)* sculpter

• **sequel** *(nom)* **suite**

Actually, this movie is a **sequel** - have you not seen the first one?
En fait, ce film est une suite – tu n'as pas vu le premier ?

▸ **prequel** *(nom)* préquel, prologue

• **shoot** *(vb – prét/PP* **shot/shot***)* **tourner**

Isn't it exciting that they are going to **shoot** this movie in our neighborhood?
N'est-ce pas génial qu'ils tournent ce film dans notre quartier ?

• **showing** *(nom)* **projection**

Do you think you can make it to the 8 P.M. **showing**?
Penses-tu pouvoir arriver pour la projection de 20 heures ?

▸ **show** *(nom)* spectacle ; *(vb – prét/PP* **showed/shown***)* passer *(un spectacle, un film)*

• **stage** *(nom)* **scène ;** *(vb)* **mettre en scène, simuler**

She's a huge star of **stage** and screen.
C'est une grande star de la scène et de l'écran.

We found out afterwards that the crime **had been staged**.
Nous avons appris par la suite que le crime avait été simulé.

• **star** *(nom)* **vedette, star ;** *(vb)* **être la vedette de ; avoir pour vedette**

My favorite television series **stars** an unknown but up-and-coming actor.
Ma série télévisée préférée a pour vedette un comédien inconnu mais qui monte.

▸ **starring** *(prép)* avec

• **theater** *(nom)* **théâtre**

This play was banned from the city **theater** as it contains shocking language.
Cette pièce a été interdite au théâtre municipal à cause de son langage choquant.

▸ **movie theater** *(nom)* cinéma

• **work of art** *(nom)* **œuvre d'art**

Have you heard about the **work of art** which was stolen from the museum?
Avez-vous entendu parler de l'œuvre d'art qui a été volée au musée ?

Exercice 1 Le vocabulaire

▶ Corrigé p. 361

À quels mots de vocabulaire du chapitre correspondent ces définitions ?

1 The place where the actors work in the theater is the ....

2 When you practice for a concert or a play, you ....

3 A painting, sculpture or drawing is a ....

4 All the actors in a film or in a play are the ....

5 The person in charge of an orchestra is the ....

6 It's the place where planes take off from, and also where new clothes are presented: the ....

Exercice 2 Les synonymes

▶ Corrigé p. 362

Trouvez les synonymes des mots entre parenthèses parmi les mots du chapitre.

1 The .... (actors) was/were fabulous, as were the sets.

2 While I found the .... (storyline) interesting, the characterization was poor.

3 There was a short .... (break) between the acts.

4 What time is the last .... (screening)?

5 Our local .... (cinema) is a historical building from the 1930s.

Exercice 3 Les expressions

▶ Corrigé p. 362

Formez des expressions courantes en reliant les mots des deux colonnes puis complétez les phrases en conjuguant les verbes si nécessaire.

award •	• to the movies
be •	• on
leading •	• screen
the big •	• effects
special •	• role
go •	• -winning

1 Sorry, I can't join you at the restaurant, as I'm .... tonight.

2 This director has made many .... movies.

3 They are finally bringing my favorite book to ....

4 You can never appreciate all the .... if you watch it on a small screen.

5 I have got to see this play – my favorite actor is playing the ....

6 I'm staying home, because my favorite TV series .... tonight.

Exercice 4 Les familles de mots

▶ Corrigé p. 362

Complétez chaque phrase avec le mot qui convient.

1 The artist uses the texture of the thick .... to add depth to the scene.

Ⓐ paint Ⓒ painting
Ⓑ painted Ⓓ painter

2 The band they chose for the .... was unknown but very talented.

Ⓐ open Ⓒ opening

Ⓑ opens Ⓓ opener

3 We saw that movie .... Jeff Roberts which won an award!

Ⓐ star Ⓒ starring

Ⓑ starry Ⓓ starred

4 Take a look at this ....; it's the perfect example of this artist's style.

Ⓐ exhibit Ⓒ exhibiting

Ⓑ exhibition Ⓓ exhibitor

5 Last night I went to another audition, but I wasn't .... in the play.

Ⓐ cast Ⓒ forecast

Ⓑ casting Ⓓ casts

6 Henry Raskin is .... this movie, so it will be good.

Ⓐ direct Ⓒ directive

Ⓑ director Ⓓ directing

7 The street was .... with people hoping to see the cast.

Ⓐ crowd Ⓒ crowds

Ⓑ crowded Ⓓ crowding

8 Delmarle's latest offering has been universally praised by the ....

Ⓐ critic Ⓒ criticize

Ⓑ critics Ⓓ criticism

9 How many .... of "The Box" are there daily?

Ⓐ show Ⓒ showing

Ⓑ showed Ⓓ showings

10 When you take the .... out of its frame, you can see how the artist used many different techniques.

Ⓐ painting Ⓒ paintbrush

Ⓑ painter Ⓓ paint

TEST OFFICIEL Extrait de Part 7

▶ *Corrigé p. 362*

Questions 164-167 refer to the following article.

News from Bramwell Botanical Gardens

BRAMWELL (May 26)—Visitors to Bramwell Botanical Gardens are now greeted by a colorful new logo painted on the welcome sign at the entry gate. Most people say they are pleased with the new logo, which features a bright bouquet of wildflowers. – [1] –.

The management of the botanical gardens decided to replace the old logo based on input from the public. "We collected opinion cards deposited in boxes at the gardens and reviewed responses to an online survey. – [2] –. We found that receptiveness to the original logo was no longer positive," said Jacob Harding, the director of the gardens, when he was interviewed by the Bramwell Morning Courier. The old logo displayed the name of the gardens above a drawing of an elaborate Victorian greenhouse.

New designs were submitted by O'Neall Graphics. – [3] –. Members were invited to choose which one would be the best logo. The board agreed that the members made an excellent choice.

Marie Kim, the manager of the Botanical Gardens on-site visitors' shop, is one of those happy with the new logo that members selected. – [4] –. The new logo is now featured on clothing and other merchandise, and she is sure it will help improve sales. "Previously, I was often disappointed. Even though a lot of visitors came into the store, many left without making a purchase. They didn't think our imprinted items were attractive."

164. What does the article discuss?

(A) A potential business partnership

(B) A change made to a graphic design

(C) Advertising for an upcoming exhibit

(D) New signs labeling the gardens' plants

165. Who made the final decision about the logo?

(A) Employees of O'Neall Graphics

(B) The director of Bramwell Botanical Gardens

(C) The manager of the visitors shop

(D) Members of Bramwell Botanical Gardens

166. What did Ms. Kim imply about the visitors shop?

(A) Too few people visited it.

(B) Its appearance needed to be updated.

(C) The location was not well marked.

(D) Business there was not very good.

167. In which of the positions marked [1], [2], [3], and [4] does the following sentence best belong?

"Four of them were posted on the Botanical Gardens Web site."

(A) [1]

(B) [2]

(C) [3]

(D) [4]

18. RESTAURANTS

Au restaurant

Piste 57

- **beverage** *(nom)* **boisson**

If you are thirsty, a large selection of **beverages** is available.
Si vous avez soif, nous proposons un large choix de boissons.

- **check** *(nom)* **addition**

Waiter, could you bring me the **check**, please?
Garçon, pourriez-vous m'apporter l'addition, s'il vous plaît ?

- **course** *(nom)* **plat** (au cours d'un repas)

This is a four-**course** meal. There's an appetizer, soup, a main **course** and a dessert.
Ce repas comporte quatre plats : une entrée, une soupe, un plat principal et un dessert.

▸ **main course** *(nom)* plat principal
Which **main course** do you suggest? *Quel plat principal me conseillez-vous ?*

- **cutlery** *(nom indénombrable)* **couverts**

We need more spoons. Where do you keep your **cutlery**?
Il nous faut davantage de cuillères. Où rangez-vous vos couverts ?

- **diner** *(nom)* **client(e)**

There aren't many **diners** here for a Saturday night.
Il n'y a pas beaucoup de clients pour un samedi soir.

▸ **dine** *(vb)* dîner, manger
▸ **dine in / out** *(vb)* manger chez soi / au restaurant

> ***Diner*** et ***patron*** sont synonymes : *There aren't many **patrons** here for a Saturday night.*

- **dish** *(nom)* **plat** (nourriture et récipient)

What is your favorite **dish**?
Quel est votre plat préféré ?

▸ **do the dishes** *(exp)* faire la vaisselle
Will you help us do the **dishes**? *Pourrais-tu nous aider à faire la vaisselle ?*

- **healthful** *(adj)* **sain** (bon pour la santé)

This vegetarian restaurant serves **healthful** and cheap dishes.
Ce restaurant végétarien sert des plats sains et bon marché.

▸ **healthy** *(adj)* en bonne santé, bon pour la santé
▸ **health** *(nom)* santé

> En général, ***healthful*** désigne un aliment ou une alimentation bénéfique pour la santé, alors que ***healthy*** décrit plutôt l'état de santé. Dans la langue de tous les jours, ***healthy*** est parfois employé dans les deux sens.

- **junk food** *(nom)* **malbouffe**

I've been eating too much **junk food** lately.
Je mange trop de malbouffe en ce moment.

• **moist** *(adj)* **moelleux**

That bakery makes the most delicious, **moist** chocolate cake I've ever eaten.
Cette pâtisserie fabrique le gâteau au chocolat le plus délicieux et le plus moelleux que j'aie jamais mangé.

- ▸ **moisture** *(nom)* humidité
- ▸ **moisten** *(vb)* humidifier

• **napkin** *(nom)* **serviette de table**

Don't forget to set a **napkin** beside each plate.
N'oubliez pas de placer une serviette à côté de chaque assiette.

• **nutritious** *(adj)* **nutritif, nourrissant**

Researchers consider whole-wheat flour to be more **nutritious** than white flour.
Les chercheurs considèrent que la farine de blé complet est plus nourrissante que la farine ordinaire.

- ▸ **nutrition** *(nom)* nutrition

• **recipe** *(nom)* **recette**

The **recipe** for this dish is a secret I got from my grandmother.
La recette de ce plat est un secret que je tiens de ma grand-mère.

• **recommend** *(vb)* **recommander, conseiller**

Which local restaurant would you **recommend**?
Quel restaurant conseilleriez-vous dans le quartier ?

- ▸ **highly recommended** *(exp)* vivement conseillé
- ▸ **recommendation** *(nom)* recommandation

• **seafood** *(nom indénombrable)* **fruits de mer**

Some people with allergies need to be careful about eating **seafood**.
Certaines personnes allergiques doivent se méfier des fruits de mer.

• **self-service** *(adj)* **libre-service**

Don't you just love **self-service** restaurants? They're so much faster.
J'adore les restaurants en libre-service. C'est tellement plus rapide.

• **sound / look / smell good** *(vb)* **avoir l'air bien / bon**

That dish **sounds** really **good**. Could you give me the recipe?
Ce plat a l'air très bien. Peux-tu m'en donner la recette ?

• **sparkling** *(adj)* **pétillant, gazeux**

Would you rather have still or **sparkling** water?
Préférez-vous de l'eau plate ou de l'eau gazeuse ?

- ▸ **sparkle** *(vb)* pétiller, étinceler

• **spicy** *(adj)* **épicé**

That dish might be too hot for you if you're not used to **spicy** food.
Vous allez peut-être trouver ce plat trop relevé si vous n'êtes pas habitué à manger épicé.

- ▸ **spice** *(nom)* épice

• **starter** *(nom)* **entrée**

I think I'll skip the **starter** and just have a main dish.
Je crois que je vais sauter l'entrée et me contenter d'un plat principal.

> ***Starter*** et ***appetizer*** sont synonymes.

• **still** *(adj)* **plat**

Could you bring us a bottle of **still** water please?
Pourriez-vous nous apporter une bouteille d'eau plate, s'il vous plaît ?

• **tablecloth** *(nom)* **nappe**

Oh no! I've spilled my coffee on your white **tablecloth**!
Oh non ! J'ai renversé mon café sur votre nappe blanche !

• **takeout** *(nom)* (nourriture) **repas à emporter ;** *(lieu)* **restaurant de vente à emporter**

How about we get an Indian **takeout** for dinner tonight?
Et si on prenait un repas indien à emporter ce soir ?

▸ **take-out** *(adj)* à emporter
a take-out meal *un repas à emporter*

▸ **take out** *(vb – prét/PP* **took/taken***)* prendre à emporter *(repas)*

• **tasty** *(adj)* **savoureux**

The new company restaurant's food is not only nutritious, but **tasty**, too.
En plus d'être nutritifs, les repas du nouveau restaurant d'entreprise sont savoureux.

▸ **taste** *(vb)* goûter, avoir un goût

> ***Taste*** peut être conjugué avec ***-ing*** seulement s'il est suivi d'un COD : *The chef is* ***tasting the sauce.***
> On NE PEUT PAS dire *the sauce* ***is tasting*** *good.* Il faut dire *the sauce* ***tastes*** *good.*

• **tip** *(nom)* **pourboire ;** *(vb)* **donner un pourboire**

What percentage **tip** should we leave?
Quel pourcentage de l'addition devrait-on laisser comme pourboire ?

> Alors qu'en France le service est compris dans l'addition, aux États-Unis il faut calculer et ajouter le pourboire, qui est quasi obligatoire.

• **waiter / waitress, server** *(nom)* **serveur, serveuse**

Could you ask the **waitress** for some extra bread?
Pouvez-vous demander davantage de pain à la serveuse ?

▸ **waitstaff** *(nom)* l'ensemble des serveurs

▸ **wait on somebody** *(vb)* servir quelqu'un
Good evening, my name is Leimomi and I'**ll be waiting on you** this evening.
Bonsoir, je m'appelle Leimomi et c'est moi qui vous servirai ce soir.

• **wholesome** *(adj)* **sain**

This chain of restaurants serves very **wholesome** food.
Cette chaîne de restaurants sert une nourriture très saine.

> ***Wholesome*** et ***healthful*** sont synonymes.

Exercice 1 Les prépositions

▶ Corrigé p. 363

Complétez les phrases avec la préposition qui convient.

1 Jonathan, could you wait ... tables 2, 3 and 4 today?
Ⓐ over Ⓑ for Ⓒ on Ⓓ at

2 We offer a wide selection ... cheeses.
Ⓐ in Ⓑ of Ⓒ on Ⓓ for

3 Would you like to dine ... with us next week?
Ⓐ out Ⓑ up Ⓒ over Ⓓ off

4 Our kitchen staff has to be very careful ... gluten.
Ⓐ off Ⓑ around Ⓒ in Ⓓ about

5 Excuse me, may I ask ... the check, please?
Ⓐ of Ⓑ for Ⓒ to Ⓓ at

Exercice 2 Les expressions

▶ Corrigé p. 363

Formez des expressions courantes en reliant les mots des deux colonnes puis complétez les phrases.

a table •	• the check
pick up •	• me
on the •	• like
feel •	• for four
on •	• house

1 I'd like to book a .... for four for lunch tomorrow.
2 You paid last time, so this time the dinner is .... me.
3 To make up for the mistake with your order, your dessert is on the ....
4 You always .... the check, today it's my turn to pay.
5 I .... like having pasta this evening.

Exercice 3 Les synonymes

▶ Corrigé p. 363

Trouvez les synonymes des mots entre parenthèses parmi les mots du chapitre.

1 Ask the .... (waiter) for a menu.
2 This water is .... (bubbly).
3 The .... (patron) in the corner hasn't been served yet.
4 We have a very comprehensive .... (drinks) menu.
5 I think I'd like to order an .... (starter).
6 The .... was (knives and forks were) made of silver.

Exercice 4 Les familles de mots

▶ Corrigé p. 363

Complétez chaque phrase avec le mot qui convient.

1 This soup .... too salty.
Ⓐ taste Ⓒ tastes
Ⓑ tasty Ⓓ is tasting

2 Good evening, my name is Jack and I will be your .... tonight.
Ⓐ wait Ⓒ waitstaff
Ⓑ waiter Ⓓ waitress

3 The service here is fantastic, so they must get a lot of ....
Ⓐ tip Ⓒ tipping
Ⓑ tips Ⓓ tipped

4 How about I pay the .... this time?
Ⓐ check Ⓒ checking
Ⓑ checked Ⓓ checker

5 We typically have thirty .... here around lunchtime.
Ⓐ patron Ⓒ patronize
Ⓑ patrons Ⓓ patronizing

6 Take care to .... the cloth before you wipe the tables.
Ⓐ moist Ⓒ moisture
Ⓑ moisten Ⓓ moisturize

7 I really don't know what to choose, do you have any .... ?
Ⓐ recommends Ⓒ recommendations
Ⓑ recommending Ⓓ recommendable

8 How many .... are you going to have?
Ⓐ course Ⓒ courses
Ⓑ coursing Ⓓ recourse

9 We left our .... a generous tip.
Ⓐ served Ⓒ serve
Ⓑ serviced Ⓓ server

10 Let's .... some sushi for lunch – it's wholesome and light.
Ⓐ take in Ⓒ take up
Ⓑ take out Ⓓ take on

TEST OFFICIEL Extrait de Part 3

▶ *Corrigé p. 364*

Pistes 58 - 59

Questions 41-43 refer to the following conversation.

41. Where most likely are the speakers?

(A) At a restaurant

(B) At a cooking school

(C) At a conference banquet

(D) At a supermarket

42. What does the "V" symbol mean?

(A) The recipe is available online.

(B) The dish is vegetarian.

(C) The dish is very spicy.

(D) The ingredients vary with the season.

43. What does the woman say happened last month?

(A) They opened a new location.

(B) They hired an additional chef.

(C) They held an outdoor festival.

(D) They won a local award.

19. VACATIONS
Les vacances

Piste 60

- **accommodation** *(nom)* **logement, hébergement**

It's really hard to find affordable **accommodation** in New York.
Il est vraiment difficile de trouver un logement abordable à New York.

▸ **accommodating** *(adj)* arrangeant

- **beach** *(nom)* **plage**

Walking on the **beach** is good exercise.
Marcher sur la plage est une bonne activité physique.

▸ **beach towel** *(nom)* serviette de plage

- **camping trip** *(nom)* **vacances sous la tente**

We really wanted to be closer to nature this summer, so we went on a **camping trip**.
On voulait être plus proche de la nature cet été, alors on a fait du camping.

▸ **camper** *(nom)* campeur
▸ **campsite, camping site** *(nom)* camping *(lieu)*

- **couch surfing** *(nom)* **squatter chez quelqu'un pour dormir**

Couch surfing is the latest vacation trend, but you have to be willing to also let strangers into your home.
Squatter chez quelqu'un pour passer la nuit est tendance pour les vacances, mais il faut aussi être prêt à faire rentrer des inconnus chez vous.

- **cruise** *(nom)* **croisière**

Our company is offering an exciting river **cruise** to all its employees.
Notre entreprise offre une fabuleuse croisière sur le fleuve à tous les employés.

▸ **cruising** *(adj)* de croisière

- **get away** *(vb – prét/PP* **got/got***)* **s'échapper**

You've been working so hard lately. How about we **get away** for a weekend?
Tu travailles tellement en ce moment. Et si on s'échappait le temps d'un week-end ?

▸ **getaway** *(nom)* escapade *(week-end)* ;
fuite *(pour échapper à quelqu'un ou quelque chose)*

Le verbe ***get away*** s'écrit en deux mots, le nom ***getaway*** en un seul.

- **itinerary** *(nom)* **itinéraire**

Have you received the **itinerary** of our trip to Japan?
Avez-vous reçu l'itinéraire de notre voyage au Japon ?

• **local** *(adj)* **local, du coin, de la région ;** *(nom)* **habitant, personne de la région**

When I'm on vacation and looking for a good restaurant, I simply ask a **local**.
Quand je cherche un bon restaurant en vacances, je demande tout simplement à une personne du coin.

▸ **locally** *(adv)* localement

• **lost property** *(nom)* **objets trouvés**

The **lost property** office is located next to the camping site's reception.
Le bureau des objets trouvés se trouve à côté de l'accueil du camping.

• **pack** *(vb)* **faire ses bagages**

Do you think I should **pack** my raincoat?
Crois-tu que je devrais emporter mon imperméable ?

▸ **pack, backpack** *(nom)* sac à dos
▸ **pack up** *(vb)* ranger
▸ **unpack** *(vb)* défaire *(bagages)*

• **resort** *(nom)* **station** (balnéaire, de ski)

Next week we're off to our favorite ski **resort**!
La semaine prochaine, nous partons dans notre station de ski préférée.

• **sea** *(nom)* **mer**

We spent a week by the **sea**.
Nous avons passé une semaine à la mer / au bord de la mer.

▸ **seaside** *(adj)* balnéaire, en bord de mer ; *(nom)* bord de la mer
I'd rather spend my summer vacation in the mountains than at the **seaside**.
Je préférerais passer mes vacances d'été à la montagne plutôt qu'à la mer.

• **sightseeing** *(nom)* **tourisme**

I'm going **sightseeing** in Paris and I can't wait to see the Eiffel Tower.
Je vais faire du tourisme à Paris et j'ai hâte de voir la Tour Eiffel.

▸ **sightseer** *(nom)* touriste

• **suitcase** *(nom)* **valise**

Have you finished packing your **suitcase**?
As-tu fini de faire ta valise ?

• **sun** *(nom)* **soleil**

After this hard winter, I think we need a vacation in the **sun**.
Après cet hiver rigoureux, je pense que nous avons besoin de vacances au soleil.

▸ **sunglasses** *(nom)* lunettes de soleil
▸ **sunscreen** *(nom)* crème solaire
▸ **sunburn** *(nom)* coup de soleil
▸ **sunbathe** *(vb)* bronzer
Sunbathing is such a relaxing thing to do! *C'est tellement reposant de se faire bronzer !*

• **tan** *(adj)* **hâlé, brun clair ;** *(nom)* **bronzage ;** *(vb)* **bronzer**

I need a good sun cream, as I don't **tan** easily.
Il me faut une bonne crème solaire, car je ne bronze pas facilement.

▸ **suntan** *(nom)* bronzage

- **travel** *(vb)* **voyager**

When are you **traveling** home again?
Quand retournez-vous chez vous ?

- ▸ **travel agent** *(nom)* agent de voyage
- ▸ **travel agency** *(nom)* agence de voyage

> Le nom associé au verbe ***travel*** est ***trip*** : *We're going on a **trip** to China.*

- **vacation** *(nom)* **vacances, congés**

We had a restful **vacation** at the seaside.
Nous avons passé des vacances reposantes au bord de la mer.

- ▸ **vacationer** *(nom)* vacancier

> ***Vacation*** s'emploie souvent au singulier : *during the summer **vacation*** (pendant les vacances d'été) ; *on **vacation** (en vacances).*

- **well-being** *(nom)* **bien-être**

A vacation from time to time is essential to your **well-being**.
Il est essentiel pour son bien-être de prendre des vacances de temps en temps.

Exercice 1 Les verbes à particule

▶ Corrigé p. 364

Reliez les verbes aux particules afin qu'ils correspondent aux verbes français.

1 *(explorer)*	look •	• off
2 *(dire au revoir)*	see •	• out
3 *(sortir)*	go •	• around
4 *(quitter l'hôtel)*	check •	• up
5 *(ranger, remballer)*	pack •	• out
6 *(se mettre en route)*	set •	• out

Exercice 2 Les expressions

▶ Corrigé p. 364

Formez des expressions courantes en reliant les deux colonnes, puis complétez les phrases.

recharge •	• fun
make •	• (your) batteries
buy •	• a suntan
get •	• souvenirs
have •	• the most of

1 The winter has been cold and wet. Let's go away for a weekend and .... our batteries.
2 Enjoy your holidays. I'm sure you'll have .... in Mexico!
3 It's our last day in New York City, let's buy some .... for our friends.
4 You look radiant! Where did you .... that amazing suntan?
5 We only have three days left here, we should try to .... the most of our time.

Exercice 3 Les mots similaires

▶ Corrigé p. 364

Choisissez le mot en gras qui convient pour compléter chaque phrase.

1 We had a very memorable **trip / travel** to Rome last year.
2 If you **tan / sunbathe** too long in the middle of the day, you might get sunburn.
3 The **sightseers / vacationers** spent a lot of their time fishing.
4 Let's go **camping / camp** this weekend!
5 **Accommodation / Hotels** in big cities are often booked out in summer.

Exercice 4 Les familles de mots

▶ Corrigé p. 365

Complétez chaque phrase avec le mot qui convient.

1 I hate ...., I never know what to take.
Ⓐ unpacking Ⓒ pack
Ⓑ packing Ⓓ unpack

2 My husband and I never .... , as I don't like tents.
Ⓐ camp Ⓒ camps
Ⓑ camper Ⓓ camping

3 How about a romantic .... for Valentine's Day?

Ⓐ gets away Ⓒ getting away

Ⓑ getaway Ⓓ got away

4 Swimming in the .... is my favorite part of the vacation.

Ⓐ sea Ⓒ seaside

Ⓑ seas Ⓓ seafood

5 You must take your .... between July and September.

Ⓐ vacation Ⓒ vacationers

Ⓑ vacationer Ⓓ vacancies

6 How about .... the Caribbean for our anniversary?

Ⓐ cruise Ⓒ cruising

Ⓑ cruiser Ⓓ cruised

7 The hotel was very .... and helped us find everything we needed.

Ⓐ accommodating Ⓒ accommodation

Ⓑ accommodate Ⓓ accommodated

8 Whenever I'm abroad, I like to talk to the .... and see what their everyday life looks like.

Ⓐ locally Ⓒ located

Ⓑ locals Ⓓ localized

9 We have just received the .... for both of our trips this summer.

Ⓐ itinerant Ⓒ itineraries

Ⓑ iterating Ⓓ itinerary

10 Your .... is limited to 20 kilograms and 2 pieces.

Ⓐ handbag Ⓒ luggage

Ⓑ suitcases Ⓓ carry-on bags

TEST OFFICIEL Extrait de Part 4

▶ *Corrigé p. 365*

Pistes 61 - 62

Questions 80-82 refer to the following excerpt from a meeting.

80. According to the speaker, what change will be implemented this summer?
(A) A gift shop will be added.
(B) Hours will be extended.
(C) Admission prices will rise.
(D) Programs for families will start.

81. How can employees sign up for extra work?
(A) By registering online
(B) By calling the park office
(C) By submitting a written request
(D) By speaking to a supervisor

82. What is mentioned about the Wildflower Trail?
(A) It has been expanded.
(B) It is designed for children.
(C) It is currently closed.
(D) Its flowers are in full bloom.

20. LEISURE ACTIVITIES
Les loisirs

Piste 63

- **afterward** *(adv)* **après**

If I go to the movies, I'll meet you **afterward**.
Si je vais au cinéma, on se verra après.

> ***Afterward*** et ***beforehand*** remplacent ***after*** et ***before*** quand il n'y a pas de nom :
> *I'll meet you **after** the movie.*
> *I'll meet you **afterward**.*

- **amusement park** *(nom)* **parc d'attractions**

We have tickets to an **amusement park** next weekend.
Nous avons des entrées pour un parc d'attractions le week-end prochain.

- **attraction** *(nom)* **attraction** (touristique) **; attrait**

This city's main **attraction** is the Art Deco architecture.
L'attrait principal de cette ville est son architecture Art déco.
  - ▸ **attractive** *(adj)* attrayant
  - ▸ **attract** *(vb)* attirer

- **beforehand** *(adv)* **avant**

You need to buy tickets **beforehand** to visit this museum without standing in line.
Il faut acheter des billets au préalable afin de visiter ce musée sans faire la queue.

> ***Beforehand*** n'est jamais suivi par un nom (voir note à ***Afterward***).

- **board game** *(nom)* **jeu de société**

Backgammon is by far my favorite **board game** but I also like to play checkers.
Le backgammon est de loin mon jeu de société préféré, mais j'aime aussi jouer aux dames.

- **chess** *(nom)* **échecs**

In **chess**, strategy is more important than luck.
Aux échecs, la stratégie compte davantage que la chance.
  - ▸ **chessboard** *(nom)* échiquier

- **collect** *(vb)* **collectionner**

My friend likes to **collect** snow globes from every attraction she visits.
Mon amie aime collectionner les boules à neige de chaque site touristique qu'elle visite.
  - ▸ **collector** *(nom)* collectionneur(-euse)
  - ▸ **collection** *(nom)* collection

- **crafts** *(nom)* **travaux manuels, artisanat**

There's a fair on this weekend where you can see and test a lot of **crafts**.
Il y a un salon ce week-end où on peut voir et essayer beaucoup de produits artisanaux.
  - ▸ **craft** *(nom)* artisanat ; métier manuel
  - ▸ **craftsman/woman, craftsperson** *(nom)* artisan(e)

• **cycling** *(nom)* **cyclisme**

Cycling is a popular way to explore the island.
Beaucoup de gens explorent l'île à vélo.
▸ **cyclist** *(nom)* cycliste

On décrit souvent d'une activité en extérieur avec ***go*** + l'activité en ***-ing* : *go cycling / camping / sailing / hiking...***

• **DIY (do it yourself)** *(nom)* **bricolage**

Mr. Sato loves **DIY** projects! He built his garden shed on his own.
M. Sato adore les projets de bricolage ! Il a construit son abri de jardin tout seul.

• **eat out** *(vb – prét/PP* **ate/eaten***)* **manger au restaurant**

The coworkers regularly meet after work to **eat out** or to go dancing.
Les collègues se voient régulièrement après le travail pour aller au restaurant ou pour aller danser.

• **energetic** *(adj)* **énergique, dynamique**

This dance class is like a more **energetic** form of ballet.
Ce cours de danse est comme le ballet, mais en plus dynamique.
▸ **energetically** *(adv)* énergiquement

• **enroll in** *(vb)* **s'inscrire à**

You should **enroll in** an evening class to find a new hobby.
Vous devriez vous inscrire dans un cours de soir pour trouver un nouveau passe-temps.
▸ **enrollment** *(nom)* inscription

• **gardening** *(nom)* **jardinage**

Gardening is a very popular way to spend your free time in this area.
Le jardinage est un passe-temps très courant dans le coin.
▸ **garden center** *(nom)* jardinerie

• **hike** *(vb)* **randonner, faire de la randonnée**

Every summer our neighbors **hike** for a week in the mountains.
Chaque été nos voisins font une semaine de randonnée à la montagne.
▸ **hiker** *(nom)* randonneur
▸ **hiking, hike** *(nom)* randonnée
We **went for a hike** together / we **went hiking** together.
Nous sommes partis faire de la randonnée ensemble.

• **indoor / outdoor** *(adj)* **(d')intérieur / (d')extérieur**

The company has an **indoor** swimming pool for the employees.
Il y a une piscine couverte dans l'entreprise pour les employés.
▸ **indoors / outdoors** *(adv)* à l'intérieur / à l'extérieur
It is recommendend to stay **indoors** during a thunderstorm.
Il est recommandé de ne pas sortir pendant un orage.
▸ **the outdoors** *(nom)* la nature

• **jog** *(vb)* **faire du jogging, courir**

He **jogs** round the park every morning.
Il fait le tour du parc en courant tous les matins.
▸ **go for a jog, go jogging** *(exp)* aller courir

• **keep fit** *(vb – prét/PP* **kept/kept***)* **garder la forme, se maintenir en forme**

Ms. Tranh goes to the gym to **keep fit**.
Mme Tranh va à la salle de sport pour garder la forme.

- **relax** *(vb)* **se reposer, se détendre**

It's a luxury to **relax** in a bath after a day of sightseeing.
C'est un luxe de prendre un bain pour se détendre après une journée de visites.
  - ▸ **relaxing** *(adj)* relaxant
  - ▸ **relaxation** *(nom)* détente

- **sailing** *(nom)* **voile**

The package includes an introduction to water sports such as **sailing** and canoeing.
Le forfait comprend une initiation aux sports nautiques tels que la voile et le canoë.
  - ▸ **sail, go sailing** *(vb)* faire de la voile

- **season ticket** *(nom)* **abonnement** (sport, transports)

Let's get a **season ticket** to the stadium this year – it will save us money.
Prenons un abonnement pour aller au stade cette année, nous ferons des économies.

- **sewing** *(nom)* **couture**

Is it true that you have signed up for a **sewing** class to learn how to make your own clothes?
Est-ce vrai que tu t'es inscrite à un cours de couture pour apprendre à faire tes propres vêtements ?
  - ▸ **sew** *(vb – prét/PP* **sewed/sewn***)* coudre

- **subscription** *(nom)* **abonnement** (magazine)

I received a **subscription** to my favorite newspaper for my birthday.
J'ai reçu un abonnement à mon quotidien préféré pour mon anniversaire.
  - ▸ **subscriber** *(nom)* abonné(e)
  - ▸ **subscribe** *(vb)* s'abonner

- **trail** *(nom)* **sentier**

The hiking **trail** is well indicated, so you won't get lost.
Le sentier de randonnée est bien balisé, vous ne risquez pas de vous perdre.

- **work out** *(vb)* **faire de l'exercice**

I'm not very fit, but then again I never **work out**.
Je ne suis pas très en forme, mais il faut avouer que je ne fais jamais d'exercice.

Exercice 1 Le vocabulaire

▶ Corrigé p. 365

À quelle activité mentionnée dans le chapitre associez-vous ce vocabulaire ?

1 boat, lake, wind : ....
2 hammer, wood, paint : ....
3 bike, saddle, shorts : ....
4 boots, backpack, water bottle : ....
5 needle, fabric, thread : ....
6 spade, soil, plant : ....

Exercice 2 Les expressions

▶ Corrigé p. 365

Formez des expressions courantes en reliant les deux colonnes, puis complétez les phrases.

go •	• a walk
take •	• for a run
play •	• a photo
enroll •	• an instrument
take •	• sport
do •	• in a course

1 Zach wanted to visit the town so he took a ....
2 Do you play any musical .... in your free time?
3 On vacation I enjoy doing .... as it allows me to stay fit.
4 How about .... for a run in the park after lunch?
5 I'm going to .... in a photography course to learn to .... better photos.

Exercice 3 Les synonymes

▶ Corrigé p. 366

Trouvez les synonymes des mots entre parenthèses parmi les mots du chapitre. Conjuguez-les si nécessaire.

1 .... (Running) is a cheap sport that almost everyone can do.
2 A lot more women are taking up .... (home improvement) as a hobby.
3 I prefer to spend my vacation time .... (resting) on the beach, not .... (exercising).
4 .... (Walking) in the mountains is great for clearing your head.

Exercice 4 Les familles de mots

▶ Corrigé p. 366

Complétez chaque phrase avec le mot qui convient.

1 Our town is very .... to foreign tourists.
Ⓐ attract Ⓑ attracting Ⓒ attractive Ⓓ attraction

2 Let's meet in the restaurant .... our hike.
Ⓐ after Ⓑ afternoon Ⓒ afterward Ⓓ afterthought

3 .... activities are good for rainy weekends.
Ⓐ Indoor Ⓑ Indoors Ⓒ Interior Ⓓ Interiors

4 You should try golf if you want a sport that is not too ....

Ⓐ energy Ⓑ energetic Ⓒ energize Ⓓ energetically

5 I'd like to speed up but there's a .... in my way.

Ⓐ cycle Ⓑ cyclical Ⓒ cycling Ⓓ cyclist

6 Eating .... every night soon becomes expensive.

Ⓐ in Ⓑ out Ⓒ up Ⓓ lunch

7 I wanted to join a salsa class, but the .... fee was too expensive.

Ⓐ enroll Ⓑ enroll in Ⓒ enrollment Ⓓ enrolling

8 I don't feel like going out, let's just stay at home and ....

Ⓐ relaxed Ⓑ relaxation Ⓒ relax Ⓓ relaxing

9 Cecilia is a keen .... and produces most of her vegetables herself.

Ⓐ garden Ⓑ gardener Ⓒ gardening Ⓓ gardenia

10 We will send you the invoice for your .... as soon as you return the form.

Ⓐ subscribe Ⓑ subscribed Ⓒ subscriber Ⓓ subscription

TEST OFFICIEL Extrait de Part 7

▶ *Corrigé p. 366*

Questions 186-190 refer to the following brochure, e-mail, and notice.

Wildwood National Park Trails

Ridgeway Loop–*8.2 Kilometers*
Enjoy views of the Meramec River from the top of Villa Ridge. This moderate trail involves a steady incline to the top of the ridge, followed by a clear trail that loops back and descends to the south parking lot.

Eureka Slope–*5.7 Kilometers*
Trek up the side of Eureka Ridge. This difficult trail features rocky terrain and intermittent steep inclines with views of Pacific Palisades Valley. The trailhead can be found 100 meters north of the ranger station.

River's Edge–*6.4 Kilometers*
This trail stretches along the bank of the Meramec River. The flat trail begins at the south parking lot and ends at Pacific Palisades Park.

Hallow Falls Trail–*2.5 Kilometers*
Beginning behind the main pavilion, this easy trail stretches through the Wildwood Forest and ends at Hallow Falls. Picnic and barbeque areas can be found along the way.

To:	Nature Walk Club
From:	Sonja Pakov
Subject:	Saturday's nature walk
Date:	June 2
Attachment:	Map

Hi, everyone

This month's nature walk will take place this Saturday at 6:00 A.M. During last month's trip to Rockwood Canyon, a number of people expressly mentioned interest in seeing the Meramec River, so we'll be meeting at Wildwood National Park this time. Please arrive in the south parking lot by 5:45 A.M. I have attached a park map for your reference. Be sure to pack a lunch and plenty of water. We will be hiking for 5–6 hours.

See you on Saturday!

Sonja

NOTICE

Posted June 4

Due to flooding caused by recent rain storms, the River's Edge trail is closed until further notice. Please avoid this trail and any areas near the bank of the Meramec River until the floodwaters recede. Floodwaters also damaged the south parking lot, which is now under construction. Please park in the west parking lot and follow the Ranger Path to reach the trailheads.

186. How long is the trail that goes up Eureka Ridge?
(A) 2.5 kilometers
(B) 5.7 kilometers
(C) 6.4 kilometers
(D) 8.2 kilometers

187. In the e-mail, the phrase "expressly" in paragraph 1, line 2, is closest in meaning to
(A) affectionately
(B) correctly
(C) specifically
(D) totally

188. Where will Nature Walk Club members likely hike?
(A) On Ridgeway Loop
(B) On Eureka Slope
(C) On River's Edge
(D) On Hallow Falls Trail

189. What is indicated about Wildwood National Park?
(A) It offers guided nature walks.
(B) It has multiple parking areas.
(C) It provides food for purchase.
(D) It opens at 6:00 A.M.

190. What will Nature Walk Club members likely do upon arriving at the park?
(A) See Hallow Falls
(B) Eat at the pavilion
(C) Purchase a trail map
(D) Walk along Ranger Path

21. OFFICE EQUIPMENT
L'équipement du bureau

Piste 64

- **back up** *(vb)* **sauvegarder**

Make sure you **back up** your files before going home tonight.
Sauvegardez bien vos fichiers ce soir avant de partir.

▸ **backup** *(nom)* sauvegarde
When did you last make a **backup** of your work?
À quand remonte la dernière sauvegarde de votre travail?

- **click** *(vb)* **cliquer**

I can't **click** on anything and I don't know where the problem comes from.
Je n'arrive pas à cliquer sur quoi que ce soit et je ne sais pas d'où vient le problème.

- **coating** *(nom)* **revêtement**

The screen has a special **coating** to help resist scratches.
L'écran a un revêtement spécial pour résister aux éraflures.

▸ **coated (with)** *(adj)* recouvert (de)
▸ **coat** *(nom)* couche ; *(vb)* enduire, enrober

- **copier** *(nom)* **photocopieuse**

Does the office **copier** have a printer option?
Est-ce que la photocopieuse du bureau fait également imprimante ?

- **desktop** *(nom)* **ordinateur de bureau ; bureau** (de l'ordinateur)

The latest thing in **desktops** is to have an all-in-one screen and central unit.
La dernière tendance pour les ordinateurs de bureau est de regrouper l'écran et l'unité centrale.

- **device** *(nom)* **appareil, dispositif**

If you need a **device** for multi-tasking, the L652 is the solution.
Si vous avez besoin d'un appareil multitâches, c'est le L652 qu'il vous faut.

▸ **hand-held device** *(nom)* appareil de poche, appareil portable

- **drag and drop** *(vb)* **glisser-déposer**

To add the image to your slide, **drag and drop** it where you want it to go.
Pour ajouter l'image à votre diapositive, glissez-déposez-la où vous voulez la mettre.

- **feature** *(nom)* **caractéristique, fonction**

This brand offers significantly more **features** for the same price.
Cette marque propose bien plus de fonctions pour le même prix.

- **function** *(nom)* **fonction ;** *(vb)* **fonctionner**

I've never seen the new scanner **functioning**.
Je n'ai jamais vu fonctionner le nouveau scanner.

▸ **functional** *(adj)* en état de marche

- **hardware** *(nom)* **matériel informatique**

When investing in a new IT system, don't forget to take into account the cost of replacing old, obsolete **hardware** in addition to purchasing software.

Quand vous investissez dans un nouveau système informatique, n'oubliez pas de prendre en compte le coût de remplacement du vieux matériel obsolète en plus de l'achat de logiciels.

- **key** *(nom)* **touche**

Someone spilled soda on my **keyboard** and a few **keys** are stuck.

Quelqu'un a renversé du soda sur mon clavier et quelques touches sont coincées.

▸ **keyboard** *(nom)* clavier

▸ **key in** *(vb)* saisir *(avec un clavier)*

- **laptop** *(nom)* **ordinateur portable**

Millicent needs a **laptop** so she can work outside the office.

Millicent a besoin d'un ordinateur portable afin de pouvoir travailler en dehors du bureau.

▸ **lap** *(nom)* les genoux *(quand on est assis)*

- **model** *(nom)* **modèle**

The latest **model** laptop no longer requires a password.

Le dernier modèle de portable n'a plus besoin d'un mot de passe.

- **monitor** *(nom)* **moniteur** (écran) ; *(vb)* **surveiller, suivre**

This **monitor** is too old, the colors have changed.

Ce moniteur est trop vieux, les couleurs sont altérées.

▸ **monitoring** *(nom)* suivi, surveillance

- **mouse** *(nom)* **souris**

Have you tried the new vertical **mouse**? It's more ergonomic.

Avez-vous essayé la nouvelle souris verticale ? Elle est plus ergonomique.

▸ **mousepad** *(nom)* tapis de souris

▸ **mouse over** *(vb)* passer la souris sur

- **plug in** *(vb)* **brancher**

Vincent **unplugged** the printer last night. If you need to use it, just **plug** it **in** again.

Vincent a débranché l'imprimante hier soir. Si vous en avez besoin, rebranchez-la.

▸ **plug** *(nom)* fiche, prise *(de courant)*

▸ **unplug** *(vb)* débrancher

- **printer** *(nom)* **imprimante**

You will love the quality of this new laser **printer**.

Vous allez adorer la qualité de cette nouvelle imprimante laser.

▸ **print shop** *(nom)* imprimerie

▸ **printing** *(nom)* impression

▸ **print** *(vb)* imprimer

- **recharge** *(vb)* **recharger**

Is there somewhere I can **recharge** my phone?

Y a-t-il un endroit où je peux recharger mon téléphone ?

▸ **rechargeable battery** *(nom)* pile rechargeable

• **select** *(vb)* **sélectionner**

Select the font by clicking at the top.
Sélectionnez la police en cliquant en haut.

▸ **a selection (of)** *(nom)* un choix (de)

• **share** *(vb)* **partager**

Lots of people **share** their photos on social networks.
Beaucoup de personnes partagent leurs photos sur les réseaux sociaux.

• **significant** *(adj)* **considérable**

We saved a **significant** amount of money by buying all our IT equipment from the same store.
On a économisé une belle somme d'argent en achetant tout notre matériel informatique dans le même magasin.

▸ **significantly** *(adv)* considérablement
▸ **significance** *(nom)* importance, signification

• **software** *(nom indénombrable)* **logiciel**

The manufacturing department is getting some new **software** to pilot the machinery.
La production va s'équiper d'un nouveau logiciel pour piloter les machines.

• **swipe** *(vb)* **faire défiler, glisser**

Do I **swipe** left or right to answer my phone?
Dois-je faire glisser à gauche ou à droite pour répondre à mon téléphone ?

• **user-friendly** *(adj)* **intuitif, convivial**

This tablet is very **user-friendly**, as it is designed for older people.
Cette tablette est très intuitive, car elle est conçue pour un public plus âgé.

• **voicemail** *(nom)* **messagerie vocale**

I tried to call you last night, but the call went directly to your **voicemail**.
J'ai essayé de vous appeler hier soir, mais je suis tombé directement sur votre messagerie vocale.

Exercice 1 Les expressions

▶ Corrigé p. 366

Formez des expressions courantes en reliant les mots des deux colonnes.

a laptop •	• pad
a slide •	• click
swipe *(vb)* •	• show
double *(vb)* •	• computer
a mouse •	• your finger

Exercice 2 Les mots similaires

▶ Corrigé p. 366

Choisissez le mot en gras qui convient pour compléter chaque phrase.

1 We need **a / some** new word-processing software.
2 They have a wide **choose / selection** of laptops.
3 The screen is treated with a special **coat / coating** to avoid glare.
4 Daphne takes her **desktop / laptop** everywhere with her – on the bus, in the plane...
5 The printer won't work if you don't **plug / unplug** it in!

Exercice 3 Les verbes

▶ Corrigé p. 367

Reliez un verbe à une préposition pour correspondre au sens du verbe français, puis complétez les phrases avec les expressions obtenues.

(cliquer sur)	click •	• down
(tomber en panne)	go •	• in
(brancher)	plug •	• on
(se connecter à)	connect •	• on
(allumer)	turn •	• to

1 You have to .... our network to see the latest news about our company.
2 Do not .... this icon, otherwise your computer will shut down.
3 Make sure you .... your screen next time, before calling the IT department.
4 Could you .... the jacks for the speakers for me?
5 How many times did the system .... last month?

Exercice 4 Les familles de mots

▶ Corrigé p. 367

Complétez chaque phrase avec le mot qui convient.

1 One of the .... on my laptop is sticking.
Ⓐ keys Ⓒ keycards
Ⓑ keys in Ⓓ keyboards

2 Technology is getting more and more ....-friendly all the time.
Ⓐ use Ⓒ user
Ⓑ used Ⓓ using

3 Last time the IT technician checked, this scanner was .... just fine.

Ⓐ function Ⓒ functioning
Ⓑ functioned Ⓓ functional

4 The metal case is .... with a special resin to make it stronger.

Ⓐ coat Ⓒ coats
Ⓑ coated Ⓓ coating

5 This device is .... smaller than the previous model.

Ⓐ signify Ⓒ significant
Ⓑ significance Ⓓ significantly

6 Ken was disappointed with the quality of the .... in the new brochure.

Ⓐ prints Ⓒ printer
Ⓑ printing Ⓓ printed

7 I keep .... but the picture doesn't move.

Ⓐ swiping Ⓒ swiped
Ⓑ swipe Ⓓ swiping at

8 Do you have a license for the .... installed on your computers?

Ⓐ malware Ⓒ spyware
Ⓑ hardware Ⓓ software

9 I completely forgot that they have different .... here in the US.

Ⓐ plugged Ⓒ unplug
Ⓑ plug in Ⓓ plugs

10 The maintenance department has been .... electricity usage.

Ⓐ monitor Ⓒ monitored
Ⓑ monitors Ⓓ monitoring

TEST OFFICIEL Extrait de Part 3

▶ *Corrigé p. 367*

Pistes 65 - 66

Questions 53-55 refer to the following conversation.

53. What does the woman mean when she says, “Excuse me, do you work here”?
(A) She would like the man to move.
(B) She wants to get the man’s assistance.
(C) She is requesting permission to leave early.
(D) She wants to check the man’s identification.

54. Who most likely is the man?
(A) A store clerk
(B) A magazine journalist
(C) A museum director
(D) A professional photographer

55. What does the man say about the camera?
(A) It is complicated to operate.
(B) It comes with a carrying case.
(C) It takes high-quality pictures.
(D) Its battery has a short life span.

22. THE INTERNET
Internet

Piste 67

- **at (sign), @** *(nom)* **arobase**

The applicant's e-mail address is jane underscore cowry **at** gleem dot com (jane_cowry@gleem.com).
L'adresse de la candidate est jane tiret bas cowry arobase gleem point com.

- **banner** *(nom)* **bannière**

The new **banner** advertisement on your website is very eye-catching.
La nouvelle bannière publicitaire sur votre site web attire vraiment l'œil.

- **chat** *(vb)* **bavarder, discuter**

I haven't met the journalist in person yet, but we **chat** a lot online.
Je n'ai pas encore rencontré le journaliste en chair et en os, mais nous discutons beaucoup en ligne.

- **comment** *(nom)* **commentaire ;** *(vb)* **laisser un commentaire**

A satisfied customer left a very positive **comment** on our company site.
Un client satisfait a laissé un commentaire très positif sur le site de l'entreprise.
  - ▸ **commentator** *(nom)* commentateur(-trice)
  - ▸ **commentary** *(nom)* commentaires *(sport, documentaire)*

- **down** *(adj)* **en panne**

Is the network **down**, or is it just my computer?
Est-ce que le réseau est en panne, ou est-ce juste mon ordinateur ?

- **enter** *(vb)* **entrer, saisir**

Enter your password then click on the button.
Entrez votre mot de passe puis cliquez sur le bouton.

> ***Enter*** et ***key in*** sont synonymes : ***Key in*** *your password...*

- **follow** *(vb)* **suivre**

What sort of blog do you **follow**?
Quel genre de blog suivez-vous ?
  - ▸ **follower** *(nom)* abonné(e)
  - ▸ **following** *(nom)* des fans, public

    His site attracts a large **following**.
    Son site est très suivi.

- **font** *(nom)* **police de caractères**

Which **font** is easier to read on screen?
Quelle police de caractères est plus facile à lire à l'écran ?

• **hyphen** *(nom)* **trait d'union**

Is there a **hyphen** between your two surnames?
Y a-t-il un trait d'union qui relie vos deux noms de famille ?

▸ **hyphenate** *(vb)* relier par des traits d'union

• **Internet service provider (ISP)** *(nom)* **fournisseur d'accès Internet, FAI**

If your connection is too slow, you should raise the problem with your **ISP**.
Si votre connexion est trop lente, vous devriez en parler à votre FAI.

• **link** *(nom)* **lien**

Click on the **link** to go to the online shop.
Cliquez sur le lien pour visiter la boutique en ligne.

▸ **linked** *(adj)* relié

• **load** *(vb)* **charger**

This page is taking a long time to **load**. There must be a lot of people trying to access it.
Cette page met une éternité à se charger. Beaucoup de personnes doivent essayer d'y accéder.

▸ **upload** *(vb)* mettre en ligne
▸ **download** *(vb)* télécharger

Contrairement au français « accéder à », il n'y a pas de préposition après le verbe ***access***.

• **networking** *(nom)* **réseautage**

Networking is a very important part of finding business contacts.
Le réseautage est essentiel pour la recherche de contacts commerciaux.

▸ **network** *(nom)* réseau ; *(vb)* réseauter

• **online** *(adv)* **en ligne**

If you wish to apply for the vacancy, please fill in the **online** application form.
Si vous souhaitez postuler, veuillez compléter le formulaire de candidature en ligne.

▸ **offline** *(adv)* hors ligne

• **password** *(nom)* **mot de passe**

Your **password** must contain a mix of numbers and capital and lowercase letters.
Votre mot de passe doit comporter un mélange de chiffres, de majuscules et de minuscules.

▸ **password-protected** *(adj)* protégé par un mot de passe

• **post** *(nom)* **message, post ;** *(vb)* **laisser un message, poster**

Have you read the latest **post** on my blog? It's about how to create a strong password.
As-tu lu le dernier post sur mon blog ? Ça explique comment créer un mot passe sécurisé.

▸ **poster** *(nom)* personne qui écrit un message

• **sign in** *(vb)* **se connecter**

If you wish to check your balance, you must **sign in**.
Si vous souhaitez vérifier votre solde, vous devez vous connecter.

▸ **sign out** *(vb)* se déconnecter

• **slash** *(nom)* **barre oblique**

Is there one **slash** or two in the address?
Y a-t-il une ou deux barres obliques dans l'adresse ?

- **tweet** *(nom)* **tweet ;** *(vb)* **tweeter**

The latest trend is for politicians to **tweet** about everything, just to stay in the public eye.
Pour les hommes politiques, la dernière tendance est de tweeter sur n'importe quel sujet, juste pour faire parler de soi.

- **underscore** *(nom)* **tiret bas**

Is that an **underscore** or a hyphen?
C'est un tiret bas ou un trait d'union ?

- **update** *(nom)* **mise à jour ;** *(vb)* **mettre à jour**

It's high time you **updated** the operating system on your computer.
Il est grand temps que tu mettes à jour le système d'exploitation de ton ordinateur.

- **username** *(nom)* **identifiant, nom d'utilisateur**

Before you can comment, you need to choose a **username**.
Avant de pouvoir laisser des commentaires, il faut choisir un identifiant.

Exercice 1 La ponctuation

▶ Corrigé p. 367

Reliez les lettres et symboles à leur signification.

@ •	• dot
- •	• capital m / uppercase m
/ •	• hyphen
_ •	• underscore
. •	• at
M •	• lowercase m
m •	• slash

Exercice 2 Le vocabulaire

▶ Corrigé p. 368

Complétez chaque phrase avec un mot trouvé dans le chapitre.

1 When you read a blog regularly, you .... it.
2 Having a conversation online is called ....ing.
3 You need some anonymity on the net, which is why you use a .... and not your real name.
4 The company which sells you your Internet access is your ....
5 Advertising on a website can often take the form of pop-ups or a ....

Exercice 3 Les expressions

▶ Corrigé p. 368

Formez des expressions courantes en reliant les mots des deux colonnes, puis complétez les phrases avec les expressions obtenues.

social •	• shopping
post *(vb)* •	• an app
online •	• networking sites
download *(vb)* •	• about
tweet *(vb)* •	• a comment

1 Using .... at work is often forbidden.
2 Do you like to .... politics?
3 Before you ...., check you have enough memory available.
4 If your blog has a lot of followers, they may .... on it.
5 The problem with .... is that you cannot try the clothing on.

Exercice 4 Les familles de mots

▶ Corrigé p. 368

Complétez chaque phrase avec le mot qui convient.

1 Have you read what the consultant .... about how to build your network?
Ⓐ posted Ⓒ post
Ⓑ poster Ⓓ posting

2 You can't order these shoes without .... in first. What is your username?

Ⓐ to sign
Ⓑ signing
Ⓒ sign
Ⓓ signs

3 I wanted to chat with you last night, but you were ....

Ⓐ online
Ⓑ outline
Ⓒ inline
Ⓓ offline

4 Rodrigo had to .... a code to validate his online purchase.

Ⓐ key
Ⓑ keyboard
Ⓒ keying
Ⓓ key in

5 I need to read the report you sent me, but .... it is taking a long time.

Ⓐ load
Ⓑ upload
Ⓒ download
Ⓓ downloading

6 Many customers have been .... on our newest product.

Ⓐ commentator
Ⓑ commenting
Ⓒ comment
Ⓓ commentary

7 We have just come up with a revolutionary .... which will help people with color-blindness.

Ⓐ police
Ⓑ policy
Ⓒ font
Ⓓ fount

8 We're hoping to create a large .... by giving away discount coupons.

Ⓐ follow
Ⓑ following
Ⓒ follower
Ⓓ followed

9 Having a large .... of business contacts is essential in my line of work.

Ⓐ net
Ⓑ network
Ⓒ networking
Ⓓ netting

10 Has our software been .... recently?

Ⓐ update
Ⓑ updated
Ⓒ up-to-date
Ⓓ updating

▶ *Corrigé p. 368*

Pistes 68 - 69

Questions 50-52 refer to the following conversation.

50. Who is the woman?
(A) A book author
(B) A newspaper reporter
(C) A graphic designer
(D) A bookstore employee

51. What does the man explain?
(A) A store policy
(B) A printing process
(C) A publicity plan
(D) A cover design

52. What is the woman reluctant to do?
(A) Start a new job
(B) Go on a tour
(C) Write for a blog
(D) Review a magazine article

23. CALLING THE HELPDESK

Appeler le service d'assistance

Piste 70

- **administrator** *(nom)* **administrateur**

Mr. Brownleigh was unable to update the software because he didn't have **administrator** rights on his desktop.

M. Brownleigh n'a pas pu mettre le logiciel à jour car il n'avait pas les droits d'administrateur sur son ordinateur de bureau.

▸ **administrate** *(vb)* administrer, gérer

- **antivirus software** *(nom)* **logiciel antivirus**

Do you think this **antivirus software** will protect our system completely?

Croyez-vous que ce logiciel antivirus protègera complètement notre système ?

- **assistance** *(nom)* **assistance, aide**

If you require **assistance** in setting up your new PC, call 555 899 099.

Si vous avez besoin d'aide pour installer votre nouveau PC, appelez le 555 899 099.

▸ **assist** *(vb)* aider

> Faux ami : « assister » se dit ***attend*** ou ***be present***.

- **bug** *(nom)* **bogue, bug**

There was a **bug** in our system and I couldn't e-mail you before now.

Il y a eu un bogue dans notre système et je n'ai pas pu vous envoyer de courriel plus tôt.

> Le verbe « boguer » ou « buguer » n'a pas d'équivalent en anglais. On dirait ***there's a bug*** ou ***it's glitching***.

- **call back** *(vb)* **rappeler**

I'm sorry, I have to go now, but I'll **call** you **back** in 10 minutes.

Je suis désolé, je dois vous laisser à présent, mais je vous rappellerai dans 10 minutes.

- **call center** *(nom)* **centre d'appels**

The **call center** is where we handle any customer complaints.

C'est au centre d'appels que nous nous occupons des réclamations de nos clients.

- **concerned** *(adj)* **inquiet, préoccupé**

Mr. Katori was **concerned** about the increasing number of helpdesk calls.

M. Katori était préoccupé par le nombre croissant d'appels au service d'assistance.

▸ **As far as I am concerned** *(exp)* pour ma part, en ce qui me concerne

- **crash** *(vb)* **tomber en panne** *(PC)*

Follow the instructions if you don't want your network to **crash** again.

Suivez les instructions si vous ne voulez pas que le réseau tombe à nouveau en panne.

- **cut off** *(vb – prét/PP* **cut/cut***)* **couper** (téléphone, électricité)

I called you a minute ago, but we **were cut off**.
Je vous ai appelé il y a un instant mais nous avons été coupés.

- **database** *(nom)* **base de données**

We need full details to complete our customer **database**.
Nous avons besoin de tous les détails pour compléter notre base de données clients.

▸ **data** *(nom)* données

Le mot ***data*** est employé aussi bien avec un verbe au singulier qu'au pluriel (formel et moins courant) : *This* ***data is*** *useful to researchers. / These* ***data are*** *stored on our servers.*

- **emergency** *(nom)* **urgence**

In the event of an **emergency**, leave a message and we will call you back immediately.
En cas d'urgence, laissez un message et nous vous rappellerons immédiatement.

- **engaged** *(adj)* **occupé** (ligne)

The first time Fran tried calling the after-sales service, the line was **engaged**.
La première fois que Fran a essayé d'appeler le SAV, la ligne était occupée.

- **helpdesk** *(nom)* **service d'assistance**

I'll have to call the **helpdesk** again, as I cannot remember my password.
Je dois rappeler le service d'assistance, car j'ai encore oublié mon mot de passe.

- **outsource** *(vb)* **externaliser**

Outsourcing helpdesks to an overseas call center can be a way for a company to save money.
Externaliser le service d'assistance à un centre d'appels à l'étranger peut être un moyen pour une société d'économiser de l'argent.

- **prompt** *(adj)* **rapide ;** *(vb)* **inciter**

Click on 'send' when a message **prompts** you to do so.
Cliquez sur « envoyer » quand un message vous demande de le faire.

▸ **promptly** *(adv)* rapidement

- **put through** *(vb – prét/PP* **put/put***)* **passer** (au téléphone)

Hello, could you **put** me **through** to the after-sales service please?
Allô, pouvez-vous me passer le SAV s'il vous plaît ?

- **reach** *(vb)* **joindre**

You can generally **reach** Ms. Vance in the afternoon.
On peut généralement joindre Mme Vance l'après-midi.

▸ **reachable** *(adj)* joignable

- **reboot** *(vb)* **redémarrer**

You will need to **reboot** your computer to finish removing the virus.
Il va falloir redémarrer votre ordinateur afin d'achever la suppression du virus.

▸ **boot up** *(vb)* démarrer

- **scan** *(nom)* **scan ;** *(vb)* **scanner**

Will you **scan** this document for me?
Pourriez-vous me scanner ce document ?
If nothing is working, maybe you should **scan** your computer for malware.
Si rien ne fonctionne, vous pourriez faire une analyse de votre ordinateur pour chercher des logiciels malveillants.

▸ **scanner** *(nom)* scanner

- **set up** *(vb – prét/PP* **set/set***)* **installer**

Could I have some help in **setting up** my laptop?
Est-ce que je pourrais avoir de l'aide pour faire l'installation de mon portable ?
▸ **setup (process)** *(nom)* installation

- **switch** *(nom)* **changement ;** *(vb)* **échanger, remplacer**

We **switched** printers because I need a color printer more often than she does.
Nous avons échangé nos imprimantes car j'ai besoin d'une imprimante couleur plus souvent qu'elle.
▸ **switch on / off** *(vb)* allumer / éteindre

- **upgrade** *(vb)* **actualiser, optimiser**

Our company has finally decided to **upgrade** our equipment.
Notre entreprise s'est enfin décidée à actualiser notre matériel.

- **urgent** *(adj)* **urgent**

Can you drop what you're doing and take care of this **urgent** e-mail?
Pouvez-vous arrêter ce que vous êtes en train de faire afin de vous occuper de ce courriel urgent ?
▸ **urgently** *(adv)* d'urgence
▸ **urgency** *(nom)* urgence *(insistance)*
The **urgency** of the situation required immediate action.
L'urgence de la situation nécessitait une réaction immédiate.

> ***Emergency*** implique un danger immédiat, alors que ***urgency*** indique seulement qu'on est pressé.

Exercice 1 Les verbes à particule

▶ Corrigé p. 369

Complétez les verbes avec les particules suivantes.

up down on off in

1 Have you tried turning it off and .... again?
2 We always shut the machinery .... before a weekend.
3 If you don't back your data .... you could lose it all one day.
4 I think I forgot to turn the equipment .... before leaving last night.
5 There are no sockets in this office, so you can't plug .... your charger.

Exercice 2 Les synonymes

▶ Corrigé p. 369

Trouvez les synonymes des mots entre parenthèses parmi les mots du chapitre.

1 I'm sorry, her line is .... (busy) for the moment.
2 Did you .... (turn) on the monitor?
3 You have to .... (start again) the PC to finish the setup process.
4 We are slightly .... (worried) about the efficiency of our antivirus software.
5 I tried to .... (get through to) a sales rep but couldn't.

Exercice 3 Les phrases à compléter

▶ Corrigé p. 369

Complétez les phrases avec les mots de la liste.

urgently reachable assist switch prompts

1 Wait until the software .... you to turn it on before using it.
2 I .... need your answer, before the end of the morning!
3 Could you .... the production team today? They're one person down.
4 We are going to .... from a free antivirus to a paid one.
5 He's never .... in the afternoons because he has back to back meetings.

Exercice 4 Les familles de mots

▶ Corrigé p. 369

Complétez chaque phrase avec le mot qui convient.

1 Why did they decide to .... our IT department?
Ⓐ sourcing Ⓒ outsourcing
Ⓑ outsource Ⓓ resource

2 Gathering .... is the most interesting part of my job.
Ⓐ data Ⓒ databases
Ⓑ datas Ⓓ date

3 The .... of the situation requires prompt action.
Ⓐ urgent Ⓒ emergency
Ⓑ urgency Ⓓ urgently

4 .... our hardware has made the software obsolete.

Ⓐ Upsetting
Ⓑ Upcycling
Ⓒ Upgrading
Ⓓ Uploading

5 Have you tried .... it off and on again?

Ⓐ switch
Ⓑ switched
Ⓒ switches
Ⓓ switching

6 All lines are currently engaged, please .... later.

Ⓐ call out
Ⓑ call up
Ⓒ call on
Ⓓ call back

7 Who .... this website?

Ⓐ administers
Ⓑ administrator
Ⓒ administration
Ⓓ administrative

8 I tried to .... to the helpdesk but I couldn't.

Ⓐ join
Ⓑ get through
Ⓒ cut off
Ⓓ reach

9 We received a .... reply from the helpdesk.

Ⓐ prompt
Ⓑ prompted
Ⓒ promptly
Ⓓ prompting

10 I'd be happy to .... you.

Ⓐ assist
Ⓑ assistant
Ⓒ assisting
Ⓓ assistance

TEST OFFICIEL Extrait de Part 7 ▶ Corrigé p. 369

Questions 172-175 refer to the following online chat.

White Hat Supplies
Customer Service Live Chat

Agent Mark Smalls: 4:25 P.M.
Hello, Ms. Brown. Thank you for contacting Customer Service. How may I help you?

Kim Brown: 4:26 P.M.
I ordered three packages of ink on May 4. I received a confirmation e-mail stating that the order was shipped on May 8 and would arrive by May 12, but the package has not arrived.

Agent Mark Smalls: 4:28 P.M.
Sorry to hear that. Give me a moment while I check. Do you have your order number?

Kim Brown: 4:32 P.M.
Sure. It's order JX43125.

Agent Mark Smalls: 4:35 P.M.
OK. One moment.

Agent Mark Smalls: 4:38 P.M.
Ms. Brown, our tracking system indicates that the package arrived on May 10. Can you confirm your shipping address is 15 Walters Court, Boca Raton, FL 33431?

Kim Brown: 4:41 P.M.
Yes, that's correct.

Agent Mark Smalls: 4:42 P.M.
Is it possible that a neighbor picked it up?

Kim Brown: 4:43 P.M.
I really don't think so. I know my neighbors, and it's been over a week now.

Agent Mark Smalls: 4:45 P.M.
I see. Well, I'm very sorry your package seems to have been lost. Would you like us to send you a replacement? The order should arrive by May 27.

Kim Brown: 4:46 P.M.
I need the ink right away. Would you be able to expedite shipping and handling?

Agent Mark Smalls: 4:50 P.M.
With express delivery, your order would arrive on May 24. Since your original order was standard delivery, express delivery would be an additional $15.

Kim Brown: 4:51 P.M.
In that case, please just refund my order.

Agent Mark Smalls: 4:52 P.M.
Certainly. I will refund the original purchase price and delivery charge to your credit card.

172. Why did Ms. Brown contact Customer Service?
(A) To order more ink
(B) To return an item
(C) To inquire about a shipping date
(D) To report a problem with an order

173. According to the chat, what is suggested about the package?
(A) It was sent to the wrong address.
(B) It contained the wrong item.
(C) The warehouse misplaced it.
(D) No one is sure what happened to it.

174. At 4:43 P.M., what does Ms. Brown most likely mean when she writes, "it's been over a week now"?
(A) The project she needs the package for was completed a week ago.
(B) She plans to ask her neighbors if they have seen the package.
(C) Her neighbors would have already given her the package.
(D) She moved into her neighborhood a week ago.

175. Why does Ms. Brown refuse a replacement?
(A) She does not want to pay for expedited shipping.
(B) The ink works better with other printers.
(C) She read a negative review of the product.
(D) She no longer needs the ink.

24. AT THE DOCTOR'S
Chez le médecin

Piste 71

- **appointment** *(nom)* **rendez-vous**

Will you make an **appointment** for Monday with my usual doctor?
Pourriez-vous me prendre un rendez-vous lundi avec mon médecin habituel ?

- **blood** *(nom)* **sang**

What type **blood** does the patient have?
Quel est le groupe sanguin du patient ?

  - ▸ **blood pressure** *(nom)* tension artérielle
  - ▸ **blood test** *(nom)* bilan sanguin
  - ▸ **bleed** *(vb – prét/PP* **bled/bled***)* saigner

- **checkup** *(nom)* **bilan de santé**

Joe discovered a minor health problem during a routine **checkup**.
Joe a découvert un petit problème de santé pendant un bilan de routine.

- **consult** *(vb)* **consulter**

You should **consult** a doctor about stopping smoking.
Vous devriez consulter pour arrêter de fumer.

  - ▸ **consultation room, consulting room** *(nom)* salle d'examen
  - ▸ **consultant** *(nom)* spécialiste

- **cure** *(nom)* **remède ;** *(vb)* **guérir**

Scientists are working on a **cure** for the common cold.
Les chercheurs travaillent sur un remède pour le rhume.

  - ▸ **cured** *(adj)* guéri
  - ▸ **curable** *(adj)* guérissable

- **GP (general practitioner)** *(nom)* **(médecin) généraliste**

My **GP** prescribed antibiotics.
Mon médecin généraliste a prescrit des antibiotiques.

- **harm** *(vb)* **nuire, blesser**

Even though a jellyfish may seem dead, it can still **harm** you.
Même si une méduse semble morte, elle peut toujours vous blesser.

  - ▸ **harmful** *(adj)* nuisible
  - ▸ **harmless** *(adj)* inoffensif

> Le suffixe ***-ful*** a le sens de « avec » (***careful :*** prudent, soigneux) ; le suffixe ***-less*** a le sens de « qui manque de » (***careless :*** imprudent, négligent).

• **headache** *(nom)* **mal de tête**

Since I got my new glasses, my **headaches** have completely disappeared.
Depuis que je porte mes nouvelles lunettes, mes maux de tête ont complètement disparu.

• **health insurance** *(nom)* **mutuelle de santé**

Your **health insurance** will reimburse your health expenses.
Votre mutuelle vous remboursera vos dépenses de santé.

• **ill** *(adj)* **malade**

Frida is never **ill**. She exercises every day.
Frida n'est jamais malade. Elle fait du sport tous les jours.

▸ **illness** *(nom)* maladie

▸ **ill-** *(+ adjectif)* mal-
The local practice was **ill**-equipped due to lack of funding.
Le cabinet médical du quartier était mal équipé en raison d'un manque de financement.

• **injury** *(nom)* **blessure**

Due to an **injury** sustained while doing sport, our Human Resources manager is currently on sick leave.
En raison d'une blessure subie en faisant du sport, notre DRH est actuellement en arrêt maladie.

▸ **injured** *(adj)* blessé

▸ **injure / injure oneself** *(vb)* blesser / se blesser

• **leaflet** *(nom)* **notice**

Read the **leaflet** carefully before taking this medication.
Lisez soigneusement la notice avant de prendre ce médicament.

• **medication** *(nom)* **médicament**

Every **medication** has been tested before being approved.
Chaque médicament est testé avant d'être approuvé.

▸ **medicated** *(adj)* médicamenteux, traitant

▸ **medicate** *(vb)* traiter avec des médicaments

• **physician** *(nom)* **médecin**

Your family **physician** keeps a file on you.
Votre médecin de famille renseigne votre dossier médical.

▸ **physical condition** *(nom)* condition physique

> • Faux ami : ***physician*** désigne un médecin, ***physicist*** un physicien.
> • ***Physician*** et ***doctor*** sont synonymes.

• **potent** *(adj)* **puissant, fort**

This treatment is too **potent** for a child.
Ce traitement est trop fort pour un enfant.

▸ **potency** *(nom)* force, puissance

• **practice** *(nom)* **cabinet**

In bigger **practices**, there are several doctors and sometimes even a nurse.
Dans les cabinets plus importants, il y a plusieurs médecins et parfois même une infirmière.

▸ **practicing** *(adj)* en exercice, en activité

> ***Practice*** et ***surgery*** sont synonymes :
> *In bigger **surgeries**, there are several doctors...*

- **prescription** *(nom)* **ordonnance**

This **prescription** is out of date, you need to return to see your doctor.
Cette ordonnance n'est plus valable, vous devez retourner voir votre médecin.
▸ **fill a prescription** *(vb)* aller chercher, (se faire) délivrer une ordonnance
▸ **prescribe** *(vb)* prescrire

- **relapse** *(nom)* **rechute ;** *(vb)* **rechuter**

Malika seemed to be better, but then she **relapsed** and had to go to the doctor again.
Malika semblait aller mieux, mais elle a rechuté et a dû revoir le médecin.

- **sibling** *(nom)* **frère ou sœur**

Doctors will often ask if you have any **siblings** with the same condition.
Souvent, les médecins vous demandent si vous avez des frères ou sœurs qui ont la même maladie.

- **sick** *(adj)* **malade**

She was **sick** for a week.
Elle a été malade pendant une semaine.
▸ **sickness** *(nom)* maladie

> ***Sick*** et ***ill*** sont synonymes.

- **side effects** *(nom)* **effets secondaires**

What are the **side effects** of this medication?
Quels sont les effets secondaires de ce médicament ?

- **stomach** *(nom)* **estomac, ventre**

My **stomach** feels much better since I started the treatment.
J'ai beaucoup moins mal à l'estomac depuis que j'ai commencé le traitement.
▸ **on an empty stomach** *(exp)* le ventre vide
Don't take this **on an empty stomach**. *Ne prenez pas ceci le ventre vide.*
▸ **stomachache** *(nom)* mal de ventre

> On peut aussi parler de ***headache***, ***toothache***, ***earache*** et ***backache.***

- **tablet** *(nom)* **comprimé**

Do you prefer to take medication in syrup or **tablet** form?
Préférez-vous prendre le médicament sous forme de sirop ou de comprimé ?

- **treatment** *(nom)* **traitement**

How long should I take this **treatment**?
Pendant combien de temps dois-je suivre ce traitement ?
▸ **treat** *(vb)* soigner

Exercice 1 Les expressions courantes

▶ Corrigé p. 370

Formez des expressions courantes en reliant les mots des deux colonnes, puis choisissez la bonne expression pour compléter chaque phrase en conjuguant les verbes si nécessaire.

under •	• a prescription
on •	• injury
write •	• an appointment
have •	• medication
make •	• a relapse
work-related •	• a headache
have •	• pressure

1 Could you please turn down the radio, I ....
2 Our employees say they are .... a lot of .... at work at the moment.
3 This is a .... - it happened in the warehouse.
4 You should .... to see someone about your headaches.
5 Check carefully for interactions if you are already ....
6 Even though he returned to work last Friday, Stuart .... and needs another week off work.
7 The doctor didn't want to .... for such a minor problem.

Exercice 2 Les synonymes

▶ Corrigé p. 370

Trouvez les synonymes des mots entre parenthèses parmi les mots du chapitre.
1 Ms. Stark is back at work after a minor .... (sickness).
2 You should see a .... (doctor) about stopping smoking.
3 The opening hours of the doctor's .... (surgery) are 9 to 6.
4 The employee received the .... (wound) while operating heavy machinery.
5 There is a new .... (treatment) available for this illness.

Exercice 3 Les mots similaires

▶ Corrigé p. 370

Choisissez le mot en gras qui convient pour compléter chaque phrase.
1 The **leaflet / booklet** in the box gives you the correct dosage.
2 My coworker received an **illness / injury** while playing rugby.
3 There is currently no **cure / treatment** for a cold.
4 Under the wrong circumstances too much of anything could be **harmful / harmless**.
5 I went to the new pharmacy to **write / fill** my prescription.

Exercice 4 Les familles de mots

▶ Corrigé p. 370

Complétez chaque phrase avec le mot qui convient.

1 The doctor will call you through to the .... room when it is your turn.
Ⓐ consult Ⓒ consultant
Ⓑ consulted Ⓓ consultation

2 You will need to consult a .... to get a prescription.
Ⓐ physics Ⓒ physical
Ⓑ physicist Ⓓ physician

3 Dr. Stevenson recommended a good-quality .... shampoo.
Ⓐ medical Ⓒ medicated
Ⓑ medicate Ⓓ medication

4 Patients say the .... of this treatment is perfect: neither too strong nor too weak.
Ⓐ potent Ⓒ potency
Ⓑ potential Ⓓ potentially

5 Leonard discovered he had been taking a .... placebo.
Ⓐ harm Ⓒ harmful
Ⓑ harmed Ⓓ harmless

6 Leah was feeling .... over the weekend, so she went to the doctor.
Ⓐ ill Ⓒ ill-mannered
Ⓑ illness Ⓓ ill-equipped

7 In order to be a .... doctor, you must have a valid license.
Ⓐ practice Ⓒ practiced
Ⓑ practical Ⓓ practicing

8 Take this drug ...., half an hour before eating.
Ⓐ on an empty stomach Ⓒ the stomach empty
Ⓑ on a full stomach Ⓓ the stomach full

9 Be careful you don't .... yourself on the broken glass.
Ⓐ injure Ⓒ injurious
Ⓑ injury Ⓓ injured

10 Ask your pharmacist for a refill of this ....
Ⓐ prescribe Ⓒ prescription
Ⓑ prescriber Ⓓ prescribing

TEST OFFICIEL Extrait de Part 1

▶ Corrigé p. 371

Piste 72

Look at the picture and listen to the four statements.
Select the one statement that best describes what you see in the picture.

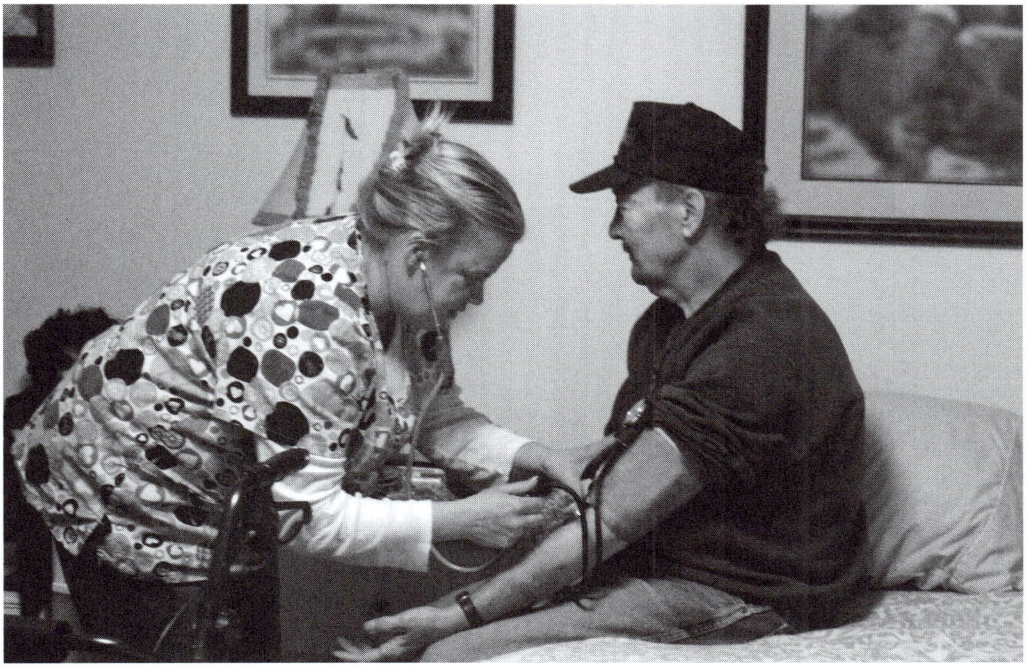

4. Ⓐ Ⓑ Ⓒ Ⓓ

VOCABULAIRE

25. OTHER HEALTH PROFESSIONALS
Les autres professionnels de la santé

Piste 73

- **advise** *(vb)* **conseiller**

The optometrist **advised** me to change my glasses.
L'ophtalmologue m'a conseillé de changer de lunettes.

▸ **advisor** *(nom)* conseiller(-ère)

▸ **advice** *(nom indénombrable)* conseil

The nurse gave me a very good piece of **advice**. *L'infirmière m'a donné un très bon conseil.*

- **apply** *(vb)* **appliquer, mettre**

Apply this cream to your elbow morning and night.
Appliquez cette pommade sur votre coude matin et soir.

▸ **application** *(nom)* application

- **breakthrough** *(nom)* **découverte capitale**

Researchers have made an exciting **breakthrough** in the field of hygiene.
Les chercheurs ont fait une découverte capitale dans le domaine de l'hygiène.

- **cavity** *(nom)* **carie**

I didn't have a single **cavity** during my last visit to the dentist.
Lors de ma dernière visite, le dentiste n'a pas trouvé une seule carie.

- **dentist** *(nom)* **dentiste**

Mr. Moon had been anxious about his upcoming visit to the **dentist**, but she was very gentle.
M. Moon était inquiet avant sa prochaine visite chez le dentiste, mais elle a été très douce.

▸ **dental** *(adj)* dentaire

▸ **dentistry** *(nom)* soins dentaires, études dentaires

- **diet** *(nom)* **régime ;** *(vb)* **suivre / faire un régime**

Inform the airline in advance if you need a special **diet** during the flight.
Prévenez la compagnie aérienne à l'avance si vous avez besoin d'un repas spécial pendant le vol.

▸ **dietary** *(adj)* alimentaire

▸ **dietician** *(nom)* diététicien(ne)

Indira saw a **dietician** in order to learn to eat more healthily.
Indira a vu une diététicienne pour apprendre à manger de façon plus équilibrée.

▸ **balanced diet** *(nom)* alimentation équilibrée

- **ER, emergency room** *(nom)* **les urgences**

Can you tell me where the entrance to the **ER** is?
Pouvez-vous me dire où se trouve l'entrée des urgences ?

- **eyeglasses** *(nom)* **lunettes**

  These **eyeglasses** will help you read small print.
  Ces lunettes vous permettront de lire les petits caractères.
  - ▸ **eyesight** *(nom)* vue
  - ▸ **eyestrain** *(nom)* fatigue visuelle

- **frame** *(nom)* **monture**

  If you can't find a **frame** that suits the shape of your face, maybe you could try contact lenses.
  Si vous ne trouvez pas de monture qui convienne à la forme de votre visage, vous pourriez essayer des lentilles.

- **heal** *(vb)* **guérir, cicatriser**

  The cut on your leg is **healing** very nicely.
  La plaie que vous avez à la jambe cicatrise très bien.
  - ▸ **healing** *(adj)* curatif
  - ▸ **healer** *(nom)* guérisseur(-euse)

- **hygiene** *(nom)* **hygiène**

  Good **hygiene** is important to stay healthy.
  Une bonne hygiène est importante pour rester en bonne santé.
  - ▸ **hygienic** *(adj)* hygiénique
  - ▸ **unhygienic** *(adj)* peu hygiénique
  - ▸ **dental hygienist** *(nom)* assistant(e) dentaire

    The **dental hygienist** cleans your teeth whereas the dentist treats them.
    L'assistant dentaire vous nettoie les dents, alors que le dentiste les soigne.

- **lenses** *(nom)* **verres, lentilles**

  Contact **lenses** are sometimes more practical than eyeglasses.
  Les lentilles sont parfois plus pratiques que les lunettes.

- **medical practitioner** *(nom)* **praticien(ne)**

  You need to study for many years to become a **medical practitioner**.
  Il faut étudier pendant de longues années avant de devenir praticien.

- **nurse** *(nom)* **infirmier(-ère) ;** *(vb)* **soigner**

  Male **nurses** are becoming more common.
  On trouve de plus en plus d'infirmiers.
  - ▸ **nursing** *(nom)* profession d'infirmier ; soins
  - ▸ **nursery** *(nom)* chambre d'enfants

- **optician** *(nom)* **opticien(ne)**

  Alejandra went to the **optician** to buy new spectacles.
  Alejandra est allée chez l'opticien pour acheter de nouvelles lunettes.

- **recover** *(vb)* **se rétablir, guérir**

  The patient **recovered** quickly.
  Le patient s'est rétabli rapidement.
  - ▸ **recovery** *(nom)* guérison, rétablissement

- **refer to** *(vb)* **diriger / orienter vers**

  The GP **referred** Mr. Lewis **to** a physiotherapist to correct his posture.
  Le médecin traitant a orienté M. Lewis vers un kinésithérapeute pour une correction posturale.
  - ▸ **referral** *(nom)* recommandation

- **relieve (of)** *(vb)* **soulager (de)**

Apply this cream three times a day and it will **relieve** your pain.
Appliquez cette pommade trois fois par jour et elle soulagera votre douleur.

▸ **relief** *(nom)* soulagement

- **researcher** *(nom)* **chercheur(-euse)**

She is a leading **researcher** in the field of sports medicine.
C'est une chercheuse éminente dans le domaine de la médecine du sport.

▸ **research** *(nom indénombrable)* recherche ; *(vb)* faire des recherches

- **resilience** *(nom)* **résistance, ténacité**

The patient's **resilience** helped him to recover much faster.
La résistance du patient l'a aidé à récupérer beaucoup plus vite.

▸ **resilient** *(adj)* résistant

- **surgeon** *(nom)* **chirurgien(ne)**

Tonight's interview is with the groundbreaking **surgeon**, Dr. Clarke.
Ce soir, nous interviewons le Dr Clarke, un chirurgien novateur.

▸ **surgical** *(adj)* chirurgical

▸ **surgically** *(adv)* par la chirurgie, chirurgicalement

▸ **surgery** *(nom)* intervention *(opération)* ; cabinet médical *(lieu)*

Call the **surgery** as soon as it opens and ask for an appointment that day.
Appelez le cabinet médical dès l'ouverture et demandez un rendez-vous le jour-même.

- **therapy** *(nom)* **thérapie**

Lots of new **therapies** are being developed all the time.
Beaucoup de nouvelles thérapies sont développées en permanence.

▸ **therapeutic** *(adj)* thérapeutique

▸ **physical therapy, physiotherapy** *(nom)* kinésithérapie

After surgery, many patients can be helped by **physical therapy**.
Après une opération, la kinésithérapie peut aider de nombreux patients.

- **tooth decay** *(nom indénombrable)* **carie**

Tooth decay may be because of bad dental hygiene or it could be due to genetics.
Les caries peuvent être causées par une mauvaise hygiène dentaire ou peuvent être héréditaires.

- **wheelchair** *(nom)* **fauteuil roulant**

The dental practice is accessible to people in **wheelchairs**.
Le cabinet dentaire est accessible aux personnes en fauteuil roulant.

Exercice 1 Les mots similaires

▶ Corrigé p. 371

Choisissez le mot en gras qui convient pour compléter chaque phrase.

1 The physical **therapist / therapy** I was told to do really helped.

2 The dental **surgeon / hygienist** applied a tooth-whitening compound to my teeth.

3 The **optician / ophthalmologist** gave me a prescription to take to the **optician / ophthalmologist**.

4 The **searcher / researcher** was investigating a new therapy.

5 The doctor gave him a **reference / referral** to the best surgeon in town.

Exercice 2 Les prépositions

▶ Corrigé p. 371

Choisissez la bonne préposition pour compléter chaque phrase.

1 Be vigilant about interactions ... prescription and OTC (over the counter) drugs.

Ⓐ on Ⓑ between Ⓒ in Ⓓ among

2 There has been a major breakthrough ... the treatment of eczema.

Ⓐ in Ⓑ of Ⓒ on Ⓓ to

3 Do not apply the gel ... broken skin.

Ⓐ at Ⓑ in Ⓒ to Ⓓ of

4 It's not a good idea to go running ... an empty stomach.

Ⓐ in Ⓑ to Ⓒ at Ⓓ on

5 This massage should relieve you ... joint *(articulation)* pain.

Ⓐ of Ⓑ at Ⓒ in Ⓓ on

Exercice 3 Trouvez l'intrus

▶ Corrigé p. 371

Identifiez l'intrus dans chaque liste.

1 dangerous / detrimental / harmful / harmless

2 doctor / nurse / physician / GP

3 relapse / heal / recover / get better

4 ineffective / mild / potent / weak

5 cause / cure / relieve / treat

Exercice 4 Les familles de mots

▶ Corrigé p. 371

Complétez chaque phrase avec le mot qui convient.

1 .... is currently the number one choice for medical students looking to specialize.

Ⓐ Dentist Ⓒ Dentistry
Ⓑ Dental Ⓓ Dentures

2 Ask your family doctor for a .... to a good dietician.

Ⓐ refer Ⓒ referral
Ⓑ referred Ⓓ reference

3 The dentist .... Mr. McIntosh to return in six months' time.

Ⓐ advice　　Ⓒ advised
Ⓑ advise　　Ⓓ advisor

4 It is .... to eat without washing your hands first.

Ⓐ hygiene　　Ⓒ unhygienic
Ⓑ hygienic　　Ⓓ hygienist

5 Do you have any special .... requirements such as lactose- or gluten-free food?

Ⓐ diet　　Ⓒ dietician
Ⓑ dietary　　Ⓓ dieting

6 According to the latest ...., dietary supplements could have some health benefits.

Ⓐ research　　Ⓒ researches
Ⓑ researcher　　Ⓓ researching

7 .... came naturally to Maurice, who had always loved to look after people.

Ⓐ Nurse　　Ⓒ Nursing
Ⓑ Nursery　　Ⓓ Nursed

8 Ms. Parsons had to have the piece of glass .... removed.

Ⓐ surgery　　Ⓒ surgical
Ⓑ surgeon　　Ⓓ surgically

9 It's very difficult to get quick and effective .... for a cold.

Ⓐ relief　　Ⓒ relieved
Ⓑ relieve　　Ⓓ relieving

10 Those new eyeglass .... really suit you.

Ⓐ frame　　Ⓒ framing
Ⓑ frames　　Ⓓ framework

▶ *Corrigé p. 372*

Pistes 74 - 75

Questions 83-85 refer to the following announcement.

83. What event does the speaker mention?

(A) A lecture series

(B) The dedication of a building

(C) The opening of a business

(D) A company health fair

84. Why does the speaker say, "How could you miss this"?

(A) To clarify a procedure

(B) To emphasize a deadline

(C) To encourage participation

(D) To make a criticism

85. What does the speaker say is posted in the break room?

(A) A sign-up sheet

(B) A list of Web sites

(C) A safety notice

(D) A newspaper article

26. ACTIONS
Les mouvements

Piste 76

• **balance** *(vb)* **être en équilibre**

Some people find it difficult to **balance** on one foot.
Certaines personnes trouvent difficile de se tenir en équilibre sur un pied.

▸ **balanced** *(adj)* équilibré *(alimentation)*, objectif *(avis)*

• **bend** *(vb – prét/PP* **bent/bent***)* **plier, courber**

Can you **bend** your arm, please?
Pouvez-vous plier le bras, s'il vous plaît ?

▸ **bending** *(adj)* sinueux, qui penche
The road was narrow and **bending**. *La route était étroite et sinueuse.*

▸ **bend down** *(vb)* se pencher, se baisser

▸ **unbend** *(vb)* redresser

• **clap (hands)** *(vb)* **applaudir**

Everybody **clapped** at the end of the presentation.
Tout le monde a applaudi à la fin de la présentation.

• **climb** *(vb)* **grimper, monter**

The firefighter **climbed** the ladder to rescue the cat.
Le pompier est monté à l'échelle afin de secourir le chat.

▸ **climber** *(nom)* alpiniste ; *(sens figuré)* arriviste

• **crouch** *(vb)* **être accroupi, s'accroupir**

I didn't see the woman because she was **crouching** behind the desk.
Je n'ai pas vu la femme car elle était accroupie derrière le bureau.

• **fold / unfold** *(vb)* **plier / déplier**

Are you good at **folding** maps?
Êtes-vous doué pour plier les cartes ?

▸ **folding** *(adj)* pliant

▸ **unfold** *(vb)* se dérouler
We watched as the events **unfolded** before our eyes.
Nous avons regardé les évènements se dérouler devant nos yeux.

• **get into / out of** *(vb – prét/PP* **got/got***)* **monter / descendre** (de voiture, taxi)

Don't **get out** of the car before applying the handbrake.
Ne sortez pas de la voiture avant d'avoir mis le frein à main.

• **get on / off** *(vb)* **monter** *(bus, avion)*

Passengers were told to **get off** the train and wait on the platform.
On a demandé aux passagers de descendre du train et d'attendre sur le quai.

- **grab** *(vb)* **attraper**

Mr. Barras **grabbed** the vase as it was falling.
M. Barras a attrapé le vase au moment où il tombait.

- **hit** *(vb – prét/PP* **hit/hit***)* **frapper, heurter**

Ms. Swain's elbow **hit** the desk in her excitement.
Dans un moment d'excitation, Mme Swain a heurté le bureau avec son coude.
  - ▸ **hit the jackpot** *(vb)* toucher le gros lot

- **kick** *(vb)* **donner des coups de pied**

Try to avoid **kicking** the seat in front of you.
Essayez d'éviter de donner des coups de pied dans le siège de devant.
  - ▸ **kickoff** *(nom)* coup d'envoi
    Tomorrow is the **kickoff** meeting for the new project. *Demain aura lieu la réunion de lancement du nouveau projet.*

Le verbe ***kick off*** s'écrit en deux mots, le nom ***kickoff*** en un seul.

  - ▸ **kick off** *(vb)* donner le coup d'envoi

- **kneel** *(vb – prét/PP* **knelt/knelt***)* **être / se mettre à genoux**

You have to **kneel** if you want to access that cupboard.
Il faut se mettre à genoux pour accéder à ce placard.
  - ▸ **knee** *(nom)* genou
  - ▸ **knee-jerk reaction** *(exp)* réaction instinctive, irréfléchie
    The CEO's refusal was a **knee-jerk reaction**. She has changed her mind since.
    Le refus du PDG était spontané. Elle a changé d'avis depuis.

- **lean** *(vb)* **se pencher, s'appuyer**

The pedestrian is **leaning** against the lamp post.
Le piéton s'appuie contre le lampadaire.
  - ▸ **leaning** *(adj)* penché
  - ▸ **lean on somebody** *(vb)* compter sur quelqu'un

- **lie** *(vb – prét/PP* **lay/lain***)* **être allongé, s'allonger ; être étalé ; résider**

Those papers **have been lying** there on the table for days.
Ces papiers sont étalés sur la table depuis plusieurs jours.
The solution **lies** in hiring two temps over the Christmas period.
La solution passe par le recrutement de deux temps partiels pour la période de Noël.
  - ▸ **lie ahead** *(vb)* se profiler

- **lock / unlock** *(vb)* **fermer à clé / déverrouiller**

The door can only be **unlocked** from the inside.
La porte peut seulement être déverrouillée de l'intérieur.
  - ▸ **lock** *(nom)* verrou
  - ▸ **lock up** *(vb)* enfermer

- **point** *(vb)* **pointer, montrer du doigt**

The tourist **pointed** at the skyscraper.
Le touriste a montré le gratte-ciel.
  - ▸ **pointed** *(adj)* sans équivoque, éloquent, précis
    The HR manager made a very **pointed** comment about absenteeism.
    Le DRH a fait une remarque sans équivoque à propos de l'absentéisme.
  - ▸ **laser pointer** *(nom)* pointeur laser
  - ▸ **point out** *(vb)* signaler, faire remarquer *(fait, erreur)*

- **raise a hand** *(vb)* **lever la main**

Please **raise your hand** if you agree.
Veuillez lever la main si vous êtes d'accord.

- **reach for** *(vb)* **tendre la main vers / pour**

They both **reached for** the remote control at the same time.
Ils ont tous les deux tendu la main vers la télécommande en même temps.

▸ **reachable** *(adj)* accessible

- **shake hands** *(vb – prét/PP* **shook/shaken***)* **(se) serrer la main**

In some cultures, you **shake hands** every time you see someone.
Dans certaines cultures, on se serre la main à chaque fois qu'on se voit.

▸ **shaky** *(adj)* tremblant, peu stable, incertain
▸ **shake** *(vb)* secouer

- **stand** *(vb – prét/PP* **stood/stood***)* **être / se mettre debout ; se tenir**

Excuse me, you're **standing** in my way.
Excusez-moi, vous me bloquez le chemin.

▸ **stand** *(nom)* stand, présentoir
▸ **be at a standstill** *(exp)* être à l'arrêt
The traffic **was at a standstill** because of the roadworks.
La circulation était complètement bloquée à cause des travaux.

- **stretch** *(vb)* **allonger, étirer, étendre**

It's important to **stretch** after going jogging.
Il est important de s'étirer après avoir fait un footing.

▸ **stretchy** *(adj)* extensible, élastique

- **struggle with** *(vb)* **lutter avec**

If you continue to **struggle with** the handle, you may be able to open the door.
Si vous continuez à vous démener contre la poignée, vous pourrez peut-être ouvrir la porte.

▸ **struggle** *(nom)* lutte

- **throw** *(vb – prét/PP* **threw/thrown***)* **jeter**

You can **throw** that file in the trashcan, it's no longer up-to-date.
Vous pouvez jeter ce dossier-là à la poubelle, il n'est plus à jour.

▸ **throwaway** *(adj)* jetable
▸ **throw out, throw away** *(vb)* jeter à la poubelle
▸ **throw in the towel** *(exp)* jeter l'éponge *(sens figuré)*

Throwaway et ***disposable*** sont synonymes.

- **wave** *(vb)* **faire un signe / saluer de la main**

He **waved** at his neighbor across the street.
Il a salué son voisin de l'autre côté de la rue (d'un signe de la main).

▸ **wave hello / goodbye** *(exp)* faire bonjour / au revoir de la main

- **wipe** *(vb)* **essuyer**

The cleaner **wiped** the desk and swept the floor.
L'agent d'entretien a essuyé le bureau et balayé par terre.

▸ **wiper** *(nom)* essuie-glace
▸ **wipe out** *(vb)* éradiquer *(maladie)*, anéantir

Exercice 1 Les prépositions

▶ Corrigé p. 372

Complétez les phrases avec la préposition de la liste qui convient.

at on off out down

1 Could you bend .... and pick up that pencil for me?
2 Our project is .... a standstill because we need a permit to continue.
3 Don't throw .... the packaging, I want to keep it.
4 If you lean .... this shaky antique table it may break.
5 What day will the next marketing campaign kick ....?

Exercice 2 Le vocabulaire

▶ Corrigé p. 372

Complétez les phrases avec les mots de vocabulaire du chapitre.

1 The device you use to clean the car windows is a ....
2 If something is not stable, it is ....
3 To make a piece of metal straight again, you can .... it with a hammer.
4 The tower is not completely vertical: it .... to the left.
5 The joint where your leg bends is your ....

Exercice 3 Les synonymes

▶ Corrigé p. 372

Trouvez les synonymes des mots entre parenthèses parmi les mots du chapitre.

1 Can you buy some .... (disposable) plastic cups for the meeting?
2 The conference center is easily .... (accessible) by bus.
3 The two neighbors always .... (depend on) each other to solve their problems.
4 Let me .... (quickly take) my umbrella in case it rains later.
5 It was a long .... (fight) to change the office opening hours.

Exercice 4 Les familles de mots

▶ Corrigé p. 373

Complétez chaque phrase avec le mot qui convient.

1 Can you .... which cupboard I can use, please?
Ⓐ point Ⓒ pointer
Ⓑ point out Ⓓ pointed

2 Did you .... the red folder which was sitting on the desk?
Ⓐ threw away Ⓒ thrown away
Ⓑ throw away Ⓓ throwaway

3 .... on the floor will allow you to clean under the couch.
Ⓐ Knee Ⓒ Knee-jerk
Ⓑ Kneel Ⓓ Kneeling

4 Every time I return to the office, the door is ....
Ⓐ lock Ⓒ unlock
Ⓑ locks Ⓓ unlocked

5 This fabric is very .... and ideal for manufacturing swimwear.

Ⓐ stretch Ⓒ stretchy
Ⓑ stretched Ⓓ stretching

6 Could you help me .... the couch so I can make the guest bed?

Ⓐ fold Ⓒ folding
Ⓑ unfold Ⓓ folded

7 We need to .... this twisted piece of metal before inserting it.

Ⓐ bends Ⓒ unbend
Ⓑ bent Ⓓ bending

8 The guests .... up when the host entered the room.

Ⓐ stand Ⓒ standstill
Ⓑ stood Ⓓ standing

9 The painter .... the ladder against the wall.

Ⓐ lean Ⓒ leaning
Ⓑ leaned Ⓓ lean on

10 The business traveler got .... the plane, anticipating a good flight.

Ⓐ into Ⓒ out of
Ⓑ on Ⓓ off

TEST BLANC Extrait de Part 1

▶ Corrigé p. 373

Piste 77

Look at the picture and listen to the four statements.
Select the one statement that best describes what you see in the picture.

3. Ⓐ Ⓑ Ⓒ Ⓓ

27. AT THE BANK
À la banque

Piste 78

• **approve** *(vb)* **approuver, donner son accord**

The bank manager has **approved** our loan.
Le banquier a donné son approbation pour notre emprunt.

▸ **approving / disapproving** *(adj)* approbateur / désapprobateur
▸ **approval / disapproval** *(nom)* approbation / désapprobation

• **ATM** *(nom)* **distributeur**

Can we drop by an **ATM** to get out some money?
On peut faire un saut au distributeur pour retirer de l'argent ?

ATM est l'abréviation de ***automated teller machine***.

• **balance** *(nom)* **solde**

Push 2 to hear your bank **balance**.
Appuyez sur 2 pour connaître votre solde.

▸ **balance a checkbook, balance the books** *(exp)* tenir les comptes

• **bank clerk** *(nom)* **guichetier(-ière), employé(e) de banque**

Smilla Marten rose from **bank clerk** all the way to branch manager.
Smilla Marten a grimpé tous les échelons depuis le poste de guichetière jusqu'à celui de directrice d'agence.

Bank clerk est synonyme de ***teller***.

• **borrow** *(vb)* **emprunter**

We didn't need to **borrow** much money to start the company.
Nous n'avons pas eu besoin d'emprunter beaucoup d'argent pour démarrer notre entreprise.

▸ **borrower** *(nom)* emprunteur(-euse)

• **branch** *(nom)* **agence**

For more information, visit your local **branch**.
Pour plus de renseignements, rendez-vous à votre agence.

• **cash a check** *(vb)* **encaisser un chèque**

Some hotels will **cash a check** for you if you need some local currency.
Quelques hôtels acceptent d'encaisser un chèque s'il vous faut des devises du pays.

• **currency** *(nom)* **devise**

The **currency** of Australia is the Australian dollar.
La devise de l'Australie est le dollar australien.

- **deposit** *(nom)* **versement ;** *(vb)* **déposer, verser**

Don't forget to **deposit** the check before the end of the week.
N'oubliez pas de déposer le chèque avant la fin de la semaine.

▸ **depositor** *(nom)* déposant

- **extra charges** *(nom)* **frais annexes, suppléments**

Could you explain these **extra charges** on my statement?
Pouvez-vous m'expliquer à quoi correspondent ces frais annexes sur mon relevé de compte ?

- **funds** *(nom)* **fonds**

The bank may refuse to honor an automatic payment if there are not sufficient **funds** in the account.
La banque peut refuser d'honorer un virement automatique s'il n'y a pas assez d'argent sur le compte.

▸ **funding** *(nom)* financement

▸ **fund** *(vb)* financer

- **incur** *(vb)* **entraîner** (coûts, frais)

With some banks, fees are **incurred** when you go overdrawn.
Avec certaines banques, on encourt des frais quand on est à découvert.

Incur s'emploie souvent à la forme passive : ***fees will be incurred.***

- **installment** *(nom)* **mensualité**

How much is your car **installment** each month?
Quelle mensualité payez-vous pour votre crédit automobile ?

- **lend** *(vb – prét/PP* **lent/lent***)* **prêter**

Could you **lend** me some cash until tomorrow?
Pourriez-vous me prêter des espèces jusqu'à demain ?

▸ **lender** *(nom)* prêteur

▸ **loan** *(nom)* prêt, emprunt ; *(vb)* prêter

- **money transfer** *(nom)* **virement**

The easiest way to move money from one account to another is by **money transfer**.
Un virement est la façon la plus simple de transférer de l'argent d'un compte à un autre.

- **mortgage** *(nom)* **crédit immobilier, hypothèque ;** *(vb)* **hypothéquer**

We will finish paying off our **mortgage** next year.
Nous aurons fini de rembourser notre crédit immobilier l'année prochaine.

- **overdraft** *(nom)* **découvert**

Your **overdraft** is authorized up to an agreed limit.
Votre découvert est autorisé jusqu'à une limite prédéfinie.

▸ **overdrawn** *(adj)* à découvert

Overdrawn et ***in the red*** sont synonymes.

- **pay off** *(vb – prét/PP* **paid/paid***)* **rembourser** (un crédit)

The start-up finally **paid off** all the debts it had run up.
La start-up a enfin remboursé toutes les dettes qu'elle avait accumulées.

• **save** *(vb)* **mettre de côté**

Hana plans to **save** 10% of her salary each month to buy herself a car.
Hana a l'intention de mettre 10 % de son salaire de côté chaque mois pour s'acheter une voiture.

▸ **savings** *(nom)* épargne

> ***Save*** et ***put aside*** sont synonymes : *Hana plans to **put aside** 10% of her salary.*

• **secure** *(adj)* **sécurisé, sûr ;** *(vb)* **sécuriser**

Make sure you find a **secure** place to leave your valuable items.
Assurez-vous de laisser vos objets de valeur dans un endroit sûr.

▸ **securely** *(adv)* solidement

• **short (of)** *(adj)* **à court (de)**

Will you pay for my coffee? I'm a little **short of cash** today.
Tu m'offres mon café ? Je suis un peu à court d'argent aujourd'hui.

▸ **shortage** *(nom)* manque, pénurie

• **sign up for** *(vb)* **s'inscrire, s'abonner**

Signing up for an Internet banking service is very convenient.
Il est très pratique de s'abonner à un service de banque en ligne.

• **split** *(vb – prét/PP* **split/split***)* **(se) partager, (se) répartir**

The profits raised from the bank's fundraising activities **were split** between two local charities.
Les bénéfices dégagés par les collectes de fonds de la banque ont été partagés entre deux associations caritatives.

▸ **split the cost** *(exp)* partager les frais

• **statement** *(nom)* **relevé de compte**

My bank **statement** came as a nice surprise this month.
J'ai eu une bonne surprise sur mon relevé de compte ce mois-ci.

• **up-front** *(adv)* **à l'avance**

You must pay 30% **up-front**, and the balance upon completion of the work.
Vous devez régler 30 % à l'avance, et le solde à la fin des travaux.

• **withdraw** *(vb – prét/PP* **withdrew/withdrawn***)* **retirer**

How much money can you **withdraw** from an ATM in one week?
Combien d'argent peut-on retirer au distributeur chaque semaine ?

▸ **withdrawal** *(nom)* retrait *(au distributeur)*

Exercice 1 Les synonymes

▶ Corrigé p. 373

Reliez les mots des deux colonnes pour trouver les synonymes.

overdrawn •	• save
fees •	• teller
bank clerk •	• charges
put aside •	• take out
withdraw •	• in the red

Exercice 2 Les mots similaires

▶ Corrigé p. 373

Choisissez le mot en gras qui convient pour compléter chaque phrase.

1 Your monthly **balance / statement** includes your **balance / statement**.
2 I need some cash. I'd like to make a **deposit / withdrawal**.
3 What is the **currency / money** of Thailand?
4 Could you **borrow / lend** me a few euros?
5 They used their life **save / savings** to go on a fabulous cruise.

Exercice 3 Les expressions

▶ Corrigé p. 374

Formez des expressions courantes en reliant les deux colonnes, puis complétez les phrases avec les verbes en les conjuguant si nécessaire.

cash •	• a friend
earn •	• a check
run up •	• some money
pay off •	• a loan
pay back •	• interest
put aside •	• a debt

1 Finally .... a loan makes you feel great!
2 Every month I .... a small amount of money into a savings account where it can .... a high rate of interest.
3 If you borrow money from a friend, try to .... all of the money as soon as you can.
4 We .... a huge debt last year when we were on holiday in Switzerland.
5 The bank was not able to .... my pay check immediately because they didn't have enough cash available in the cash register, so I deposited it instead.

Exercice 4 Les familles de mots

▶ Corrigé p. 374

Complétez chaque phrase avec le mot qui convient.

1 When he saw how huge the overdraft was, he gave his son .... look.

Ⓐ an approval Ⓒ an approved
Ⓑ an approving Ⓓ a disapproving

2 We are holding our annual .... next month to raise money for new hospital equipment.

Ⓐ fund Ⓒ fundraiser
Ⓑ funds Ⓓ funding

3 My bank offers free banking, as long as you don't go ....

Ⓐ overdraft Ⓒ overdrawn
Ⓑ overdrew Ⓓ drawn over

4 Banks constitute the majority of mortgage ...., although it is possible to go through a private firm.

Ⓐ lend Ⓒ lending
Ⓑ lenders Ⓓ loan

5 I need to find an ATM to make a ....

Ⓐ withdraw Ⓒ withdrawal
Ⓑ withdrawn Ⓓ overdrawn

6 The gold is kept .... in a deposit box.

Ⓐ surely Ⓒ security
Ⓑ secure Ⓓ securely

7 For this type of account, you can act as a .... , but you may not withdraw money.

Ⓐ deposit Ⓒ deposited
Ⓑ depositor Ⓓ depository

8 The first .... is due on the tenth of the month, to be paid by direct deposit.

Ⓐ install Ⓒ installation
Ⓑ installer Ⓓ installment

9 Every withdrawal carried out at a rival bank's ATM .... an extra charge of $2.

Ⓐ incur Ⓒ incurred
Ⓑ incurs Ⓓ incurring

10 Mrs. Lee spent hours .... the company checkbook, only to see that she had forgotten one check.

Ⓐ balance Ⓒ balanced
Ⓑ balances Ⓓ balancing

▶ Corrigé p. 375

Questions 139-142 refer to the following notice.

Dear Valued Customer,

Please be advised that the Dellmere Bank branch on Vine Street will be .... on April 5 and 6.
139

During this period, the building will undergo much-needed .... These include improvements to the teller line and transaction counters. ....
140 **141**

If you use any of our other branches, you will experience no .... in processing your transactions. In addition, our online banking service will continue to be available 24 hours a day.
142

Thank you for your patience.

Jane Hegy
General Manager

139. (A) reserved
(B) cleaned
(C) closed
(D) funded

140. (A) renovated
(B) renovations
(C) renovates
(D) renovator

141. (A) Please complete all transactions early.
(B) The original flooring was kept.
(C) Forms are available in the lobby.
(D) We apologize for the inconvenience.

142. (A) delays
(B) decreases
(C) sales
(D) estimates

28. INVESTMENTS
Les investissements

Piste 79

- **assets** *(nom)* **actifs**

A company's **assets** are the resources it possesses which have an economic value.
Les actifs d'une entreprise sont constitués de ses ressources ayant une valeur économique.

- **bankruptcy** *(nom)* **faillite, dépôt de bilan**

Filing for **bankruptcy** is a difficult decision to make.
Le dépôt de bilan est une décision difficile à prendre.

▸ **bankrupt** *(adj)* insolvable, en faillite
▸ **go bankrupt** *(vb)* faire faillite

- **bid** *(nom)* **offre, enchère ;** *(vb – prét/PP* **bid/bid***)* **faire une offre, faire une enchère**

The highest **bid** for the purchase of the franchise was rejected because it came after the deadline.
L'enchère la plus élevée pour l'achat de la franchise a été rejetée car elle est arrivée après la clôture.

▸ **the highest bidder** *(exp)* le plus offrant
▸ **bidding** *(nom)* les enchères
▸ **make a bid** *(vb)* faire une offre, enchérir

- **boom** *(nom)* **boom, forte expansion ;** *(vb)* **être en plein essor, être en forte hausse**

Business is **booming**!
Les affaires sont en plein essor !
The annual tournament is always followed by a **boom** in the sale of tennis products.
Le tournoi annuel est toujours suivi par une forte augmentation des ventes de produits liés au tennis.

- **broker** *(nom)* **courtier**

A **broker** can help you when you start making investments.
Un courtier peut vous être utile quand vous commencez à investir.

- **commodity** *(nom)* **produit de base, marchandise**

Coffee and chocolate are the **commodities** we trade in.
Nous faisons le commerce de café et de chocolat.

- **diversify** *(vb)* **(se) diversifier**

A new investor should **diversify** his or her portfolio early on.
Un nouvel investisseur devrait diversifier son portefeuille dès que possible.

▸ **diverse** *(adj)* varié
▸ **diversity** *(nom)* diversité, variété
▸ **diversification** *(nom)* diversification

- **dramatic** *(adj)* **spectaculaire**

There has been a **dramatic** increase in salaries since the economy picked up.
L'augmentation des salaires a été spectaculaire depuis la reprise économique.

▸ **dramatically** *(adv)* de façon spectaculaire

• **equity** *(nom)* **fonds propres**

They got full control of the firm when they purchased 59% of the **equity**.
Ils ont pris le contrôle total de la société en achetant 59 % des fonds propres.

• **increase** *(nom)* **augmentation ;** *(vb)* **augmenter**

The **increase** in prices can be explained by the week's news.
L'augmentation des prix peut s'expliquer par les nouvelles de la semaine.

- **increasingly** *(adv)* de plus en plus
  The public is turning **increasingly** to brokers for investment advice.
  Le public s'adresse de plus en plus aux courtiers pour des conseils en investissement.
- **decrease** *(vb)* baisser, diminuer

• **initial outlay** *(nom)* **mise de fonds initiale, investissement initial**

The **initial outlay** need not be enormous.
La mise de fonds initiale ne doit pas nécessairement être très importante.

• **interest rate** *(nom)* **taux d'intérêt**

Now is the time to invest in property, before the **interest rate** increases.
C'est le moment d'investir dans l'immobilier, avant que les taux d'intérêt n'augmentent.

• **invest (in)** *(vb)* **investir (dans)**

We took out a loan so we could **invest** in a promising start-up.
Nous avons fait un emprunt afin de pouvoir investir dans une start-up prometteuse.

- **investment** *(nom)* investissement
- **investor** *(nom)* investisseur

• **level off** *(vb)* **se stabiliser**

Coffee has started to **level off** after some wild fluctuations.
Après des fluctuations prononcées, le cours du café commence à se stabiliser.

- **level** *(adj)* horizontal, plat, au même niveau

• **liabilities** *(nom)* **passif**

Liabilities are the money the company owes such as debts, loan payments and unpaid invoices.
Le passif est l'argent qui est dû par une entreprise, tel que les dettes, les crédits et les factures impayées.

- **liable** *(adj)* responsable
- **be liable to** *(vb)* risquer de, être susceptible de
  If you don't leave on time, you **are liable to** arrive late.
  Si vous ne partez pas à l'heure, vous risquez d'arriver en retard.

• **plummet** *(vb)* **chuter**

The price of copper is predicted to **plummet** in the next month.
On prédit que le prix du cuivre va chuter au cours du mois à venir.

• **portfolio** *(nom)* **portefeuille** (d'actions)

Ms. Culpeper has a very diverse **portfolio**.
Mme Culpeper a un portefeuille très varié.

• **proper** *(adj)* **correct**

Make sure you have the **proper** papers.
Assurez-vous d'avoir les bons documents.

- **properly** *(adv)* correctement, convenablement
  Has the bank been informed **properly** of your intention to sell?
  Avez-vous officiellement informé la banque de votre intention de vendre ?

- **real estate** *(nom)* **immobilier**

Real estate is a good alternative to other investments, as housing prices rarely go down.
L'immobilier est une bonne alternative à d'autres investissements, car le prix des logements baisse rarement.

▸ **realtor** *(nom)* agent immobilier

> ***Real estate*** et ***property*** sont synonymes : ***Property*** *is a good investment.*

- **share** *(nom)* **action** (finance) **; part, portion**

How many **shares** of the company do you have?
Combien d'actions de la société possédez-vous ?

▸ **shareholder** *(nom)* actionnaire

- **skyrocket** *(vb)* **flamber**

The cost of petroleum will **skyrocket** as the world's reserves run low.
Le prix du pétrole va flamber au fur et à mesure de l'épuisement des réserves mondiales.

- **slump** *(nom)* **effondrement, creux ;** *(vb)* **décliner**

February usually sees an improvement in toy sales after the typical post-holiday **slump**.
En général, les ventes de jouets s'améliorent en février après l'effondrement qui suit les fêtes.

- **speculator** *(nom)* **spéculateur**

The goal of a **speculator** is to make a quick profit by anticipating price changes and buying or selling rapidly.
L'objectif du spéculateur est de faire des bénéfices très vite en anticipant les changements de prix et en achetant ou en vendant rapidement.

▸ **speculate** *(vb)* spéculer

- **stake** *(nom)* **intérêt, part**

His **stake** in the start-up was almost half the initial outlay.
Sa part dans la start-up équivalait quasiment à la moitié de l'investissement initial.

▸ **at stake** *(adj)* en jeu

▸ **stakeholder** *(nom)* partie prenante, acteur

▸ **stakes** *(nom)* enjeu

The **stakes** are very high, we cannot afford to make a mistake.
L'enjeu est très important, on ne peut pas se permettre de se tromper.

- **stocks** *(nom)* **actions, valeurs**

I advise you to sell some of your **stocks** now.
Je vous conseille de vendre une partie de vos actions maintenant.

▸ **stock market** *(nom)* bourse

▸ **stockbroker** *(nom)* agent de change

- **yield** *(nom)* **rendement ;** *(vb)* **rapporter** (investissement) **; céder** (ne pas résister)

That investment has an excellent **yield**.
Cet investissement a un excellent rendement.

The sale of the Kansas City premises **yielded** an excellent return on investment.
La vente des locaux de Kansas City a rapporté un excellent retour sur investissement.

The CEO refused to **yield** to pressure to close down.
Le PDG a refusé de céder à la pression pour cesser notre activité.

Exercice 1 Les expressions

▶ Corrigé p. 374

Formez des expressions courantes en reliant les mots des deux colonnes, puis choisissez la bonne expression pour compléter chaque phrase en conjuguant les verbes si nécessaire.

file for •	• bankrupt
make a •	• bankruptcy
go •	• down
close •	• loan
take out a •	• bid

1 We're going to need to .... in order to cover our start-up costs.

2 Our main competitor has .... because they .... after making a bad investment.

3 .... is a legal option when you are no longer able to honor your debts.

4 I saw that Acme Products Inc. is up for sale. Shall we .... to buy it?

Exercice 2 Les synonymes

▶ Corrigé p. 374

Trouvez dans le chapitre les synonymes qui correspondent aux mots en gras.

1 The company was nearly **insolvent**, but an investor was found. ....

2 Investing in **property** is practically risk-free. ....

3 Unemployment has **fallen dramatically**. ....

4 There was a **sharp** increase in sales. ....

5 The market has **settled down** after some rapid changes. ....

Exercice 3 Les mots similaires

▶ Corrigé p. 375

Choisissez le mot en gras qui convient pour compléter chaque phrase.

1 The reputation of our firm is at **share / stake**.

2 They didn't check the **properly / property** market before they decided to sell their house.

3 We are pleased to announce that our **assets / liabilities** have increased this year.

4 Book sales have **plummeted / skyrocketed** from 100 000 to 1 million.

5 Go see a **realtor / stockbroker** if you want to invest in property.

Exercice 4 Les familles de mots

▶ Corrigé p. 375

Complétez chaque phrase avec le mot qui convient.

1 You should contact your broker before making any .... decisions.

Ⓐ invest
Ⓑ invested
Ⓒ investors
Ⓓ investment

2 One of our biggest .... is the money we owe the bank.

Ⓐ liable
Ⓑ liability
Ⓒ liabilities
Ⓓ reliable

3 We bought our house when .... rates were at an all-time low.

Ⓐ interest
Ⓑ interests
Ⓒ interested
Ⓓ interesting

4 The price of oil has plummeted .... since the beginning of the year.

Ⓐ drama
Ⓑ dramatic
Ⓒ dramatist
Ⓓ dramatically

5 My broker recommends .... of your portfolio to avoid losing a lot of money in one go.

Ⓐ diversified
Ⓑ diverse
Ⓒ diversify
Ⓓ diversification

6 .... is a risky practice but it can bring large gains.

Ⓐ Speculate
Ⓑ Speculating
Ⓒ Speculator
Ⓓ Speculations

7 The .... that Acmon Ltd issued yesterday have all been purchased by a single mystery buyer.

Ⓐ share
Ⓑ shares
Ⓒ shared
Ⓓ shareholders

8 That lawsuit nearly .... us, but we had made a deal with a partner, which protected our assets.

Ⓐ bankrupt
Ⓑ bankrupted
Ⓒ bankruptcy
Ⓓ go bankrupt

9 Credit card holders are not .... for any charge made to their card without their authorization.

Ⓐ liable
Ⓑ liability
Ⓒ liabilities
Ⓓ reliable

10 When acquiring real estate, examine all documents .... to avoid any future problems.

Ⓐ proper
Ⓑ property
Ⓒ properly
Ⓓ propriety

TEST BLANC Extrait de Part 4

▶ *Corrigé p. 375*

Pistes 80 - 81

Questions 1-3 refer to the following radio broadcast.

1. What will listeners hear first?

(A) An interview with a famous economist

(B) Questions for a famous economist

(C) The business news

(D) A word from the sponsor

2. How will listeners be able to put their question to Neela?

(A) By e-mail

(B) By text message

(C) Over the phone

(D) In person

3. What does the woman mean when she says "There's no time like the present"?

(A) It's too late to do it.

(B) It's the best moment to do it.

(C) It is the moment to give a gift.

(D) She appreciates getting presents.

VOCABULAIRE

29. BUDGETING
Préparer un budget

Piste 82

- **back-up plan** *(nom)* **plan B**

Do you have a **back-up plan** in case they refuse?
Avez-vous un plan B au cas où ils refuseraient ?

- **cut back (on)** *(vb – prét/PP* **cut/cut***)* **faire des économies (sur), réduire**

Management has decided to **cut back** on training costs by outsourcing.
La direction a décidé de réduire les coûts de formation en ayant recours à des sous-traitants.

▸ **cutback** *(nom)* réduction

> Le verbe ***cut back*** s'écrit en deux mots, le nom ***cutback*** en un seul.

- **disposable income** *(nom)* **revenu disponible**

I spend a quarter of my **disposable income** on travel.
Je dépense un quart de mes revenus disponibles sur les voyages.

> ***Disposable*** et ***discretionary*** sont synonymes : *(...) a quarter of my* ***discretionary income***

- **earn** *(vb)* **gagner** (en travaillant)**, toucher** (salaire)

How much do you **earn** per year?
Quel est votre salaire annuel ?

▸ **earner** *(nom)* salarié(e) ; source de revenu
▸ **earnings** *(nom)* revenus

> « Gagner » aux jeux de hasard se dit ***win***.

- **emergency fund** *(nom)* **fonds d'urgence**

What do you use your **emergency fund** for?
Dans quels cas avez-vous recours à votre fonds d'urgence ?

- **expendable** *(adj)* **dont on peut se dispenser**

Our overseas facility is **expendable**.
Nous pouvons nous dispenser de notre établissement à l'étranger.

- **expenditure** *(nom)* **dépense**

We must cut back on **expenditure**.
Il faut réduire nos dépenses.

▸ **expensive** *(adj)* cher
▸ **expenses** *(nom)* dépenses, frais

Mrs. Hutton's travel **expenses** were higher than usual this month.
Les frais de déplacement de Mme Hutton étaient plus élevés que d'habitude ce mois-ci.

▸ **meet expenses** *(vb)* couvrir les dépenses

• **fail** *(vb)* **échouer, faire faillite**

It is very common for new businesses to **fail** within the first two years.
Il est très courant qu'une nouvelle entreprise fasse faillite au cours des deux premières années.

- ▸ **failure** *(nom)* échec, faillite, manquement
- ▸ **failing** *(nom)* faiblesse, défaut
  Her biggest **failing** is a lack of foresight. *Son plus grand défaut est le manque de prévoyance.*
- ▸ **fail to** *(vb)* ne pas parvenir à *(formule de négation soutenue)*
  You **fail to see** the problem. *Vous ne parvenez pas à comprendre le problème.*

• **fall back on** *(vb – prét/PP* **fell/fallen***)* **avoir recours à, avoir en réserve**

It's important to keep a cash reserve to **fall back on**.
Il est important de pouvoir compter sur une réserve d'argent liquide.

• **financial statement** *(nom)* **bilan** (financier)

The **financial statement** shows an increase in profits.
Le bilan montre une augmentation des bénéfices.

• **forecast** *(nom)* **prévisions ;** *(vb – prét/PP* **forecast/forecast***)* **prévoir** (budget)

Their **forecast** is very optimistic.
Leurs prévisions sont très optimistes.

• **income** *(nom)* **revenu**

The **income** generated by the sales will be reinvested in the firm.
Les revenus générés par les ventes seront réinvestis dans la société.

- ▸ **incoming** *(adj)* entrant, nouveau
- ▸ **income tax** *(nom)* impôt sur le revenu
- ▸ **net income / gross income** *(nom)* revenu net / revenu brut

• **lack** *(nom)* **manque ;** *(vb)* **manquer**

There is a distinct **lack** of subsidies this year.
Le manque de subventions est flagrant cette année.

• **outcome** *(nom)* **résultat, issue**

What **outcome** do you predict for our venture?
Qu'envisagez-vous comme avenir pour notre projet ?

• **overcome** *(vb – prét/PP* **overcame/overcome***)* **surmonter**

We have **overcome** a lot of obstacles this year.
Cette année, nous avons surmonté beaucoup d'obstacles.

- ▸ **overcome (by)** *(adj)* épuisé, submergé (par)
  He was **overcome by** tiredness and had to sit down.
  Il était vaincu par la fatigue et a dû s'asseoir.

• **pension** *(nom)* **retraite** (somme)

If you work one year longer, your **pension** will be higher.
Si vous travaillez un an de plus, votre retraite sera plus élevée.

- ▸ **pensionable** *(adj)* ayant droit à une pension
  When you reach a **pensionable** age, you can decide to continue working or not.
  Quand vous approchez de l'âge de la retraite, vous pouvez décider de continuer à travailler ou pas.
- ▸ **pension plan** *(nom)* plan de retraite
- ▸ **pensioner** *(nom)* retraité(e)

- **petty cash** *(nom)* **fond de caisse**

Can I use the **petty cash** to buy coffee?
Est-ce que je peux me servir du fond de caisse pour acheter du café ?

- **project** *(vb)* **prévoir, estimer**

Before finalizing the year's budget, try to **project** what your annual sales will be.
Avant de finaliser le budget de cette année, essayez de prévoir les ventes annuelles.

▸ **projected** *(adj)* prévu, prévisionnel
▸ **projection** *(nom)* prévision

- **quarter** *(nom)* **trimestre**

We will need to increase the budget for production this **quarter**.
Il va falloir augmenter le budget de production ce trimestre.

▸ **quarterly** *(adj / adv)* trimestriel / chaque trimestre
The budget is tweaked **quarterly**. *On ajuste le budget chaque trimestre.*

- **scarce** *(adj)* **rare**

The raw materials we use are becoming increasingly **scarce**.
Les matières premières que nous utilisons se raréfient.

▸ **scarcely** *(adv)* à peine
▸ **scarcity** *(nom)* pénurie, manque

> ***Scarcity*** et ***shortage*** sont synonymes.

- **sound** *(adj)* **sain, solide** (état financier, investissement)

That company appears to be very **sound**.
Cette entreprise a l'air d'être très solide.

▸ **sound advice** *(nom)* de bons conseils
She gave us some very **sound advice**. *Elle nous a donné de bons conseils.*

- **subsidiary** *(nom)* **filiale**

We have a **subsidiary** on the other side of the country.
Nous avons une filiale à l'autre bout du pays.

- **subsidy** *(nom)* **subvention**

You could apply for a **subsidy** as you work in an environmental field.
Vous pourriez demander une subvention puisque vous travaillez dans un domaine lié à l'environnement.

▸ **subsidize** *(vb)* subventionner

- **turn a profit** *(vb)* **entraîner des bénéfices, rapporter**

It looks like our activity will **turn a** small **profit** this quarter.
On dirait que notre activité va rapporter un peu ce trimestre.

Exercice 1 Les synonymes

▶ Corrigé p. 375

Trouvez les paires de synonymes, puis complétez chaque phrase avec l'un des mots de chaque paire (les deux mots d'une paire conviennent à chaque fois).

scarcity •	• retirement fund
earnings •	• shortage
expenditure •	• income
go bankrupt •	• project
pension fund •	• fail
forecast •	• expenses

1 The price of flour is set to increase owing to a short-term ....
2 Economists .... an end to the recession by the end of the year.
3 Many companies .... because they neglect to establish a realistic budget.
4 You only make a profit when the total of your .... is less than your ....
5 All through his working life, Jim paid into a .... so he would be comfortable when he finally stopped working.

Exercice 2 Les mots similaires

▶ Corrigé p. 376

Choisissez le mot en gras qui convient pour compléter chaque phrase.

1 They **failed in / failed to** understand the gravity of the situation.
2 Lucky Jim **earned / won** a lot of money due to his promotion.
3 What was the **income / outcome** of the emergency meeting?
4 The total **lack / scarcity** of raw materials has stopped production.
5 How will you spend the **subsidiary / subsidy**?

Exercice 3 Les contraires

▶ Corrigé p. 376

Reliez les mots de la première colonne à leur contraire, puis utilisez les mots de la deuxième colonne pour compléter les phrases.

fail •	• make a loss
turn a profit •	• unstable
income •	• succeed
sound •	• abundance
scarcity •	• expenses

1 Thanks to the .... of fruit this year, Granny Smith's Home-Made Jams will make a tidy profit.
2 I don't think it is wise to invest in that company. It is very ....
3 If we do not reduce our ...., we will go over budget.
4 If at first you don't ...., try again!
5 Sales are up, the company will not .... this year!

Exercice 4 Les familles de mots

▶ Corrigé p. 376

Complétez chaque phrase avec le mot qui convient.

1 Our monthly .... is exceeding our expenses for the first time in five years.

Ⓐ income Ⓒ come in
Ⓑ incoming Ⓓ incomes

2 Start-ups should stop expecting the government to .... their activity.

Ⓐ subside Ⓒ subsidize
Ⓑ subsidy Ⓓ subsidiary

3 We are planning cuts in .... spending to get our budget under control.

Ⓐ discreet Ⓒ discretionary
Ⓑ discretion Ⓓ discreetly

4 Sun Ying's .... to predict the rising price of raw materials has led to a sharp increase in production costs.

Ⓐ fail Ⓒ failing
Ⓑ failed Ⓓ failure

5 Spending for the last quarter has been .... at double that of the previous quarter.

Ⓐ project Ⓒ projected
Ⓑ projects Ⓓ projector

6 This year's budget has increased taxes, to the detriment of high income ....

Ⓐ earns Ⓒ earners
Ⓑ earning Ⓓ earnings

7 A .... budget allows more flexibility than a monthly one.

Ⓐ quart Ⓒ quartered
Ⓑ quarter Ⓓ quarterly

8 It is too early to predict the .... of our change in budget strategy.

Ⓐ welcome Ⓒ income
Ⓑ overcome Ⓓ outcome

9 Our budget did not take those .... into account.

Ⓐ expense Ⓒ expenditure
Ⓑ expensive Ⓓ expenses

10 When you reach the age of 67, the government considers you .... and you can collect full retirement.

Ⓐ pension Ⓒ pensioned
Ⓑ pensioner Ⓓ pensionable

TEST OFFICIEL Extrait de Part 4

▶ Corrigé p. 376

Pistes 83 - 84

Questions 98-100 refer to the following excerpt from a meeting and chart.

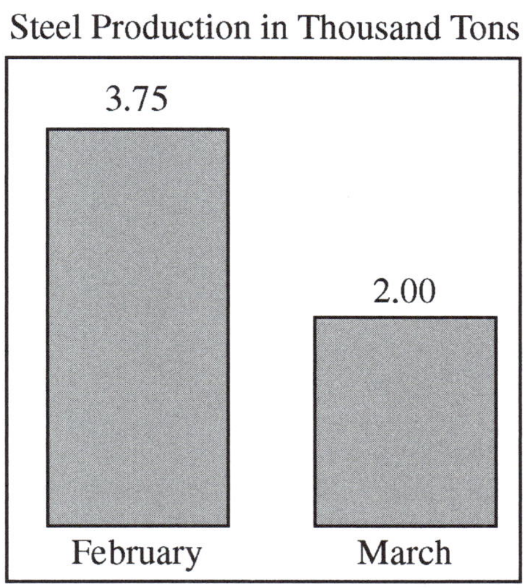

98. What will the speaker do next week?
(A) Tour a facility
(B) Hire a manager
(C) Present a new product to clients
(D) Meet with a board of directors

99. Look at the graphic. Which factory location does the chart refer to?
(A) Franklin
(B) Hollister
(C) Centerville
(D) Springfield

100. According to the speaker, what caused a problem at one factory?
(A) Bad weather
(B) New regulations
(C) Higher energy costs
(D) A labor shortage

30. ACCOUNTS AND TAXES
La comptabilité et les impôts

Piste 85

- **accounting** *(nom)* **comptabilité**

A good **accounting** department is essential.
Un bon service de comptabilité est essentiel.

▸ **accountable** *(adj)* responsable
▸ **accountant** *(nom)* comptable

- **accrue** *(vb)* **s'accumuler**

Late fees will **accrue** if you don't file your taxes on time.
Les frais de retard vont s'accumuler si vous ne faites pas votre déclaration d'impôts dans les délais.

▸ **accrual** *(nom)* accumulation

- **adverse** *(adj)* **négatif, défavorable**

Being on the receiving end of an audit often has an **adverse** impact on company morale.
Subir un audit a souvent un impact négatif sur le moral d'une société.

▸ **adversely** *(adv)* défavorablement
▸ **adversity** *(nom)* adversité

- **audit** *(nom)* **audit, contrôle ;** *(vb)* **auditer, contrôler**

Bookkeepers have to be ready at all times for an **audit**.
Les comptables doivent se tenir prêts à être contrôlés à tout moment.

▸ **auditor** *(nom)* contrôleur de gestion, auditeur

- **balance sheet** *(nom)* **bilan**

A **balance sheet** is like a snapshot of a company's financial situation.
Le bilan est une sorte d'instantané de la situation financière d'une entreprise.

- **bookkeeping** *(nom)* **comptabilité, tenue des comptes**

Can you learn **bookkeeping** on the job?
Peut-on apprendre la comptabilité sur le tas ?

▸ **bookkeeper** *(nom)* comptable

> ***Accounting*** et ***bookkeeping*** sont synonymes, tout comme ***accountant*** et ***bookkeeper***.

- **break down** *(vb – prét/PP* **broke/broken***)* **décomposer** (analyser)

A company's annual report will typically **break down** the year's activity into smaller parts.
En général, le rapport annuel d'une société décompose l'activité de l'année en petits segments.

> Le verbe ***break down*** s'écrit en deux mots, le nom ***breakdown*** en un seul.

▸ **breakdown** *(nom)* analyse, répartition
Can you specify the **breakdown** of your overheads?
Pouvez-vous préciser la répartition de vos frais généraux ?

• **cash flow** *(nom)* **trésorerie**

We expect to get our **cash flow** back under control before the end of the year.
Nous prévoyons un retour à l'équilibre de notre trésorerie avant la fin de l'année.

• **deduct** *(vb)* **déduire**

Can I **deduct** 20% or only 10%?
Puis-je déduire 20 % ou seulement 10 % ?

▸ **deductible** *(adj)* déductible

▸ **deduction** *(nom)* déduction

• **disposal** *(nom)* **disposition**

You have several means of payment at your **disposal**.
Vous avez plusieurs moyens de paiement à votre disposition.

▸ **dispose of** *(vb)* se débarrasser de, se défaire de

• **earmark** *(vb)* **réserver, affecter**

That money is **earmarked** for taxes.
Cet argent est affecté au paiement des impôts.

• **enclose** *(vb)* **joindre**

I **enclose** my invoice along with the audit report.
Je joins ma facture ainsi que le rapport d'audit.

▸ **enclosed** *(adj)* ci-joint

Please find **enclosed** a check for the sum of $132.
Veuillez trouver ci-joint un chèque d'un montant de 132 $.

▸ **enclosure** *(nom)* pièce jointe

> On utilise ***enclosed*** pour un courrier, ***attached*** pour un courriel.

• **encounter** *(nom)* **rencontre ;** *(vb)* **rencontrer, aller au-devant de** (situation)

They will **encounter** difficulties if they don't start making a profit this quarter.
Ils vont au-devant de difficultés s'ils ne commencent pas à faire des bénéfices dès ce trimestre.

• **figure** *(nom)* **chiffre**

Have you seen the sales **figures** for this month yet?
Avez-vous déjà vu les chiffres de ventes pour ce mois-ci ?

▸ **ballpark figure** *(nom)* estimation

▸ **figure out** *(vb)* comprendre, décider

We haven't **figured out** where to place our money yet.
Nous n'avons pas encore décidé où nous allions investir notre argent.

• **findings** *(nom)* **conclusions, résultats**

What were the **findings** of the audit?
Quelles étaient les conclusions de l'audit ?

• **go over** *(vb – prét/PP* **went/gone***)* **étudier, passer en revue**

I need some time to **go over** your proposal in detail.
Il me faut un peu de temps pour étudier votre proposition.

• **keep track (of)** *(vb – prét/PP* **kept/kept***)* **suivre, garder trace (de)**

How do you **keep track of** all the different clients?
Comment suivez-vous tous les clients différents ?

- **late fee** *(nom)* **frais / pénalités de retard**

  You will be charged a **late fee** if you miss the deadline
  Des frais de retard vous seront facturés si vous ne respectez pas le délai.

- **owe** *(vb)* **devoir** (argent)

  You don't **owe** any tax this year.
  Vous n'avez pas à payer d'impôts cette année.
  - **owing** *(adj)* à payer, dû
  - **owing to** *(prép)* en raison de

  > Ne confondez ***owe*** et ***own*** qui a le sens de « posséder ».

- **payroll** *(nom)* **masse salariale ; paie** (ensemble des salaires)

  The **payroll** clerk is responsible for making sure each employee is paid correctly each month.
  C'est au gestionnaire de la paie de s'assurer que chaque employé touche bien son salaire chaque mois.

- **run into** *(vb – prét/PP* **ran/run***)* **rencontrer** (une situation)

  I've never **run into** this type of situation before.
  Je n'ai jamais rencontré ce genre de situation auparavant.

- **set aside** *(vb – prét/PP* **set/set***)* **mettre de côté**

  I try to **set aside** 20% of my take-home pay each month.
  J'essaie de mettre 20 % de mon salaire net de côté chaque mois.

- **take-home pay** *(nom)* **salaire net**

  Our employees' **take-home pay** has increased by 2%
  Le salaire net de nos employés a augmenté de 2 %.

- **tax** *(nom)* **taxe, impôt ;** *(vb)* **imposer**

  How much **tax** did you pay last year?
  Quel était le montant de vos impôts l'année dernière ?
  How many **taxes** does a business have to pay?
  Combien de taxes une entreprise doit-elle payer ?
  - **taxation** *(nom)* imposition
  - **taxable income** *(nom)* revenu imposable
  - **tax deductions** *(nom)* abattements, exonérations
  - **tax return** *(nom)* déclaration d'impôts/de revenus
    Since I forgot to mail my **tax return**, I must pay a late fee.
    Puisque j'ai oublié de poster ma déclaration de revenus, je dois payer une pénalité de retard.

  > ***Tax*** en temps que nom indénombrable évoque un montant à payer ; quand on le met au pluriel, ***taxes*** désigne plutôt les différents impôts et taxes, la TVA...

Exercice 1 Les expressions

▶ *Corrigé p. 377*

Complétez les phrases avec les expressions suivantes.

on the payroll   at your disposal   keep track of   over the phone   the sum of   break down into

1 How many employees does Zeelo Ltd have .... ?
2 I would rather not give you my credit card number .... I'll send it by e-mail.
3 Could you .... your monthly expenses .... weekly amounts? (*1 expression*)
4 The company will put a helicopter .... in case you have to go to Washington quickly.
5 Please send us a check by return post for .... $1200.
6 The new software will help Mr. Wilsen to .... income and expenses.

Exercice 2 Le vocabulaire

▶ *Corrigé p. 377*

Complétez les phrases avec les mots de vocabulaire du chapitre.

1 When someone inspects the accounting department, it's an ....
2 The additional charges you have to pay because you missed a deadline is a ....
3 The total amount of salaries paid is the ....
4 The total amount of money entering and leaving a company is the ....
5 When you must pay taxes to the government, you .... money to the government.

Exercice 3 Les synonymes

▶ *Corrigé p. 377*

Reliez les deux colonnes pour trouver les synonymes, puis remplacez les verbes en gras dans les phrases par leur synonyme.

keep track (of) •	• earmark
go over •	• separate
run into •	• encounter
set aside •	• examine
break down •	• monitor

1 In order to prepare for the audit, I would like you to **examine** the books one more time.
2 Ms. King said she had never **encountered** a problem like that before.
3 When you **separate** the budget into daily, weekly and monthly expenses, it is easier to see where the money goes.
4 That money has been **earmarked** for the office's annual outing.
5 It's no problem to **monitor** spending with the new software.

Exercice 4 Les familles de mots

▶ Corrigé p. 377

Complétez chaque phrase avec le mot qui convient.

1 We met with the .... at the end of the day to receive her feedback.

Ⓐ audit Ⓒ auditor
Ⓑ audited Ⓓ audition

2 Please find .... a copy of our annual report.

Ⓐ enclose Ⓒ enclosure
Ⓑ enclosed Ⓓ enclosing

3 You can train to become a certified .... in six months to one year.

Ⓐ bookend Ⓒ bookkeeper
Ⓑ beekeeper Ⓓ bookkeeping

4 Who is .... if the audit identifies a discrepancy?

Ⓐ account Ⓒ accountant
Ⓑ accounting Ⓓ accountable

5 The accountants have several powerful software tools at their ....

Ⓐ dispose Ⓒ disposed
Ⓑ disposal Ⓓ dispositions

6 To calculate your net income, first .... your contributions from your gross income.

Ⓐ deduce Ⓒ deduction
Ⓑ deduct Ⓓ deductible

7 The .... of late fines now exceeds $500 and must be resolved before you order again.

Ⓐ accrue Ⓒ accrued
Ⓑ accrual Ⓓ accruing

8 We paid more .... at a higher rate this year.

Ⓐ tax Ⓒ taxable
Ⓑ taxed Ⓓ taxation

9 If our accountant receives the amount .... by Friday, no penalty will be incurred.

Ⓐ owe Ⓒ owner
Ⓑ owned Ⓓ owing

10 Our profits were .... affected by a new competitor which opened in January.

Ⓐ adverse Ⓒ adversely
Ⓑ adversary Ⓓ adversarial

▶ Corrigé p. 377

Questions 159-160 refer to the following advertisement.

Selling Your Crafts
by Sonia Hovsepian
336 pages, $27

Did you know that many craft businesses fail within their first two years? *Selling Your Crafts* documents the many mistakes that crafts businesses make, from poor financial planning to unsuccessful advertising efforts. The author, a senior director with the television company Creative Media Today, has compiled years of research on commercial practices and presents her findings here in an engaging and accessible format. Whether you are selling handmade products online, setting up a booth at crafts fairs, or establishing a small studio, this book is sure to help you maximize your chances for success.

"An easy-to-understand, step-by-step guide"
—Dr. Virginia Brand, Marketing Professor, Setten University

159. For whom is the advertisement most likely intended?

(A) Recently hired book editors
(B) University professors
(C) Owners of crafts businesses
(D) Financial consultants

160. Where does Ms. Hovsepian work?

(A) At a television company
(B) At a financial consulting firm
(C) At an advertising agency
(D) At a law office

31. MARKETING AND ADVERTISING
Le marketing et la publicité

Piste 86

- **account** *(nom)* **client** (d'une entreprise, d'un fournisseur)

We have just won three new **accounts**.
Nous venons de remporter trois nouveaux clients.

- **advertise** *(vb)* **promouvoir, faire de la publicité**

The electric car was **advertised** on television and in the press.
Il y a eu de la publicité pour la voiture électrique à la télévision et dans la presse.

▸ **advertisement, ad, advert** *(nom dénombrable)* publicité *(annonce)*
Did you see the new **advertisement** created for the marketing campaign?
Avez-vous vu la nouvelle publicité créée pour la campagne marketing ?
▸ **advertising** *(nom indénombrable)* publicité *(métier)*

- **at the forefront** *(adv)* **au premier plan, à l'avant-garde**

Jonas and Co is **at the forefront** of their field.
Jonas and Co sont à l'avant-garde de leur domaine.

- **brand** *(nom)* **marque**

The customers say that our **brand** is the one they always buy.
Les clients disent que c'est toujours notre marque qu'ils achètent.

▸ **brand recognition** *(nom)* notoriété
▸ **branding** *(nom)* création de marque
▸ **brandname** *(nom)* nom de marque, marque

- **broad** *(adj)* **large ; général, approximatif**

We offer three **broad** categories of clothing.
Nous proposons trois grandes catégories de vêtements.

▸ **broadly** *(adv)* en gros, généralement
▸ **broaden** *(vb)* élargir

- **commercial** *(adj)* **commercial ;** *(nom)* **publicité** (télévision, radio)

We ran our new **commercial** three times on prime time TV.
Notre publicité est passée trois fois à la télévision en première partie de soirée.

▸ **commercially** *(adv)* commercialement
▸ **commercialize** *(vb)* commercialiser

> Le nom ***commercial*** ne désigne jamais « un commercial » (le métier) qui se dit ***sales rep*** ou ***salesperson***.

- **endorse** *(vb)* **appuyer, faire la promotion de**

The celebrity we have asked to **endorse** our soap actually uses it already!
La célébrité à qui nous avons demandé de promouvoir notre savon s'en sert déjà en vrai !

▸ **endorsement** *(nom)* promotion, soutien, approbation

• **feasible** *(adj)* **réalisable, faisable, plausible**

Do you think our plan is **feasible**?
Pensez-vous que notre projet est réalisable ?

- **unfeasible** *(adj)* infaisable, irréalisable
- **unfeasibly** *(adv)* incroyablement
- **feasibility** *(nom)* faisabilité

• **fit (our) needs** *(vb)* **répondre à (nos) besoins**

The new campaign doesn't quite **fit our needs** yet.
La nouvelle campagne ne répond pas encore tout à fait à nos besoins.

- **a good fit** *(exp)* en adéquation

• **flagship product** *(nom)* **produit phare**

Our **flagship product**, the self-charging phone, has conquered the market.
Notre produit phare, le téléphone auto-rechargeable, a conquis le marché.

• **flyer** *(nom)* **flyer, prospectus**

Flyers have been distributed everywhere downtown.
Des prospectus ont été distribués dans tout le centre-ville.

• **fulfill** *(vb)* **remplir, répondre à** (attente, obligation)

The advertising agency **fulfilled** their promise to make us market leader!
L'agence de publicité a tenu sa promesse en faisant de nous les leaders du marché !

- **fulfilling** *(adj)* épanouissant, gratifiant
- **unfulfilled** *(adj)* insatisfait, inassouvi
- **unfulfilling** *(adj)* peu gratifiant, décevant
  Doing this ad campaign on a shoestring is rather **unfulfilling**.
  Faire cette campagne publicitaire avec un budget dérisoire est peu gratifiant.
- **fulfillment** *(nom)* épanouissement

• **launch** *(nom)* **lancement ;** *(vb)* **lancer**

The **launch** of the prime-time TV ad campaign is in three days.
Le lancement de la campagne publicitaire à une heure de grande écoute aura lieu dans trois jours.

> ***Launch*** et ***kickoff*** sont synonymes : *The **kickoff** of the prime time TV ad campaign...*

• **lead** *(vb – prét/PP **led/led**)* **mener, devancer**

We are **leading** the competition in research and development.
Nous devançons les concurrents en matière de recherche et développement.

- **leading** *(adj)* éminent, principal
  A **leading** newspaper has praised our sales strategy.
  Un journal réputé à fait l'éloge de notre stratégie commerciale.
- **in the lead** *(adv)* en tête
- **market leader** *(nom)* leader, chef de file
- **take the lead** *(vb – prét/PP **took/taken**)* prendre la tête

• **market** *(nom)* **marché ;** *(vb)* **lancer**

We are considering **marketing** our own brand of pasta.
Nous envisageons de lancer notre propre marque de pâtes.

- **marketable** *(adj)* commercialisable ; monnayable
- **market-driven** *(adj)* dicté par le marché

▸ **on the market** *(exp)* en vente, sur le marché
There are too many similar products **on the market**.
Il y a trop de produits similaires sur le marché.
▸ **market research** *(nom)* étude de marché
▸ **market share** *(nom)* part de marché
▸ **corner the market** *(vb)* dominer le marché

• **mislead** *(vb – prét/PP* **misled/misled***)* **tromper, induire en erreur**

The price comparison in the newspaper advertisement was not intended to **mislead** customers.
La comparaison des prix dans la publicité sur le journal n'était pas destinée à induire les gens en erreur.
▸ **misleading** *(adj)* trompeur, qui prête à confusion

L'élément ***mis-*** placé devant un verbe donne un sens négatif, « mal » : ***misunderstand*** (mal comprendre), ***mispronounce*** (mal prononcer).

• **paradigm shift** *(nom)* **changement de direction**

New techniques in advertising have led to a true **paradigm shift**.
De nouvelles techniques en matière de promotion ont mené à un changement radical de direction.

• **poll** *(nom)* **sondage**

How many people responded to the **poll**?
Combien de personnes ont répondu au sondage ?

• **promise** *(nom)* **promesse ;** *(vb)* **promettre**

Don't forget you **promised** to help me with my presentation tomorrow.
N'oubliez pas que vous avez promis de m'aider avec ma présentation pour demain.
▸ **promising** *(adj)* prometteur
Sales figures for the new toy are very **promising**.
Les chiffres de vente du nouveau jouet sont très prometteurs.

• **promote** *(vb)* **promouvoir**

We need some help **promoting** our latest release.
Il nous faut de l'aide pour promouvoir notre nouveau produit.
▸ **promotional** *(adj)* publicitaire
▸ **promoter** *(nom)* organisateur(-trice)
▸ **promotion** *(nom)* publicité, promotion

• **range** *(nom)* **gamme**

Our **range** has expanded from three to seven products.
Notre gamme s'est élargie de trois à sept produits.

• **rank** *(vb)* **classer**

Customers **rank** our hot sauce as number one!
Les clients classent notre sauce relevée à la première place !

• **schedule** *(nom)* **planning, délai**

We won the project but it's on a very tight **schedule**.
Nous avons remporté le projet mais son planning est très serré.
▸ **ahead of / behind schedule** *(exp)* en avance / en retard sur le planning
We are **ahead of** schedule for the launch.
Nous sommes en avance sur le planning pour le lancement.
▸ **on schedule** *(exp)* dans les délais

• **showcase** *(vb)* **mettre en avant, mettre en valeur**

This logo really **showcases** our new slogan.
Ce logo met vraiment en valeur notre nouveau slogan.

• **survey** *(nom)* **sondage ;** *(vb)* **sonder**

Our **survey** of newspaper readers revealed a high level of education.
Notre sondage sur les lecteurs de journaux a révélé un niveau d'éducation élevé.

> ***Survey*** et ***poll*** sont synonymes :
> *Our **poll** of newspaper readers...*

• **target** *(nom)* **cible ;** *(vb)* **cibler**

Our **target** audience is older people who travel a lot.
Notre cible est les gens plus âgés qui voyagent beaucoup.

▸ **targeted** *(adj)* ciblé

▸ **on target** *(exp)* en bonne voie, comme prévu
Our budget is right **on target** at the moment.
Pour l'instant, notre budget est conforme aux objectifs.

• **withstand** *(vb – prét/PP* **withstood/withstood***)* **résister**

I don't know how much longer we can **withstand** the competition.
Je ne sais pas combien de temps nous allons pouvoir résister à la concurrence.

Exercice 1 Les prépositions

▶ *Corrigé p. 378*

Complétez chaque phrase avec la préposition qui convient.

1 Is our product launch still ... schedule?
Ⓐ at Ⓑ in Ⓒ on Ⓓ to

2 How many toothpastes are there ... the market?
Ⓐ on Ⓑ by Ⓒ in Ⓓ at

3 We are currently ... the lead.
Ⓐ at Ⓑ in Ⓒ to Ⓓ on

4 Bronson Ltd is ... the forefront of medical research.
Ⓐ with Ⓑ on Ⓒ to Ⓓ at

5 Are our sales projections ... target?
Ⓐ at Ⓑ on Ⓒ to Ⓓ by

Exercice 2 Les mots similaires

▶ *Corrigé p. 378*

Choisissez le mot en gras qui convient pour compléter chaque phrase.

1 It's the truth! I'm not trying to **lead / mislead** you.
2 Did you see our **advertisement / commercial** in the paper this morning?
3 They did not manage to **fit / fulfill** our request.
4 Our **commercial / salesperson** will visit you next week.
5 The market **leader / leading** has a huge advantage.

Exercice 3 Les synonymes

▶ Corrigé p. 378

Trouvez les synonymes des mots entre parenthèses parmi les mots du chapitre.

1 The .... (survey) was answered by over 100 people.

2 The celebrity refused to .... (promote) the competition's range.

3 We are a little .... (early).

4 The parent company is currently .... (number one on the market).

5 The product .... (kickoff) is tomorrow.

Exercice 4 Les familles de mots

▶ Corrigé p. 378

Complétez chaque phrase avec le mot qui convient.

1 The .... brand on the market has a 38% market share.

Ⓐ lead Ⓒ leading

Ⓑ leader Ⓓ misleading

2 The marketing team has created some fantastic .... material.

Ⓐ promote Ⓒ promoting

Ⓑ promoter Ⓓ promotional

3 What do you think of the .... of hiring a new advertising agency?

Ⓐ feasible Ⓒ feasibility

Ⓑ unfeasible Ⓓ unfeasibly

4 The product was not as ...., so we asked for a refund.

Ⓐ advertisement Ⓒ advertising

Ⓑ advertise Ⓓ advertised

5 Unfortunately, our new line of perfumes has a lot of .... potential.

Ⓐ fulfil Ⓒ unfulfilled

Ⓑ fulfilled Ⓓ fulfilment

6 .... speaking, we need to expand our range of products.

Ⓐ Broad Ⓒ Broaden

Ⓑ Broadly Ⓓ Broader

7 Is this concept .... viable?

Ⓐ commerce Ⓒ commercialize

Ⓑ commercial Ⓓ commercially

8 We're looking for a new .... to relaunch our flagship product.

Ⓐ brands Ⓒ branding

Ⓑ branded Ⓓ brand name

9 Getting the .... of a celebrity will boost sales.

Ⓐ endorse Ⓒ unendorsed

Ⓑ endorsed Ⓓ endorsement

10 What would you say are your most .... skills?

Ⓐ market Ⓒ marketable

Ⓑ marketed Ⓓ market-driven

TEST OFFICIEL

Extrait de Part 3

▶ *Corrigé p. 378*

Pistes 87 - 88

Questions 38-40 refer to the following conversation with three speakers.

38. What are the speakers working on?

(A) Training a colleague

(B) Relocating an office

(C) Planning a budget

(D) Creating a catalog

39. What are the women waiting for?

(A) A project proposal

(B) Some price information

(C) An official signature

(D) Some sample products

40. What does the man say he will do?

(A) Call a department manager

(B) Hire an assistant

(C) Make an announcement

(D) Update a calendar

32. WORKS
Les travaux

Piste 89

- **assemble** *(vb)* **monter**

You need two people to **assemble** the structure.
Il faut deux personnes pour monter la structure.

- ▸ **assembly line** *(nom)* chaîne de montage
- ▸ **disassemble** *(vb)* démonter

- **civil engineering** *(nom)* **génie civil**

Although she trained in **civil engineering**, Ms. Dos Santos is now Production Manager.
Bien qu'elle ait fait des études de génie civil, Mme Dos Santos est désormais responsable de production.

- **equip (with)** *(vb)* **équiper (de)**

The workers are **equipped with** protective clothing.
Les ouvriers sont équipés de vêtements de protection.

- ▸ **equipped** *(adj)* équipé
- ▸ **ill-equipped** *(adj)* mal équipé
- ▸ **equipment** *(nom indénombrable)* matériel
  We are having issues with the production **equipment**.
  Nous avons des problèmes avec le matériel de production.

- **face mask** *(nom)* **masque**

Put on your **face mask** when you work in the laboratory.
Mettez votre masque quand vous travaillez au laboratoire.

- **factory** *(nom)* **usine**

Mr. Jefferson's family founded the **factory** in 1898.
La famille de M. Jefferson a fondé l'usine en 1898.

- ▸ **factory-made** *(adj)* industriel
- ▸ **factory worker** *(nom)* ouvrier(-ère) *(d'usine)*

- **fix** *(vb)* **réparer, fixer**

Can you ask someone to **fix** my desk?
Pouvez-vous demander à quelqu'un de réparer mon bureau ?

- **foreman** *(nom)* **contremaître**

The **foreman** must sign off for every delivery.
Le contremaître doit signer pour chaque livraison.

> ***Foreman*** et ***overseer*** sont synonymes : *The* ***overseer*** *must sign off for...*

- **forklift truck** *(nom)* **chariot élévateur**

Ask the warehouse supervisor if you can move the **forklift truck**.
Demandez au contremaître si vous avez le droit de déplacer le chariot élévateur.

• **fully** *(adv)* **complètement**

Our new assembly line will be **fully** functional in a year's time.
Notre nouvelle chaîne de montage sera complètement opérationnelle dans un an.

▸ **fully equipped** *(adj)* tout équipé

• **glove** *(nom)* **gant**

Gloves are required when handling chemicals.
Le port de gants est obligatoire pour la manutention de produits chimiques.

• **hard hat** *(nom)* **casque de chantier**

You may not enter the site without a **hard hat**.
Vous n'avez pas le droit d'accéder au site sans casque de protection.

Il n'y a pas de préposition après ***enter*** : ***enter*** *the site.*

• **high visibility vest** *(nom)* **gilet fluo**

A **high visibility vest** is essential equipment when working on the tracks.
Un gilet fluo est indispensable pour travailler sur les voies.

• **hone** *(vb)* **aiguiser, perfectionner**

He spent years **honing** his technical knowledge.
Il a passé des années à perfectionner ses connaissances techniques.

▸ **hone your skills** *(vb)* affiner ses compétences

• **laboratory** *(nom)* **laboratoire**

You need a special pass to work in the **laboratory**.
Il faut un passe spécifique pour travailler au laboratoire.

▸ **laboratory apparatus** *(nom)* matériel de laboratoire

▸ **lab coat** *(nom)* blouse blanche

• **ladder** *(nom)* **échelle**

Be careful you don't fall off the **ladder**!
Faites attention à ne pas tomber de l'échelle !

• **machinery** *(nom indénombrable)* **machines**

Maintenance is carried out on the **machinery** every weekend.
Les machines sont entretenues tous les week-ends.

• **maintain** *(vb)* **maintenir, entretenir**

We have a five-person team that works on **maintaining** our premises.
Nous avons une équipe de cinq personnes qui travaille à l'entretien de nos locaux.

▸ **well-maintained** *(adj)* bien entretenu

▸ **maintenance** *(nom)* maintenance, entretien

▸ **maintenance crew** *(nom)* équipe d'entretien

• **operate** *(vb)* **fonctionner, faire fonctionner**

I have never **operated** this type of machine before.
Je n'ai jamais fait fonctionner ce type de machine auparavant.

▸ **operational** *(adj)* opérationnel

▸ **operator** *(nom)* opérateur(-trice)

• **oversee** *(vb – prét/PP* **oversaw/overseen***)* **superviser**

A project manager was appointed to **oversee** the building work.
Un chef de projet a été nommé pour superviser la construction.

▸ **overseer** *(nom)* superviseur, contremaître

- **plant** *(nom)* **usine**

The **plant** manager has worked here for twenty years.
Cela fait vingt ans que le directeur de l'usine travaille ici.
  - ▸ **power plant** *(nom)* centrale électrique

- **repair** *(nom)* **réparation ;** *(vb)* **réparer**

They need to **repair** the equipment before we can carry on.
Il faut qu'ils réparent les installations avant que l'on puisse continuer.
  - ▸ **repairman** *(nom)* réparateur
  - ▸ **disrepair** *(nom)* mauvais état, délabrement
    The factory had fallen into a state of **disrepair**. *L'usine était tombée en ruines.*

- **safe** *(adj)* **en sécurité**

It's important to stay **safe** at work.
Il est important de rester en sécurité sur le lieu de travail.
  - ▸ **safely** *(adv)* prudemment
  - ▸ **safety** *(nom)* sécurité
  - ▸ **safety hazard** *(nom)* danger
  - ▸ **safety measures** *(nom)* mesures de sécurité
  - ▸ **safety net** *(nom)* filet de sécurité
  - ▸ **safety goggles** *(nom)* lunettes de protection
    Don't take off your **safety goggles** while operating this machinery.
    N'enlevez pas vos lunettes de protection quand vous faites fonctionner cette machine.

- **shift** *(nom)* **poste ; équipe** (de travail)

Working the morning **shift** is much easier than the night shift.
Il est bien plus facile de travailler dans l'équipe du matin que dans l'équipe de nuit.
  - ▸ **work in shifts** *(vb)* travailler par équipes, faire les 3/8

- **shovel** *(nom)* **pelle ;** *(vb)* **déblayer**

We can't continue work until the snow has been **shoveled** off the road.
Nous ne pouvons pas continuer à travailler tant que la neige sur la route n'a pas été déblayée.

- **shut down** *(vb – prét/PP* **shut/shut***)* **fermer**

The production unit usually **shuts down** for maintenance during August.
En général, l'unité de production ferme pour maintenance au mois d'août.
  - ▸ **shutdown** *(nom)* arrêt
    When is the annual **shutdown** scheduled?
    Quand aura lieu la fermeture annuelle ?

> Le verbe ***shut down*** s'écrit en deux mots, le nom ***shutdown*** en un seul.

- **undergo** *(vb – prét/PP* **underwent/undergone***)* **subir**

The plant will soon **undergo** a radical transformation.
L'usine subira bientôt une transformation radicale.
  - ▸ **undergo changes** *(vb)* subir des modifications
  - ▸ **undergo renovations** *(vb)* être en travaux

- **utility** *(nom)* **service public** (eau, électricité, gaz)

Utilities represent a large portion of our monthly charges.
La fourniture d'eau et d'électricité représente une part importante de nos charges mensuelles.
  - ▸ **utilitarian** *(adj)* fonctionnel
  - ▸ **utilize** *(vb)* se servir de

Exercice 1 Les mots similaires

▶ *Corrigé p. 379*

Choisissez le mot en gras qui convient pour compléter chaque phrase.

1 The **machinery / machines** needs repairing.
2 Could you help me **disassemble / disrepair** this broken part?
3 How long is the annual **shut down / shutdown**?
4 The **facilities / utilities** are modern and well-designed.
5 How many changes of manager has the plant **overseen / undergone**?

Exercice 2 Les synonymes

▶ *Corrigé p. 379*

Trouvez les paires de synonymes.

equipment factory fix machinery overseer plant repair supervisor

1 .... = ...
2 .... = ...
3 .... = ...
4 .... = ...

Exercice 3 Les expressions

▶ *Corrigé p. 379*

Formez des expressions courantes en reliant les mots des deux colonnes puis complétez les phrases.

afternoon •	• functional
safety •	• crew
maintenance •	• coat
lab •	• shift
fully •	• hazard

1 What time does the .... shift start?
2 How many people are on the .... crew?
3 You must wear a .... coat to protect your clothing.
4 That step is a .... hazard, be careful.
5 That is a .... functional miniature pump.

Exercice 4 Les familles de mots

▶ *Corrigé p. 379*

Complétez chaque phrase avec le mot qui convient.

1 We found a quick and cheap .... for the broken ladder.

Ⓐ repair Ⓒ repairing
Ⓑ repaired Ⓓ disrepair

2 The cost of .... must be factored into the budget.

Ⓐ maintain Ⓒ maintaining
Ⓑ maintained Ⓓ maintenance

3 You need certification to become ....

Ⓐ operate
Ⓑ operates
Ⓒ operator
Ⓓ operational

4 It is not .... to operate this machinery without goggles.

Ⓐ safe
Ⓑ safer
Ⓒ safely
Ⓓ safety

5 This factory .... recycled materials where possible.

Ⓐ utility
Ⓑ utilizes
Ⓒ utilities
Ⓓ utilitarian

6 We use two .... lines to produce our cars.

Ⓐ assemble
Ⓑ disassemble
Ⓒ assembly
Ⓓ assembled

7 Our facilities are currently .... a major facelift.

Ⓐ undergo
Ⓑ undergoing
Ⓒ underwent
Ⓓ undergone

8 The new safety .... were written and approved by the CEO.

Ⓐ hazards
Ⓑ measures
Ⓒ goggles
Ⓓ nets

9 Our premises are fully .... to withstand earthquakes.

Ⓐ equip
Ⓑ equipped
Ⓒ equipment
Ⓓ equipping

10 The supervisor .... all work on the site.

Ⓐ oversee
Ⓑ overseen
Ⓒ oversees
Ⓓ overseer

TEST OFFICIEL Extrait de Part 3

▶ *Corrigé p. 379*

Pistes 90 - 91

Questions 56-58 refer to the following conversation with three speakers.

56. What is the woman concerned about?

(A) The rate of production

(B) The availability of staff

(C) The temperature of a room

(D) The cost of shipping

57. What do the men suggest?

(A) Adjusting some controls

(B) Hiring a technician

(C) Replacing some equipment

(D) Using different packaging

58. What does the woman say she will do?

(A) Check with a supplier

(B) Place an advertisement

(C) Conduct an inspection

(D) Revise a production schedule

33. THE CITY
La ville

Piste 92

- **accommodations** *(nom)* **aménagements, adaptations**

Certain **accommodations** have to be made to facilitate the access of wheelchair users.
Il faut effectuer certains aménagements pour faciliter l'accès des personnes en fauteuil roulant.

- **allocate funds** *(vb)* **affecter un budget**

Funds will be allocated to improve the city parks.
On va affecter un budget pour l'amélioration des espaces verts municipaux.
▸ **allocation** *(nom)* répartition ; attribution *(d'une somme à)*

- **among** *(prép)* **parmi**

The Museum of Modern Art is **among** the most visited sites of the city.
Le musée d'art moderne figure parmi les sites les plus visités de la ville.

- **between** *(prép)* **entre**

The post office is **between** the mall and the drugstore.
La poste se trouve entre le centre commercial et la pharmacie.

- **bike lane** *(nom)* **piste cyclable**

The city is constructing more **bike lanes** for the safety of its cyclists.
La ville construit davantage de pistes cyclables pour la sécurité des cyclistes.

- **block** *(nom)* **pâté de maisons, ≈ rue**

The station is three **blocks** down, on the right. *La gare est à trois rues d'ici, sur la droite.*

- **build** *(vb – prét/PP* **built/built***)* **construire**

New structures are being **built** all over town.
On construit de nouvelles structures partout en ville.
▸ **under construction** *(exp)* en construction
▸ **builder** *(nom)* maçon, ouvrier du bâtiment
▸ **building** *(nom)* immeuble, bâtiment

- **city hall** *(nom)* **mairie**

Let's meet on the steps of **City Hall**.
Donnons-nous rendez-vous sur les marches de la mairie.

- **construction site** *(nom)* **chantier**

What is that big **construction site** going to become?
Qu'est-ce qui se construit sur ce gros chantier ?

- **corner** *(nom)* **angle, coin**

There's a supermarket on the **corner** of 34th and Main.
Il y a un supermarché à l'angle de la 34e rue et de Main.

- **crosswalk** *(nom)* **passage piétons**

Only cross within the **crosswalk** and when the signal says 'walk'.
Ne traversez qu'au passage piétons quand « walk » est allumé.

- **direct** *(adj)* **direct ;** *(adv)* **sans escale ;** *(vb)* **diriger**

Is there a **direct** bus to the airport? *Est-ce qu'il y a un bus qui va directement à l'aéroport ?*

▸ **directly** *(adv)* directement

▸ **directions** *(nom)* indications, itinéraire

Can you give me **directions** to the restaurant?
Pouvez-vous m'indiquer le chemin pour aller au restaurant ?

- **grant** *(nom)* **subvention, bourse ;** *(vb)* **accorder**

We were **granted** access to the building site. *On nous a permis d'accéder au chantier.*

▸ **research grant** *(nom)* bourse de recherche

- **intersection** *(nom)* **carrefour**

The **intersection** is at a standstill due to roadworks.
Le carrefour est complètement bloqué en raison des travaux de voirie.

▸ **intersect** *(vb)* se croiser

- **landscape** *(nom)* **paysage, panorama ;** *(vb)* **aménager**

Which celebrity gardener will be **landscaping** the park?
Quel jardinier célèbre va aménager le jardin public ?

▸ **landscaping** *(nom)* aménagement paysager

▸ **landscaper, landscape gardener** *(nom)* paysagiste

- **library** *(nom)* **bibliothèque**

The city **library** is open every day of the week.
La bibliothèque municipale est ouverte tous les jours.

▸ **librarian** *(nom)* bibliothécaire, documentaliste

▸ **chief librarian** *(nom)* conservateur

> Faux ami : ***library*** n'a jamais le sens de « librairie », que l'on traduit par ***bookshop***.

- **lost and found** *(nom)* **(bureau des) objets trouvés**

Andy went to the **lost and found** to see if someone had found his umbrella.
Andy est allé au bureau des objets trouvés pour voir si quelqu'un avait trouvé son parapluie.

- **mayor** *(nom)* **maire**

The elections for **mayor** will be held next month.
L'élection du maire se déroulera le mois prochain.

▸ **mayoral** *(adj)* du maire

▸ **deputy mayor** *(nom)* maire adjoint

- **midway** *(adj)* **du milieu ;** *(adv)* **à mi-chemin**

There's a bank **midway** between the library and the City Hall.
Il y a une banque à mi-chemin entre la bibliothèque et la mairie.

- **misplace** *(vb)* **égarer, ne pas mettre au bon endroit**

Somehow, we managed to **misplace** the documents.
Je ne sais pas comment nous nous y sommes pris, mais nous avons réussi à égarer les documents.

▸ **misplaced** *(adj)* déplacé

That comment was somewhat **misplaced**, if you want my opinion.
À mon avis, cette remarque était un peu déplacée.

> Souvenez-vous du sens « négatif » du préfixe ***mis-*** : ***mislead***, ***misunderstand***...

- **peak** *(nom)* **sommet, pic, point culminant ;** *(vb)* **atteindre le sommet / son apogée**

The **peak** of the traffic is usually over by 9 o'clock.
Le pic de circulation est normalement terminé à 9 heures.

▸ **at its peak** *(exp)* à son apogée
▸ **peak season** *(nom)* haute saison
▸ **peak time** *(nom)* heure de pointe
▸ **peak viewing time** *(nom)* heure de grande écoute

> ***Peak viewing time*** et ***prime time*** sont synonymes.

- **press conference** *(nom)* **conférence de presse**

The **press conference** will be held in the mayoral office.
La conférence de presse aura lieu dans le bureau du maire.

▸ **press release** *(nom)* communiqué de presse

- **roadworks** *(nom)* **travaux routiers, de voirie**

There are no **roadworks** planned at the moment.
Il n'y a pas de travaux routiers prévus en ce moment.

- **sign** *(nom)* **panneau**

What did that **sign** say?
Qu'indiquait ce panneau ?

▸ **signposted** *(adj)* balisé
▸ **signpost, signboard** *(nom)* panneau
▸ **signal** *(nom)* feu *(tricolore)* ; signal ; *(vb)* indiquer
Please **signal** any changes you may notice.
Veuillez nous indiquer tout changement que vous remarqueriez.

- **state** *(vb)* **déclarer, faire part de**

The Mayor **stated** his intention to run again.
Le maire a fait part de son intention de se représenter.

▸ **as stated** *(exp)* comme stipulé, conformément (à)
▸ **statement** *(nom)* déclaration
▸ **issue a statement** *(vb)* faire une déclaration

- **straight on** *(prép)* **droit devant ;** *(adv)* **tout droit**

If you continue **straight on**, you'll arrive at the river.
Si vous continuez tout droit, vous arriverez au fleuve.

- **sweep** *(vb – prét/PP* **swept/swept***)* **balayer**

Please take that broom and **sweep** the floor.
Veuillez prendre ce balai et balayez le sol.

▸ **sweeper** *(nom)* balayeur ; balai mécanique

- **traffic** *(nom indénombrable)* **circulation**

Our town has a big **traffic** problem.
Il y a un gros problème de circulation dans notre ville.

▸ **heavy traffic** *(nom)* circulation dense
▸ **traffic jam** *(nom)* bouchon, embouteillage
▸ **traffic lights** *(nom)* feux tricolores

- **within walking distance** *(exp)* **à deux pas**

The hotel is **within walking distance** of the conference center.
L'hôtel est à deux pas du palais des congrès.

Exercice 1 Les prépositions

▶ Corrigé p. 380

Complétez les phrases avec la préposition qui convient.

1 Continue straight .... for 50 meters, then turn right.
Ⓐ in Ⓑ to Ⓒ off Ⓓ on

2 City Hall is .... the corner of the street.
Ⓐ on Ⓑ by Ⓒ at Ⓓ in

3 The new mall is currently .... construction.
Ⓐ in Ⓑ over Ⓒ within Ⓓ under

4 Will we be granted access .... the Mayor's office?
Ⓐ among Ⓑ at Ⓒ to Ⓓ off

5 You will be .... walking distance of the park.
Ⓐ with Ⓑ without Ⓒ within Ⓓ between

Exercice 2 Les mots similaires

▶ Corrigé p. 380

Choisissez le mot en gras qui convient pour compléter chaque phrase.

1 Did you hear the alarm **sign / signal**?
2 Have you finished drafting the press **conference / release**?
3 The crosswalk is at the **roadworks / intersection**.
4 There is less **traffic / traffic jam** in the evening.
5 Go and ask at the **lost / misplaced** and found to see if your coat is there.

Exercice 3 Le vocabulaire

▶ Corrigé p. 380

Complétez chaque phrase avec un mot trouvé dans le chapitre.

1 If something is at its highest point, it is at its ....
2 To continue without turning is to go ....
3 Changes to a facility to make them easier to use are ....
4 The place where two roads cross is an ....
5 The way a green space is organized is ....

Exercice 4 Les familles de mots

▶ Corrigé p. 380

Complétez chaque phrase avec le mot qui convient.

1 There is often .... on every road in the morning.
Ⓐ traffic jam Ⓒ heavy traffic
Ⓑ traffic jams Ⓓ traffic lights

2 The route is very well ...., you won't get lost.
Ⓐ sign Ⓒ signal
Ⓑ signposted Ⓓ signalling

3 Ask the .... for book recommendations.

Ⓐ library Ⓒ bookshop
Ⓑ librarian Ⓓ bookkeeper

4 The local newspaper tried to get a .... on the city's new policy.

Ⓐ state Ⓒ stated
Ⓑ stately Ⓓ statement

5 I can't decide .... the museum or the swimming pool!

Ⓐ among Ⓒ midway
Ⓑ between Ⓓ within

6 I think you .... me, that's not where I want to go!

Ⓐ misplaced Ⓒ mistrusted
Ⓑ misunderstood Ⓓ misled

7 The municipal employee .... the stairs in front of the station.

Ⓐ sweep Ⓒ sweepings
Ⓑ swept Ⓓ sweeper

8 Our new .... is very hard-working.

Ⓐ landscape Ⓒ landscaping
Ⓑ landscaped Ⓓ landscaper

9 This .... is the highest in town.

Ⓐ build Ⓒ building
Ⓑ builder Ⓓ built

10 Go .... to the lost and found when you arrive.

Ⓐ direct Ⓒ directly
Ⓑ directed Ⓓ direction

▶ Corrigé p. 381

Pistes 93 - 94

Questions 95-97 refer to the following talk and table.

Project	Cost
Bike Lanes	$1 million
Library Expansion	$2 million
Parking Garage	$2.5 million
Community Center	$3 million

95. Who most likely is the speaker?
(A) An accountant
(B) A business owner
(C) A city official
(D) An architect

96. Look at the graphic. How much will the selected project cost?
(A) $1 million
(B) $2 million
(C) $2.5 million
(D) $3 million

97. What will the speaker do next?
(A) Show a video
(B) Provide additional information
(C) Visit a library
(D) Present an award

VOCABULAIRE

34. HOUSE AND GARDEN
La maison et le jardin

Piste 95

• **carpet** *(nom)* **moquette ;** *(vb)* **mettre de la moquette**

The living room **carpet** is thick and luxurious.
La moquette du salon est épaisse et luxueuse.

▸ **carpeted** *(adj)* couvert de moquette
▸ **the red carpet** *(nom)* le tapis rouge
▸ **red-carpet treatment** *(exp)* traitement de faveur, accueil en grande pompe
When we arrived at the property developer's office, we were given the **red-carpet treatment**.
Nous avons été accueillis en grande pompe à notre arrivée dans les locaux du promoteur immobilier.

• **closet** *(nom)* **garde-robe, penderie**

There is a walk-in **closet** just off the bedroom.
Il y a un dressing juste à côté de la chambre.

• **condominium, condo** *(nom)* **immeuble / appartement** (en copropriété)

What are the fiscal advantages to buying a new **condo**?
Quels sont les avantages fiscaux d'acheter un appartement neuf ?

> ***Condo(minium)*** désigne un appartement occupé par son propriétaire.

• **cupboard** *(nom)* **placard**

The kitchen has spacious **cupboards** on every wall.
La cuisine a des placards spacieux sur tous les murs.

• **deposit** *(nom)* **caution**

The **deposit** will be refunded when the tenant moves out.
La caution sera restituée au départ du locataire.

• **driveway** *(nom)* **allée, voie** (privée)

My neighbor and I share a **driveway**.
Je partage une allée avec mon voisin.

• **fence** *(nom)* **clôture**

The **fence** around the office grounds was six feet high.
La clôture d'enceinte des bureaux faisait deux mètres de haut.

▸ **fencing** *(nom)* clôture, palissade
▸ **fence in** *(vb)* clôturer, enfermer
▸ **fence off** *(vb)* délimiter, séparer par une barrière
The garden was **fenced off** from the woods. *Une clôture séparait le jardin du bois.*
▸ **be on the fence** *(exp)* être indécis
I'**m on the fence** about using wood or stone for the patio.
Je n'arrive pas à choisir entre le bois et la pierre pour la terrasse.

- **furnish** *(vb)* **meubler**

An interior designer was hired to **furnish** the premises.
On a embauché un architecte d'intérieur pour meubler les locaux.

▸ **furnishings** *(nom)* ameublement (ensemble du mobilier, rideaux, décorations...)
▸ **furniture** *(nom indénombrable)* mobilier, meubles
▸ **furniture removal company** *(nom)* déménageur

> Faux ami : ***furniture*** n'a jamais le sens de « fournitures », qui se traduit par ***supplies***.

- **gate** *(nom)* **portail**

Ring the bell when you arrive and the security guard will open the **gate**.
Sonnez en arrivant et l'agent de sécurité ouvrira le portail.

- **garden shed** *(nom)* **cabane** (de jardin)

We need a **garden shed** big enough to store all the tools.
Nous avons besoin d'une cabane assez grande pour ranger tous les outils.

- **hang** *(vb – prét/PP* **hung/hung***)* **pendre, suspendre, accrocher**

The owner had **hung** paintings in every room.
Le propriétaire avait accroché des tableaux dans chaque pièce.

▸ **hanging** *(adj)* suspendu *(objet)*
▸ **hanger** *(nom)* cintre
You will find **hangers** in the closet. *Vous trouverez des cintres dans la penderie.*

- **landlord** *(nom)* **propriétaire, logeur**

Landlords have a duty towards their tenants to maintain the property in compliance with health and safety laws.
Vis-à-vis de leurs locataires, les propriétaires ont le devoir d'entretenir leur bien dans le respect des normes sanitaires et de sécurité.

- **lawn** *(nom)* **pelouse**

The **lawn** was very well cared for.
La pelouse était très bien entretenue.

▸ **lawnmower** *(nom)* tondeuse
▸ **mow the lawn** *(vb)* tondre la pelouse

- **lease** *(nom)* **bail ;** *(vb)* **louer**

Read the fine print before you sign the **lease**.
Lisez bien les clauses en petits caractères avant de signer le bail.

- **move** *(vb)* **déménager**

We will need to **move** in the next year or two.
Nous allons devoir déménager dans un an ou deux.

▸ **move in /out** *(vb)* emménager / déménager
▸ **moving company** *(nom)* déménageur
▸ **removal** *(nom)* déménagement

- **neighbor** *(nom)* **voisin(e)**

When we moved in, our **neighbor** brought us some fruit from her garden.
Quand nous avons emménagé, notre voisine nous a apporté des fruits de son jardin.

▸ **neighboring** *(adj)* voisin, limitrophe
▸ **neighborly** *(adv)* de bon voisinage, amical
In a very **neighborly** gesture, someone cleared the snow from my driveway.
Quelqu'un a très gentiment déneigé notre allée.
▸ **neighborhood** *(nom)* voisinage, quartier

- **own** *(vb)* **posséder**

How many properties do you **own**?
Combien de biens immobiliers possédez-vous ?
- ▸ **owner** *(nom)* propriétaire *(de maison, appartement)*
- ▸ **ownership** *(nom)* propriété, possession

- **path** *(nom)* **sentier, chemin**

The **path** down the side of the house leads to the back door.
Le chemin qui longe la maison mène à la porte de derrière.

- **patio** *(nom)* **terrasse**

You can sit on the **patio** and enjoy the garden.
Vous pouvez vous installer sur la terrasse et profiter du jardin.

- **pond** *(nom)* **mare, pièce d'eau**

The small **pond** is co-owned by all the neighboring houses.
La petite pièce d'eau appartient aux maisons avoisinantes.

- **property** *(nom)* **bien immobilier, propriété**

The CEO owns a large **property** on the coast.
Le PDG possède une grande propriété sur la côte.
- ▸ **property developer** *(nom)* promoteur immobilier
- ▸ **property manager** *(nom)* gestionnaire immobilier, syndic
- ▸ **private property** *(nom)* propriété privée

- **remodel** *(nom)* **rénovation ;** *(vb)* **rénover**

The apartment **remodel** was a great success.
La rénovation de l'appartement est vraiment réussie.

- **rent** *(nom)* **loyer ;** *(vb)* **louer**

How much do you pay in **rent** each week?
Quel est le montant de votre loyer hebdomadaire ?
- ▸ **rent out** *(vb)* louer

  My neighbors **rent out** their holiday home to make some extra money.
  Mes voisins louent leur résidence secondaire pour gagner un peu d'argent.

- **rug** *(nom)* **tapis**

Don't trip over the **rug**!
Ne trébuchez pas sur le tapis !

- **soil** *(nom)* **sol, terre**

Please wipe the **soil** off your shoes before coming in.
Veuillez vous essuyer les pieds avant d'entrer.
- ▸ **soiled** *(adj)* sali

- **stylish** *(adj)* **élégant**

The interior decoration was **stylish** and modern.
La décoration intérieure était élégante et moderne.
- ▸ **stylishly** *(adv)* élégamment

- **subdivision** *(nom)* **lotissement**

They are developing a new **subdivision** near where I live.
Ils construisent un nouveau lotissement près de chez moi.

- **surround (by)** *(vb)* **entourer (de)**

The garden is **surrounded by** a fence.
Le jardin est entouré d'une clôture.

▸ **surrounding** *(adj)* environnant
▸ **surroundings** *(nom)* environs

- **tenant** *(nom)* **locataire**

This **tenant** has lived here for six years.
Ce locataire vit ici depuis six ans.

- **upholstery** *(nom)* **tissu d'ameublement**

You can update the **upholstery** if you don't care for it.
Vous pouvez retapisser si le tissu ne vous plaît pas.

▸ **upholsterer** *(nom)* tapissier, garnisseur

- **vacuum (cleaner)** *(nom)* **aspirateur ;** *(vb)* **passer l'aspirateur**

The **vacuum** can be found in the cupboard on the left.
L'aspirateur se trouve dans le placard de gauche.

- **walkway** *(nom)* **chemin, passerelle**

The previous owner created a wooden **walkway** around the pond.
Le propriétaire précédent a créé un chemin en bois autour de la pièce d'eau.

- **wheelbarrow** *(nom)* **brouette**

The gardener left the **wheelbarrow** next to the garden shed.
Le jardinier a laissé la brouette à côté de la cabane.

Exercice 1 Les mots similaires

▶ Corrigé p. 381

Choisissez le mot en gras qui convient pour compléter chaque phrase.

1 It is the **landlord's / tenant's** responsibility to take out the trash each Monday.
2 You must pay the **deposit / rent** on the first of each month.
3 The **carpet / rug** in the middle of the room gave it a sophisticated look.
4 All **furnishings / furniture** are included – carpets, curtains and **furnishings / furniture**.
5 The property **developer / manager** sent a plumber to fix the leak.

Exercice 2 Les synonymes

▶ Corrigé p. 381

Trouvez parmi les mots du chapitre les synonymes qui correspondent aux mots en gras.

1 There's a **walkway** which leads down to the pond. ....
2 Mr. Havers **leases** his house to a young couple. ....
3 The gardener will come on Saturday to **cut the grass**. ....
4 The condo's interior is very **elegant**. ....
5 You can choose the **furnishing fabric** for your couch from this catalog. ....

Exercice 3 Les prépositions

▶ Corrigé p. 381

Complétez les phrases avec la préposition qui convient.

1 You must fence ... the swimming pool, to prevent children from falling in.
Ⓐ out Ⓑ between Ⓒ off Ⓓ by

2 You are ... private property here.
Ⓐ at Ⓑ in Ⓒ on Ⓓ to

3 The neighborhood is surrounded ... forest.
Ⓐ of Ⓑ by Ⓒ among Ⓓ through

4 Would you like me to help you when you move ... ?
Ⓐ from Ⓑ to Ⓒ off Ⓓ out

5 Mariah was ... the fence about leaving her house.
Ⓐ on Ⓑ beside Ⓒ over Ⓓ at

Exercice 4 Les familles de mots

▶ Corrigé p. 382

Complétez chaque phrase avec le mot qui convient.

1 There is a lovely .... where you can enjoy a picnic.
Ⓐ lawn Ⓒ mow the lawn
Ⓑ lawnmower Ⓓ mowed

2 The .... houses are all owned by celebrities.
Ⓐ neighbor Ⓒ neighborly
Ⓑ neighboring Ⓓ neighborhoods

3 The workmen are coming to .... the condo later this week.

Ⓐ carpet Ⓒ carpets

Ⓑ carpeted Ⓓ carpeting

4 The room was .... very elegantly.

Ⓐ furnish Ⓒ furniture

Ⓑ furnishings Ⓓ furnished

5 City regulations say pets must be fenced .... to keep animals from straying.

Ⓐ at Ⓒ out

Ⓑ in Ⓓ of

6 Your deposit will be returned on the day you ....

Ⓐ moving Ⓒ move in

Ⓑ removal Ⓓ move out

7 The subdivision is located in very attractive ....

Ⓐ surround Ⓒ surrounding

Ⓑ surrounded Ⓓ surroundings

8 First-time .... get special tax conditions.

Ⓐ own Ⓒ ownership

Ⓑ owners Ⓓ owned

9 Could you please ask your guests not to park in my ....?

Ⓐ drives Ⓒ driveway

Ⓑ driver Ⓓ drive away

10 Your office grounds are very .... landscaped.

Ⓐ style Ⓒ stylishly

Ⓑ stylish Ⓓ stylized

TEST OFFICIEL Extrait de Part 1

▶ Corrigé p. 382

Piste 96

Look at the picture and listen to the four statements.
Select the one statement that best describes what you see in the picture.

6. Ⓐ Ⓑ Ⓒ Ⓓ

CORRIGÉS DU VOCABULAIRE

1 JOBS

Exercice 1 Les prépositions

▶ *Énoncé p. 141*

1 The last person to leave is responsible **(A) for** locking the door.
2 Everybody in the department gets on well **(A) with** everybody else.
3 You must sign **(B) for** the keys and show some ID.
4 Keiko didn't think she should be held accountable **(C) for** the loss of the account.
5 It never takes him long to feel **(C) at** home in a new job.

Exercice 2 Les abréviations

▶ *Énoncé p. 141*

temporary worker	**temp**	representative	**rep**
chief executive officer	**CEO**	Information Technology	**IT**
personal assistant	**PA**	Public Relations	**PR**
vice president	**VP**	Human Resources	**HR**
memorandum	**memo**	Research and Development	**R&D**

Exercice 3 Les postes et leurs fonctions

▶ *Énoncé p. 141*

1	account manager	**increasing sales**	**advising**
2	graphic designer	**drawing**	**creating**
3	floor manager	**supervising**	**stocktaking**
4	PA	**typing**	**coordinating**
5	IT technician	**programming**	**troubleshooting**

Exercice 4 Les familles de mots

▶ *Énoncé p. 142*

1 The new furniture for the **(C) boardroom** was very expensive.
2 **(C) Executing** our plan will be difficult.
3 All **(B) heads** of department must finish appraisals before the end of the month.
4 Mr. Van Dam has excellent **(D) managerial** skills.
5 The managers are all **(C) accountable** for their budgets.
6 A **(D) clerical** job may not be very exciting, but it is a good entry-level position.
7 The **(A) temp** we hired was very efficient.
8 Most people these days start their career with an **(D) internship**.
9 The creative team's **(B) designs** were very well received.
10 Jenny likes working as a **(C) contractor** because she can set her own hours.

TEST OFFICIEL Extrait de Part 3 — Pistes 23 - 24

▶ Énoncé p. 143

Questions 59-61 refer to the following conversation.

(M) Nehal, how was Vancouver?

(W) Relaxing, thanks. Nice to do some sightseeing and take a break from work. Uh, how were things while I was away? How's the search for a new engineer going?

(M) I think we've found our person. I left you the paperwork here on your desk.

(W) Is this César Villa's résumé? He's a friend of mine. You're telling me he's applied for this job?

(M) That's who I was referring to. He really impressed everyone.

(W) I'm glad to hear that. I've known César since college. We had classes together. I've run into him over the years at conventions, but I had no idea he was applying for a job here.

59. What was the woman doing in Vancouver?
    (C) Taking a vacation

60. What does the woman imply when she says, "Is this César Villa's résumé"?
    (A) She is surprised to see a document.

61. How does the woman know César Villa?
    (B) They went to the same university.

2 THE OFFICE ENVIRONMENT

Exercice 1 Les mots similaires

▶ Énoncé p. 147

1 Staff are asked to **avoid** leaving their dirty cups in the kitchen.
2 The clerk places all paid invoices in the **out tray** ready for filing.
3 People who use the telephone a lot find it more practical to wear a **headset**.
4 There is ample **shelving** in the office.
5 The dispenser is empty. Dou you have any more **tape** somewhere?

Exercice 2 Les verbes

▶ Énoncé p. 147

1 Don't forget to tape **(B) up** the envelope before sending it.
2 We ran **(D) out** of toner last week.
3 I mustn't forget to type **(A) up** the minutes of the meeting.
4 Please refrain **(B) from** sitting on the photocopier.
5 It's very difficult to screen **(D) out** noise when working next door to a building site.

Exercice 3 Les expressions

▶ Énoncé p. 147

shelve the project - go like clockwork - open-plan office - gather around the water cooler - on file

1 An **open-plan office** is supposed to facilitate the transfer of information.
2 HR will have the contractor's details **on file** if you need to contact him.
3 We are expecting the new advertising campaign to **go like clockwork**.
4 As we have no budget left, we will have to **shelve the project**.
5 Employees often **gather around the water cooler** to have a chat (...).

Exercice 4 Les familles de mots

▶ Énoncé p. 148

1 Make sure you turn the button **(C) clockwise** to avoid breaking the mechanism.
2 **(D) Folding** the letters before putting them in the envelopes can be done by everyone available.
3 The memo was **(B) stapled** to the bulletin board.
4 Han Corporation makes high quality **(C) filing** cabinets to store your documents.
5 Files A-H are **(D) shelved** on the right.
6 Head **(A) office** has requested we keep them more in the loop.
7 Be careful you don't **(C) run out of** paper during the printing process.
8 You can put your things in the top three **(D) drawers**.
9 I need a pen to note **(C) down** this information.
10 At the end of the year, all the newsletters are **(D) bound** together to create a book.

TEST OFFICIEL Extrait de Part 1

Piste 26

▶ Énoncé p. 149

5.

Ⓐ Folders are being delivered to an office.
Ⓑ **A folder is being selected from a drawer.**
Ⓒ A woman is locking a file cabinet.
Ⓓ A woman is reaching for a clock.

3 COMMUNICATION

Exercice 1 Le vocabulaire

▶ Énoncé p. 153

1 I have to send this parcel. How much will **postage** be?
2 The deadline for your **submission** is Friday at midday.
3 The easiest way to distribute official information to everybody in the company is to send a **memo**.
4 Instead of going to the post office, there's a **mailbox** on the corner of the street where you can post the letter.
5 Oops! I forgot to **attach** the document to my previous e-mail, so here it is.

Exercice 2 Les mots similaires

▶ Énoncé p. 153

1 The **sender** did not pay for tracking.
2 Please find **enclosed** the packing slip, along with the goods ordered.
3 I left your assistant a **note** about ordering some red pens.
4 How much does the parcel **weigh**?
5 Would you send me **an e-mail** to confirm?
6 A mail carrier got out of the **stationary** van.

Exercice 3 Les expressions

▶ Énoncé p. 153

please find attached - do your utmost - look forward to - further to your request
to whom it may concern - kind regards - rest assured - at your earliest convenience

1 Further to your **request** a pricelist has been attached to this letter.
2 Kind **regards**, Jim Tanner.
3 To **whom** it may concern.
4 Please return the order form at your **earliest convenience**.
5 Please find **attached** my résumé and cover letter.
6 I look **forward** to meeting you in person on Friday
7 Rest **assured**, we will do our **utmost** to resolve the matter.

Exercice 4 Les familles de mots

▶ Énoncé p. 154

1 Please **(A) weigh** these letters and put the stamps on.
2 I've heard that you are **(D) corresponding** with our direct competitor.
3 You will find my résumé **(B) attached** to this e-mail.
4 Please take this **(A) mail** to the post office.
5 We have to send this **(D) memorandum** to all the company employees.
6 Let's get some **(C) stationery** with the company logo on it.
7 Is it true that they haven't **(C) submitted** their project on time?
8 My application was **(B) sent** yesterday afternoon.
9 You must sign upon **(C) reception** of the package as proof of delivery.
10 **(A) Postal** workers have requested a pay rise.

TEST OFFICIEL Extrait de Part 7

▶ Énoncé p. 155

157. Why was the letter written? **(C) To set up an appointment**
158. What information does Ms. Peralta want? **(B) A price estimate**

4 HUMAN RESOURCES (HR) & RECRUITMENT

Exercice 1 Les verbes

▶ Énoncé p. 159

apply **for** (a job) - take **on** (staff) - clock **out** (before leaving the office) - resign **from** (a position)
lay **off** (workers) - be **on** the shortlist

1 At 5 P.M. Yolanda was waiting by the time clock, impatient to **clock out** and leave.
2 Did you **apply for** the vacancy in the Human Resources department?
3 I didn't get the job, but at least I **was on** the shortlist.
4 The person we will **take on** must be flexible and reliable.
5 If we budget carefully, we can avoid **laying off** too many workers.
6 Why did you **resign from** your last position?

Exercice 2 Les phrases à compléter

▶ *Énoncé p. 159*

1 A **dismissal** and a **resignation** are not at all the same thing. (...)
2 I will meet you at the **appointed** time at the reception desk.
3 We would like to offer you the position, **provided** that you accept the salary conditions.
4 Pearl Hee has a lot of **transferable** skills, (...)
5 The strongest **applicant** was definitely the youngest person we interviewed.
6 I don't think she understands English, as she looked at me vacantly when I asked for her **résumé**.
7 The **transferal** of ownership of the company resulted in a lot of new positions.

Exercice 3 Le vocabulaire

▶ *Énoncé p. 159*

1 a job or position which has not been filled: a **vacancy**
2 to give up a job: to **resign**
3 the act of judging someone's work in a company: an **assessment** / an **appraisal**
4 the fact of being present at work: the **attendance**
5 to give someone a job: to **take on** / to **hire**

Exercice 4 Les familles de mots

▶ *Énoncé p. 160*

1 The vice president's **(C) dismissal** happened immediately after the merger.
2 The **(D) appointment** of a new Production Manager was very welcome news.
3 Frida received a lot of **(A) praise** from her line manager for completing the project ahead of time.
4 There's an opening in Marketing that I encourage you to **(A) apply** for.
5 At his annual **(D) assessment**, Gareth was told to be more punctual.
6 I asked for a day of **(D) family** leave in order to care for my mother who broke her leg.
7 Hans decided to leave the company on a Wednesday and handed in his **(D) resignation** the next day.
8 Jan asked to be **(B) transferred** from the Baker Street site to the downtown site.
9 From the 25 applicants, we have selected a **(B) shortlist** of three.
10 The applicant's **(D) employment** history is not complete – there's a big gap of five years.

TEST OFFICIEL Extrait de Part 7

▶ *Énoncé p. 161*

168. What accomplishment earned Ms. Lee a promotion to revenue accounting manager?
(C) She developed a new statistical tool.

169. For how long was Ms. Lee a budget associate at the Balestri Corporation?
(A) One year

170. According to Mr. Groth, why did Ms. Lee leave the Balestri Corporation?
(D) She enrolled in an educational program.

171. In which of the positions marked [1], [2], [3], and [4] does the following sentence best belong?
"The technique she created for this client was adopted for use throughout the company."
(B) [2]

5 REMUNERATION AND CONTRACTS

Exercice 1 Les mots similaires

▶ Énoncé p. 165

1 Salaries will **rise** next month.
2 My **wages** were smaller this month.
3 I was very happy to receive my **pay slip** today.
4 Unless you have worked here one full year, you are not **eligible** to vote at general meetings.
5 The **freelance** billed us by the hour.
6 I **nearly** signed the contract but thought better of it.

Exercice 2 Les prépositions

▶ Énoncé p. 165

1 Is my spouse eligible **(D) for** health benefits too?
2 HR agreed **(A) to** all of my requirements!
3 There has been a recent increase **(B) in** wages.
4 You could really benefit **(A) from** talking to a lawyer.
5 Jean volunteered **(C) for** early retirement.

Exercice 3 Les synonymes

▶ Énoncé p. 165

1 When you sign an **agreement**, you agree to **abide by** the terms.
2 I get a lot of **perks** in my job (...)
3 There is a six-week **trial period** built into my contract.
4 Each **party** must sign at the bottom of every page.

Exercice 4 Les familles de mots

▶ Énoncé p. 166

1 The two parties **(B) agreed** to sign the contract.
2 You are **(C) bound** by the terms of the contract.
3 The company is referred to as the “contractor” **(D) hereunder**.
4 Automotive **(B) salaries** have been increased by 2.5%.
5 The interview with the CEO didn’t have the **(B) expected** result.
6 Susan **(B) volunteers** regularly at her local soup kitchen.
7 Only **(A) full-time** workers are eligible for all benefits.
8 The government has once again **(D) raised** taxes.
9 If you are over 18, you are **(C) eligible** to vote in my country.
10 You should choose a family member to be the **(D) beneficiary** of your insurance policy.

TEST OFFICIEL Extrait de Part 4

Pistes 30 - 31

▶ Énoncé p. 167

Questions 74-76 refer to the following excerpt from a meeting.

(W) Hello, I’ve called this meeting of the software development team to share some good news. We’ve already exceeded our sales projections for the new software, and I’d like to thank you all for the late nights and weekends you spent working to design such a great product. So, the management has decided to give you all a bonus, which will be included in your next paycheck. Thanks again for your exceptional work!

74. Who are the listeners? **(D) Software developers**
75. Why does the speaker thank the listeners? **(A) For working long hours**
76. What will the listeners receive? **(C) Some extra money**

6 MEETINGS AND PRESENTATIONS

Exercice 1 Les expressions

▶ Énoncé p. 171

chair a meeting - hold a meeting - take the lead - take the minutes - give a presentation

Exercice 2 Les mots similaires

▶ Énoncé p. 171

1 Do you mind if we **put off** the meeting until Thursday?
2 The appointment was **brought forward** one day from Tuesday to Monday.
3 What time are we scheduled to **resume** the meeting?
4 My **schedule** is completely full this week.
5 The sales presentation will **take** place at 3 P.M.

Exercice 3 Les verbes à particule

▶ Énoncé p. 171

1 The meeting will be put **off** until an undetermined later date.
2 I took the liberty of bringing **forward** your last appointment of the day.
3 Because you moved **up** the presentation, I won't be able to be present.
4 Is it necessary to call **off** the visit?
5 So, to sum **up**, we will start the advertising campaign as soon as possible.

Exercice 4 Les familles de mots

▶ Énoncé p. 171

1 Although she had never **(B) chaired** a meeting before, Ms. Chan did a good job.
2 The **(D) resumption** of the meeting coincided with the arrival of the CEO.
3 The **(B) leading** brand has been available for only 6 months.
4 The **(B) reviews** for the new product are very encouraging.
5 Before we **(A) close** the meeting, can we proceed to a vote?
6 We cannot yet say **(D) conclusively** if the product will be a success or not.
7 Before we start the meeting, did everyone receive a copy of the **(B) agenda**?
8 Do you mind if we **(A) postpone** the appointment from Wednesday to Thursday?
9 The **(D) cancellation** of the meeting is very inconvenient.
10 Heide, would you like to **(C) summarize** the main points?

TEST OFFICIEL Extrait de Part 4

Pistes 33 - 34

▶ Énoncé p. 173

Questions 92-94 refer to the following excerpt from a meeting and agenda.

(W) This meeting is to familiarize our human resource team with changes to the orientation program for new hires. First I'll give you a quick overview of these changes. Then we'll see a video that was recently created for all new staff. But we'll spend the majority of the meeting talking about the revisions to the employee handbook. That will take about forty minutes, and then Shigeru will close with a brief review of the coaching process. Since we only have an hour, I'd ask that you hold any questions until we've gotten through all the agenda points.

AGENDA	
1. Overview	Brenda
2. Video	Xinzhou
3. Handbook	Monica
4. Coaching	Shigeru

92. What is the purpose of the meeting?
(A) To present changes to a program

93. Look at the graphic. According to the speaker, which presenter will require the most time?
(C) Monica

94. What does the speaker request that the listeners do?
(B) Wait to ask questions

7 WORK EVENTS

Exercice 1 Les phrases à compléter

▶ *Énoncé p. 177*

1 The money we **raised** will go towards revamping the offices.
2 Sue Yun is an **eager** reader. She spends all her time with a book in her hand.
3 I would like to thank you for your service on **behalf** of all the staff.
4 Tonight's **entertainment** promises to be a lot of fun!
5 Let's hope that the day's activities go as **smoothly** as possible.
6 How many people can your hotel **accommodate**?
7 It's a rather **unconventional** solution, but I think it will work.

Exercice 2 Les expressions

▶ *Énoncé p. 177*

eagerly anticipate - accommodate our needs - go on an outing - take early retirement
extend an invitation - on behalf of

1 Joanna has decided to take **early retirement** and travel the world.
2 On **behalf of** my department, may I congratulate you all.
3 Everyone is **eagerly** anticipating the merger of our two companies.
4 The last time we went on a staff **outing** was three years ago.
5 I'd like to **extend** an invitation to join us this evening.
6 Can the restaurant **accommodate** the needs of our vegan staff members?

Exercice 3 Les synonymes

▶ *Énoncé p. 177*

1 Our **outing** to the museum was highly popular.
2 One **attendee** will be selected to represent the company.
3 When has this year's **orientation program** been scheduled?
4 The PA is currently trying to **schedule** a departmental meeting.
5 There is a **farewell** party tomorrow for the head of marketing.
6 Your methods are a little **unconventional**, but they appear to get results!
7 Will we receive traveling expenses to go to the **convention**?

Exercice 4 Les familles de mots

▶ *Énoncé p. 178*

1 Every year the company's employees go on an **(D) outing** to a local tourist spot.
2 It can be hard to adapt to being a **(C) retiree**.
3 For dancing purposes, this floor is **(B) smoother** than that one.
4 The meeting has been **(B) scheduled** for first thing on Monday.
5 This year's sales **(A) convention** attendance was up on last year's.
6 Every year our department **(A) extends** an invitation to the others to compete for best department.
7 Who have we asked to do the **(D) catering** for the AGM?
8 I hope the **(D) accommodation** at the convention is as good as last year's.
9 Each **(C) attendee** at the conference will receive a welcome pack.
10 The outing to the theater was extremely **(B) entertaining**.

TEST OFFICIEL Extrait de Part 3 Pistes 36 - 37 ▶ Énoncé p. 179

Questions 47-49 refer to the following conversation.

(W) Richard, I'm glad I ran into you. About the launch party for our new baseball video game—did you confirm the menu with the caterers yet?

(M) Yes, I just called the catering company this morning, and their manager says everything is all set.

(W) Good. And you had the idea of having the servers wear baseball hats to go along with the theme of the party—is that OK with the catering manager too?

(M) She said it'd be fine, but we'd have to provide the hats. That reminds me, I need to call her back to find out how many servers are working, so I can make sure to have enough hats.

47. What event are the speakers discussing? **(A) A product launch**

48. What does the man want the catering staff to do? **(C) Wear hats when serving food**

49. What does the man still need to confirm? **(B) The number of servers**

Extrait de Part 4 Pistes 38 - 39 ▶ Énoncé p. 179

Questions 77-79 refer to the following telephone message.

(M) Hello, Mr. Callaghan, this is Connor, from Ballyway Hotel in Dublin about the company retreat you've booked with us for the first week of October. I'm calling to confirm that you're still reserving a block of rooms for thirty people. If the number has changed at all, please let me know. Also, I know you were considering a welcome dinner for the first night of the meeting. If you're still interested in that, you can view our menu options on the hotel's Web site. Please give me a call back when you have a chance. The number is 555-0101

77. Where does the speaker most likely work? **(B) At a hotel**

78. What does the speaker want to confirm? **(C) The number of people**

79. What does the speaker say is available on a Web site? **(D) A dinner menu**

8 RETAIL

Exercice 1 Les verbes à particule

▶ Énoncé p. 183

1 close **down**: to close definitively
2 mark **down**: to reduce a price
3 try **on**: see if an item of clothing fits before you buy it
4 shop **around**: visit different shops to find the best price for an item
5 sell **off**: to sell an item at a reduced price to make shelf space
6 sell **out**: to sell all of a product; to have none left

Exercice 2 Les synonymes

▶ Énoncé p. 183

1 Excuse me, do you **carry** men's shoes?
2 Did you buy your jacket at the **mall**?
3 There was a substantial **discount** on cameras this week.
4 Isn't there a new women's clothing **store** in town?
5 I have a lot of **change** in my pocket.

Exercice 3 Les mots similaires

▶ Énoncé p. 183

1 The cashier put the money into the **cash register**.
2 Do you think these glasses **suit** the shape of my face?
3 Every **garment** we produce is checked for defects.
4 The shoe **factory** is located in the south.
5 Retailers usually have a **markup**, which allows them to make a profit.

Exercice 4 Les familles de mots

▶ Énoncé p. 183

1 Thank you, I don't need any help, as I'm just **(D) browsing**.
2 We need to hire a part-time **(C) cashier** for the holiday period to take the pressure off the full-timers.
3 If you are lucky, you can find designer clothes on **(A) sale** at the end of the season.
4 This store trains the cashiers to place the **(A) change** on the counter and not in the customer's hand.
5 Most of our kitchen **(C) appliances** come with a two-year warranty.
6 It is important to eat a variety of fresh **(D) produce** in order to remain healthy.
7 Since the new **(B) discounter** opened directly opposite our store, sales have dropped dramatically.
8 A well-**(B) stocked** supermarket never runs out of milk.
9 Yoko checked her **(D) receipt** carefully to make sure she hadn't paid too much.
10 Please return your shopping **(A) cart** to the appropriate place before leaving the premises.

TEST OFFICIEL Extrait de Part 1

Piste 41

▶ Énoncé p. 185

2.

Ⓐ A woman is lifting a boot off a shelf.
Ⓑ A man is piling boxes on the floor.
Ⓒ A customer is paying at a cash register.
Ⓓ A salesperson is holding a stack of boxes.

9 ORDERING

Exercice 1 Les prépositions

▶ Énoncé p. 189

1 Excuse me, I'm looking for the Shredder 3000. Do you have any **in** stock?
2 I'm terribly sorry, Madam. The Shredder 3000 is **out of** stock at the moment.
3 You can purchase this mattress **on** a trial basis. (...)
4 It's generally cheaper to buy things like rice and cereal **in** bulk rather than in small packets.
5 The same chair retails **at** a cheaper price elsewhere.

Exercice 2 Les synonymes

▶ Énoncé p. 189

1 Our current electricity **supplier** is running a promotional campaign.
2 There are five **items** in your virtual cart. Go to checkout?
3 It is essential to ask for a shipping **quote** before signing any contract.
4 We undertake to replace or refund any **defective** product.
5 Order three pots of special bathroom paint and get a **complimentary** paintbrush!

Exercice 3 Les expressions

▶ Énoncé p. 189

wide variety - retail price - place an order - I'm afraid - batch number

1 I have ordered a **wide** variety of samples.
2 I'm **afraid** I am unable to help you.
3 What is the batch **number** of the defective item?
4 The recommended **retail** price is given as a guide.
5 Will you help me **place** an order later?

Exercice 4 Les familles de mots

▶ Énoncé p. 189

1 One of the most common **(D) defects** is a failure to turn off automatically.
2 Mr. Delfino is responsible for the **(D) purchasing** department.
3 I would like to return the **(C) merchandise** because it is faulty.
4 Our latest desk lamp model **(B) retails** at $29.99.
5 The **(C) warranty** is void if the seal is broken.
6 **(C) Various** people have told me how good our after-sales service is.
7 During **(D) stocktaking**, every piece of stock must be counted.
8 The price you **(B) quoted** us is double the estimate we received from the competition!
9 When an increase in prices is announced, people have a tendency to **(D) stockpile** basic nonperishable goods.
10 The CEO paid our department a **(A) compliment** by choosing us as the example to follow.

TEST OFFICIEL Extrait de Part 7

▶ Énoncé p. 191

152. For what could the coupon most likely be used?	**(D) A rain jacket**
153. What is implied about Britton Outfitters?	**(C) Its line of products includes footwear.**
154. What is NOT true about the advertised discount?	**(D) It is limited to first-time customers.**

10 INVOICING

Exercice 1 Les mots similaires

▶ Énoncé p. 194

1 Our power **bill** is higher than usual this month.
2 Karina received a **fine** for parking in the wrong place.
3 We are trying to find a solution **at the moment**.
4 Did you **remember** to send the invoices?
5 The printer ran out of paper, but **luckily**, I was there to refill it.

Exercice 2 Le vocabulaire

▶ Énoncé p. 194

1 a problem / supply *(vb)* / a copy of a magazine : **issue**
2 late, unpaid / excellent : **outstanding**
3 ask for payment / replenish a battery / officially accuse someone of a crime : **charge**
4 canceled, expired / lacking / empty : **void**
5 a financial penalty / good (weather) / small : **fine**

Exercice 3 Les synonymes

▶ Énoncé p. 195

1 bill : invoice
2 charge : fee
3 overdue : outstanding
4 invalid : void
5 disregard : ignore

Exercice 4 Les familles de mots

▶ Énoncé p. 195

1 Could you check if there are any bills **(A) due** this week?
2 **(D) Undercharging** a client is much more problematic than the opposite, as the store loses money.
3 The invoicing work **(B) reminded** me of my first job as a clerk.
4 The **(C) issuer** of the check must have sufficient funds to cover its amount.
5 Please contact the **(C) invoicing** service if you have any questions regarding your payment.
6 The creditor will **(D) hopefully** accept the late payment.
7 Could you please phone us today **(B) regarding** your order?
8 They will use their cash reserve to pay off all the **(D) creditors**.
9 We were only charged for one **(D) unit**.
10 We were asked to sign a **(C) waiver** giving up our right to claim extra fees.

TEST OFFICIEL Extrait de Part 7

▶ Énoncé p. 196

176. According to the Web page, for what is there a charge?
(D) Home delivery

177. What is true about Mr. Benton?
(B) He recently traveled by airplane.

178. What is indicated about Mr. Benton's coat?
(D) It was a gift from a family member.

179. Based on the Web page information, what is missing from Mr. Benton's form?
(A) A time

180. Why would Mr. Benton be asked to provide a signature?
(B) To confirm that he has received his property

11 DELIVERY

Exercice 1 Le vocabulaire

▶ Énoncé p. 201

1 to close a box securely : **seal**
2 to do something to make a process faster : **expedite**
3 the place where a company stores its goods : **warehouse**
4 to transport an object to the correct place or person : **deliver**
5 to cover an object with something to protect it : **pack** or **wrap**

Exercice 2 Les prépositions

▶ Énoncé p. 201

1 Pierre put all his furniture **in** storage when he moved to Australia for a one-year contract.
2 Do you think it is possible to pick **up** the parcel before 10 o'clock?
3 I sent you the document to sign **by** courier. You should have it **by** this afternoon.
4 Please stack the pallets **in** a tidy pile.

Exercice 3 Les synonymes

▶ Énoncé p. 201

1 Take special care when you **pack** this parcel.
2 The **consignment** should arrive any day now.
3 The **package** weighs under 2 kilos, so it can be sent as ordinary mail.
4 What time is the **carrier** coming to pick up the shipment?
5 I'm sorry Madam, I will **dispatch** a replacement immediately.

Exercice 4 Les familles de mots

▶ Énoncé p. 201

1 Dairy products must be kept in cold **(D) storage** to stop them from going bad.
2 When we received the consignment, the **(D) packaging** was damaged.
3 **(D) Shipping** costs get higher and higher every year.
4 We need to calibrate our scales because the post office says the **(B) weight** is different.
5 The **(C) loading** bay is behind the warehouse.
6 We bought these special crates which are designed to be **(D) stackable**.
7 Make sure the **(C) dispatcher** has the new address, as it changed recently.
8 The **(D) recipient** of the award should contact us in order to organize delivery of their trophy.
9 Are you sure you should **(B) unseal** that box on your own?
10 The book was **(C) wrapped** very carefully.

TEST OFFICIEL Extrait de Part 3

Pistes 45 - 46

▶ Énoncé p. 203

Questions 65-67 refer to the following conversation and order form.

(W) Hi, Mr. Olson? I'm Eun-hee Sohn from Circle Optical Supplies. I'm calling about the order you placed yesterday.

(M) Oh, yes—I ordered supplies for my eyeglass store. Is there an issue?

(W) Well, we only have 25 of the eyeglass cases you ordered. Unfortunately, we won't have any more in stock for another two weeks.

(M) Oh, no—we have a promotional event starting next Friday, and we usually provide a case with each pair of eyeglasses our customers purchase. Hmmm ... I guess I'll take the 25 cases you have, but I'll have to order the rest from another company.

(W) OK—I'll update your order. And as an apology, my manager told me to waive your delivery charge. So, we'll cover the twenty dollar shipping fee.

Circle Optical Supplies
Order: 78119

QUANTITY	ITEM
10	Display racks
20	Contact lens cases
50	Cleaning cloths
100	Eyeglass cases

65. Why is the woman calling?
(C) To report a problem

66. Look at the graphic. What quantity on the original order form has to be changed?
(D) 100

67. What has the woman's manager instructed her to do?
(A) Provide free shipping

12 TRAVEL FOR WORK

Exercice 1 Les verbes

▶ *Énoncé p. 206*

get **on** / **off** the bus/train/plane *(monter / descendre)*
get **in(to)** / **out of** the car *(monter / descendre)*
be **in** the car
be **on** the train/bus/plane
travel **by** car/train/plane
go **to** New York
be **in** New York

1 I went to Chicago this year, but next year I will **go to** New York.
2 You should **get on** the train before it leaves.
3 Flying is really expensive, so we've decided to **travel by** train.
4 Jim has already left, he must **be on** his train by now.
5 I'm sorry, I can't speak to you right now, as I **am in** the car.

Exercice 2 Les synonymes

▶ *Énoncé p. 206*

1 commuter : traveler
2 round trip : return ticket
3 one-way : single ticket
4 trip : journey
5 catch : take

Exercice 3 Les mots similaires

▶ *Énoncé p. 207*

1 I tried to **hail** a taxi, but they were all taken.
2 Most of my friends live in **the suburbs**.
3 We paid the **toll** on the motorway by credit card.
4 I'm going on a business **trip** next week.
5 I have a 40-minute **commute** to go to work.

Exercice 4 Les familles de mots

▶ *Énoncé p. 207*

1 The new arrivals **(C) board** is updated in real time.
2 My morning train is packed full of **(C) commuters** going to work.
3 We apologize for the cancellation, which is due to ice on the **(C) tracks**.
4 If you hurry, you might still **(D) catch** the 7:30 train.
5 They **(A) announce** track numbers ten minutes before the train leaves.
6 Even though Ms. Onofrio **(C) rushed** to the station, she missed her train.
7 Our head office is located in a quiet **(A) suburb** of the capital.
8 Simon and Mick enjoy **(D) carpooling** to the office.
9 I don't know how many cabs I **(C) hailed** last night before I finally managed to get one to pick me up.
10 Kate really enjoyed her business **(A) trip** to Korea.

TEST OFFICIEL Extrait de Part 7

▶ *Énoncé p. 208*

196. What qualifies Ms. Blum to receive a corporate credit card?
(B) Her registration fee is over $300.

197. What is a purpose of the letter?
(C) To confirm a registration

198. In the letter, the word "secured" in paragraph 2, line 2, is closest in meaning to
(B) established

199. What is suggested about Ms. Blum?
(A) She is a member of the IET.

200. What expense policy does NOT apply to Ms. Blum's trip?
(D) The policy about renting cars

13 AIR TRAVEL

Exercice 1 Les contraires

▶ *Énoncé p. 213*

pick up ≠ drop off - takeoff ≠ landing - fasten ≠ unfasten - carry-on ≠ checked - delayed ≠ on time

1 Excuse me, how do I **unfasten** my seatbelt? I need to go to the lavatory.
2 My wife will **drop** me **off** at the airport, so I don't have to book a taxi.
3 Ladies and gentlemen, please return to your seats in preparation for **landing**.
4 I'm sorry sir, but only one **checked** item is included in the price of your ticket.
5 I'm very lucky, my flights are always **on time**.

Exercice 2 Les expressions

▶ *Énoncé p. 213*

inclement weather - conveyor belt - aisle seat - emergency exit - cruising altitude - final call - cabin crew

1 Flight FR607 has been delayed due to **inclement** weather.
2 Isn't that your suitcase on the **conveyor** belt?
3 This is the final **call** for passengers on flight SA789.
4 Is there any chance I could have an **aisle** seat?
5 The **cabin** crew will present the safety instructions.
6 Take a minute to identify the emergency **exit** nearest to you.
7 Ladies and gentlemen, we have just reached **cruising** altitude.

Exercice 3 Les mots similaires

▶ *Énoncé p. 213*

1 Could you help me lift my bag into the overhead **locker** please?
2 The **takeoff** was delayed due to a late passenger.
3 The **cabin crew** served everyone beverages.
4 Mr. Khan is expected at **gate** 3.
5 Do not **unfasten** your seat belts until the light goes off.

Exercice 4 Les familles de mots

▶ Énoncé p. 214

1 Please do not **(C) unfasten** your seat belt during the turbulence.
2 You must **(D) check in** at least one hour before the flight.
3 All **(C) flights** from London Heathrow have been cancelled.
4 The last people who **(B) boarded** the plane had no choice but to sit where they could.
5 Even when you have flown a million times, the check-in **(C) process** still seems long.
6 I'm afraid your baggage **(C) exceeds** our weight limit.
7 You should have told me that your flight had been **(C) delayed**!
8 The **(B) removal** of all the objects from your pockets will facilitate the security process.
9 Please fill out this **(D) customs** form before we land.
10 We sat in the plane on the **(B) runway** for over an hour.

TEST OFFICIEL Extrait de Part 3

Pistes 49 - 50

▶ Énoncé p. 215

Questions 35-37 refer to the following conversation.

(W) Hi. I'm calling because I think I left my jacket in the overhead compartment on the plane. It's blue with white stripes. I arrived earlier today on flight 98 from London.

(M) OK, I'll just need your seat number so we can check the row you were sitting in. That should be enough information to locate the jacket.

(W) Umm... I was sitting in 36-F, in the last row of the plane.

(M) All right. We'll call you when we find it. And just so you know, you'll have to come to the airline counter in the baggage claim area to retrieve it.

35. Why is the woman calling? **(C) To ask about a lost item**
36. What information does the man ask for? **(D) A seat number**
37. What is the woman told to do? **(A) Go to a baggage claim area**

14 HOTELS

Exercice 1 Les mots similaires

▶ Énoncé p. 219

1 As your **host**, I would like to welcome you to the Three Pines Motel.
2 This **pillow** is too hard for me.
3 You can pay for the drinks and snacks you consumed when you **check out**.
4 My room has a lovely **view** of the park.
5 You must **vacate** your room by midday on the day of your departure.

Exercice 2 Les synonymes

▶ Énoncé p. 219

1 Please leave your keys at the **front desk** when you go out for the day.
2 There are comfortable armchairs in the hotel **lobby**.
3 Hi, I have a **booking** for two nights, name of O'Connor.
4 They have outstanding **amenities** at the hotel you chose.
5 The **convenient** location of the hotel makes it accessible even without a car.

Exercice 3 Les expressions

▶ Énoncé p. 219

have a pleasant stay - can manage - make a reservation - offer complimentary Wi-Fi - a view of the sea

1 Can I make **a reservation** on your website?
2 No need to pay for the Internet access, as our hotel offers **complimentary Wi-Fi**.
3 Here is your keycard, Madam, have **a pleasant stay**.
4 Shall I carry your bags to your room? - No thanks, I can **manage**.
5 Do any of your rooms have a view **of the sea**?

Exercice 4 Les familles de mots

▶ Énoncé p. 219

1 Do you have any rooms with a **(D) view**, please?
2 Is the hotel **(D) conveniently** located?
3 The **(C) housekeeping** in this hotel is impeccable!
4 We were surprised to see how highly your rooms are **(D) rated** on the Internet.
5 I can't see your name on the list. Are you sure you have a **(D) booking**?
6 The cost of your stay is all-**(C) inclusive**, covering all food and beverages.
7 Do you have any **(A) vacant** rooms?
8 Good evening, I am your **(B) host** this evening. How may I help you?
9 There were **(A) plenty** of seats in the limousine.
10 The **(D) elevator** is located at the end of this hall, on your right.

TEST OFFICIEL Extrait de Part 7

▶ Énoncé p. 221

147. What is the purpose of the e-mail? **(A) To explain a policy**

148. When is the latest that Mr. Noro should contact Ms. Murata? **(D) By 6:00 P.M.**

15 CAR RENTAL

Exercice 1 Les synonymes

▶ Énoncé p. 225

1 Can you recommend a good place to **rent** a car?
2 Oh no! I drove over some glass and now I have a **puncture**!
3 Your car insurance **policy** only covers you personally.
4 The tank is **nearly** empty, time to fuel up!
5 Where's the closest place to get **fuel**?

Exercice 2 Les expressions

▶ Énoncé p. 225

valid driver's license - flat rate - windshield wipers - insurance policy - authorized driver

1 You need a **valid driver's license** to rent one of our vehicles.
2 We have a **flat rate** of $20 per day.
3 I had to have my **windshield wipers** changed, as they were pretty old.
4 Our **insurance policy** covers car damage and road accidents.
5 Unfortunately, there is only one **authorized driver** and you will have to pay extra for additional ones.

Exercice 3 Les verbes

▶ Énoncé p. 225

(avancer) **drive on** - *(remplir)* **fill up** - *(se ranger)* **pull over** - *(inspecter)* **look over** - *(déboîter)* **pull out**

1 The police officer told us to **pull over** and get out of our car.
2 Just as we were **pulling out**, the tire burst.
3 When I saw the gas station I wanted to stop, but Zach insisted that I **drive on**.
4 Always **look** the rental car **over** before signing anything.
5 I ran out of gas in the middle of the highway, because you forgot to **fill up** the tank!

Exercice 4 Les familles de mots

▶ Énoncé p. 226

1 When we arrived at the filling station, a **(A) tanker** was replenishing the fuel.
2 I don't want to waste my money on gas, so I always rent **(D) economy** cars.
3 The rental agreement says you must **(D) fill** the tank before returning the car.
4 He told me he's been **(C) driving** since he was 16!
5 She braked as soon as the **(A) traffic lights** turned yellow.
6 The gears change **(D) automatically** on my new car.
7 Economy cars are generally more **(A) fuel**-efficient than SUVs.
8 **(D) Renting** a car will be cheaper than flying.
9 When **(C) reversing**, drivers should always use the vehicle's mirrors and turn their body.
10 The **(C) policy** states that you have to return your vehicle to the location you rented it from.

TEST BLANC Part 7

▶ Énoncé p. 227

1. Who will probably be traveling in the vehicle?
   (C) Two drivers and at least two children
2. What is implied on the Web page?
   (B) It is more expensive to share the driving.
3. Which word is closest in meaning to "drop-off" in line 3?
   (D) return

16 WEATHER

Exercice 1 Le vocabulaire

▶ Énoncé p. 231

1 It hasn't rained in weeks; there's a **drought**.
2 A short period of sun is a **sunny spell**.
3 The noise which accompanies lightning is **thunder**.
4 When the temperatures are abnormally high over a few days, there's a **heatwave**.
5 A short period of rain is a **shower**.

Exercice 2 Les mots similaires

▶ Énoncé p. 231

1 I'm looking forward to a pleasantly **warm** weekend.
2 You won't see any blue sky today as the sky will be **overcast**.
3 The forecast has said it will **freeze** overnight.
4 Do you mind if we shut the window? It's a little **drafty** in here.
5 It will be a **chilly** weekend, so wrap up warm.

Exercice 3 Les expressions

▶ Énoncé p. 231

1 a clap of thunder : un coup de tonnerre
2 dense fog : un brouillard épais
3 flash floods : des crues subites
4 freak weather conditions : des conditions météo exécrables
5 high temperatures : des températures élevées
6 severe gales : de forts coups de vents
7 torrential rain : des pluies torrentielles
8 violent storms : de violents orages

Exercice 4 Les familles de mots

▶ Énoncé p. 231

1 The day was much **(C) windier** than forecast.
2 All cars must be equipped with **(A) snow** tires during the winter months.
3 Spring is coming, so you can safely turn off your **(C) heating**!
4 There was a brief yet violent **(D) thunderstorm** last night, during which two centimeters of rain fell.
5 My boss **(B) slipped** on the sidewalk and had to stay at home today.
6 It was so cold that the lake **(B) froze** in the night.
7 There was a **(A) light** sprinkling of snow on the ground when I left for work.
8 Stay indoors in case it **(B) rains**.
9 The weather **(B) forecaster** was famous for wearing extravagant clothes.
10 Leaves were **(D) blown** all over the parking lot.

TEST BLANC Extrait de Part 4

Pistes 54 - 55

▶ Énoncé p. 233

Questions 1-3 refer to the following weather forecast.

(M) Well, if you ventured outside today, I don't have to tell you that it was hot. I'm certainly thankful for the air-conditioning here at the office! For those of you planning outdoor activities tomorrow, you can expect fair skies for most of Saturday with temperatures in the high nineties. However, things will start to change by Saturday evening. We can expect light showers over the northern part of the state bringing cooler temperatures in the seventies, but this rain should taper off by mid Sunday morning. It will be partly cloudy for most of Sunday but these clouds should move out by the evening. And that's all for today's weather.

1. What day might you hear this forecast?
   (B) Friday
2. When will the weather become cooler?
   (B) Saturday evening
3. What does the man mean when he says "I don't have to tell you that it was hot"?
   (C) I'm sure you noticed it was hot.

17 OUTINGS

Exercice 1 Le vocabulaire

▶ Énoncé p. 237

1 The place where the actors work in the theater is the **stage**.
2 When you practice for a concert or a play, you **rehearse**.
3 A painting, sculpture or drawing is a **work of art**.
4 All the actors in a film or in a play are the **cast**.
5 The person in charge of an orchestra is the **conductor**.
6 It's the place where planes take off from, and also where new clothes are presented: the **runway**.

Exercice 2 Les synonymes

▶ Énoncé p. 237

1 The **cast** was fabulous, as were the sets.
2 While I found the **plot** interesting, the characterization was poor.
3 There was a short **intermission** between the acts.
4 What time is the last **showing**?
5 Our local **movie theater** is a historical building from the 1930s.

Exercice 3 Les expressions

▶ Énoncé p. 237

award-winning - be on - leading role - the big screen - special effects - go to the movies

1 Sorry, I can't join you at the restaurant, as I'm **going to the movies** tonight.
2 This director has made many **award-winning** movies.
3 They are finally bringing my favorite book to **the big screen**.
4 You can never appreciate all the **special effects** if you watch it on a small screen.
5 I have got to see this play – my favorite actor is playing the **leading role**.
6 I'm staying home, because my favorite TV series **is on** tonight.

Exercice 4 Les familles de mots

▶ Énoncé p. 237

1 The artist uses the texture of the thick **(A) paint** to add depth to the scene.
2 The band they chose for the **(C) opening** was unknown but very talented.
3 We saw that movie **(C) starring** Jeff Roberts which won an award!
4 Take a look at this **(A) exhibit**; it's the perfect example of this artist's style.
5 Last night I went to another audition, but I wasn't **(A) cast** in the play.
6 Henry Raskin is **(D) directing** this movie, so it will be good.
7 The street was **(B) crowded** with people hoping to see the cast.
8 Delmarle's latest offering has been universally praised by the **(B) critics**.
9 How many **(D) showings** of "The Box" are there daily?
10 When you take the **(A) painting** out of its frame, you can see how the artist used many different techniques.

TEST OFFICIEL Extrait de Part 7

▶ Énoncé p. 239

164. What does the article discuss?
(B) A change made to a graphic design

165. Who made the final decision about the logo?
(D) Members of Bramwell Botanical Gardens

166. What did Ms. Kim imply about the visitors shop?
(D) Business there was not very good.

167. In which of the positions marked [1], [2], [3], and [4] does the following sentence best belong?
"Four of them were posted on the Botanical Gardens Web site."
(C) [3]

18 RESTAURANTS

Exercice 1 Les prépositions

▶ Énoncé p. 243

1 Jonathan, could you wait **(C) on** tables 2, 3 and 4 today?
2 We offer a wide selection **(B) of** cheeses.
3 Would you like to dine **(A) out** with us next week?
4 Our kitchen staff has to be very careful **(D) about** gluten.
5 Excuse me, may I ask **(B) for** the check, please?

Exercice 2 Les expressions

▶ Énoncé p. 243

a table for four - pick up the check - on the house - feel like - on me

1 I'd like to book a **table** for four for lunch tomorrow.
2 You paid last time, so this time the dinner is **on** me.
3 To make up for the mistake with your order, your dessert is on the **house**.
4 You always **pick up** the check, today it's my turn to pay.
5 I **feel** like having pasta this evening.

Exercice 3 Les synonymes

▶ Énoncé p. 243

1 Ask the **server** for a menu.
2 This water is **sparkling**.
3 The **diner** in the corner hasn't been served yet.
4 We have a very comprehensive **beverages** menu.
5 I think I'd like to order an **appetizer**.
6 The **cutlery** was made of silver.

Exercice 4 Les familles de mots

▶ Énoncé p. 244

1 This soup **(C) tastes** too salty.
2 Good evening, my name is Jack and I will be your **(B) waiter** tonight.
3 The service here is fantastic, so they must get a lot of **(B) tips**.
4 How about I pay the **(A) check** this time?
5 We typically have thirty **(B) patrons** here around lunchtime.
6 Take care to **(B) moisten** the cloth before you wipe the tables.
7 I really don't know what to choose, do you have any **(C) recommendations**?
8 How many **(C) courses** are you going to have?
9 We left our **(D) server** a generous tip.
10 Let's **(B) take out** some sushi for lunch – it's wholesome and light.

TEST OFFICIEL Extrait de Part 3 — Pistes 58 - 59

▶ Énoncé p. 245

Questions 41-43 refer to the following conversation.

(M) Excuse me, have you changed the menus here? I notice there's a symbol next to some of the names of the dishes. What does it mean?

(W) Oh, all the food with this green "V" symbol is cooked without meat. Some customers ask which meals are vegetarian, so this is an easy way for them to know.

(M) That makes sense. A lot of people are trying to eat healthier now.

(W) Oh, yes. If you look on the back of the menu, we've even added nutritional information about the food selections. Customers like these features so much that last month we were voted best restaurant in the area.

41. Where most likely are the speakers? **(A) At a restaurant**

42. What does the "V" symbol mean? **(B) The dish is vegetarian.**

43. What does the woman say happened last month? **(D) They won a local award.**

19 VACATIONS

Exercice 1 Les verbes à particule

▶ Énoncé p. 249

1 *(explorer)* **look around**
2 *(dire au revoir)* **see off (see out)**
3 *(sortir)* **go out**
4 *(quitter l'hôtel)* **check out**
5 *(ranger, remballer)* **pack up**
6 *(se mettre en route)* **set out (*ou* set off)**

> ***See out*** signifie « raccompagner quelqu'un à la porte », ***see off*** « accompagner quelqu'un (à la gare, à l'aéroport) ».

Exercice 2 Les expressions

▶ Énoncé p. 249

recharge (your) batteries - make the most of - buy souvenirs - get a suntan - have fun

1 The winter has been cold and wet. Let's go away for a weekend and **recharge** our batteries.
2 Enjoy your holidays. I'm sure you'll have **fun** in Mexico!
3 It's our last day in New York City, let's buy some **souvenirs** for our friends.
4 You look radiant! Where did you **get** that amazing suntan?
5 We only have three days left here, we should try to **make** the most of our time.

Exercice 3 Les mots similaires

▶ Énoncé p. 249

1 We had a very memorable **trip** to Rome last year.
2 If you **sunbathe** too long in the middle of the day, you might get sunburn.
3 The **vacationers** spent a lot of their time fishing.
4 Let's go **camping** this weekend!
5 **Hotels** in big cities are often booked out in summer.

Exercice 4 Les familles de mots

▶ Énoncé p. 249

1 I hate **(B) packing**, I never know what to take.
2 My husband and I never **(A) camp**, as I don't like tents.
3 How about a romantic **(B) getaway** for Valentine's Day?
4 Swimming in the **(A) sea** is my favorite part of the vacation.
5 You must take your **(A) vacation** between July and September.
6 How about **(C) cruising** the Caribbean for our anniversary?
7 The hotel was very **(A) accommodating** and helped us find everything we needed.
8 Whenever I'm abroad, I like to talk to the **(B) locals** and see what their everyday life looks like.
9 We have just received the **(C) itineraries** for both of our trips this summer.
10 Your **(C) luggage** is limited to 20 kilograms and 2 pieces.

TEST OFFICIEL Extrait de Part 4 — Pistes 61 - 62

▶ Énoncé p. 251

Questions 80-82 refer to the following excerpt from a meeting.

(M) I have just a couple more things to mention before we end today's meeting. I know this is already a busy time for all of us nature guides here at Greenwood State Preserve, but with vacation season coming up, we're expecting more visitors. To accommodate the increase in tourism, we'll be keeping the park open two hours later in the summer. This means that extra shifts will be available for all park employees, so please let your supervisor know if you're interested in working more hours. Also, if you lead groups on the hiking trails, remember that the Wildflower Trail is still closed due to renovations on the bridge.

80. According to the speaker, what change will be implemented this summer?
(B) Hours will be extended.

81. How can employees sign up for extra work?
(D) By speaking to a supervisor

82. What is mentioned about the Wildflower trail?
(C) It is currently closed.

20 LEISURE ACTIVITIES

Exercice 1 Le vocabulaire

▶ Énoncé p. 255

1 boat, lake, wind : **sailing**
2 hammer, wood, paint : **DIY**
3 bike, saddle, shorts : **cycling**
4 boots, backpack, water bottle : **hiking**
5 needle, fabric, thread : **sewing**
6 spade, soil, plant : **gardening**

Exercice 2 Les expressions

▶ Énoncé p. 255

go for a run - take a walk - play an instrument - enroll in a course - take a photo - do sport

1 Zach wanted to visit the town so he took a **walk**.
2 Do you play any musical **instrument** in your free time?
3 On vacation I enjoy doing **sport** as it allows me to stay fit.
4 How about **going** for a run in the park after lunch?
5 I'm going to **enroll** in a photography course to learn to **take** better photos.

Exercice 3 Les synonymes

▶ Énoncé p. 255

1 **Jogging** is a cheap sport that almost everyone can do.
2 A lot more women are taking up **DIY** as a hobby.
3 I prefer to spend my vacation time **relaxing** on the beach, not **working out**.
4 **Hiking** in the mountains is great for clearing your head.

Exercice 4 Les familles de mots

▶ Énoncé p. 255

1 Our town is very **(C) attractive** to foreign tourists.
2 Let's meet in the restaurant **(A) after** our hike.
3 **(A) Indoor** activities are good for rainy weekends.
4 You should try golf if you want a sport that is not too **(B) energetic**.
5 I'd like to speed up but there's a **(D) cyclist** in my way.
6 Eating **(B) out** every night soon becomes expensive.
7 I wanted to join a salsa class, but the **(C) enrollment** fee was too expensive.
8 I don't feel like going out, let's just stay at home and **(C) relax**.
9 Cecilia is a keen **(B) gardener** and produces most of her vegetables herself.
10 We will send you the invoice for your **(D) subscription** as soon as you return the form.

TEST OFFICIEL Extrait de Part 7

▶ Énoncé p. 256

186. How long is the trail that goes up Eureka Ridge?
(B) 5.7 kilometers

187. In the e-mail, the phrase "expressly" in paragraph 1, line 2, is closest in meaning to
(C) specifically

188. Where will Nature Walk Club members likely hike?
(A) On Ridgeway Loop

189. What is indicated about Wildwood National Park?
(B) It has multiple parking areas.

190. What will Nature Walk Club members likely do upon arriving at the park?
(D) Walk along Ranger Path

21 OFFICE EQUIPMENT

Exercice 1 Les expressions

▶ Énoncé p. 261

a laptop computer - a slide show - swipe your finger - double click - a mousepad

Exercice 2 Les mots similaires

▶ Énoncé p. 261

1 We need **some** new word-processing software.
2 They have a wide **selection** of laptops.
3 The screen is treated with a special **coating** to avoid glare.
4 Daphne takes her **laptop** everywhere with her (...)
5 The printer won't work if you don't **plug** it in!

Exercice 3 Les verbes

▶ Énoncé p. 261

(cliquer sur) **click on** - *(tomber en panne)* **go down** - *(brancher)* **plug in**
(se connecter à) **connect to** - *(allumer)* **turn on**

1 You have to **connect to** our network to see the latest news about our company.
2 Do not **click on** this icon, otherwise your computer will shut down.
3 Make sure you **turn on** your screen next time, before calling the IT department.
4 Could you **plug in** the jacks for the speakers for me?
5 How many times did the system **go down** last month?

Exercice 4 Les familles de mots

▶ Énoncé p. 261

1 One of the **(A) keys** on my laptop is sticking.
2 Technology is getting more and more **(C) user**-friendly all the time.
3 Last time the IT technician checked, this scanner was **(C) functioning** just fine.
4 The metal case is **(B) coated** with a special resin to make it stronger.
5 This device is **(D) significantly** smaller than the previous model.
6 Ken was disappointed with the quality of the **(B) printing** in the new brochure.
7 I keep **(A) swiping** but the picture doesn't move.
8 Do you have a license for the **(D) software** installed on your computers?
9 I completely forgot that they have different **(D) plugs** here in the US.
10 The maintenance department has been **(D) monitoring** electricity usage.

TEST OFFICIEL Extrait de Part 3 — Pistes 65 - 66

▶ Énoncé p. 263

Questions 53-55 refer to the following conversation.

(W) Excuse me, do you work here? I'm interested in one of the cameras on display behind the counter—it's on your right.

(M) Oh, you mean this one—the Balani X13?

(W) Yes, that's it.

(M) Just so you know, the battery that's included doesn't last very long—you might want to buy an extra one if you're planning to use the camera a lot. A rechargeable battery only costs about fifteen dollars.

(W) Thanks, but I'm on a tight budget, so I'll just use the one that's included.

53. What does the woman mean when she says, "Excuse me, do you work here"?
(B) She wants to get the man's assistance.

54. Who most likely is the man?
(A) A store clerk

55. What does the man say about the camera?
(D) Its battery has a short life span.

22 THE INTERNET

Exercice 1 La ponctuation

▶ Énoncé p. 267

@ : at
- : hyphen
/ : slash
_ : underscore
. : dot
M : capital m / uppercase m
m : lowercase m

Exercice 2 Le vocabulaire

▶ Énoncé p. 267

1 When you read a blog regularly, you **follow** it.
2 Having a conversation online is called **chatting**.
3 You need some anonymity on the net, which is why you use a **username** and not your real name.
4 The company which sells you your Internet access is your **Internet service provider**.
5 Advertising on a website can often take the form of pop-ups or a **banner**.

Exercice 3 Les expressions

▶ Énoncé p. 267

social networking sites - post a comment - online shopping - download an app - tweet about

1 Using **social networking sites** at work is often forbidden.
2 Do you like to **tweet about** politics?
3 Before you **download an app**, check you have enough memory available.
4 If your blog has a lot of followers, they may **post a comment** on it.
5 The problem with **online shopping** is that you cannot try the clothing on.

Exercice 4 Les familles de mots

▶ Énoncé p. 267

1 Have you read what the consultant **(A) posted** about how to build your network?
2 You can't order these shoes without **(B) signing** in first. What is your username?
3 I wanted to chat with you last night, but you were **(D) offline**.
4 Rodrigo had to **(D) key in** a code to validate his online purchase.
5 I need to read the report you sent me, but **(D) downloading** it is taking a long time.
6 Many customers have been **(B) commenting** on our newest product.
7 We have just come up with a revolutionary **(C) font** which will help people with color-blindness.
8 We're hoping to create a large **(B) following** by giving away discount coupons.
9 Having a large **(B) network** of business contacts is essential in my line of work.
10 Has our software been **(B) updated** recently?

TEST OFFICIEL Extrait de Part 3

Pistes 68 - 69

▶ Énoncé p. 269

Questions 50-52 refer to the following conversation.

(M) Jessica, welcome to Charcroft Publishers. My name's George Watanabe, and I've been assigned as your book publicist.

(W) Thank you, George. You know I've never worked with a publicist before. Could tell me how we'll be working together?

(M) Well, we want to make sure each book we publish sells well, so a publicist is assigned to promote it. With your book, we'll start by building interest through social media, and then follow up with a book tour.

(W) The social media part is fine—I already have a Web site and a blog. But I'm not sure about a book tour—I'm not really comfortable speaking in front of strangers.

50. Who is the woman? **(A) A book author**
51. What does the man explain? **(C) A publicity plan**
52. What is the woman reluctant to do? **(B) Go on a tour**

23 CALLING THE HELPDESK

Exercice 1 Les verbes à particule

▶ *Énoncé p. 273*

1 Have you tried turning it off and **on** again?
2 We always shut the machinery **down** before a weekend.
3 If you don't back your data **up** you could lose it all one day.
4 I think I forgot to turn the equipment **off** before leaving last night.
5 There are no sockets in this office, so you can't plug **in** your charger.

Exercice 2 Les synonymes

▶ *Énoncé p. 273*

1 I'm sorry, her line is **engaged** for the moment.
2 Did you **switch** on the monitor?
3 You have to **reboot** the PC to finish the setup process.
4 We are slightly **concerned** about the efficiency of our antivirus software.
5 I tried to **reach** a sales rep but couldn't.

Exercice 3 Les phrases à compléter

▶ *Énoncé p. 273*

1 Wait until the software **prompts** you to turn it on before using it.
2 I **urgently** need your answer, before the end of the morning!
3 Could you **assist** the production team today? They're one person down.
4 We are going to **switch** from a free antivirus to a paid one.
5 He's never **reachable** in the afternoons because he has back to back meetings.

Exercice 4 Les familles de mots

▶ *Énoncé p. 273*

1 Why did they decide to **(B) outsource** our IT department?
2 Gathering **(A) data** is the most interesting part of my job.
3 The **(B) urgency** of the situation requires prompt action.
4 **(C) Upgrading** our hardware has made the software obsolete.
5 Have you tried **(D) switching** it off and on again?
6 All lines are currently engaged, please **(D) call back** later.
7 Who **(A) administers** this website?
8 I tried to **(B) get through** to the helpdesk but I couldn't.
9 We received a **(A) prompt** reply from the helpdesk.
10 I'd be happy to **(A) assist** you.

TEST OFFICIEL Extrait de Part 7

▶ *Énoncé p. 275*

172. Why did Ms. Brown contact Customer Service?
(D) To report a problem with an order

173. According to the chat, what is suggested about the package?
(D) No one is sure what happened to it.

174. At 4:43 P.M., what does Ms. Brown most likely mean when she writes, "it's been over a week now"?
(C) Her neighbors would have already given her the package.

175. Why does Ms. Brown refuse a replacement?
(A) She does not want to pay for expedited shipping.

24 AT THE DOCTOR'S

Exercice 1 Les expressions courantes

▶ Énoncé p. 279

under pressure - on medication - write a prescription - have a relapse - make an appointment
work-related injury - have a headache

1 Could you please turn down the radio, I **have a headache**.
2 Our employees say they are **under** a lot of **pressure** at work at the moment.
3 This is a **work-related injury** - it happened in the warehouse.
4 You should **make an appointment** to see someone about your headaches.
5 Check carefully for interactions if you are already **on medication**.
6 Even though he returned to work last Friday, Stuart **had a relapse** and needs another week off work.
7 The doctor didn't want to **write a prescription** for such a minor problem.

Exercice 2 Les synonymes

▶ Énoncé p. 279

1 Ms. Stark is back at work after a minor **illness**.
2 You should see a **physician** about stopping smoking.
3 The opening hours of the doctor's **practice** are 9 to 6.
4 The employee received the **injury** while operating heavy machinery.
5 There is a new **cure** available for this illness.

Exercice 3 Les mots similaires

▶ Énoncé p. 279

1 The **leaflet** in the box gives you the correct dosage.
2 My coworker received an **injury** while playing rugby.
3 There is currently no **cure** for a cold.
4 Under the wrong circumstances too much of anything could be **harmful**.
5 I went to the new pharmacy to **fill** my prescription.

Exercice 4 Les familles de mots

▶ Énoncé p. 280

1 The doctor will call you through to the **(D) consultation** room when it is your turn.
2 You will need to consult a **(D) physician** to get a prescription.
3 Dr. Stevenson recommended a good-quality **(C) medicated** shampoo.
4 Patients say the **(C) potency** of this treatment is perfect: neither too strong nor too weak.
5 Leonard discovered he had been taking a **(D) harmless** placebo.
6 Leah was feeling **(A) ill** over the weekend, so she went to the doctor.
7 In order to be a **(D) practicing** doctor, you must have a valid license.
8 Take this drug **(A) on an empty stomach**, half an hour before eating.
9 Be careful you don't **(A) injure** yourself on the broken glass.
10 Ask your pharmacist for a refill of this **(C) prescription**.

TEST OFFICIEL Extrait de Part 1 — Piste 72 ▶ Énoncé p. 281

4.

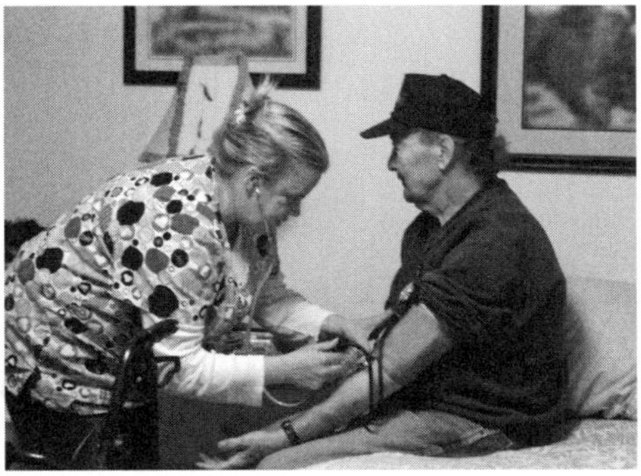

Ⓐ **A patient's sleeve has been pushed up.**
Ⓑ A nurse is checking a man's eyesight.
Ⓒ A patient's watch has been removed.
Ⓓ A nurse is adjusting a pillow.

25 OTHER HEALTH PROFESSIONALS

Exercice 1 Les mots similaires ▶ Énoncé p. 285

1 The physical **therapy** I was told to do really helped.
2 The dental **hygienist** applied a tooth-whitening compound to my teeth.
3 The **ophthalmologist** gave me a prescription to take to the **optician**.
4 The **researcher** was investigating a new therapy.
5 The doctor gave him a **referral** to the best surgeon in town.

Exercice 2 Les prépositions ▶ Énoncé p. 285

1 Be vigilant about interactions **(B) between** prescription and OTC drugs.
2 There has been a major breakthrough **(A) in** the treatment of eczema.
3 Do not apply the gel **(C) to** broken skin.
4 It's not a good idea to go running **(D) on** an empty stomach.
5 This massage should relieve you **(A) of** joint pain.

Exercice 3 Trouvez l'intrus ▶ Énoncé p. 285

1 dangerous / detrimental / harmful / **harmless** *(dangereux / néfaste / nuisible / inoffensif)*
2 doctor / **nurse** / physician / GP *(docteur / infirmier(-ère) / docteur / docteur)*
3 **relapse** / heal / recover / get better *(faire une rechute / guérir / se rétablir / aller mieux)*
4 ineffective / mild / **potent** / weak *(inefficace / doux / puissant / faible)*
5 **cause** / cure / relieve / treat *(provoquer / guérir / soulager / soigner)*

Exercice 4 Les familles de mots ▶ Énoncé p. 285

1 **(C) Dentistry** is currently the number one choice for medical students looking to specialize.
2 Ask your family doctor for a **(C) referral** to a good dietician.
3 The dentist **(C) advised** Mr. McIntosh to return in six months' time.

4 It is **(C) unhygienic** to eat without washing your hands first.
5 Do you have any special **(B) dietary** requirements such as lactose- or gluten-free food?
6 According to the latest **(A) research**, dietary supplements could have some health benefits.
7 **(C) Nursing** came naturally to Maurice, who had always loved to look after people.
8 Ms. Parsons had to have the piece of glass **(D) surgically** removed.
9 It's very difficult to get quick and effective **(A) relief** for a cold.
10 Those new eyeglass **(B) frames** really suit you.

TEST OFFICIEL Extrait de Part 4 — Pistes 74 - 75 ▶ *Énoncé p. 287*

Questions 83-85 refer to the following announcement.

(W) Our company's annual health fair will be taking place next week. I'm excited to tell you that this year you'll be able to meet individually with a nutritionist to ask questions about your diet and get a personal nutrition plan. What an opportunity! How could you miss this? I hope everyone will have time to participate. Oh, and we're asking that you sign up ahead of time on the sheet posted in the break room—we need to know how many of you will be attending.

83. What event does the speaker mention? **(D) A company health fair**
84. Why does the speaker say, "How could you miss this"? **(C) To encourage participation**
85. What does the speaker say is posted in the break room? **(A) A sign-up sheet**

26 ACTIONS

Exercice 1 Les prépositions

▶ *Énoncé p. 291*

1 Could you bend **down** and pick up that pencil for me?
2 Our project is **at** a standstill because we need a permit to continue.
3 Don't throw **out** the packaging, I want to keep it.
4 If you lean **on** this shaky antique table it may break.
5 What day will the next marketing campaign kick **off**?

Exercice 2 Le vocabulaire

▶ *Énoncé p. 291*

1 The device you use to clean the car windows is a **wiper**.
2 If something is not stable, it is **shaky**.
3 To make a piece of metal straight again, you can **hit** / **unbend** it with a hammer.
4 The tower is not completely vertical: it **leans** to the left.
5 The joint where your leg bends is your **knee**.

Exercice 3 Les synonymes

▶ *Énoncé p. 291*

1 Can you buy some **throwaway** plastic cups for the meeting?
2 The conference center is easily **reachable** by bus.
3 The two neighbors always **lean on** each other to solve their problems.
4 Let me **grab** my umbrella in case it rains later.
5 It was a long **struggle** to change the office opening hours.

Exercice 4 Les familles de mots

▶ *Énoncé p. 291*

1 Can you **(B) point out** which cupboard I can use, please?
2 Did you **(B) throw away** the red folder which was sitting on the desk?
3 **(D) Kneeling** on the floor will allow you to clean under the couch.
4 Every time I return to the office, the door is **(D) unlocked**.
5 This fabric is very **(C) stretchy** and ideal for manufacturing swimwear.
6 Could you help me **(B) unfold** the couch so I can make the guest bed?
7 We need to **(C) unbend** this twisted piece of metal before inserting it.
8 The guests **(B) stood** up when the host entered the room.
9 The painter **(B) leaned** the ladder against the wall.
10 The business traveler got **(B) on** the plane, anticipating a good flight.

TEST BLANC Extrait de Part 1 — Piste 77

▶ *Énoncé p. 293*

3.

Ⓐ They are sitting in an office.
Ⓑ **The women are clapping their hands.**
Ⓒ Everyone is shaking hands.
Ⓓ The men are bowing.

27 AT THE BANK

Exercice 1 Les synonymes

▶ *Énoncé p. 297*

overdrawn : in the red - fees : charges - bank clerk : teller - put aside : save - withdraw : take out

Exercice 2 Les mots similaires

▶ *Énoncé p. 297*

1 Your monthly **statement** includes your **balance**.
2 I need some cash. I'd like to make a **withdrawal**.
3 What is the **currency** of Thailand?
4 Could you **lend** me a few euros?
5 They used their life **savings** to go on a fabulous cruise.

Exercice 3 Les expressions

▶ Énoncé p. 297

cash a check - earn interest - run up a debt - pay off a loan - pay back a friend - put aside some money

1 Finally **paying off** a loan makes you feel great!
2 Every month I **put aside** a small amount of money into a savings account where it can **earn** a high rate of interest.
3 If you borrow money from a friend, try to **pay back** all of the money as soon as you can.
4 We **ran up** a huge debt last year when we were on holiday in Switzerland.
5 The bank was not able to **cash** my pay check immediately (...).

Exercice 4 Les familles de mots

▶ Énoncé p. 298

1 When he saw how huge the overdraft was, he gave his son **(D) a disapproving** look.
2 We are holding our annual **(C) fundraiser** next month to raise money for new hospital equipment.
3 My bank offers free banking, as long as you don't go **(C) overdrawn**.
4 Banks constitute the majority of mortgage **(B) lenders**, although it is possible to go through a private firm.
5 I need to find an ATM to make a **(C) withdrawal**.
6 The gold is kept **(D) securely** in a deposit box.
7 For this type of account, you can act as a **(B) depositor**, but you may not withdraw money.
8 The first **(D) installment** is due on the tenth of the month, to be paid by direct deposit.
9 Every withdrawal carried out at a rival bank's ATM **(B) incurs** an extra charge of $2.
10 Mrs. Lee spent hours **(D) balancing** the company checkbook, only to see that she had forgotten one check.

TEST OFFICIEL Extrait de Part 6

▶ Énoncé p. 299

139. **(C) closed**
140. **(B) renovations**
141. **(D) We apologize for the inconvenience.**
142. **(A) delays**

28 INVESTMENTS

Exercice 1 Les expressions

▶ Énoncé p. 303

file for bankruptcy - make a bid - go bankrupt - close down - take out a loan

1 We're going to need to **take out a loan** in order to cover our start-up costs.
2 Our main competitor has **closed down** because they **went bankrupt** after making a bad investment.
3 **Filing for bankruptcy** is a legal option when you are no longer able to honor your debts.
4 I saw that Acme Products Inc. is up for sale. Shall we **make a bid** to buy it?

Exercice 2 Les synonymes

▶ Énoncé p. 303

1 The company was nearly **insolvent**, but an investor was found.	**bankrupt**
2 Investing in **property** is practically risk-free.	**real estate**
3 Unemployment has **fallen dramatically**.	**slumped**
4 There was a **sharp** increase in sales.	**dramatic**
5 The market has **settled down** after some rapid changes.	**levelled off**

Exercice 3 Les mots similaires

▶ Énoncé p. 303

1 The reputation of our firm is at **stake**.
2 They didn't check the **property** market before they decided to sell their house.
3 We are pleased to announce that our **assets** have increased this year.
4 Book sales have **skyrocketed** from 100 000 to 1 million.
5 Go see a **realtor** if you want to invest in property.

Exercice 4 Les familles de mots

▶ Énoncé p. 303

1 You should contact your broker before making any **(D) investment** decisions.
2 One of our biggest **(C) liabilities** is the money we owe the bank.
3 We bought our house when **(A) interest** rates were at an all-time low.
4 The price of oil has plummeted **(D) dramatically** since the beginning of the year.
5 My broker recommends **(D) diversification** of your portfolio to avoid losing a lot of money in one go.
6 **(B) Speculating** is a risky practice but it can bring large gains.
7 The **(B) shares** that Acmon Ltd issued yesterday have all been purchased by a single mystery buyer.
8 That lawsuit nearly **(B) bankrupted** us, but we had made a deal with a partner, which protected our assets.
9 Credit card holders are not **(A) liable** for any charge made to their card without their authorization.
10 When acquiring real estate, examine all documents **(C) properly** to avoid any future problems.

TEST BLANC Extrait de Part 4

Pistes 80 - 81

▶ Énoncé p. 305

Questions 1-3 refer to the following radio broadcast.

(W) Good morning and welcome to Daily Finance Report. Later in the program I will be interviewing Neela Sokosky, the internationally renowned economist. If you have any questions for Neela, send them to us now by text message and we will call you back when the interview goes live. First, though, a run-down of the day's financial news. Shares in ABC Ltd have increased dramatically. If you bought their shares in the last year, now is the moment to start thinking about selling them. There's no time like the present! You could make a tidy profit.

1. What will listeners hear first?
   (C) The business news
2. How will listeners be able to put their question to Neela?
   (C) Over the phone
3. What does the woman mean when she says "There's no time like the present"?
   (B) It's the best moment to do it.

29 BUDGETING

Exercice 1 Les synonymes

▶ Énoncé p. 309

scarcity : shortage - earnings : income - expenditure : expenses - go bankrupt : fail
pension fund : retirement fund - forecast : project

1 The price of flour is set to increase owing to a short-term **scarcity / shortage**.
2 Economists **forecast / project** an end to the recession by the end of the year.
3 Many companies **go bankrupt / fail** because they neglect to establish a realistic budget.
4 You only make a profit when the total of your **expenditure / expenses** is less than your **earnings / income**.
5 All through his working life, Jim paid into a **pension fund / retirement fund** so he would be comfortable when he finally stopped working.

Exercice 2 Les mots similaires

▶ Énoncé p. 309

1 They **failed to** understand the gravity of the situation.
2 Lucky Jim **earned** a lot of money due to his promotion.
3 What was the **outcome** of the emergency meeting?
4 The total **lack** of raw materials has stopped production.
5 How will you spend the **subsidy**?

Exercice 3 Les contraires

▶ Énoncé p. 309

fail ≠ succeed - turn a profit ≠ make a loss - income ≠ expenses - sound ≠ unstable - scarcity ≠ abundance

1 Thanks to the **abundance** of fruit this year, Granny Smith's Home-Made Jams will make a tidy profit.
2 I don't think it is wise to invest in that company. It is very **unstable**.
3 If we do not reduce our **expenses**, we will go over budget.
4 If at first you don't **succeed**, try again!
5 Sales are up, the company will not **make a loss** this year!

Exercice 4 Les familles de mots

▶ Énoncé p. 309

1 Our monthly **(A) income** is exceeding our expenses for the first time in five years.
2 Start-ups should stop expecting the government to **(C) subsidize** their activity.
3 We are planning cuts in **(C) discretionary** spending to get our budget under control.
4 Sun Ying's **(D) failure** to predict the rising price of raw materials has led to a sharp increase in production costs.
5 Spending for the last quarter has been **(C) projected** at double that of the previous quarter.
6 This year's budget has increased taxes, to the detriment of high income **(C) earners**.
7 A **(D) quarterly** budget allows more flexibility than a monthly one.
8 It is too early to predict the **(D) outcome** of our change in budget strategy.
9 Our budget did not take those **(D) expenses** into account.
10 When you reach the age of 67, the government considers you **(D) pensionable** and you can collect full retirement.

TEST OFFICIEL Extrait de Part 4

Pistes 83 - 84

▶ Énoncé p. 311

Questions 98-100 refer to the following excerpt from a meeting and chart.

(M) I wanted to go over the recent production figures at our four steel factories before I make my presentation at the board of directors meeting next week. Our factories at Franklin and Hollister both met their projected quotas for February and March. Output at the Centerville factory, however, declined unexpectedly. Production at Centerville was strong in February but was down to only two thousand tons in March. Now, I have no figures for the Springfield factory because it was closed for more than a month due to damage caused by storms. But everything's repaired now, so Springfield will be back in business soon.

Steel Production in Thousand Tons

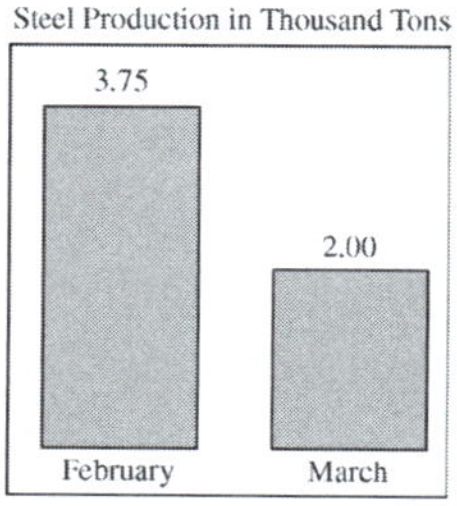

98. What will the speaker do next week?
(D) Meet with a board of directors

99. Look at the graphic. Which factory location does the chart refer to?
(C) Centerville

100. According to the speaker, what caused a problem at one factory?
(A) Bad weather

30 ACCOUNTS AND TAXES

Exercice 1 Les expressions

▶ Énoncé p. 315

1 How many employees does Zeelo Ltd have **on the payroll**?
2 I would rather not give you my credit card number **over the phone**. I'll send it by e-mail.
3 Could you **break down** your monthly expenses **into** weekly amounts?
4 The company will put a helicopter **at your disposal** in case you have to go to Washington quickly.
5 Please send us a check by return post for **the sum of** $1200.
6 The new software will help Mr. Wilsen to **keep track of** income and expenses.

Exercice 2 Le vocabulaire

▶ Énoncé p. 315

1 When someone inspects the accounting department, it's an **audit**.
2 The additional charges you have to pay because you missed a deadline is a **late fee**.
3 The total amount of salaries paid is the **payroll**.
4 The total amount of money entering and leaving a company is the **cash flow**.
5 When you must pay taxes to the government, you **owe** money to the government.

Exercice 3 Les synonymes

▶ Énoncé p. 315

keep track (of) : monitor - go over : examine - run into : encounter - set aside : earmark
break down : separate

1 In order to prepare for the audit, I would like you to **go over** the books one more time.
2 Ms. King said she had never **run into** a problem like that before.
3 When you **break down** the budget into daily, weekly and monthly expenses (...)
4 That money has been **set aside** for the office's annual outing.
5 It's no problem to **keep track of** spending with the new software.

Exercice 4 Les familles de mots

▶ Énoncé p. 316

1 We met with the **(C) auditor** at the end of the day to receive her feedback.
2 Please find **(B) enclosed** a copy of our annual report.
3 You can train to become a certified **(C) bookkeeper** in six months to one year.
4 Who is **(D) accountable** if the audit identifies a discrepancy?
5 The accountants have several powerful software tools at their **(B) disposal**.
6 To calculate your net income, first **(B) deduct** your contributions from your gross income.
7 The **(B) accrual** of late fines now exceeds $500 and must be resolved before you order again.
8 We paid more **(A) tax** at a higher rate this year.
9 If our accountant receives the amount **(D) owing** by Friday, no penalty will be incurred.
10 Our profits were **(C) adversely** affected by a new competitor which opened in January.

TEST OFFICIEL Extrait de Part 7

▶ Énoncé p. 317

159. For whom is the advertisement most likely intended? **(C) Owners of crafts businesses**
160. Where does Ms. Hovsepian work? **(A) At a television company**

31 MARKETING AND ADVERTISING

Exercice 1 Les prépositions

▶ Énoncé p. 321

1 Is our product launch still **(C) on** schedule?
2 How many toothpastes are there **(A) on** the market?
3 We are currently **(B) in** the lead.
4 Bronson Ltd is **(D) at** the forefront of medical research.
5 Are our sales projections **(B) on** target?

Exercice 2 Les mots similaires

▶ Énoncé p. 321

1 It's the truth! I'm not trying to **mislead** you.
2 Did you see our **advertisement** in the paper this morning?
3 They did not manage to **fulfill** our request.
4 Our **salesperson** will visit you next week.
5 The market **leader** has a huge advantage.

Exercice 3 Les synonymes

▶ Énoncé p. 322

1 The **poll** was answered by over 100 people.
2 The celebrity refused to **endorse** the competition's range.
3 We are a little **ahead of schedule**.
4 The parent company is currently **market leader**.
5 The product **launch** is tomorrow.

Exercice 4 Les familles de mots

▶ Énoncé p. 322

1 The **(C) leading** brand on the market has a 38% market share.
2 The marketing team has created some fantastic **(D) promotional** material.
3 What do you think of the **(C) feasibility** of hiring a new advertising agency?
4 The product was not as **(D) advertised**, so we asked for a refund.
5 Unfortunately, our new line of perfumes has a lot of **(C) unfulfilled** potential.
6 **(B) Broadly** speaking, we need to expand our range of products.
7 Is this concept **(D) commercially** viable?
8 We're looking for a new **(D) brand name** to relaunch our flagship product.
9 Getting the **(D) endorsement** of a celebrity will boost sales.
10 What would you say are your most **(C) marketable** skills?

TEST OFFICIEL Extrait de Part 3

Pistes 87 - 88

▶ Énoncé p. 323

Questions 38-40 refer to the following conversation with three speakers.

(M) Hi, Jee Soo. We'd like to move up the press deadline for the spring catalog to the fourteenth. Do you think you'll have the pages about our Ralton furniture line ready by then?

(W) That shouldn't be a problem. I've completed most of the design work, but we still need the product prices. Sasha, have you received the final product price list from marketing yet?

(W) No, not yet. It was due on Friday but I still haven't heard from anyone in marketing.

(M) Hmm. Marlene's the head of marketing, let me call and ask her to get the listings to you so you can finish up the pages. The catalog is our top priority.

38. What are the speakers working on? **(D) Creating a catalog**
39. What are the women waiting for? **(B) Some price information**
40. What does the man say he will do? **(A) Call a department manager**

32 WORKS

Exercice 1 Les mots similaires

▶ Énoncé p. 327

1 The **machinery** needs repairing.
2 Could you help me **disassemble** this broken part?
3 How long is the annual **shutdown**?
4 The **facilities** are modern and well-designed.
5 How many changes of manager has the plant **undergone**?

Exercice 2 Les synonymes

▶ Énoncé p. 327

1 equipment : machinery
2 factory : plant
3 fix : repair
4 overseer : supervisor

Exercice 3 Les expressions

▶ Énoncé p. 327

afternoon shift - safety hazard - maintenance crew - lab coat - fully functional

1 What time does the **afternoon** shift start?
2 How many people are on the **maintenance** crew?
3 You must wear a **lab** coat to protect your clothing.
4 That step is a **safety** hazard, be careful.
5 That is a **fully** functional miniature pump.

Exercice 4 Les familles de mots

▶ Énoncé p. 327

1 We found a quick and cheap **(A) repair** for the broken ladder.
2 The cost of **(D) maintenance** must be factored into the budget.
3 You need certification to become **(D) operational**.
4 It is not **(A) safe** to operate this machinery without goggles.
5 This factory **(B) utilizes** recycled materials where possible.
6 We use two **(C) assembly** lines to produce our cars.
7 Our facilities are currently **(B) undergoing** a major facelift.
8 The new safety **(B) measures** were written and approved by the CEO.
9 Our premises are fully **(B) equipped** to withstand earthquakes.
10 The supervisor **(C) oversees** all work on the site.

TEST OFFICIEL Extrait de Part 3

Pistes 90 - 91

▶ Énoncé p. 329

Questions 56-58 refer to the following conversation with three speakers.

(W) I'm worried about the production rate on assembly line number three. The machine that seals the mobile phone boxes isn't running as fast as it should, and it's slowing down the whole process.

(M) Oh, we've had trouble with that machine in the past. Instead of having it repaired again, I think we'd better just replace it.

(M) I agree. But we should try to get a new one put in as soon as possible, or we might have to shut down that assembly line.

(W) OK, I'll call the company that supplies that equipment.

(M) Yes, see how soon we can get it installed.

56. What is the woman concerned about? **(A) The rate of production**
57. What do the men suggest? **(C) Replacing some equipment**
58. What does the woman say she will do? **(A) Check with a supplier**

33 THE CITY

Exercice 1 Les prépositions

▶ Énoncé p. 333

1 Continue straight **(D) on** for 50 meters, then turn right.
2 City Hall is **(A) on** the corner of the street.
3 The new mall is currently **(D) under** construction.
4 Will we be granted access **(C) to** the Mayor's office?
5 You will be **(C) within** walking distance of the park.

Exercice 2 Les mots similaires

▶ Énoncé p. 333

1 Did you hear the alarm **signal**?
2 Have you finished drafting the press **release**?
3 The crosswalk is at the **intersection**.
4 There is less **traffic** in the evening.
5 Go and ask at the **lost** and found to see if your coat is there.

Exercice 3 Le vocabulaire

▶ Énoncé p. 333

1 If something is at its highest point, it is at its **peak**.
2 To continue without turning is to go **straight on**.
3 Changes to a facility to make them easier to use are **accommodations**.
4 The place where two roads cross is an **intersection**.
5 The way a green space is organized is **landscaping**.

Exercice 4 Les familles de mots

▶ Énoncé p. 333

1 There is often **(C) heavy traffic** on every road in the morning.
2 The route is very well **(B) signposted**, you won't get lost.
3 Ask the **(B) librarian** for book recommendations.
4 The local newspaper tried to get a **(D) statement** on the city's new policy.
5 I can't decide **(B) between** the museum or the swimming pool!
6 I think you **(B) misunderstood** me, that's not where I want to go!
7 The municipal employee **(B) swept** the stairs in front of the station.
8 Our new **(D) landscaper** is very hard-working.
9 This **(C) building** is the highest in town.
10 Go **(C) directly** to the lost and found when you arrive.

TEST OFFICIEL Extrait de Part 4 — Pistes 93 - 94 ▶ Énoncé p. 335

Questions 95-97 refer to the following talk and table.

(W) As mayor of Bloomville, I've called this press conference to announce the city's decision about how we'll be allocating the remaining funds in this year's budget. We researched the costs of doing various projects, and it looks like we'll have enough money to fund only one project: adding bike lanes to the main roadways. I know how popular the library expansion was, but uh, unfortunately, we'll have to delay that until a later time. I'm now ready to take any questions you have about the budget or about the project itself.

Project	Cost
Bike Lanes	$1 million
Library Expansion	$2 million
Parking Garage	$2.5 million
Community Center	$3 million

95. Who most likely is the speaker?
(C) A city official

96. Look at the graphic. How much will the selected project cost?
(A) $1 million

97. What will the speaker do next?
(B) Provide additional information

34 HOUSE AND GARDEN

Exercice 1 Les mots similaires

▶ Énoncé p. 340

1 It is the **tenant's** responsibility to take out the trash each Monday.
2 You must pay the **rent** on the first of each month.
3 The **rug** in the middle of the room gave it a sophisticated look.
4 All **furnishings** are included – carpets, curtains and **furniture**.
5 The property **manager** sent a plumber to fix the leak.

Exercice 2 Les synonymes

▶ Énoncé p. 340

1 There's a **walkway** which leads down to the pond. — **path**
2 Mr. Havers **leases** his house to a young couple. — **rents (out)**
3 The gardener will come on Saturday to **cut the grass**. — **mow the lawn**
4 The condo's interior is very **elegant**. — **stylish**
5 You can choose the **furnishing fabric** for your couch from this catalog. — **upholstery**

Exercice 3 Les prépositions

▶ Énoncé p. 340

1 You must fence **(C) off** the swimming pool, to prevent children from falling in.
2 You are **(C) on** private property here.
3 The neighborhood is surrounded **(B) by** forest.
4 Would you like me to help you when you move **(D) out**?
5 Mariah was **(A) on** the fence about leaving her house.

Exercice 4 Les familles de mots

▶ Énoncé p. 340

1 There is a lovely **(A) lawn** where you can enjoy a picnic.
2 The **(B) neighboring** houses are all owned by celebrities.
3 The workmen are coming to **(A) carpet** the condo later this week.
4 The room was **(D) furnished** very elegantly.
5 City regulations say pets must be fenced **(B) in** to keep animals from straying.
6 Your deposit will be returned on the day you **(D) move out**.
7 The subdivision is located in very attractive **(D) surroundings**.
8 First-time **(B) owners** get special tax conditions.
9 Could you please ask your guests not to park in my **(C) driveway**?
10 Your office grounds are very **(C) stylishly** landscaped.

TEST OFFICIEL Extrait de Part 1

Piste 96

▶ Énoncé p. 342

6.

Ⓐ A ladder is lying on the ground.
Ⓑ **Columns are supporting a porch roof.**
Ⓒ Porch steps are being repaired.
Ⓓ The door to a house is wide open.

Achevé d'imprimer en Italie par L.E.G.O. S.p.A. Lavis
Dépôt légal : Septembre 2019 - Édition 02
29/0498/0